**37**

**biblioteca
Miquel dels Sants Oliver**

IMAGINARI COMPARTIT
Estudis sobre literatura infantil i juvenil

D1705788

Caterina Valriu Llinàs

# IMAGINARI COMPARTIT
## Estudis sobre literatura infantil i juvenil

Pròleg de Teresa Duran

EDICIONS UIB
INSTITUT D'ESTUDIS BALEÀRICS
PUBLICACIONS DE L'ABADIA DE MONTSERRAT
2010

L'edició d'aquest llibre s'emmarca en una línia d'investigació sobre literatura popular catalana que ha rebut finançament del Ministeri de Ciència i Innovació a través del projecte d'I+D FFI 2009-08202/FILO.

Primera edició, novembre de 2010
© Caterina Valriu Llinàs, 2010

ISBN: 978-84-9883-335-5 (Publicacions de l'Abadia de Montserrat)
ISBN: 978-84-8384-160-0 (Edicions UIB)
Dipòsit legal: B. 35.642-2010

Imprès a Novagràfik, S.L. - Pol. Ind. Foinvasa - Vivaldi, 5
08110 Montcada i Reixac

# PRÒLEG

*De mica en mica s'omple la pica... Aquesta és una vella dita, que, com tantes d'altres és curulla de seny. Aquest llibre que teniu entre les mans n'és una prova. Perquè ha estat fet de mica en mica, però no pas de poc en poc, en el sentit d'escàs i poc sucós. De dites, n'hi ha una altra que també ens ve com anell al dit a l'hora d'encapçalar aquesta obra. Diu: les bones eines fan les bones feines. Doncs bé, aquí ho teniu, aquest llibre és una bona eina, esmolada al llarg de molts anys, feta amb amor i paciència per Caterina Valriu, de qui m'honoro de ser amiga.*

*Aclareixo, de bones a primeres, la relació de profunda amistat que hi ha entre ella i jo. Hem compartit llargs moments de caire reservat i molts d'altres de caire públic, en aules, places i papers, perquè ambdues compartim una mateixa dèria: la de la literatura, una dama difícil de definir i de mantenir quieta i callada. En nom d'aquesta dama voldria que tothom sentís el goig que jo sento davant aquestes pàgines, plenes de la saviesa serena, endreçada i lúcida de la meva companya de l'altra banda del mar.*

*Na Literatura va arribar a na Caterina per la porta de l'orella. La seva mare se sap de memòria totes les rondalles d'en Jordi des Racó, i les hi contava, quan ella era menuda, als graons d'una placeta que hi havia davant de casa seva. Na Caterina devia escoltar tan atentament que aquestes rondalles li van atorgar tres dons: li van obrir les portes de bat a bat del sancta santorum de la literatura escrita; li van fer créixer l'anhel de contar-les al seu torn per places i locals, transformada en na Catalina Conta-contes; i li van servir de suport i embranzida per a la seva excel·lent tesi doctoral. Amb els tres dons de les rondalles Caterina va passar de nina a doctora, doncs.*

*I quan algú esdevé doctor i professor a la universitat, però tot i així no abandona el saber del poble, és a dir, la infància, i els retorna generosament i abundosa allò que un mateix ha rebut, de viva veu o per escrit, aquest algú esdevé estranyament savi, i aquesta nova i rara reputació creix al seu voltant amb una ufana digna d'elogi. Heus aquí com, ara aquí o ara allà, gent de tota mena va trucant a la seva porta i li demana que els parli d'això, d'allò o d'allò altre de més enllà, en la confiança que els sabrà explicar això, allò o allò altre de més enllà, amb paraules justes i assenyades. Aquestes paraules són les que trobareu en aquest aplec d'articles, que parlen tant d'això, com d'allò, com d'allò altre de més enllà.*

*«Això» bé poden ser les visions panoràmiques que na Caterina sap oferir-nos sobre la història de la literatura infantil europea, catalana i balear. «Allò» bé poden ser les seves anàlisis i retrats monogràfics sobre els autors d'aquesta literatura. I «allò altre de més enllà» bé podríem dir que són els ponts que Caterina sap tendir des de la riba de les arrels i formes folklòriques de la tradició oral fins al port virolat de la literatura infantil i juvenil actual, sense que hi manquin aportacions específiques sobre com revitalitzar aquesta tradició oral. I és una sort i un privilegi que hi hagi qui ha pensat en la conveniència d'aplegar aquests articles per fer-ne un llibre, ja que altrament, esparsos els uns aquí i els altres allà, no es veuria el gruix i el pes d'unes aportacions que, a poc a poc, de mica en mica, pausadament i clara, ennobleixen no solament la persona de l'autora, sinó també i sobretot, aquesta dama de tan mal definir i de tan mal mantenir quieta que hem anomenat na Literatura. Aquella mateixa que se li va ficar dins les orelles quan era menuda.*

*Són els treballs d'aquesta mena els que li calen a un país i una llengua com la nostra. Una llengua minoritzada que tendeix, massa sovint, ai las!, fins i tot a menystenir el propi patrimoni i relega la literatura infantil i els seus autors al calaix de sota, el dels mals endreços. La tasca que aquí exposa la doctora Valriu és, doncs, aquesta: endreçar i redreçar una memòria col·lectiva, un patrimoni i una trajectòria literaris, dels quals ens hauríem d'enorgullir. Perquè tant el nostre patrimoni com la nostra trajectòria literària —signada per adults de cara als petits o bastida anònimament— són dignes, útils i nobles. L'autora ens ho demostra des d'una premissa clara i diàfana: l'amor a la llengua catalana i a les Illes Balears. I ho posa al servei d'aquells mestres, bibliotecaris, o investigadors que en aquestes pàgines o, en altres mots, en aquesta pica omplerta de mica en mica, tal com dèiem, hi trobaran aigua on abeurar la pròpia set literària.*

TERESA DURAN

7

*Als meus alumnes*

# INTRODUCCIÓ

On, quan i com va començar la meva relació amb la literatura infantil és una pregunta que m'he plantejat moltes vegades. La literatura oral —les rondalles, llegendes i cançons del meu poble— les vaig conèixer de llavis de ma mare, dels meus germans, dels veïnats, dels companys de jocs, perquè contar i cantar són accions gairebé naturals a l'ésser humà i són presents a totes les cultures. Però llegir, llegir per plaer —sense pressions ni obligacions— és un acte solitari que va més enllà de la naturalitat de la paraula viva i implica un voler i un saber. Un voler descobrir què amaguen les pàgines d'un llibre i un saber desxifrar sense esforç els seus signes. A casa meva hi ha una anècdota que m'han explicat moltes vegades: jo —menuda de tres o quatre anys— tinc a les mans un conte d'aquells de format retallat d'en Ferrándiz, on a cada pàgina hi havia unes quartetes de rima carrinclona que explicaven la història. Seriosa i concentrada, *llegesc* en veu alta i ritmada el text i gir els fulls sense perdre el punt. El meu oncle Pau em mira i queda bocabadat en veure com una nena tan menuda llegeix tan i tan redebé, s'exclama i fa espants als altres familiars que hi ha a la casa. Els meus germans, a un racó, s'esbutzen de riure perquè en saben el truc. Jo no sé llegir ni una paraula, de fet, encara no conec cap lletra. Però ells m'han llegit i

9

rellegit tantes vegades el conte que el sé de cor i sé també quan cal girar cada pàgina. Potser aquesta petita escena familiar va ser premonitòria, perquè anys a venir faria de la literatura infantil i de la narració oral els dos eixos fonamentals de la meva activitat professional. Recercant en la meva memòria literària apareixen també les dues biblioteques del meu poble, a les quals passava llargs horabaixes llegint *tebeos* i la lectura àvida d'algun *Cavall Fort* que adesiara —molt adesiara— ens regalaven les monges del meu col·legi, una raresa en una escola on tota paraula escrita era sempre en castellà.

Gairebé sense adonar-me'n llegir es va convertir en una necessitat gairebé física que m'ha acompanyat fins avui i que —sens dubte— va ser la que em va portar a estudiar filologia. Els anys vuitanta els llibres per a infants i joves varen viure una veritable eclosió al nostre país. Es multiplicaren els temes, els gèneres, les editorials, les col·leccions, els autors, les traduccions, els il·lustradors... Vaig viure aquest desenvolupament des de dos indrets privilegiats: les escoles on treballava de mestra i la llibreria Espirafocs, de la meva germana, en la qual jo col·laborava activament. I va ser així que la literatura infantil i juvenil em va seduir definitivament. Ja a la dècada dels noranta, en començar a impartir classes a la universitat, la literatura oral i la literatura infantil es convertiren en les meves dues línies de recerca preferent, i a la confluència d'ambdues vaig dedicar la meva tesi doctoral, llegida el 1992 i publicada el 1998: *Influències de les rondalles en la literatura infantil i juvenil*.

Potser aquest caràcter dual de les meves línies de recerca i dels meus interessos com a persona té alguna cosa a veure en la tria del títol del llibre que teniu a les mans: *Imaginari compartit*. Li vull donar també un sentit doble. D'una banda, tant l'imaginari de les rondalles com els clàssics de la literatura infantil són compartits gairebé per tota la humanitat, tenen una dimensió universal. Qui no coneix na Caputxeta Vermella, en Pinotxo, n'Alícia, en Peter Pan o na Ventafocs? Tant aquests personatges com les seves històries constitueixen hores d'ara un patrimoni cultural compartit que no coneix fronteres ni diversitat de llengües. D'altra banda, també és un imaginari compartit entre generacions, transversal a totes les edats. Els avis i els pares el comparteixen amb els infants i els joves, que al seu torn el compartiran amb les generacions futures. Compartir és una bella paraula per posar al costat de literatura.

Per això mateix, per compartir amb vosaltres he confegit aquest llibre que avui teniu a les mans. Recull quaranta articles publicats des de 1992 a 2009, al llarg de disset anys, doncs, en els quals he treballat els aspectes vinculats a la literatura infantil des de diversos àmbits: com a docent, com a narradora oral, com a crítica i com a investigadora. Aquestes diverses perspectives es fan paleses en el recull, que he articulat en cinc blocs temàtics. El primer, titulat «Història de la literatura infantil i juvenil catalana», agrupa vuit articles que tracen diverses línies que ajuden a dibuixar la panoràmica històrica dels últims trenta anys d'aquesta literatura, amb una especial atenció a l'aportació de les illes Balears. El segon apartat, «Obres i autors», és molt divers i més concret, menys panoràmic. Hi trobareu especialment desenvolupada l'anàlisi de l'obra d'alguns autors i també altres articles més puntuals, així com un petit estudi dels contes que he publicat per a infants. El tercer bloc contempla les nombroses connexions entre rondalles i obres d'autor en la literatura que oferim a infants i joves. Així, he resseguit l'herència popular a obres considerades clàssiques com *Pinotxo* o *Trencanous*, però també la petja que han deixat els herois de rondalla en els protagonistes de relats contemporanis o els canvis que s'han produït en la reformulació dels objectes màgics de les obres populars a les de nova creació. El quart apartat, dedicat a la narració oral, és fruit de la meva experiència de més de vint anys com a *Catalina Contacontes*. Amb aquest nom he recorregut multitud d'escoles i biblioteques de les illes —i també d'altres indrets—, carregada amb les meves maletes plenes de contes, per explicar històries de viva veu a petits i grans. Hores d'ara ja he perdut el compte de les sessions fetes, però ben segur s'acosten a les mil cinc-centes. Aquest és el bagatge que em permet fer algunes reflexions —crec que pràctiques i assenyades— sobre una activitat que per a mi resulta plaent, viva i engrescadora: divertir i commoure tot explicant de viva veu les històries que a mi m'han divertit i commogut. Finalment, el cinquè i últim bloc és una miscel·lània on s'apleguen escrits de caràcter més divers, però que —per un motiu o l'altre— no he volgut deixar fora. A primer cop d'ull poden semblar deslligats un de l'altre, però tenen un tret comú que els uneix. En tots hi trobareu un caràcter reivindicatiu lligat a la lectura dels més joves: la necessitat de professionals formats en la matèria, la importància irrenunciable de les biblioteques en la formació lectora, la vindicació del dret a tenir revistes infantils de qualitat, la importància de la poesia per als joves lectors, etc. Reivindicar és —encara avui— una necessitat quotidiana dels professionals que treballem per tal que la literatura infantil no sigui considerada la Ventafocs de la literatura.

En la lectura d'aquestes pàgines trobareu diversitat de nivells d'aprofundiment, a causa de la procedència dels articles. Alguns han estat publicats en revistes de caràcter molt divulgatiu, altres tenen un enfocament més didàctic i alguns, en canvi, foren escrits per a revistes professionals. També hi trobareu algunes repeticions, difícilment evitables en tractar temes molt semblants o pròxims. Tant per una cosa com per l'altra deman disculpes i benvolença al lector.

Finalment, vull agrair als directors de la col·lecció i a l'autora del pròleg el seu interès, la paciència i els savis consells. Treballar amb ells és sempre un plaer.

CATERINA VALRIU

# HISTÒRIA DE LA LITERATURA INFANTIL I JUVENIL CATALANA

# 1. LITERATURA INFANTIL I JUVENIL EUROPEA, LITERATURA INFANTIL I JUVENIL CATALANA, UN JOC DE MIRALLS?[1]

*En el principi fou el verb*, ens diu la Bíblia. I és veritat, en el principi, a totes les cultures i des que el món és món, la humanitat féu servir la paraula per contar i recontar allò que havia observat, que havia viscut, que havia imaginat, que havia somniat... allò que volia compartir i fer perdurar en la memòria. No és estrany, doncs, que aquelles històries —a vegades en forma d'oració, de cançó o fins i tot d'enigma— que des de feia segles —potser mil·lennis?— la gent es transmetia de viva veu fossin dels primers textos que s'escriviren quan fórem capaços de consignar a través d'un alfabet les nostres paraules, en una lluita aferrissada contra el pas del temps i la fragilitat de la memòria. Així va ser com les velles faules s'escrigueren per a l'ensenyament moral dels prínceps, com és el cas del *Panchatantra*, l'antic recull hindú, o com moltes de les rondalles que després formarien part de l'extens recull conegut com les *Mil i una nits*, iniciaren el seu pelegrinatge d'Orient a Occident en fràgils manuscrits. Així va ser com Isop compongué

---

1. Article publicat al llibre AADD: *Personatge a la vista! Llibres que fan lectors*. Generalitat de Catalunya, Barcelona 2005.

les conegudes faules, com Homer bastí l'*Odissea*, o com —segles més tard— a Europa, les contalles sobre un mític rei bretó quallarien en els llibres sobre el rei Artús i els seus cavallers. La literatura oral és a la base de la literatura escrita, la paraula és prèvia a la lletra, però lletra i paraula s'uneixen per a dibuixar amb fermesa les quimeres de la humanitat.

La literatura oral necessita oïdors, però la literatura escrita necessita lectors. I per a ser lectors cal passar abans un procés previ d'alfabetització. Tots sabem que aquest procés mai no s'ha generalitzat a tota la població del planeta, però en l'extensió de l'alfabetització hi ha la clau que possibilita el naixement i el creixement de la literatura. I especialment de la literatura adreçada a infants i joves. És per això que —malgrat l'excepció d'algunes obres— no podem parlar pròpiament de literatura per a infants i joves fins a les acaballes del s. XVIII, i a molts d'indrets fins al s. XIX o principis del s. XX. I que gairebé sempre les primeres obres que trobarem editades especialment per al joves lectors seran obres d'origen oral, extretes de la tradició popular, que era la forma secular de transmetre als més joves la visió del món pròpia de la seva societat. Però al costat de l'ensenyament moral vehiculat a través de faules i exemples hi ha una altra línia de llibres, el que avui en diríem llibres de text, dirigida a la formació més escolar. És el cas del conegut *Orbis pictus* (1658) de Comenius, «el món pintat» i explicat als infants en frases senzilles i entenedores, considerat el primer llibre il·lustrat per a infants.

A partir del s. XVI, a Europa, és publiquen un nombre important d'obres que refonen les rondalles populars i les adapten als gustos literaris de l'època. És el que fa Straparola amb les *Piacevoli Notti* (1500-1553), La Fontaine amb les *Fables* (1668), Basile amb el *Pentamerone* (1674), Perrault amb *Histoires ou contes du temps passé* (1697), Gallant amb la seva traducció parcial de *Les mille et une nuits. Contes arabes d'un auteur inconnu* (1704), Tomàs de Iriarte amb les *Fábulas* (1781). Amb el temps, molts dels relats que apareixen en aquests llibres forniran els que avui coneixem com a «contes clàssics» i es posaran a mans dels infants, resumits, simplificats i despullats de retòrica, però en el seu moment els autors no pensaven específicament en un públic infantil com a destinatari.

Com tampoc no ho feien els autors que a partir del s. XVII comencen a escriure les grans novel·les d'aventures que inicien el gènere i que avui considerem juvenils. Em refereixo a Daniel Defoe amb *Robinson Crusoe* (1719), Jonathan Swift amb els relats que conformen *Gulliver's Travel*, Walter Scott amb *Ivanhoe* (1819), James Fenimore Cooper amb la sèrie *Leader-Stocking Tales* (1823-1841), Charles Dickens amb *Oliver Twist* (1837) o Alexandre Dumas amb *Les trois mousquetaires* (1884), per citar només alguns dels exemples més coneguts.

El procés d'apropiació per part dels joves lectors d'uns materials literaris que inicialment no els anaven destinats és un concepte definit pels estudiosos amb l'expressió de «literatura guanyada», i aquest és un procés ben legítim que encara avui es produeix. Els joves es deixen seduir pels arguments ben construïts, l'heroi íntegre, les peripècies insòlites, el risc al límit, el misteri per esbrinar, el final sorprenent i colpidor. Talment com ho fan els infants amb la rondalla ben contada, amb la cançó repetida, amb la por del llop i el goig davant el gegant vençut amb enginy. I aquí apareix en escena un nou personatge a tenir en compte: l'editor.

Sovint s'oblida la figura de l'editor en el procés de construcció de la literatura infantil i juvenil, i jo crec que és un element essencial. A finals del s. XVIII —amb l'extensió de l'escolarització i els avenços tipogràfics— els editors perceben les possibilitats de la població jove com a potencial consumidora de literatura. És en aquest context que cal situar els centenars d'obres inspirades en *Robinson Crusoe* que es publiquen a Europa des de finals del s. XVIII o, per exemple, el fet que el 1798 es publiqui a Espanya la primera revista infantil en castellà, titulada «Gazeta de los niños», tal com ja es feia a França i Alemanya.

Però els editors no es conformen amb publicar versions, resums o adaptacions de novel·les històriques o d'aventures que han obtingut èxit entre el públic adult. A la recerca d'un públic més infantil comencen a editar, en versions assequibles als infants, les rondalles tradicionals que els folkloristes prenen de llavis de la gent del poble com si fossin papallones delicades i fugisseres. Recordem que els germans Grimm publiquen la primera edició de les seves rondalles entre el 1812 i el 1815, sota el títol de *Kinder- und Hausmärchen*, en una obra pensada per a adults i que prest és reeditada amb alguns retocs per adaptar-la als infants. Alguns editors, i els autors —és clar—, van a la recerca de contes nous, de contes moderns, de relats innovadors que beguin en l'imaginari tradicional però el renovin i que defugin el vell discurs moralista. Així, el 1816 a Alemanya, es publica una història singular a cavall entre el conte de fades i el relat de costums, és *Nussknacker und Mausekönig* d'E.T.A. Hoffmann, el 1835 Andersen publica *Eventyr*, el seu primer llibre de contes, el 1865 apareix *Alice's Adventures in Wonderland* de Lewis Carroll, que serà una veritable revolució en el món del conte per a infants i el 1883, fruit de l'èxit obtingut en una revista infantil italiana, surten en forma de llibre *Le avventure de Pinocchio*, de Carlo Collodi. Cada un d'aquests llibres, i molts d'altres que no hem citat, constitueixen una part fonamental de la construcció d'una nova literatura, aquella que té els infants i els joves com a destinataris i receptors principals.

A CATALUNYA

La literatura catalana és aquella que s'expressa en llengua catalana. Aquesta llengua, i per extensió la seva literatura, ha sofert una problemàtica històrica determinada que ha marcat profundament el seu normal desenvolupament. Aquest fet, inevitablement, repercuteix en el naixement i el desenvolupament de la literatura infantil i juvenil a casa nostra.

En l'esplendor literària de l'època medieval Ramon Llull escriu una obra singular. La titula *Doctrina Pueril* (s. XIII) i l'adreça al seu fill Domingo. No és un llibre per a infants, però sí un llibre que té l'educació de l'infant com a objectiu, i probablement el primer escrit en llengua romànica que s'adreça a un infant. És una simbiosi entre catecisme i tractat de pedagogia i explica com ha de ser la formació dels nens entre 8 i 12 anys en l'aspecte moral, religiós i científic. Però l'afany didàctic de Llull és una constant que recorre tota la seva obra, i un dels recursos que més usa per arribar al lector és el de la tradició popular, a través dels *eximplis*. Així, el *Llibre de les bèsties* —que forma part d'una obra ambiciosa i extensa titulada *Fèlix o Llibre de Meravelles*— ens parla del comportament dels humans a través de faules de bèsties d'origen oriental, i és avui una obra habitual en col·leccions juvenils, car la crítica social que transmet és ben actual.

Però ni la *Doctrina Pueril*, ni la traducció catalana medieval de la *Legenda Aurea*, ni els abundants reculls d'exemples i miracles, ni les divertides anècdotes que sovintegen a l'obra d'Eiximenis, ni la sucosa *Disputa de l'ase* de Turmeda, ni *Tirant lo Blanc* o *Curial i Güelfa*, ni tan sols el singular *Viatge al Purgatori* de Ramon de Perellós, poden ser considerats —en cap cas— literatura per a joves lectors, segons el significat actual del terme. Encara que, sens dubte, eren llegits per alguns joves. Com, sens dubte, ho devien ser la versió reduïda i en català de la novel·la de cavalleries d'origen francès titulada *Història de l'esforçat cavaller Partinobles* (s. XII) o el famós *Pierres de Provença* (s. XV), ambdues reeditades fins el s. XIX. Sabem, això sí, que a les escoles hom posava en mans dels infants un llibret conegut amb el nom de *Cató* —llibre de màximes morals atribuït al poeta Dionís Cató—, una versió adaptada d'*El llibre de bons amonestaments* de Turmeda —el *Fra Anselm*—, les faules d'Isop, en una versió anomenada *Isopet*, i el catecisme. Tampoc cal oblidar la literatura de canya i cordill, amb els populars romanços, i les auques.

En el sentit actual, però, no podem començar a parlar de literatura infantil i juvenil catalana fins a l'època de la Renaixença, a la segona meitat del s. XIX. I encara, al llarg d'aquest període, pràcticament tots els materials que trobem editats per a infants tenen un origen folklòric. La Renaixença significa la voluntat de redreçament cultural del país, i en literatura, la incorporació al moviment romàntic que des de feia dècades es desenvolupava a Europa. Una de les característiques essencials del Romanticisme és la valoració de la literatura popular en ella mateixa i com a font d'inspiració dels escriptors. Neix així el folklore com a ciència i la voluntat arreu d'Europa de recopilar els materials orals populars. L'afany dels recol·lectors es plasma en la publicació de nombrosos reculls de rondalles, llegendes i cançons que després seran llegits pels joves en les edicions originals o en versions adaptades que comencen a incloure il·lustracions. En aquesta línia, el primer llibre que cal citar és *Lo llibre de la infantesa. Rondallari català* de Thos i Codina, publicat el 1866, un modest llibret amb nou rondalles literàries escrites a imitació de les populars, tal com havia fet Perrault gairebé dos-cents anys abans. Però aquest serà només l'inici. Prest seguiran *Lo rondallayre. Qüentos populars catalans* (1871) de Francesc Maspons, els reculls de llegendes de Maria de Bell-lloc (1880-81), les *Rondaies Mallorquines* (1896-1932) d'Antoni M. Alcover i ja dins el s. xx les *Rondalles per a nois* d'Aureli Capmany, les de Jacint Verdaguer, Valeri Serra i Boldú, Apel·les Mestres, Joan Amades, etc. El modernistes, amb el seu gust per les arts gràfiques i la il·lustració, editaran bells volums a partir d'aquests relats, tal com es feia aleshores als països més avançats d'Europa.

Però la literatura infantil i juvenil catalana pren volada amb l'inici del s. xx, i especialment amb el Noucentisme. En el projecte de país dels noucentistes l'educació té un paper cabdal. Cal formar els ciutadans per aconseguir situar Catalunya entre les societats avançades d'Europa. En aquesta línia treballa l'Associació Protectora de l'Ensenyança Catalana —que havia estat fundada el 1899—, i amb el suport de la Mancomunitat es crea el Col·legi de Bibliotecàries (1915), la xarxa de Biblioteques Populars (1915), s'impulsen les biblioteques escolars i l'edició de llibres de text en català, neixen publicacions periòdiques adreçades als infants, etc. Els editors, per la seva banda, inicien col·leccions ambicioses i compten amb la col·laboració de prestigiosos intel·lectuals i il·lustradors de qualitat. L'editorial Muntañola, per exemple, entre 1916 i

1925 publica llibres de gran format amb obres originals o adaptacions de rondalles signades per Josep Carner, Carles Riba o Clementina Arderiu, bellament il·lustrats per Lola Anglada, Xavier Nogués o Junceda. L'Editorial Catalana s'esforça per posar a l'abast dels lectors en català obres clàssiques o contemporànies de la literatura infantil europea. En aquesta línia, per exemple, el 1918 es publiquen el *Contes d'Andersen*, traduïts per Carner i amb dibuixos de Torné Esquius, els *Contes d'infants i de la llar* dels Grimm en versió de Carles Riba, les novel·les més conegudes de Mark Twain, de R. Kipling, etc. I entre els llibres d'autor català, els llibres més bells de Lola Anglada. A partir de 1926 l'Editorial Mentora —que després serà l'Editorial Joventut— publica també nombroses obres originals i traduccions de clàssics infantils i juvenils, entre les quals destaca la ja mítica versió de Carner d'*Alícia en Terra de Meravelles*, amb exquisides il·lustracions de Lola Anglada, o les traduccions de Verne i de Stevenson. La literatura juvenil francesa de l'època la publica l'Editorial Proa en la seva «Biblioteca Grumet». A la dècada dels anys trenta, durant la II República i fins a l'esclat de la Guerra Civil, destaca sens dubte la tasca de l'Editorial Joventut, que treballa de valent en la publicació dels millors llibres infantils d'èxit a Europa: el *Llibre de les fades* d'Arthur Rackham, *Peter Pan i Wendy* (1906) de J. M. Barrie, *Les aventures de Pinotxo* (1883) de Collodi, *Emili i els detectius* (1928) d'Erich Kästner. Es publicaven amb les il·lustracions originals, i sovint les traduccions eren de Marià Manent.

Els intel·lectuals noucentistes, a més de traduir obres d'autors estrangers i d'adaptar rondalles per a infants, també contribuïren a l'auge de la literatura infantil amb obres originals i amb la fundació de revistes per a infants d'un alt nivell de qualitat, encara que sovint de vida efímera, com foren «La Mainada» (1922-23), «Jordi» (1928) o «Plançons» (1933). Pel que fa als llibres, encara amb una estètica modernista podem citar el deliciós llibret titulat *Deu rondalles de Jesús infant* (1904) de Carner. Anys després, ja plenament noucentistes, apareixeran *Les aventures d'en Perot Marrasquí* (1917) i els relats alhora divertits i moralitzadors titulats *Sis Joans* (1928) de Carles Riba, els delicats contes il·lustrats de Lola Anglada —*Contes del Paradís* (1920), *En Peret* (1928), *Margarida* (1929), entre molts d'altres— que podem comparar als conegudíssims contes d'animals de l'autora anglesa Beatrix Potter, per la bellesa de les il·lustracions, que recreen amb cura els petits animalons i la vida domèstica, en senzilles històries un punt alliçonadores. Sense oblidar la novel·la d'aventures per a joves, entre les quals destaca *Lau o les aventures d'un aprenent de pilot* (1926) de Carles Soldevila.

Però al costat d'aquesta producció que s'emmiralla en els millors productes estrangers, floreix una línia més popular amb gran èxit de públic i de vendes. Ens referim a la revista *En Patufet* (1904-1938) i a la producció del seu autor més emblemàtic: Josep M. Folch i Torres. El popular setmanari infantil, que arribava a tots els racons del país, publicava també la «Biblioteca Patufet», a través de la qual Folch i Torres introdueix la novel·la d'aventures a Catalunya. La seva producció és extensíssima —més de setanta novel·les— i abraça totes les línies del gènere —l'humor, la ciència-ficció, l'oest, les narracions sentimentals—, novel·les on retrobem les influències dels mestres del gènere, com Verne, Defoe, Dickens o J. F. Cooper. La seva primera narració és també la més popular: *Les extraordinàries aventures d'en Massagran*, relat escrit per encàrrec i publicat per fascicles, una mena de paròdia esbojarrada dels relats de naufragis i de processos civilitzadors. Folch i Torres és també l'autor de teatre infantil de més producció i èxit. Mentre que a Europa triomfa la versió teatral de *Peter Pan i Wendy* i a Estats Units els teatres s'omplen per veure el musical inspirat en *The Wonderful Wizard of Oz*, a Barcelona el Romea i el Novetats —entre 1918 i 1931— presenten amb gran èxit els «Espectacles per a infants», basats sempre en textos de Folch i Torres, originals o adaptacions de rondalles.

Quan la literatura infantil i juvenil catalana, que havia nascut tard en relació a l'europea i que sempre havia hagut de lluitar per trobar el seu espai, malgrat la poderosa competència de la castellana, semblava que havia arribat a un punt de normalitat i varietat envejable, esclatà la Guerra Civil i es produí l'ensorrament de la vida cultural del país. La dictadura franquista prohibí la cultura catalana en totes les seves manifestacions i hagueren de passar vint anys per tal de poder iniciar, tímidament, la represa.

A Europa, entre les dues guerres mundials, els llibres per a infants es diversificaren i l'oferta es consolidà. Els llibres d'espies i de colles a l'estil d'*Emil und die Detektive* (1928) o la llarga sèrie anglesa de narracions de petites aventures protagonitzades per William Brown (1922-1965), l'aparició de *Tintin* (1929) que es constituirà en el còmic europeu de referència o *L'histoire de Babar* ((1931), model del que esdevindrà l'àlbum infantil, la col·lecció francesa dels «Albums du Père Castor» (1931), que combina els llibres d'imaginació amb un plantejament innovador dels llibres de coneixements, la desimbolta i moderna *Pippa Langstrumpf* (1941), la creació de mons mítics inspirats en l'herència celta que inicia Tolkien a *The Hobbit* (1937) o la fantasia estremidora de Roald Dahl amb els relats de *The Gremlims* (1942).

Després de la segona Guerra Mundial la literatura infantil europea es decanta cap al realisme, un realisme de to idealista que intenta presentar als infants un món on tots els conflictes es poden solucionar mitjançant el diàleg i la solidaritat, amb la paciència i la col·laboració de tots. És la mala consciència de la guerra i la devastació, de l'Europa dividida i dolguda, que intenta preservar la infantesa dels conflictes adults, és l'esperit constructiu i racional, és la tendència vinguda d'Estats Units de la dinàmica de grups, la valoració de l'equip com a protagonista. Les velles rondalles es miren amb desconfiança i es titllen de reaccionàries i violentes.

Però a les acaballes dels anys seixanta aquests plantejaments comencen a canviar. Bufen aires de revolta, de protesta, de renovació i canvi. És Berkeley, la Universitat Lliure de Berlín, la primavera de Praga, el maig del 68, els *hyppies* i la mirada cap a Orient. Aleshores la literatura per a infants i joves va a la recerca d'altres camins. D'una banda, com a reacció cap al realisme ensucrat i conformista apareix el realisme crític, que reclama «llibres nous per a nens amb problemes nous». Intenta fer arribar al lector la problemàtica social i humana que l'envolta, sense embuts ni edulcorants, car pensa que l'únic camí per a transformar la realitat passa per conèixer-la i prendre'n consciència. El corrent s'inicia als països nòrdics, pren carta de naturalesa a Alemanya i a poc a poc s'estén cap als països llatins. Els relats *Elvis Karlson* (1972) de Maria Gripe i *Das war der Hirbel* (1973) de Peter Härtling en serien un bon exemple. Una altra opció que pren força és la de la fantasia. D'una banda es produeix una veritable recuperació de la rondalla meravellosa com a eina educativa —sobretot a partir de les investigacions psicoanalítiques de Bruno Bettelheim—, de l'altra es reprenen els vells arguments tradicionals per capgirar-los i dotar-los d'un contingut ideològic nou, posant l'accent en plantejament ecologistes, antimilitaristes, feministes, etc. que omplen els contes infantils de princeses atrevides, dracs vegetarians, llops porucs, gegants tristos i reis democràtics, sovint construïts a partir del mestratge i els suggeriments creatius de Gianni Rodari. Per al públic juvenil la fantasia es transforma en el corrent anomenat *fantasy*, tendència literària que s'emmiralla en la tradició de la mitologia germànica, dels llibres de cavalleries i de la novel·la gòtica. El mestre és Tolkien —que havia escrit *The Lord of the Rings* el 1954— i l'alemany Ende un dels autors de més èxit.

Als Països Catalans, per les especials circumstàncies polítiques, totes aquestes etapes es desenvoluparan de forma tardana i en certa manera de forma condensada. Entre 1962 i 1975 podem considerar que és el període de la represa, l'intent de redreçament de la literatura infantil i juvenil catalana. El 1961 es comença a publicar *Cavall Fort,* el 1962 es funda Edicions 62, el 1963 La Galera, el 1965 l'Associació de Mestres Rosa Sensat... És el despertar de la societat civil. Lentament, sorgeixen autors, obres, premis literaris, empreses editorials. Francesc Vallverdú i Oriol Vergés amb les novel·les històriques que pretenen recobrar la memòria perduda sobre el passat nacional, les intrèpides aventures dels personatges de Joaquim Carbó, els llibres de colles de Sorribes —qui pot oblidar *El zoo d'En Pitus* (1966)?— i els d'Àngels Garriga. Els llibres en català només arriben als alumnes de les anomenades «escoles actives», als fills de les famílies més nacionalistes, a les biblioteques més compromeses. Caldrà esperar el canvi polític, l'aprovació de l'Estatut d'Autonomia, la introducció del català a l'escola, els processos de normalització lingüística per poder assistir a l'eclosió de la literatura infantil i juvenil catalana contemporània. Aleshores, en pocs anys, es multipliquen les col·leccions, els il·lustradors, els premis, les vendes, els lectors. I arriba el realisme crític que es despulla de la fredor centreeuropea, i es fa càlid i proper com en *Pedra de tartera* (1985) de Maria Barbal o *Cul de sac* (1986) de Gemma Lienas, i es conrea la novel·la negra —en obres de Jaume Fuster i Maria Antònia Oliver, Andreu Martín i Jaume Ribera—, la fantasia —en la prosa poètica de Gabriel Janer Manila, en la senzillesa acurada de Mercè Canela, en l'herència de les rondalles refoses per Miquel Rayó o Pep Coll. I es juga amb l'absurd a la recerca de noves formes expressives, com fan Miquel Obiols i Joles Sennell, i apareixen col·leccions de teatre i, tímidament, també alguns llibres de poesia per a infants. Un punt i a part és el món dels il·lustradors, amb alguns noms de reconegut prestigi internacional i amb fenòmens tan espectaculars com l'èxit arreu del món de *Les tres bessones* de Roser Capdevila. També cal dir que hi ha alguns espais per a les ressenyes o la crítica en publicacions periòdiques, i que la literatura infantil i juvenil catalana és objectes de debats, jornades, monografies, assignatura universitàries, etc. I aquesta literatura —que en els anys més negres del franquisme semblava només una quimera— aconsegueix una certa presència institucional amb el Consell Català del Llibre per a Infants, el qual edita des del 1985 la revista especialitzada *Faristol*, i constitueix un dels valors forts en el mercat del llibre en català.

Actualment podem dir que la literatura infantil i juvenil catalana, tot i tenir encara punts febles i aspectes molt millorables, va recórrer al llarg del s. xx un camí difícil i complex, i que n'ha sortit amb bon nom. Avui podem llegir en la nostra llengua gairebé totes les grans obres de la literatura infantil i juvenil occidental i podem oferir al món un esplet de llibres —d'autors, d'il·lustradors, d'edicions— de gran qualitat. La paraula i la lletra, la creativitat i la feina, la fermesa i el coratge han donat els seus fruits.

# 2. LA INFLUÈNCIA DELS CLÀSSICS UNIVERSALS EN LA LITERATURA INFANTIL I JUVENIL CATALANA[2]

## 1. A MODE D'INTRODUCCIÓ

Si buscam en el diccionari la definició de la paraula «influència» veurem que, entre diverses accepcions, n'hi ha una que diu: «Capacitat de produir alguns efectes en les idees, en les actituds o en la conducta d'algú.» Si donam un cop d'ull a la història de la literatura universal veurem que tota ella és un conjunt d'influències i contrainfluències d'uns autors, uns motius, uns temes, uns estils, sobre uns altres. Tant és així que l'anàlisi d'aquest fenomen ha donat lloc a una disciplina científica en el camp de la filologia: la literatura comparada. Aquesta ponència s'inserirà, doncs, en el camp de la literatura comparada, ja que el seu objectiu serà assenyalar —només en una pinzellada breu i a corre-cuita— alguns dels lligams i relacions que es poden detectar entre les obres dels nostres au-

2. Ponència presentada al II Congrés de Literatura Infantil i Juvenil Catalana celebrat a Vilafranca del Penedès el maig del 2001 i publicat en el llibre *II Congrés de Literatura Infantil i Juvenil Catalana*, Quaderns Divulgatius 18, Associació d'Escriptors en Llengua Catalana, Barcelona 2001.

tors i la literatura que els ha precedit. L'objectiu últim seria, tanmateix, aventurar algunes línies d'investigació possibles que permetrien connectar la nostra literatura amb la produïda arreu del món, per veure'n les semblances i les divergències, els camins que ens uneixen i els senders que ens allunyen.

## 2. LES VINCULACIONS AMB EL FOLKLORE

En la base de la literatura infantil de qualsevol país hi trobam, sempre i pertot, el folklore. I les terres de parla catalana no en són una excepció. Les primeres publicacions que apareixen per a infants en qualsevol llengua solen ser recopilacions de materials folklòrics, de poesia o de narrativa. De fet, els primers materials literaris que arriben als infants són folklòrics: cançons de bressol, moixaines, embarbussaments i endevinalles, etc. D'alguna manera podem dir que el substrat cultural de l'infant és essencialment folklòric, o ho havia estat fins no fa gaire; ara ben probablement és audiovisual. No és gens estrany, doncs, que quan els autors es proposen escriure per a infants acudeixin —gairebé d'esma— a les deus del folklore que assadollaren la seva pròpia infància. Però no és tan senzill, no ho podem reduir tot a un simple record de temps passats. Hi ha, i això és ben evident, una reelaboració adulta —conscient i sovint utilitària— d'aquest bagatge cultural.

En altres treballs meus he classificat l'ús dels materials populars tradicionals en quatre grans blocs, segons l'actitud de l'autor en relació a l'herència folklòrica que és present en la seva obra.[3] Així, podem parlar de:

• Ús referencial quan els temes o motius folklòrics són emprats directament, sense sotmetre'ls a cap mena de distorsió ni dotar-los de sentits diferents. Seria el cas de Mercè Canela a la seva novel·la *Els set enigmes de l'iris* (1984), de Rosa

3. Vegeu «Les rondalles i la literatura infantil» a *Articles,* 16, 1998, pàgs. 69-81.

M. Colom a *La Salrana* (1996) i també el de Miquel Rayó a *El secret de la fulla d'alzina* (1985).

• Ús lúdic quan els elements de les rondalles es capgiren, descontextualitzen, barregen o reinventen amb una intenció essencialment festiva i de diversió, com fan —per exemple— Miquel Obiols o Joles Sennell en moltes de les seves obres. Recordem —per exemple— el recull titulat *Tatrebill, en contes uns* (Obiols, 1980) o *En Patancràs Xinxolaina* (Sennell, 1981).

• Ús ideològic en les obres on l'herència folklòrica és dotada clarament d'un contingut ideològic determinat amb una intenció essencialment formativa o adoctrinadora, a vegades de caràcter antiautoritari, altres ecològic, reivindicatiu, etc. Seria el cas del conte «El savi rei boig» d'Empar de Lanuza, *Diu que n'era un rei* (1988) de Gabriel Janer Manila o *El raïm del sol i de la lluna* (1983) de Miquel Rayó.

• Finalment, ús humanitzador seria aquell on els personatges o les situacions de les rondalles deixen de ser plans i maniqueus. Els personatges van més enllà dels rols de simples «actants» per assumir sentiments i actituds plenament humanes i les situacions es fan més complexes i matisades. A tall d'exemple podríem citar les nombroses bruixes humanitzades de la literatura catalana de les últimes dècades, com la Perona que apareix a *Tanit* (1984), de Núria Albó, la tendra Marduix (*Marduix*, 1983) d'Enric Larreula o la vella Andraixa a *Ulls de gat mesquer* (1979) de Joan Barceló.


3. LES VINCULACIONS AMB ELS CLÀSSICS NO FOLKLÒRICS

Abans de res hauríem de determinar quines són les obres que classificaríem com a «clàssiques» i fins i tot quines etiquetam d'infantils i quines de juvenils, però això hauria de ser objecte d'un altre estudi i remeto el lector a la bibliografia sobre el tema. Ara, en un cop d'ull ràpid al segle d'existència que té la literatura infantil i juvenil catalana traçarem algunes vinculacions amb la producció d'altres països.

Podem considerar que la història de la literatura infantil i juvenil catalana s'inicia amb el Modernisme. Durant l'època de la Renaixença es començà la recol·lecció de materials populars i alguns d'aquests materials s'editen en forma de llibre, com és ara *Lo llibre de la infantesa. Rondallari català* (1866) de Thos i Codina, aplec de nou rondalles que l'autor compon a partir de materials populars, a l'estil —com ell mateix indica— del que féu Perrault.[4] Però serà algunes dècades més tard quan aquestes rondalles s'editin bellament il·lustrades segons els cànons de l'estètica modernista, en volums singulars que —si no en quantitat sí en qualitat— es poden comparar amb els que es feien a Europa en aquells moments. També en aquesta època s'inicien les traduccions de contes i narracions per a infants al català: el 1907 es publiquen els contes de Perrault il·lustrats per Apel·les Mestres, el 1909 *El company de camí* d'Andersen, i també a partir d'aquest mateix any «La rondalla del dijous» inclou contes dels Grimm, d'Andersen, de Tolstoi, populars japonesos, etc. Tanmateix, la producció en castellà és molt més abundant i és en aquesta llengua que arriben molts dels llibres que avui considerem clàssics juvenils, sobretot a partir de les extenses col·leccions de les editorials Seix Barral i Araluce, els quals influiran —sens dubte— en la formació literària dels escriptors catalans.

Serà durant el moviment noucentista que la literatura infantil i juvenil catalana prendrà volada, tant en el camp de la creació com de l'edició. Els intel·lectuals noucentistes són ben conscient de la importància del llibre per a infants com a factor imprescindible de formació cultural, la pedagogia esdevé una de les claus de desenvolupament del país. El treball s'articularà —encara que no d'una manera sistemàtica— en tres vessants: la creació literària i plàstica, la traducció i la divulgació a través de revistes infantils i d'edicions populars, vehiculada a través d'escoles i biblioteques. És en aquest context

---

4. Thos diu que el seu recull és «Una breu col·lecció de rondalles literàries imitatiues de les populars, a semblança de lo que ja en lo segle disset féu Charles Perrault en lo reialme veí de la França, i després d'ell molts d'altres» (*Lo llibre de la* infantesa, Thos i Codina, 1895).

que cal situar la versió de Riba de *Contes d'infants i de la llar* dels Grimm, les traduccions de Mark Twain, Dickens, Thackeray o Lewis Carroll fetes per Carner i la de Kipling a cura de Marià Manent. També es tradueixen obres d'Stevenson, Verne i d'autors contemporanis com André Maurois i Blaise Cendrars.

Quina és, però, la petjada que la producció estrangera deixa en la catalana? Com arriben i com se segueixen els diversos corrents, modes o tendències? Cal tenir en compte que tant el Modernisme com el Noucentisme miren a Europa i van a la recerca d'una Catalunya moderna, oberta al món i en sintonia amb els països més desenvolupats. Hem de tenir en compte, també, que la coneixença de les obres de fora arriba aquí més per la via del castellà que de les traduccions al català, sovint més tardanes.

Pel que fa a la literatura juvenil l'autor més prolífic i paradigmàtic és —sens dubte— Folch i Torres. La crítica el considera l'introductor de la novel·la d'aventures a Catalunya. I no és estrany, en la seva producció la narrativa d'aventures abraça tots els temes del gènere. Des de la novel·la de viatges en ambient exòtic —com *Les extraordinàries aventures d'en Massagran* (1910)—, a les de detectius a *En Bolavà detectiu* —ambdues amb una notable càrrega d'absurd humorístic molt a l'estil de les pel·lícules de cinema mut de l'època—, les de l'oest —*Per les terres roges* (1912) o les de ciència-ficció —*El gegant dels aires* (1911). En la seva producció no és difícil rastrejar la influència de Daniel Defoe, Dumas, Jules Verne, Stevenson, J. F. Cooper o Charles Dickens, per citar només alguns autors. Hi retrobam la recerca de la peripècia singular, l'acció trepidant, el gust per l'exotisme, les pinzellades científiques o el sentimentalisme que són presents en els autors esmentats. Folch i Torres desplega aquest bagatge sobre l'estructura clàssica de to iniciàtic del relat d'aventures i hi aportà la catalanització dels referents (els seus herois sempre parteixen de Catalunya i hi tornen, i mentre dura la peripècia mai no obliden la seva vinculació amb el país d'origen) i el sentimentalisme del seu tarannà. El resultat fou una producció ampla i variada que assolí un èxit de públic extraordinari; tant és així que si avui haguéssim d'elegir un personatge com a representatiu de la literatura infantil catalana —com ho pugui ser Pinotxo a Itàlia o Alícia a Anglaterra— hauríem, ben probablement, de parlar d'en Massagran.

També a l'estil de Verne —i amb pinzellades d'Stevenson— Carles Soldevila publicà el 1926 *Lau o les aventures d' un aprenent de pilot*, novel·la que encara avui es llegeix amb gust i que fou un intent de contribuir a la normalització d'aquest gènere en la literatura catalana. La novel·la sentimental, tan conreada a Europa al llarg del s. XIX i principis del XX —recordem, per exemple les divulgades obres de Louise M. Alcott (*Little Women*, 1868) o la famosa *Genoveva de Brabant*—, té el seu reflex en autors com el ja citat Folch i Torres i en Clovis Eimeric, col·laborador d'*En Patufet* que publicava regularment a l'anomenada «Biblioteca Damisel·la».

Amb evidents lligams d'una banda amb la tradició folklòrica i de l'altra amb la novel·la d'aventures, tot i que es tracta d'una creació personal i singularíssima— Carles Riba publica el 1917 *Les aventures d'en Perot Marrasquí*. Riba reprèn la tradició de la criatura minúscula en un món de mida normal, tan habitual a les rondalles però també ben present a la literatura d'autor —recordem per exemple *Ditona* d'Andersen o *Nils Holgerson* de Selma Lagerlöff—. Sempre he pensat que Riba, que publica el seu relat set anys després de l'èxit de *Les aventures d'en Massagran*, parodia subtilment alguns aspectes de la popular obra de Folch i Torres. Perot Marrasquí no és *massagran*, sinó *massapetit*, les seves aventures —encara que també siguin *extraordinàries* no les viu d'un cap a l'altre del món sinó tot just en una masia a pocs quilòmetres de casa, no s'enfronta a animals salvatges sinó a petits animals domèstics com els gats, ni a tribus caníbals sinó a la masovera, no viatja en vaixell sinó en carro, etc. D'alguna manera Riba basteix un relat d'aventures, amb arrels folklòriques i amb una considerable dosi de costumisme. El resultat és una obra singular i de gran qualitat literària, on el contingut moral i la ironia es donen la mà amb la fantasia i la quotidianitat.

El conreu de la novel·la juvenil d'aventures quedarà trencat per l'esclat de la Guerra Civil abans de poder madurar i prendre carta de naturalesa en la nostra literatura. Caldrà esperar els anys de la represa per tornar a trobar noves obres i nous autors. I seran precisament els relats d'aventures —juntament amb els anomenats llibres de colles— els que reiniciaran la història de la literatura juvenil a casa nostra. Autors com Josep Vallverdú, Oriol Vergés, Emili Teixidor o Joaquim Carbó conreen la novel·la històrica i la d'acció i són hereus dels clàssics universals del gènere (Verne, Dumas, Stevenson, Scott...), dels autors catalans anteriors i també dels escriptors europeus i nord-americans més moderns. Un bon exemple d'això seria la coneguda sèrie de Joaquim Carbó *La casa sota la sorra* (1966), *El país d'en Fullaraca* (1979), *Els bruixots de Kibor* (1981) i *La casa sobre el gel* (1982), plena d'acció trepidant i d'exotisme, un poc a l'estil de Salgari. Per la seva banda, la novel·la històrica, sense sortir de les coordenades universals del gènere, pren a Catalunya unes característiques pròpies com a conseqüència del marc polític en què es desenvolupa. La lluita pel recobrament de la identitat social i nacional del país es reflecteix en obres que pretenen formar la consciència nacional dels joves lectors, suplir les llacunes del sistema educatiu i crear uns referents històrics que tipifiquin unes aspiracions comunes. Amb aquests objectius —no explicitats però ben evidents— es novel·len preferentment episodis de resistència com la Guerra del Francès, el món del bandolerisme o els foners a les Balears o les proeses de figures singulars i fundacionals com Ramon Berenguer o el rei en Jaume I *el Conqueridor*, en llibres com *L'ocell de foc* (1969) o *Cor de roure* (1994), d'Emili Teixidor, *El rescat del rei minyó* (Blasco, 1976) o *La història que en Roc Pons no coneixia* (1980) de Jaume Cabré, entre molts d'altres.

D'altra banda, en aquestes mateixes dècades (parlam dels anys seixanta i setanta) i per a un públic lector lleugerament més jove, triomfa el «llibre de colles». Francesc Cubells —en analitzar la literatura infantil i juvenil catalana—[5] qualifica el

5. Vegeu «El llibre català per a infants i adolescents: evolució i tendències», dins *Lluc*, núm. 718, novembre-desembre 1984, pàgs. 15 (231)-21 (237).

període comprès entre 1955 i 1965 de «dècada grupal». En sintonia amb l'auge de la dinàmica de grups i dels moviments socials que posen l'accent en la importància del grup com a eina de desenvolupament personal i col·lectiu —tant a Europa com als USA—, en la literatura infantil es produeix l'expansió del grup com a protagonista. Els antecedents els podem situar en l'obra *Emili i els detectius* (1928) de l'alemany Eric Kästner,[6] encara que el gran èxit d'aquest tipus de narracions pertany —indiscutiblement— a l'autora anglesa Enid Blyton, amb les seves conegudes sèries de nens pseudoespies, que es difongueren a l'estat espanyol a partir de finals dels anys cinquanta. En la literatura catalana hauríem de destacar en aquesta línia l'aportació de Sebastià Sorribas (amb *El zoo d'en Pitus*, 1966), la d'Àngels Garriga *(Un rètol per a Curtó*, 1967) i la de Joaquim Carbó amb *La colla dels deu* (1969), per citar només alguns dels autors i títols més representatius, ja que els llibres de colles han tingut un gran èxit de públic i és un model narratiu que ha perviscut fins a l'actualitat.

Els anys setanta duen arreu d'Europa i d'Estats Units corrents antiautoritaris, teories pacifistes, contestació social a estructures que semblaven inamovibles. Citem, només a tall d'exemple, el moviment *hyppie*, la primavera de Praga, la revolta contra la guerra del Vietnam, etc. En literatura infantil i juvenil aquesta nova situació social es fa present sobretot en dos aspectes: la introducció de temes conflictius fins aleshores pràcticament absents (emigració, odis racials, marginació, solitud, etc.) i el capgirament dels rols tradicionals dels personatges. Es volen «nous llibres per a nens amb problemes nous» i aquesta és la llavor que fruitarà doblement, d'una banda pel corrent realista amb l'anomenat «realisme crític» i de l'altra per la fantasia amb obres que prenen elements folklòrics però els donen una nova dimensió.

El realisme crític sorgeix essencialment al nord d'Europa,

---

6. Aquesta obra fou publicada el 1929. El 1935 se'n va fer una edició en català il·lustrada amb fotografies de la versió cinematogràfica. El 1958 se'n publicà la 2ª edició catalana.

en societats molt desenvolupades que es plantegen conflictes més aviat de caràcter urbà, com l'aïllament, els problemes d'integració, l'atur, la drogodependència, etc. En són capdavanters autors com Maria Gripe, Mirjam Pressler o Peter Härtling. A poc a poc, podríem dir que a mesura que arriben les traduccions d'aquests llibres i que els problemes que tracten ens són més pròxims, els realisme crític arriba als Països Catalans. Es comença a posar sobre la taula la problemàtica social, temes conflictius però que són tractats pels nostres autors amb un cert idealisme, amb una mirada benvolent i esperançada (és el cas d'*El rei Gaspar* (1976) de Gabriel Janer Manila, sobre la problemàtica de la immigració). Una dècada més tard els temes assoleixen una major duresa, la posició de l'autor es fa més àcida i les solucions finals són més escasses i improbables. S'inseririen en aquesta «línia dura» del realisme obres com *Pedra de tartera* (1985) de Maria Barbal, *Cul de sac* (1986) de Gemma Lienas o *Fugir* (1985) de Francesc Sales.

Entre els autors que opten per la fantasia, el mestre indiscutible és Tolkien. Encara que publicà les seves obres més conegudes abans dels anys seixanta,[7] la seva difusió en la nostra àrea cultural fou molt més tardana; de fet, les traduccions catalanes són dels anys vuitanta. A la influència de Tolkien els nostres autors sumen la de les nostres rondalles, tot reivindicant la coneixença dels referents folklòrics autòctons. Així, els referents artúrics es donen la mà amb l'amor de les tres taronges i els boscos celtes es fan veïns del castell d'iràs i no tornaràs. En aquesta línia no podem deixar de citar la trilogia de Jaume Fuster iniciada amb *L'illa de les tres taronges* (1983) i la de Miquel Rayó que comença amb *El raïm del sol i de la lluna* (també del 1983), vinculada en la seva ètica i la seva estètica a *La història interminable* (1979) de Michael Ende, com també hi està *Utinghami, el rei de la boira* (1979) de Mercè Canela.

Una altra línia de la fantasia opta més tost per la inversió, el *non-sense* i el joc amb l'absurd. Entronca així amb les avantguardes i amb la poesia popular, tot seguint les propos-

7. *El hobbit* (1937) i *El senyor dels anells* (1954).

tes que Gianni Rodari exposa a la *Gramàtica de la fantasia* (1973). És el cas d'algunes obres de Miquel Obiols (*Tatrebill, en contes uns*, 1980) o de Joles Sennell (*La guia fantàstica*, 1977), entre d'altres, on a través de la fantasia es reivindica un món més lliure, tolerant i solidari.

A partir de 1977, amb la llei de Normalització Lingüística que suposa l'ensenyament del català com a matèria obligatòria a l'escola, el públic potencial es multiplica i l'edició infantil i juvenil en català inicia un auge espectacular. Potser el més destacat en aquest període és el desenvolupament de l'anomenada «literatura de gènere», especialment de la novel·la negra i en menor mesura del *fantasy* i la ciència-ficció. La novel·la negra catalana beu de les fonts clàssiques del gènere pel que fa a l'estil narratiu i l'estructuració del relat, però en canvi fa un anostrament dels espais i dels referents. Triomfa el model de detectiu antiheroi, no professional i gairebé domèstic (un exemple paradigmàtic seria el personatge de Flanagan, creat per Andreu Martín i Jaume Ribera el 1986). Manuel de Pedrolo (*L'inspector fa tard*, 1960) i Jaume Fuster (*De mica en mica s'omple la pica*, 1972) poden ser considerats els iniciadors del gènere a Catalunya, encara que les seves obres inicialment no s'adreçaven explícitament a un públic juvenil.

### 4. Conclusions

No és fàcil sintetitzar en poques línies un tema tan complex i calidoscòpic com el que tractam, però —a grans trets— podríem remarcar que:

1. En els seus inicis la literatura infantil i juvenil catalana compta amb autors d'un elevat nivell cultural i amb editors ben disposats, oberts a totes les influències i que miren essencialment cap a Europa com a model. Són conscients que els cal crear un públic lector i assoleixen fites importants en molt pocs anys, amb l'objectiu clar de posar-se a l'alçada de les literatures europees coetànies.

2. La guerra civil i la dura postguerra posterior suposen el

trencament i la desaparició de tot aquest món, quan tot just s'iniciava.

3. El redreçament —a partir dels anys seixanta— serà lent, laboriós i ple de voluntarisme. Els ulls de creadors i editors catalans es giren cap a França i aquest país és pres com model, tant en el camp estrictament literari com en el gràfic i en l'edició.

4. A partir dels anys setanta, la precarietat de les traduccions en català afavoreix que els nous corrents (especialment el realisme crític) arribin a Catalunya a través de les traduccions en castellà.[8] D'alguna manera podríem dir que la brúixola segueix marcant el nord, però a través d'un pont que passa per l'oest.

5. Actualment, fruit de l'eclecticisme i la globalització, es fa difícil rastrejar la influència dels clàssics en la producció contemporània. La «contaminació» de la cultura de masses actual i un cert oblit de la lectura directa dels clàssics per part d'alguns autors actuals fa que es dilueixin els referents literaris, moltes vegades substituïts pels cinematogràfics. De manera que —per exemple— si parlam de la Ventafocs és més probable trobar la influència de les versions de Walt Disney que no de la de Perrault.[9]

6. Finalment, crec que en aquest segle escàs d'existència la literatura infantil i juvenil catalana ha demostrat amb escreix la seva varietat de registres i la capacitat d'assimilació i de producció que té i ha aconseguit un lloc més que digne en la producció europea actual. Hi ha mancances i excessos, problemes i dificultats, però el balanç és positiu i les perspectives de futur ens permeten un cert optimisme.

8. Un exemple clar d'això és el gran nombre de títols de realisme crític (però també alguns de fantasia) procedents de Centreeuropa que es publiquen en castellà a l'editorial Alfaguara.

9. Sobre aquest tema, vegeu l'estudi de Gemma Lluch a *De la narrativa oral a la literatura per a infants*, Edicions Bromera, 2000.

# 3. LA LITERATURA INFANTIL I JUVENIL A LES ILLES BALEARS (1975-1992)[10]

## 0. Introducció

La literatura infantil i juvenil, tal i com la coneixem actualment, neix a Europa al llarg del segle XIX i es desenvolupa extraordinàriament durant el segle XX. Es tracta, per tant, d'un fenomen literari relativament recent, fruit d'una nova relació de l'adult amb l'infant que s'estableix a partir de la transformació de la situació social i econòmica als països occidentals.

Però la història d'aquesta literatura al nostre país és encara més recent i es troba, en els seus inicis, estretament vinculada a la cultura popular i a l'obra dels folkloristes. A Catalunya, caldrà esperar als inicis del segle XX per poder parlar de llibres pensats i fets per oferir als infants. El Noucentisme serà el primer moviment cultural que prendrà consciència de la importància de la lectura infantil i que treballarà en aquest camp. Conseqüència d'aquest treball és un conjunt d'obres originals d'autors catalans i de traduccions que conformen la literatura catalana infantil anterior a la Guerra Civil. Aquesta producció és extraordinàriament interessant per la qualitat

10. Article publicat a la revista *Lluc*, núm 770 (setembre-octubre 1992).

dels textos i de les il·lustracions i per l'esforç que suposa posar en pocs anys la nostra producció a nivell europeu. Després del trencament cultural que suposà la Guerra Civil de 1936-39 caldrà esperar a la dècada dels anys seixanta, als primers moviments de renovació educativa que s'insereixen en el procés de lluita per la normalització cultural i la reivindicació de la llengua catalana, per assistir al renaixement de la literatura infantil. Una literatura que cerca el seu camí i a la que li cal:

— Entroncar amb la producció d'abans de la guerra, la qual cosa suposa un alt nivell de qualitat literària i gràfica.

— Donar resposta a les necessitats del seu públic: iniciació a la lectura en català, desconeixement de la història del país, redreçament cultural, etc.

— Sintonitzar amb la producció infantil i juvenil que es fa a la resta del món occidental.

El procés s'inicia tímidament però amb fermesa i pocs anys després, als inicis dels anys vuitanta, ja podem parlar d'una literatura infantil i juvenil catalana moderna, plural i rica. Fins i tot aquests darrers anys s'ha parlat de *boom* de la literatura infantil i juvenil: augment espectacular del nombre de llibres editats, de les editorials especialitzades, de les col·leccions, del nombre de lectors, etc. Paral·lelament, el món de la il·lustració també s'ha desenvolupat extraordinàriament i actualment es parla de «l'escola catalana d'il·lustradors», que compta amb alguns creadors de renom internacional.

Però la realitat de la literatura infantil i juvenil a les Illes és tota una altra, o almenys ho era fins fa pocs anys. És inevitable començar parlant de la literatura popular, de les rondalles. Al llarg dels segles la imaginació popular ha bastit una incomptable quantitat de narracions que han perviscut de generació en generació i s'han escampat arreu del món. A les Balears, la tradició popular ha conservat curosament aquest llegat, que ha estat recopilat pels folkloristes. D'entre ells destaca, per la magnitud i la qualitat de la seva obra, mossèn Antoni M. Alcover. Les rondalles d'Alcover, com hem sentit dir moltes vegades, han estat al llarg dels anys l'única lectura en llengua catalana a l'abast dels mallorquins. A través d'aquests llibres els qui ara són adults —i també els seus pares i avis— s'han familiaritzat amb la lectura d'una llengua que, si bé era d'ús quotidià a casa, es trobava bandejada de l'escola i del món de la cultura. Inicialment, el públic al qual anava destinat el recull no era específicament l'infantil. El mateix Alcover explica els seus objectius amb les paraules següents:

> «no l'he fet [l'*Aplech*] ab cap fi *tècnich ni exclusivament científich*, sinó ab un fi *patriòtich*. No he volgut fer cap obra p'els *folkloristes*, sinó p'el *poble mallorquí*. He fet mon aplech per amor a les mateixes rondalles, per salvarles del naufragi, de la desaparició, de l'oblit que les amenassava. Les he replegades, escrites y publicades per que poguessen tornar córrer entre la gent mallorquina: no la gent empiulada y de gran to, sinó la gent més senzilla y humil, que no té cap pretensió més que la de ser persones de bé, persones de ca-seua y bons mallorquins com els nostres progenitors. Per això he escrites les rondalles de manera que se puguen llegir en família y que puguen anar en mans de minyons y jovencells, no sollats encara del baf y mascara del mon.»[11]

Com podem veure, ens parla de «poble», de «gent», entre els quals inclou els infants, però no els ho adreça únicament ni prioritàriament a ells. L'anostrament dels reculls folklòrics per part dels infants —i com a conseqüència les posteriors edicions adaptades a joves lectors— és, però, un fet habitual i que no ens sorprèn. Sí que, en canvi, sorprèn l'absència gairebé total de publicacions per a infants a les Illes abans de la Guerra Civil, i més encara si la comparam amb la puixança de la literatura infantil i juvenil a la Catalunya d'aquells anys.

Jaume Bover, en un interessant article titulat «Per a una bibliografia de la literatura infantil a les Illes Balears», recull els títols publicats fins a 1979 i ens permet constatar la migradesa de la producció.[12] Aquesta escassesa ja havia estat comen-

11. ALCOVER (1931): «Com he fet mon Aplech de Rondaies Mallorquines» dins Zeitschrift für romanische Philologie, Halle 1931 (p. 94-11, v. LI). Ara a *Randa*, 14.- Barcelona 1983 (pp. 121-136).
12. Vegeu BOVER, J.: «Per a una bibliografia de la literatura infantil a les Illes Balears» a Maina, 0, Palma, 1979, pp. 56-59. Encara que l'autor diu que

41

tada per Jaume Garriga a un article titulat «Una aproximació a la literatura infantil a les Illes».[13] Quatre anys més tard, Gabriel Janer Manila presentà una ponència a les Primeres Jornades del Llibre per a Infants (Barcelona, 1981), amb el títol «El llibre català per a infants des de la perspectiva illenca»,[14] on explicava els entrebancs amb què topava la normalització lingüística, la insuficiència del decret de 1979 que regulava l'ensenyament del català a les escoles de les Balears i com tot això repercutia en la manca d'una literatura infantil i juvenil pròpia. En aquesta ponència destaca una frase: «L'actualitat, emperò, tot i essent problemàtica, és plena d'esperances».

D'aquestes esperances, en feia un inventari dos anys més tard Martí X. March quan, a la mateixa revista on havia aparegut el resum de la ponència suara citada, signava un article amb el títol «Els infants de les Illes a la recerca d'una literatura».[15] Tot i el cúmul d'interrogants sense resposta possible que l'autor plantejava en aquells moments sobre el futur d'aquesta literatura, ja es deixaven entreveure algunes dades que anaven poblant el desert dels anys anteriors. Martí X. March cita alguns autors, algunes col·leccions començades tímidament, la creació recent d'un premi, l'augment de vendes, etc. Tot són indicis que alguna cosa s'està iniciant.

---

ha realitzat la bibliografia amb un esperit orientatiu més que no exhaustiu, nosaltres creim que es tracta d'un recull força complet. Classifica la producció en:
    I. Ficció. Narrativa. Contes
    II. Rondalles
    III. Poesia
    IV. Teatre
    V. Còmics
    VI. Música
    VII. Les Illes Balears com a escenari
De la producció en català, a part de les rondalles, únicament en destaca alguna antologia poètica i alguna petita publicació de teatre popular.
    13. Vegeu GARRIGA, J.: «Una aproximació a la literatura infantil a les Illes» a *Lluc*, 613, Palma 1977, p. 16.
    14. Un resum d'aquesta ponència fou publicat a la revista *Lluc*, 698 (juliol-agost, 1981) pp. 12-13.
    15. Vegeu MARCH CERDÀ, M.X.: «Els infants de les Illes a la recerca d'una literatura» a *Lluc*, 712, Palma 1983, pp. 39-40.

El mateix autor, cinc anys després, escriu un article sobre el tema en una revista especialitzada anomenada *Faristol*, del Consell Català del Llibre per a Infants. Sota el títol «Elements per a l'anàlisi de la situació de la literatura infantil i juvenil a les Illes Balears», Martí X. March comenta de forma detallada la trajectòria de la literatura infantil illenca, no únicament des de la perspectiva d'obres i d'autors sinó en la seva dimensió com a fenomen cultural, social, educatiu i econòmic. No repetirem aquí els arguments que, de forma clara i precisa, exposa l'autor, però sí que volem comentar que concentra la seva exposició en dotze punts a través dels quals constata mancances i fites assolides. També posa de manifest l'estret vincle entre la literatura infantil i juvenil i la xarxa social sobre la qual aquesta es desenvolupa, i més en un lloc mancat de tradició en aquest sentit com són les Illes Balears.[16]

La nostra intenció és centrar-nos en l'estat actual de la qüestió i essencialment en la seva vessant literària.

• Quines són les característiques de la producció illenca del 1975 ençà: obres, autors, lloc d'edició, editorials, edats a les quals s'adreça, premis obtinguts, etc.

• Quins temes tracta?

• En quins corrents literaris s'insereix?

• Quines són les característiques dels principals autors?

Aquests són alguns dels interrogants que intentarem resoldre amb el present estudi, tot i que som conscients que no són els únics i que en queden encara molts per formular.

1. Característiques de la producció de literatura infantil i juvenil d'autor illenc (1975-1992)

A les pàgines anteriors hem pogut veure com, després del restabliment de la democràcia, la literatura infantil i juvenil a

---

16. Vegeu March Cerdà, M. X.: «Elements per a l'anàlisi de la situació de la literatura infantil i juvenil a les illes Balears» a *Faristol*, 7, Barcelona 1988, pp. 25-32.

les Illes parteix de zero, amb l'únic referent de les rondalles. El 1975 no es publica cap llibre infantil d'autor illenc, però aquest any és, malgrat tot, emblemàtic: es concedeix el prestigiós premi Josep M. Folch i Torres a l'obra *El rei Gaspar*, de Gabriel Janer Manila. El llibre es publicarà l'any següent a la col·lecció Els Grumets de La Galera i marcarà l'inici d'una nova forma de fer literatura.[17] Entre 1975 i 1986 la producció —amb la sola excepció de 1984—[18] és molt escassa i oscil·la entre 0 i 5 llibres anuals. En canvi, a partir de 1987 podem copsar un augment molt significatiu i la producció s'estabilitza en una mitjana de nou títols anuals. Però abans d'acabar l'any 1992 ja comptam amb una vintena d'obres publicades. És un augment espectacular, ja que es dobla la mitjana dels cinc anys anteriors.

Si sumam la producció entre 1976 i el 1992 obtenim un total de més de cent llibres signats per una trentena d'autors. Les especials característiques dels llibres per a infants afavoreixen d'alguna manera la figura de l'escriptor ocasional, en el sentit de persona que per una circumstància o l'altra produeix alguna obra infantil o juvenil, però que no s'hi dedica de forma continuada: autors que escriuen habitualment per a adults i que reben algun encàrrec, autors novells que proven sort amb algun premi i després no continuen, persones relacionades amb el món dels infants que escriuen a partir d'una necessitat o d'experiència determinada, etc... És per això que en aquest grup d'autors n'hi ha molts amb només una o dues obres publicades, encara que en algun cas es tracta de perso-

17. La importància d'aquest llibre com a fita simbòlica, la posa de manifest Martí X. March amb les paraules següents: «Caldrà esperar, per tant, fins a la dècada dels anys setanta per poder començar a parlar del sorgiment, de manera tímida, de la literatura infantil amb l'obra de Gabriel Janer Manila El rei Gaspar, una obra que no sols és el punt de partida de la literatura infantil a les Illes Balears, sinó que, a més, suposa l'inici, juntament amb altres autors i obres de Catalunya, de la narrativa infantil i juvenil catalana moderna. A partir d'aquest moment, comença de manera lenta el camí de la literatura infantil a les Illes.» *Op. cit.*, p. 27

18. Cal tenir en compte que el 1984 el Consell Insular de Menorca inicia la col·lecció «Pou de Torn» de relats tradicionals posats a l'abast dels infants i aquest any se'n publiquen tres.

nes joves que tenen l'obra per fer. En realitat, el gruix de la producció es reparteix bàsicament entre set autors: Gabriel Janer Manila, Miquel Rayó i Pere Morey són els tres autors més prolífics i reconeguts, amb un dedicació més sistemàtica. Per la seva banda, Elisabet Abeyà, Miquel Ferrà, Eusèbia Rayó i Pau Faner han publicat sobretot aquests últims anys i no tenen una producció tan nombrosa. De les característiques de llurs obres en parlarem més endavant, en veure quins temes tracten i en quins corrents s'insereixen.

Una altra dada que ens interessa per veure com s'articula la producció és el lloc d'edició i les editorials on publiquen els nostres autors. Indiscutiblement, el centre editorial és Barcelona. En aquesta ciutat s'han publicat més del 50% de les obres d'autor illenc, a molta distància segueix Palma —devers un 20%— i la resta es distribueix de forma puntual entre Maó, Eivissa i Madrid. Algun llibre és publicat en un municipi concret per la relació que hi mantenen l'obra o l'autor.[19] Cal remarcar que només una obra és publicada a València —*Una veu del passat* d'Eusèbia Rayó— i això ens fa pensar en la necessitat d'intensificar els lligams culturals que ens uneixen amb el País Valencià. Pel que fa a les editorials, hem de dir que hi ha prou varietat –el centenar de llibres es reparteixen entre una trentena d'editorials— però gran part de la producció s'agrupa entorn de dues empreses editorials de reconegut prestigi i tradició: La Galera de Barcelona i Moll de Palma. A molta distància trobam Cruïlla, l'Abadia de Montserrat i Cort. Hi ha també les publicacions de caràcter institucional: dues col·leccions del Consell Insular de Menorca i alguns llibres del Govern Balear.

El fet de publicar sobretot a Barcelona —i en editorials capdavanteres en el món de la literatura infantil a l'estat espanyol— posa de manifest que els nostres autors tenen un nivell de qualitat remarcable i que el seu públic no se circumscriu

19. És el cas de les *Llegendes de les terres de Lluc* de Gabriel Janer, publicades a Lluc; de *Dia D a Santa Ponça*, de Pere Morey, editat per l'Ajuntament de Calvià; de *L'estel de foc* de M. Victòria Secall, publicat a Pollença i d'algunes altres obres.

únicament als infants i als joves de les Illes, sinó que interessen també a l'altra banda de la mar. Això no vol dir que els vincles entre els autors i el seu entorn cultural i humà no siguin importants i presents a les obres que escriuen, sinó que saben trobar el to adequat per transcendir els límits de les Illes. És a dir, no ens trobam davant d'una literatura provinciana i regional, sinó d'una producció apta per a múltiples públics, fet que, d'altra banda, es fa prou palès en les traduccions. Efectivament, alguns dels autors que hem destacat tenen algunes de les seves obres traduïdes a altres llengües, tant de l'estat espanyol com d'altres indrets.

Però, en general, a quin públic s'adrecen? A quines edats van destinades les obres d'aquests autors?

La producció més rica i més unitària quant a temàtica, tipologia, qualitat, etc. és indiscutiblement la que es dirigeix a la franja d'edat entre 10 i 14 anys, que abraça gairebé la meitat de la producció. Són contes llargs o bé novel·les curtes les característiques de les quals analitzarem més endavant.

En canvi, hi ha pocs autors que es dediquin de forma més o menys continuada a les primeres edats lectores —entre 6 i 10 anys—. Concretament, pel que fa a la producció per a nins entre 6-8 anys, podem destacar únicament l'obra d'Elisabet Abeyà. La resta és molt dispersa, irregular i sovint té un valor únicament anecdòtic. En realitat, això mateix ocorre a tot el conjunt de la producció catalana d'aquests anys i no és només un problema de manca d'autors. Els costos d'edició de llibres per a aquestes edats són molt elevats –il·lustracions, materials més resistents, colors, etc.— i per això és més fàcil que les editorials es dediquin a produir llibres en format de butxaca, sense colors, amb poques il·lustracions, etc., més adients per a infants més grans. El mercat es cobreix en gran part amb traduccions de les quals l'editor n'adquireix els drets quan ja sap que han tingut èxit a un altre país i amb unes condicions que li resulten econòmicament més favorables. També és molt escassa la producció illenca per a joves de més de catorze anys, contràriament al que passa al Principat, on aquests últims anys s'han publicat una gran quantitat de llibres per a adolescents que s'han difós, bàsicament, a través dels instituts de secundària. Entre la producció illenca no en trobam més de mitja dotzena.

Un altre capítol que cal tenir en compte és el dels premis. En una literatura que viu un procés de recuperació com és la catalana, els premis són importants pel que poden aportar com a descobriment de nous valors i com a reconeixement de la tasca realitzada. Entre el centenar de llibres que comentam hi ha 23 premis –algunes obres doblement premiades—, amb guardons tan prestigiosos com el Folch i Torres, el Guillem Cifre de Colonya, el Nacional de Literatura, el de la Generalitat de Catalunya o el Joaquim Ruyra. Aquesta quantitat de premis palesa el reconeixement de les obres dels nostres autors més enllà de les Illes.

## 2. Periodització

El crític Francesc Cubells, en una conferència pronunciada a Palma el 1984, classificava la producció de literatura infantil i juvenil occidental dels darrers trenta anys en tres grans períodes:

«La dècada de 1955 a 1965 està caracteritzada per la importància que adquireix el grup de nois com a protagonista col·lectiu de novel·les i narracions infantils. La dècada de 1965 a 1975 se significa com la »dècada de la contestació«. En els cinc darrers anys s'acusa una preocupació creixent pels problemes ecològics.» [20]

El mateix autor remarcava que aquesta periodització s'adaptava a la producció catalana, però amb un cert retard «com a conseqüència de la repressió de què fou víctima la nostra llengua». Però, s'adapta al cas concret de la producció illenca? La veritat és que no i explicarem el motius que, al nostre parer, en són la causa.

20. Vegeu Cubells, F.: «El llibre català per a infants i adolescents: evolució i tendències» a *Lluc*, 718, 1984, p. 19.

Els anys 1955-65 són els d'auge i difusió dels llibres de co-lles, obres que tenen el grup de nins com a protagonista i que solen plantejar petits conflictes puntuals que es resolen grà-cies a les capacitats i a la bona sort d'aquests infants. En gene-ral, la realitat és presentada a través d'un prisma força idealit-zat i es posa l'accent en el valor del diàleg, la tolerància i l'altruisme. A la literatura catalana, aquest tipus de llibre és molt habitual a la dècada dels setanta,[21] però no trobam cap llibre d'autor illenc que respongui a aquestes característiques, molt probablement perquè quan s'inicia la producció dels nostres escriptors aquest model ja es troba força superat. Pot-ser l'única excepció és la novel·la *Les ales roges* de Miquel Rayó —que fou publicada el 1988— i encara amb reserves, ja que no es tracta d'una colla sinó d'una parella de nins i el pes de l'obra recau essencialment en la denúncia ecològica.

Tampoc no tenim cap llibre de creació publicat al llarg de la dècada 1965-75[22] —la dècada de la crítica social—, però sí nombroses obres que critiquen la realitat social publicades a partir de 1976 i fins a l'actualitat. El nostre autor més emble-màtic —Gabriel Janer Manila— denuncia sistemàticament a les seves obres l'estructura, els paranys i les convencions d'u-na realitat social plena de mancances i de contradiccions, pe-rò ho fa a través de la fantasia, de la descoberta imaginativa, del joc poètic, des de l'estètica del llenguatge i l'ètica dels sen-timents. Les seves obres no pertanyen ni al realisme idealitzat ni al realisme crític, tampoc no suren únicament en el món de la fantasia sinó que formen part d'allò que algú ha anomenat realisme fantàstic. Perquè Gabriel Janer té sempre ben pre-sent la realitat de la fantasia i la dimensió fantàstica de la rea-litat.

21. Se sol considerar *El zoo d'en Pitus* (1966) de Sebastià Sorribas, com l'i-niciador d'aquest corrent. Encara avui aquest tipus de llibre es continua pu-blicant i té èxit de públic.

22. Cal matisar aquesta afirmació: el 1965 es publica *Na Verda Verdeta*, de Menchu Echeto, que és una adaptació d'un conte basc i el 1969 la menorqui-na Pilar Benejam publicà *Si bufa es vent*, obra de caràcter didàctic. Ni una ni l'altra poden ser considerades pròpiament literatura de creació.

La crítica social d'aquest autor abraça un ampli espectre de problemes individuals, socials i culturals: l'emigració a *El rei Gaspar* (1976) i *La serpentina* (1983), la violència a *Les aventures d'en Pere Pistoles* (1981), la manca de llibertat i la lluita pel poder a *El corsari de l'illa dels Conills* (1984), *Diumenge, després de lluna plena* (1983), *Diu que n'era un rei* (1988) i *Arlequí, el titella que tenia els cabells blaus* (1989), entre d'altres; les dificultats de comunicació en les relacions humanes a *Tot quan veus és el mar* (1987), la discriminació racial, l'explotació, la droga a *El Palau de Vidre* (1989) i l'experimentació amb animals a *Els rius de la lluna* (1991).

Altres autors també trameten un missatge de crítica: l'immobilisme de la institució escolar a *Històries per no anar mai a l'escola* (1984) de M. López-Crespí, els maltractaments cap als animals a *Les aventures d'en Tres i Mig* (1989) de Pere Rosselló, el sexisme a *Escac a la princesa* (1989) d'Eusèbia Rayó i l'explotació dels humils per part dels poderosos a *El llaüt de vela negra* de Pere Morey (1989), que es posa de manifest en el següent fragment:

«Qualsevol dia això farà un esclafit; els nobles són com la mar, que com més té més brama i mai no s'aconhorten amb tot el que ja han arreplegat. I es rics no són com es pirates moros, que just vénen en s'estiu; es senyors són aquí tot l'any, i vénga xuclar com ses paparres.» pàg. 46

La dècada de 1975 a 1985 és la que Francesc Cubells qualifica d'ecològica. En realitat la denuncia ecològica seria una forma concreta de crítica social, una crítica a la pressió de l'home sobre la natura i un intent de provocar una resposta conservacionista abans que sigui massa tard. Amb la progressiva normalització cultural del país i de la producció de literatura infantil i juvenil, aquest cop sí que els nostres escriptors tracten aquests aspectes al mateix temps que ho fan els de fora.

La problemàtica ecològica en els llibres per a infants i joves sovint es planteja des de dos enfocaments diferents. L'enfocament realista, on l'autor planteja un problema concret i explica les accions que cal dur a terme per resoldre'l: salvar un bosc, impedir una urbanització, evitar la contaminació d'un indret, salvar uns animals en perill, etc. i l'enfocament fantàstic, on la problemàtica ecològica és tractada de forma global i en clau simbòlica. Al primer grup pertanyen les *Rondalles pels qui les saben totes* (1981) de Pere Morey i *Les ales roges* (1988) de Miquel Rayó, ambdues obres —encara que molt diferents entre si— situen l'acció a llocs concrets del nostre litoral i tracten el tema de la «balearització». En el segon grup cal destacar la bellíssima al·legoria d'*El raïm del sol i de la lluna* (1983) i la narració *Eh, vellmarí!* (1991), l'una i l'altra de Miquel Rayó. De fet, aquest autor tracta el tema ecològic a totes les seves obres, amb una sensibilitat extraordinària.

## 3. Gèneres i tendències

Un altre aspecte interessant és el punt on se situa l'autor a l'hora de fabular, l'elecció entre narrar una història dins coordenades realistes, fantàstiques o en una combinació on món real i món imaginari s'entrunyellin. Encara que al llarg de la història de la literatura per a infants podem trobar que ha predominat una o altra forma, el cert és que sempre han coexistit aquestes tres possibilitats d'encarar la narració de fets imaginaris. Recordem el realisme meticulós de *Robinson Crusoe* (1719), la fantasia desbocada de les peripècies dels *Gulliver's Travel* (1726) o el delicat joc entre fantasia i realitat present a *Nussknacker und Mausekönig* (1816). També trobam les tres opcions en la narrativa que analitzam.

A l'opció realista, hi ha els relats de vida quotidiana i els d'aventures. Entre els primers cal situar les petites narracions de fets quotidians adreçades a les primeres edats lectores: *Què seré quan sigui gran?* (1987), *Estimat avi* (1990), *Regal d'aniversari* (1992), etc. d'Elisabet Abeyà, alguns relats diversos i una novel·la per a adolescents, que pot ser qualificada de *bildungsroman*: *L'Estret del Temps* (1990) de Pere Pons. Entre les narracions d'aventures podem fer dos grups: les de tema històric i les de misteri. Les narracions de caràcter històric per a nins i joves han tingut una transcendència significativa a la literatura catalana a causa de les especials circumstàncies polítiques del país, que ha patit una ocultació sistemàtica de la seva història a l'escola i, com a conseqüència, un desconeixement total entre les noves generacions. Aquesta mancança ha estat, en part, coberta per la proliferació de novel·les històriques que, a partir de fets i dades reals combinats amb altres d'imaginaris, donaven a conèixer als joves una part de la nostra cultura. A les Illes hi ha alguns autors que fan novel·la històrica, encara que cada un d'ells amb un accent molt personal: Pere Morey, Miquel Ferrà i Eusèbia Rayó.

La prehistòria mallorquina, tractada amb una bona dosi d'humor i d'ironia, i també amb un to de reivindicació nacionalista, és present a *Les pedres que suren* (1984), *L'anell de Boken-Rau* (1989) i *L'anell de Boken-Rau* II (1993) de Pere Morey. Des d'una altra òptica i més com a rerefons que com a tema, la retrobam a *Una veu del passat* (1990) d'Eusèbia Rayó. La peripècia dels illencs al Nou Món al llarg dels anys de colonització és la base històrica sobre la qual es basteixen les narracions de *Catalan Western* (1982). L'amenaça constant de pirates barbarescs que assaltaven les viles properes a la costa mallorquina és novel·lada a *El llaüt de vela negra* (1989) de Pere Morey i a *La madona del mar i els pirates* (1989) de Miquel Ferrà.

El gènere negre té un sol conreador entre els escriptors mallorquins que adrecen la seva obra als joves. És també Pere Morey. Petites novel·les de misteri i humor, sempre relacionades amb Mallorca, que trenquen d'alguna manera amb les constants del gènere, sobretot pel to bonhomiós que s'hi respira. Podem destacar *Operació Verge Negra* (1987), *Però tu... no eres mort?* (1989) i *Mai no encalcis un cec a les fosques* (1990).

Més abundants són les obres que podem classificar com a fantàstiques. Les accions transcorren en una altra realitat diferent de la normal, on tot és possible: hi habiten els éssers fantàstics, els animals i les plantes parlen, la imaginació es destrava i les accions més prodigioses esdevenen habituals. En aquest grup destaquen les obres que refonen els elements propis de les rondalles populars, una tendència molt important a la literatura catalana des de 1980 i que enllaça amb una nova manera de valorar les relacions de l'home amb l'herència tradicional i la naturalesa. Dèiem, al principi d'aquest estudi, que les rondalles han tingut una presència constant entre els mallorquins i que per a molts d'escriptors actuals varen ser les úniques lectures en la llengua pròpia. Doncs bé, aquesta herència ha fruitat en un conjunt d'obres que renovellen la tradició i l'omplen de continguts actuals, que juguen amb el llenguatge popular, amb els personatges i les històries, però no per desmitificar-los ni reduir-los a caricatures de dibuixos animats sinó per recrear-los i omplir-los de nova força. En aquesta línia cal destacar la magnífica trilogia de Miquel Rayó formada per *El raïm del sol i de la lluna* (1983), *El secret de la fulla d'alzina* (1985) i *La bella ventura* (1986), on s'entremesclen i es retroben els personatges de les rondalles mallorquines, els vells mites mediterranis i les fantasies del món cèltic. Però també el ressò de les rondalles es deixa sentir a *Diumenge, després de lluna plena* (1983) de Gabriel Janer, l'*Alquímia del cor* (1987) d'Eusèbia Rayó, *La bruixa que va perdre la granera* (1985) d'Elisabet Abeyà i molts d'altres.

L'opció del realisme fantàstic, entesa com el tipus de narració on es parteix d'un temps i d'un espai real però que –sense sortir-se'n totalment— inclou elements meravellosos o màgics, també és usada per alguns autors mallorquins, entre els quals destaca –com ja hem tengut ocasió de constatar— Gabriel Janer Manila. Aquesta opció és la que més clarament s'adiu amb el concepte que té l'autor de la literatura i de la societat, una literatura que neix de la realitat i la transforma. La paraula i el relat són com un joc de transgressions. Teresa Duran ho explica amb aquestes paraules:

«Corresponen [els àmbits de la seva obra narrativa] a un anhel intern de l'autor per desxifrar una realitat que el neguiteja i preocupa, davant de la qual no vol permetre's el luxe de defugir-la, ni tampoc d'acceptar-la sense més, sense lluita. No la defuig, l'accepta però la transforma. La redimensiona des del punt de vista de la pròpia percepció subjectiva. La trascendeix. Hi aporta allò que no és aparent, que no és concret, que no és real, però que és autèntic, com és autèntica la poesia, la màgia, la follia, la transgressió, la revolució, l'ésser humà.» (DURAN, 1991: 46)

Aquesta transformació de la realitat que omple de poesia —i a vegades també d'humor, d'absurd, de complicitat amb el lector— les obres de Gabriel Janer es podia copsar al seu primer llibre publicat: *El rei Gaspar* (1976). També és present a les obres per als més petits —com és ara *La finestra* (1988)—, a les dirigides a joves i adults —*Violeta o el somriure innocent de la pluja* (1988) n'és un bon exemple—, a les obres de narrativa i a les peces teatrals —tal és el cas de *La princesa embruixada* (1981) o *El corsari de l'illa dels Conills* (1984). Però on potser arriba a un grau més alt d'imbricació entre fantasia i realitat, fins arribar a confondre el lector en un laberint de miralls que reflecteixen la realitat i la follia, és a *El Palau de Vidre* (1989), la trista i bella història que té la solitud i la marginació com a tema i un llenguatge exquisit i poètic com a matèria. En aquesta obra, el qualificatiu de realisme fantàstic pren tot el seu sentit, perquè hi són presents les lacres més reals i punyents de la nostra societat i es donen la mà amb les fantasies més belles de l'home, en un binomi indestriable i colpidor.

Altres autors també poden ser inclosos en el corrent de realisme fantàstic. Aquest és el cas de Pere Pons amb *Didal, didalet, didaleta* (1991), M. de la Pau Janer amb *L'illa d'Omar* (1989) o *El mandarí i jo* (1992) de Rosa-Maria Colom.


4. TEMÀTICA

Encara que quan hem parlat del períodes i de les tendències ja hem apuntat algunes dades sobre la temàtica de les obres que analitzam, ho hem fet des del punt de vista del període on apareixen o del gènere en el qual s'incloauen. Ens manca un comentari global dels temes més habituals a la literatura infantil i juvenil de les Illes.

Un cop feta l'anàlisi ens adonam que el tema que apareix més sovint és el de la superació de problemes personals d'un infant o d'un adolescent, que és sempre el protagonista del relat. És, en realitat, el tema de la creixença. Aquest motiu, el trobam tractat a tot el ventall de la producció, des de llibrets per a infants molt petits —com és ara *Estimat avi* (1990) d'Elisabet Abeyà— fins a novel·les per a adolescents —com *L'Estret del Temps* (1990) de Pere Pons. La problemàtica es concreta de manera diferent a cada obra: el sentiment de culpa per un accident a *El mandarí i jo* (1992) de Rosa M. Colom, la creació d'un món personal com a resposta a una realitat adversa a *Tot quan veus és el mar* (1987) de Gabriel Janer, l'enyorament a *Miquelet, el futbolista* (1992) de Ponç Ponç, la tristesa a *Ses ganes de riure* (1985) de Pau Faner, la necessitat de cercar el propi camí i construir-se el futur a *La bella ventura* (1986) de Miquel Rayó i *Una veu del passat* (1990) d'Eusèbia Rayó, la rebel·lió enfront d'imposicions absurdes a *Escac a la princesa* (1989) de la mateixa autora, etc.

En segon lloc trobam el tema del dret a la llibertat, una llibertat que sempre cal conquerir a través de l'enfrontament amb el poder, sovint desdibuixat en el relat, que basa la seva força en l'opressió, la ignorància i la violència. La lluita sempre s'estableix pel camí de l'enginy, la perseverança i la fantasia. És el vell ensenyament de les rondalles que pren noves formes en el textos actuals. Aquest tema és sobretot present a les obres de Gabriel Janer: el rei empresonat al seu propi palau a *Diu que n'era un rei* (1988), el titellaire obligat a callar a *Arlequí, el titella que tenia els cabells blaus* (1989), el dret a ser diferents a *La princesa embruixada* (1981), el somni i la follia com a únic camí per escapar de l'opressió a *El Palau de Vidre* (1989), etc. Però també el retrobam en la dimensió arquetípica de lluita del bé contra el mal a *El raïm del sol i de la lluna* (1983) i *El secret de la fulla d'alzina* (1985) de Miquel Rayó, o —des d'una òptica més realista— en la lluita contra els invasors a *Les pedres que suren* (1984) o *El llaüt de vela negra* (1989) de Pere Morey.

La temàtica ecològica se centra bàsicament en la relació

de l'home amb els animals, en la captivitat a què els sotmet i a les diverses formes d'explotació: els animals de laboratori a *Els rius de la lluna* (1991) de Gabriel Janer, la caça de còndors a *En Tupac i els fills del sol* (1989), els animals que malviuen als circs a *Eh, vellmarí* (1991) ambdós de Miquel Rayó, els maltractaments als gossos a *Les aventures d'en Tres i Mig* (1989) de Pere Rosselló, la venda d'animals exòtics a *Es peixet des riu verd* (1992) de Iolanda Bonet, etc. Curiosament, a un lloc com les Illes, on la construcció indiscriminada ha destrossat bona part del paisatge natural, la problemàtica ecològica que aquest fet genera només ha estat tractada directament a dues obres: *Rondalles pels qui les saben totes* (1981) de Pere Morey i *Les ales roges* (1988) de Miquel Rayó.

Finalment, trobam un altre tema força habitual en les narracions per a joves: l'amor. Aquest sentiment és tractat als llibres d'autors illencs de forma molt diversa. A l'obra de Gabriel Janer trobam moltes classes d'amor, entès, però, sempre com una força que empeny a continuar l'aventura de la vida: l'amor entre animals destinats des del naixement a no conèixe'l dóna peu a la bella història de la formiga enamorada protagonista de *La perla verda* (1990); l'amor difícil entre una prostituta i un mariner ple de cabòries apareix a *Violeta o el somriure innocent de la pluja* (1988); estimar com una forma d'entendre el món és el que fa la protagonista de *Com si els dits m'haguessin tornat cuques de llum* (1979); la lluita contra el poderós per tal de rescatar l'amor robat apareix a *Diumenge, després de lluna plena* (1983), a *El corsari de l'illa dels conills* (1984) i a *Les aventures d'en Pere Pistoles* (1981).

Altres autors també el tracten: l'amor que venç convencions i prohibicions —entre una al·lota jove i un home adult— apareix a *La madona del mar i els pirates* (1989) de Miquel Ferrà; el primer amor a *L'Estret del Temps* (1990) de Pere Pons i el tema de l'al·lota enamorada d'una altra al·lota és tractat amb una extraordinària sensibilitat a *Una veu del passat* (1990) d'Eusèbia Rayó.

## 5. Estil

Ens cal parlar, també, del llenguatge que utilitzen els nostres autors. És clar que cada autor té un estil propi i que l'ús que fa del llenguatge té a veure amb el tipus d'obra que escriu en cada moment. Cada escriptor hauria de ser, en aquest aspecte, analitzat per separat i això depassa les possibilitats i les intencions d'aquest estudi.

Podem, però, marcar algunes línies generals, alguns trets que els singularitzin de la resta d'autors de llengua catalana? En fer aquesta reflexió topam altra vegada, inevitablement, amb les rondalles de mossèn Alcover. La riquíssima prosa alcoveriana deixa sentir la seva influència en nombroses obres dels nostres autors, sobretot en les publicades al llarg de la dècada 1976-1986. Sovint és un homenatge que l'autor —de forma ben conscient— fa a aquestes històries que tant l'atrauen. Així ho ha manifestat, per exemple, en moltes ocasions, Miquel Rayó. En altres casos és una forma de narrar, ja interioritzada, que es traspua l'herència rondallística. Vegeu-ne un exemple:

«En un no res, mentre el vell sonava el flaviolet, l'entorn de l'obelisc s'omplí d'esbarts innombrables d'aucells. Hi havia virots i nonetes, rupits i voltors; mèrleres i pinsans; moixetes, cegues, cegalls, passa-foradins, ferrerics, butxaquetes, menja-mosques, gavines, busquerets, coa-roges; becassinetes, valones, cames de jonc, flamencs..., i tants i tants que quasi no hi cabien, en aquell tros de cel [...]
Totes aquelles ales, alones, alasses i alarrines feien una remor eixordadora i imponent, corprenedora. I movien tant d'aire, que la columna començà a engronxar-se de bell nou amb unes cimades ben fortes.»[23]

L'ús d'un llenguatge que —d'una forma o l'altra— es pot relacionar amb el propi de les rondalles també es manifesta a les obres de Gabriel Janer, Eusèbia Rayó, Maria de la Pau Ja-

23. Rayó, M.: *El raïm del sol i de la lluna*, Barcelona 1983, p. 75.

ner, Guillem d'Efak, a la sèrie *Rondalles...* de Pere Morey i als contes fantàstics d'Elisabet Abeyà, encara que aquesta autora en fa una depuració i usa les formes més senzilles i assequibles als petits.

Cal destacar, també, la dimensió poètica del llenguatge que usen alguns dels escriptors illencs. En aquest sentit destaca extraordinàriament la prosa, gairebé poètica i sempre plena de belles imatges de Gabriel Janer. Vegem-ne un exemple:

> «L'apassionava observar detingudament el jardí, de matinada. Des de la finestra, el jardí de palau. La frescor de la nit aviva les fulles de les plantes.
>
> — El meu jardí és bell i tranquil —assegurava el príncep—, amb arbres que floreixen tots els matins, i ocells pintats, i nenúfars de seda... El meu jardí és un paradís blau.
>
> Des de la finestra —un finestrell enreixat de tres pams— observava el seu jardí particular, el príncep de Montverd, i sentia que li creixien al cor, els ocells, i els arbres, i la seda dels nenúfars... De sobte els arbres escampaven les branques i les fulles creixien en les venes del príncep. Els ocells s'enamoraven sota la seva pell.»[24]

El mestratge de Gabriel Janer es deixa sentir en la prosa d'altres autors que començaren a escriure anys més tard, especialment Miquel i Eusèbia Rayó i també M. de la Pau Janer. En ells destaca el gust per un llenguatge acurat, a frec de poesia, encara que Miquel Rayó sovint hi aporta un to més humorístic.

L'estil de Pere Morey és molt personal. Sol usar un llenguatge original que combina expressions plenes de modernitat amb altres tradicionals i pròpies de les Illes. Contínuament s'adreça de forma directa o indirecta al lector i estableix un joc de complicitat amb ell amb al·lusions o paràfrasis de fragments literaris, eslògans publicitaris, cançons, etc.

En resum, podem dir que hi ha tres línies dominants en el llenguatge dels nostres autors: la presa de la tradició popular

---

24. JANER, G.: *El palau de vidre*, Barcelona 1988, p. 9.

—i especialment d'Alcover—, la de to líric i la més acostada a la parla quotidiana, menys preocupada per la funció estètica i més centrada en la comunicació directa o el to humorístic. Les tres línies, però, tot i que són predominants en un autor o l'altre, s'entremesclen sovint segons el to del relat.

## 6. PROJECCIÓ

Per acabar, ens cal parlar de la projecció d'aquesta literatura, —i de tota la literatura infantil i juvenil en general—, sobre el públic lector. L'exposició anterior ens pot haver menat a la construcció d'una imatge excessivament optimista. Tanmateix és cert que —tot i que hi ha autors i obres mediocres i també edicions que no arriben al mínim de qualitat exigible— en aquests moments la producció dels autors illencs és d'una qualitat i d'una quantitat molt remarcables, sobretot si tenim en compte que es partia de zero i que aquestes fites s'han assolit en pocs anys. Les mancances, però, hi són i intentarem explicar-les breument:

• Manca formació sobre literatura infantil als professionals en contacte directe amb els nins —mestres i bibliotecaris— i informació als pares.

• Com a conseqüència d'això, es fa un ús a vegades empobridor i contraproduent de la literatura a l'escola. La lectura és presentada com una tasca escolar més, que s'instrumentalitza com a vehicle de continguts. Això dificulta la vertadera formació de l'hàbit lector entre els infants i els joves.

• Tot i que els últims anys ha crescut extraordinàriament el nombre de biblioteques a les Illes, no sempre el fons ni l'ús que se'n fa és l'adequat.

• La política institucional pel que fa a aquest tema és descoordinada, inconnexa i es limita a fets puntuals mancats de continuïtat: dotació de fons inadequats a les escoles, subvencions sense criteri, etc.

Pensam que la clau per resoldre aquests problemes rau en la formació i la conscienciació dels professionals que han de treballar a l'escola i a les institucions. Fa alguns anys, des de la Universitat de les Illes Balears ja es treballa en aquesta línia. A hores d'ara, la literatura infantil i juvenil és objecte d'estudi per part dels alumnes de l'escola de Magisteri i del Departament de Ciències de l'Educació, es realitzen treballs d'investigació, es convoquen Jornades, s'imparteixen cursets i seminaris, etc.

A poc a poc anam assolint les fites necessàries per tal que la literatura infantil a les Illes –sense deixar de ser un bell somni— es converteixi en una realitat. En una realitat atractiva i engrescadora per als nostres infants, on el joc de les paraules que transmeten emocions —sons i colors, olors i il·lusions— sigui jugat, amb tot el plaer i l'alegria que el joc comporta, per tots.

# 4. LA LITERATURA INFANTIL I JUVENIL A LES ILLES BALEARS (1993-1998)[25]

El 1992 vaig publicar a la revista *Lluc* un article titulat «La literatura infantil i juvenil a les illes Balears des de 1975». Hi feia un repàs cronològic de la producció i un comentari de la temàtica i les tendències que conformaven el que podem anomenar la literatura moderna per a infants a les illes Balears. Partíem de la inexistència d'una tradició mínimament consolidada en llibres per a infants i el nostre únic referent —això sí, riquíssim— eren les rondalles aplegades i reelaborades per en Jordi des Recó. Del 1976, any en què Gabriel Janer Manila guanyà el premi J. M. Folch i Torres amb *El rei Gaspar* fins al 1992, hi ha setze anys de creixement i desenvolupament d'aquesta literatura: una considerable nòmina d'escriptors, alguns premis, il·lustradors, algun editor, el tímid suport institucional, jornades d'anàlisi i debat, augment espectacular del nombre de lectors gràcies a l'ensenyament del català a l'escola, etc. conformen un innegable avenç que ens va fer passar del no-res a un panorama força actiu i engrescador, tot i que amb mancances evidents. En rebre de la revista *Serra d'Or*

---

25. Article publicat a *Serra d'Or*, 468 (desembre 1988), Barcelona.

l'encàrrec d'elaborar un article sobre la nostra literatura infantil, la meva opció ha estat reprendre l'anàlisi en el punt en què la vaig deixar el 1992 i —aplicant el mateix esquema de l'article esmentat— comentar quines han estar les aportacions d'aquests últims cinc anys.[26]

## 1. Característiques de la producció de literatura infantil i juvenil d'autor illenc (1993-1998)

En repassar la llista de llibres publicats pels nostres autors al llarg d'aquests anys una cosa se'ns fa evident: entre el 1993 i el 1995 la producció assoleix un ritme d'edició alt, que supera els 15 títols anuals de creació, a més d'adaptacions de rondalles populars i llibres d'assaig sobre el tema. En canvi, a partir del 1996 hi ha una davallada que es fa més evident els dos anys següents fins arribar als únicament tres o quatre títols publicats entre l'abril de 1997 i el de 1998. El temps haurà de dir si es tracta d'una reducció conjuntural o de l'estabilització després d'una mena de *boom*. Tanmateix, més de cinquanta llibres de creació en cinc anys em sembla una mitjana força elevada per al nostre territori.

Si ens fixam en les característiques d'aquests llibres en podrem treure algunes observacions interessants. La nòmina d'autors i autores és extensa i està formada, d'una banda, per escriptors ja plenament reconeguts en aquest camp: Gabriel Janer Manila, Miquel Rayó i la seva germana Eusèbia, Pere Morey, Elisabet Abeyà, Pau Faner, etc. De l'altra, alguns autors que començaren a publicar a principis dels noranta van consolidant la seva producció, la qual cosa es tradueix en la publicació d'un nombre considerable de títols i en l'obtenció de premis. És el cas de Rosa M. Colom, Pere Pons i el menorquí Ponç Pons. Finalment, hi ha una llarga llista dels que podríem anomenar autors ocasionals que publiquen una o dues

26. Per a la producció 1975-1992, vegeu l'article citat a *Lluc*, núm. 770, setembre-octubre 1992.

obres i que escriuen per a infants i joves de manera esporàdica: Miquel Àngel Lladó, Pep Lluís Bonnín, Pere Font, Joana Lladó, Joana Serra de Gayeta, etc.

Pel que fa al lloc d'edició, el centre continua essent Barcelona. Hi publiquen majoritàriament els autors més coneguts i consolidats, i ho fan en editorials capdavanteres: La Galera, Cruïlla, La Magrana, etc. Els nostres autors, però, no publiquen gairebé mai en editorials valencianes, cosa que evidencia una mancança en els lligams culturals entre el País Valencià i les Balears. Cal destacar en aquests anys la tasca continuada de l'Editorial Moll —sobretot en materials derivats de les *Rondaies Mallorquines* d'Alcover—,[27] la creació de la col·lecció Vell Marí de l'Editorial Cort que —especialment durant els anys 93-94— publicà un nombre considerable de títols, i l'esforç de les editorials eivissenques Res Pública i Mediterrània, que —en edicions acurades— publiquen contes molt arrelats a Eivissa, tant pel contingut com per la modalitat lingüística. Tanmateix, en general la producció illenca no es pot qualificar d'excessivament localista i els llibres escrits pels nostres autors poden interessar —i de fet interessen— a lectors de tot el domini lingüístic.

En el capítol dels premis hi ha poques novetats. La permanència del premi Guillem Cifre de Colonya, avui ja plenament consolidat i amb prestigi, que compta amb alguns dels títols més significatius de la nostra literatura i el premi Ciutat d'Eivissa, publicat de manera atractiva però molt desigual quant a qualitat literària. Els nostres autors segueixen essent premiats fora, encara que potser no tant com anys enrere. Les institucions, que abans editaven alguns títols isolats, sortosament han abandonat aquesta pràctica en favor de la tasca dels editors i han canalitzat els seus ajuts de forma més racional.

Fa cinc anys apuntàvem que la majoria de llibres publicats

---

27. Cal destacar la creació de la col·lecció Tirurany, formada per dotze rondalles adaptades per autors mallorquins i il·lustrades per artistes innovadors, amb l'objectiu de fer arribar d'una manera moderna i atractiva aquestes narracions tradicionals als lectors d'avui.

pels autors illencs anaven adreçats a la franja d'edat dels 10-14 anys, en detriment dels lectors més menuts i dels adolescents. Hores d'ara podem constatar que si bé per a més petits seguix havent-hi poca producció[28] ha augmentat tímidament el nombre de llibres per a joves lectors, amb una qualitat sovint molt elevada. En aquest grup hi podem incloure títols com *Han cremat en mar* (1994) i *El terror de la nit* (1995) de G. Janer Manila, *Crispetes per a la Norma Schweizer* i *A la tele, poseu-li faldilles!* (Pere Pons, 1995) i *Contraban* (1995) de Miquel Rayó.

## 2. GÈNERES I TENDÈNCIES

Parlar de literatura infantil i juvenil és parlar, gairebé en exclusiva, de conte i novel·la. La poesia i el teatre, gèneres minoritaris a la literatura d'adults, són veritablement una raresa en els llibres per a joves. Poca producció, poc volum d'edició, poques vendes i pocs lectors, en un cicle tancat, com el peix que es mossega la cua. Podem parlar, només, d'excepcions que confirmen la regla. En aquests anys tenim constància únicament de la publicació d'una selecció de poemes de Josep M. Llompart (*Camins*, 1993), un llibret en vers de Ponç Pons (*El vampiret Draculet*, 1994) i tres obres de teatre, dues d'elles adaptacions.[29] Seria desitjable que augmentés la producció en aquest camp i, sobretot, que treballéssim per introduir els infants i joves a la lectura poètica i també per fer del teatre un producte cultural de consum habitual i no esporàdic com és ara.

El conte i la novel·la, en canvi, presenten una gran varietat de temes i tendències i van adreçats a un ample ventall d'e-

28. Hauríem de citar alguns títols de Cèlia Riba (*L'illot del vell marí*, Barcelona 1994; *El lleó i les mosques*, Barcelona 1994) i de Ponç Pons (*Miquelet el futbolista* i *El drac Basili*, Palma 1993).
29. Ens referim a *Un conte d'àngels i dimonis* (1993) de M. Rayó i les adaptacions *El gat amb botes* (Marià Villangómez, 1993) i *Les aventures del cavaller Tirant* (1995) de Bernat Joan.

dats. Dins les coordenades realistes hi ha alguns contes d'Elisabet Abeyà per als més petits que tracten temes de vida quotidiana,[30] però són més habituals les novel·letes per a lectors entre 10 i 12 anys que parlen de problemes familiars o socials. És el cas del dret a elegir el propi futur professional malgrat l'oposició dels pares a *A la tele, poseu-li faldilles* (1995) o el rebuig social que provoca qui porta anticossos de la SIDA a *Crispetes per a la Norma Schweizer* (1994), dos llibres de Pere Pons o les dificultats de convivència entre la gent d'una mateixa empresa —en aquest cas un circ— a *El cor del senyor Rossini* (1994) d'Eusèbia Rayó.

La narració històrica, o si més no d'ambientació històrica, és molt conreada pels nostres autors, especialment per Pere Morey, que ens dóna sempre una visió reivindicativa i riallera del passat històric, amb algunes pinzellades d'amor i d'humor. Dels seus últims llibres destacaria *Allò que conta el vent del desert* (Premi Guillem Cifre de Colonya 1993), una aventura alhora trepidant i tendra protagonitzada per un jove patge de la Cerdanya i situada a l'època de la cinquena croada. *Totes les terres, la meva terra* (Eusèbia Rayó, 1997) emmarca entre occident i orient una narració que ens parla de la capacitat d'adaptació a una realitat fràgil i canviant i del respecte a totes les cultures. Per la seva banda, Miquel Rayó el 1995 publicà *Contraban*, una novel·la realista ambientada en un poble mallorquí en els anys més durs de la postguerra, un llibre que s'atreveix a parlar directament d'un tema encara avui tabú a Mallorca: el contraban de tabac, a posar en evidència l'organització caciquil de la societat illenca. És alhora un llibre d'aventures i de creixement, de descoberta de la realitat social per part d'un grup d'adolescents.

Altres autors han solcat els camins del relat netament fantàstic i han recreat els vells temes i personatges de la tradició, dotant-los sovint d'una nova funció que capgira el seu rol habitual. És el cas de *La bruixa Lonieta* (Joana Serra, 1993), una bruixeta de bona pasta; l'enamorada *La bruixa que va perdre*

30. *M'agrada jugar* (Barcelona, 1994).

65

*un secret* (M. de la Pau Janer, 1994) o l'endreçat *El fantasma del País del Vent* (Pere Rosselló, 1993). En general aquesta tendència transforma els personatges de l'imaginari en portadors de valors positius, com l'amistat, la lluita per la consecució dels ideals, el respecte al medi ambient, etc.

A vegades els protagonistes del relats fantàstics són animals humanitzats, reprenent l'herència de les faules. A través dels animals els autors ens parlen de temes vells i nous: les dificultats de l'amor a *Ales de papallona* (1996), la insolidaritat a *Mans de lluna* (1995) ambdues de Rosa M. Colom, el valor de l'amistat i el coratge a *Viatge a l'interior del fred* (G. Janer Manila 1995). Altres vegades denuncien problemes ben actuals, com l'impacte ecològic que una nova autopista produeix sobre la garriga i els seus habitants (*La cinta de plata* de Miquel Sbert, 1993) o el problema de les espècies en perill d'extinció (*L'illot del vell marí* de Cèlia Riba, 1994).

Quan el relat conjuga a un mateix nivell realitat i fantasia, podem parlar d'una tercera via —el realisme fantàstic, o màgic si voleu—, el qual juga a incardinar dins la realitat fets o personatges extraordinaris. Aquesta opció és usada sovint pels autors que escriuen per a joves lectors. En aquest grup d'obres hi ha una gran varietat de propostes, des de la irrupció d'un ésser estrany en un context habitual[31] a la superposició de diversos plans narratius —uns realistes, altres netament fantàstics— que van trenant el relat, com passa a *Han cremat el mar* (1993), *Recorda't dels dinosaures, Anna Maria* (1994) i *El terror de la nit* (1995) —els tres de G. Janer Manila— o *La màgia de Mercúria* (1994) i *Ulls de fum* (1996) de Rosa M. Colom. Al meu parer, *Han cremat el mar* és un llibre d'una qualitat extraordinària —no debades obtingué el Premio Nacional de Literatura— que, amb aquesta especial vibració entre fantasia i realitat, aconsegueix commoure la sensibilitat dels lectors. Com ja vaig escriure en una ocasió «és un clam contra la guerra fet des de la poesia, la il·lusió per la vida, l'esperança i

31. És el cas de *El follet de l'ordinador* (Cèlia Riba, 1994) i *Estimat fantasma* (Joana Lladó, 1996).

la constatació de la ceguesa dels homes. És un clam contra la guerra i no és un pamflet, sinó una delicada essència de saviesa, una destil·lada sensibilitat capaç de transformar en bàlsam el relat dels horrors i la desfeta».[32]


## 3. L'ESTUDI DE LA LITERATURA INFANTIL I JUVENIL

Val a dir que a les Illes comptam no tan sols amb un bon nombre d'autors, sinó també amb un grup de gent —generalment vinculada a la UIB— interessada en la literatura infantil com a objecte d'estudi i compromesa amb la seva difusió a través de Jornades, cursets, publicacions periòdiques, etc. En aquesta línia hem de destacar *L'aventura de llegir*, una publicació anual de l'obra Cultural Balear que —des de fa setze anys— arriba a les escoles i instituts de Mallorca amb ressenyes i articles sobre literatura infantil i juvenil. També, el *Butlletí del Seminari de Literatura Infantil i Juvenil*, quadernet bianual que tracta temes monogràfics i sovint actua com a guia i programa de Jornades, cicles de conferències, etc., publicat per l'ICE de la UIB i la Fundació Barceló. El 1995 es va publicar un excel·lent número monogràfic de la revista *Estudis Baleàrics* sobre «La literatura infantil i la construcció d'Europa», en el qual hi ha les ponències de les IV Jornades del Llibre Infantil i Juvenil en Llengua Catalana, celebrades a Palma el novembre de 1995 i que comptaren amb la participació de reconeguts especialistes europeus.

Al costat de les publicacions periòdiques tenim ja un bon grapat de llibres d'assaig, fruit de la investigació sobre el tema. El 1994 va aparèixer la meva *Història de la literatura infantil i juvenil catalana*, llibre que ordena i sistematiza la producció catalana des de finals del segle passat a l'actualitat, i al mateix temps la compara amb la producció occidental coetània. El 1995, Gabriel Janer publicà *Literatura infantil i experiència cognitiva*, recull d'articles i conferències que tracten el

---

32. *L'aventura de llegir*, Obra Cultural Balear, Palma 1994, p. 7.

tema des de diversos angles. Aquest mateix any Ramon Bassa publicà la seva tesi doctoral: *Literatura infantil catalana i educació (1939-1985)*, obra que l'any següent es veurà complementada amb *Literatura infantil, missatge educatiu i intervenció sòcio-educativa*, una acurada anàlisi de la ideologia que vehiculen els llibres en català per a infants i joves. El 1998 apareix *Educació ambiental i llibres per a infants i joves*, en el qual Miquel Rayó analitza de quina manera apareix la temàtica ambiental en aquests llibres i com aquesta literatura pot influir en la percepció de l'entorn natural per part dels lectors. També el 1998 es publica la meva tesi doctoral, sota el títol *La influència de les rondalles en la literatura infantil i juvenil catalana*, una anàlisi de l'ús (ideològic, estètic, estructural, etc.) que els autors moderns fan dels vells temes i personatges de les rondalles.

D'altra banda, no podem oblidar la tasca del Seminari de Didàctica del Català ICE-CENC que des de fa alguns anys publica uns excel·lents llibres de didàctica de la llengua i la literatura amb monografies pràctiques i ben elaborades sobre com treballar a l'escola la novel·la negra, la d'aventures, la fantàstica i de ciència-ficció, els còmics o els diversos gèneres de la literatura popular (rondalles, embarbussaments, endevinalles, cançons, etc.). Es tracta de la col·lecció Plenamar que inclou, entre d'altres, els títols següents: *Bip-bip, la novel·la fantàstica i de ciència-ficció a l'escola* (1994), *Zass, la novel·la d'aventures a l'escola* (1993), *Bang! La novel·la negra a l'escola* (1991), *Comicòmic* (1992), *Tris-tras, les rondalles a l'escola* (1996).

### 4. A MODE DE CONCLUSIÓ

Breument, i per acabar, voldria puntualitzar algunes qüestions que em semblen importants:

1.  La producció de llibres per a infants i joves a les Illes —i especialment a Mallorca— compta amb un nombre considerable d'autors, alguns d'ells de reconegut prestigi i qualitat,

que publiquen en editorials d'àmbit nacional, obtenen premis i compten amb una bona acollida de públic.

2. Hi ha, en canvi, molt pocs il·lustradors de llibre infantil. Un nombre considerable dels llibres produïts a les Illes són il·lustrats per gent no professional amb resultats no sempre reeixits.

3. El nombre d'editorials que publiquen també llibres per a infants i joves és molt limitat i no ha crescut aquests últims anys.

4. Hi ha, en canvi, una florida en el camp de l'estudi i anàlisi: cursos, jornades, exposicions, conferències, publicacions periòdiques i llibres d'assaig així ho confirmen.

5. El camp potser amb més mancances és el de la difusió directa d'aquest tipus de literatura als seus consumidors naturals: els infants i joves. Aquesta és tasca de famílies, mestres i biblioteques, amb el suport —és clar!— de les institucions.

Manca una bona biblioteca especialitzada en llibres per a infants i joves a Palma. Un lloc on es pugui trobar tota la producció de llibre en català i que pugui servir de centre difusor —sala de lectura ben dotada i funcional, activitats dinamitzadores, etc.— i de lloc de trobada i anàlisi d'especialistes, amb un centre de documentació bibliogràfica modern i complet. Només així assegurarem la bona salut de la literatura infantil a les nostres Illes i —el que és més important— el creixement de bons lectors. Possiblement el repte podria ser assumit de manera conjunta per la iniciativa pública i la privada, amb el suport científic de la Universitat.

Voldria, d'aquí uns anys, poder escriure un altre article on constatàs que aquest bell projecte —que vertebraria moltes iniciatives ara disperses— s'ha convertit en una sòlida realitat.

# 5. TENDÈNCIES ACTUALS EN LA LITERATURA INFANTIL I JUVENIL CATALANA (1985-1995)[33]

L'adjectiu «actual» és un terme força imprecís, les tendències literàries també ho són, i el concepte de literatura infantil és, tanmateix, un concepte esmunyedís i que difícilment accepta els encasellaments i les reduccions, per la mateixa naturalesa dels qui en són els receptors naturals: els infants i els joves. Tanmateix, però, la tasca de l'estudiós i el crític és apamar, analitzar, traçar línies imaginàries sobre la producció literària, cercar similituds i analogies en les creacions dels autors, assenyalar modes, denunciar plagis, escatir adequacions i, finalment, intentar donar forma i sentit a un mapa que —malgrat la dispersitat aparent— sol guardar una coherència interna prou interessant com per ser desvetllada i que facilitarà, anys a venir, la síntesi de l'aportació cultural de cada etapa del nostre procés d'evolució i de creixement.

La literatura infantil i juvenil catalana és jove, molt jove. No té més de vuitanta anys mal comptats i —d'aquests vuitanta— n'ha passat gairebé quaranta en vacances forçoses a cau-

33. Article publicat a *Estudis Baleàrics*, 52. Palma 1995. Sobre aquest mateix tema l'autora pronuncià una conferència al Centre de Cultura Eduard Toda de l'Alguer (Sardenya) el 30 de març de 1996.

sa de la situació política del país. Potser és per això que —després d'una infantesa que prometia molt, però que no va poder viure en plenitud— ara ha passat els canvis de la pubertat i les crisis de l'adolescència i, tot just, sembla que comença a sortir-ne. La literatura infantil i juvenil catalana contemporània comença a mitjans dels anys seixanta, amb la represa de les publicacions en llengua catalana adreçades als infants. Si volem parlar de les tendències actuals potser podríem posar la fita deu anys enrere, per comentar les aportacions de l'última dècada i intentar desxifrar les línies de futur. Heus ací, doncs, que en aquest article parlarem de les característiques de la producció entre 1985 i 1995 i ens centrarem essencialment en les aportacions fetes en el camp de la narrativa —les novel·les i els contes— que és el més extens i de major difusió.

El 1984, quan se celebraren les «Primeres Jornades del Llibre Infantil i Juvenil» a Palma, l'estudiós Francesc Cubells va rebre un encàrrec semblant al que ara m'ocupa i titulà la seva conferència «El llibre català per a infants i adolescents: evolució i tendències».[34] En aquesta conferència, parlà de tres dècades d'evolució en la literatura infantil i juvenil catalana contemporània, cada una marcada per una influència: la dècada grupal (1955-65) en el moment de màxima incidència de les teories sobre la dinàmica de grups; la dècada de crítica social (1965-75) que posà l'accent en la denúncia de la repressió i la contestació a l'autoritat, en la línia de la ideologia que florí el maig del 68 i la dècada ecològica (1975-85), amb una especial atenció cap a les temàtiques de to ecològic i la reactualització d'elements propis del folklore tradicional. Em cal, doncs, prendre el relleu i intentar escatir què ens ha aportat la dècada següent, entre 1985 i 1995. Val a dir que la tasca em sembla difícil sobretot per dues raons: per la complexitat de la producció i per la manca de perspectiva que suposa parlar d'una producció tan recent quan encara el temps —aquest crític tan sagaç— no ha pogur fer la seva tasca, necessària i sàvia, de depuració.

34. Conferència reproduïda a la revista *Lluc*, 718, Palma 1984.

# 1. Literatura i context social

La literatura és indeslligable de la vida, i la vida de les societats es vincula estretament al context històric que ens ha tocat viure. Escriptors i lectors cerquen en els llibres les claus que els permetin acostar-se a la vida, entendre la complexitat dels signes que conformen la nostra quotidianitat. És igual si les històries conten peripècies possibles o impossibles, fets que semblen reals o que pertanyen als dominis de la imaginació; en les paraules que ha escrit l'autor hi ha posat quelcom de la seva vida —allò que sent, allò que pensa, allò que imagina— i el lector, talment com si el llibre fos una partitura, fa de la lectura la seva pròpia interpretació, dibuixa de manera personal la seva pròpia història i hi descobreix —reflectida— la seva vida —allò que sent, allò que pensa, allo que imagina. És per això, per aquest complex joc de relacions entre l'autor, la història i el lector, que l'estudiós de la literatura sempre necessita inserir l'obra literària en un context històric el qual li aportarà algunes dades extraordinàriament útils per intentar reconstruir i comprendre la sintonia en què ha estat feta, acollida i entesa l'obra.

Per això ens caldrà fer memòria, ràpida i succinta, dels principals esdeveniments d'aquesta dècada i veure quins aspectes en destaquen, sempre —evidentment— tenint en compte la nostra situació a la societat actual, la pertinença als anomenat països desenvolupats i, concretament, a la societat europea occidental. Podríem subratllar els següents esdeveniments:

— La caiguda, el 1990, del mur de Berlín com a símbol de la divisió del món en països comunistes i capitalistes, amb la progressiva desaparició dels règims comunistes i la problemàtica adaptació d'aquests països al nou ordre mundial.

— La violència derivada de reivindicacions nacionalistes i/o de justícia social a diversos llocs del món (est d'Europa, antiga Unió Soviètica, Sud-Amèrica, Àfrica, etc.) que es manifesta en enfrontaments i guerres.

— La radicalització de posicions integristes en el món

àrab, amb la conseqüent violència social, privació de llibertat, desestabilització política, etc.

— L'agudització de la problemàtica ecologica produïda per l'ús abusiu dels recursos del planeta i, com a conseqüència, la progressiva presa de consciència d'aquests problemes per part d'alguns grups socials que intenten trobar vies de solució i de recuperació.

— Com a conseqüència de la situació exposada (crisis econòmiques i ecològiques, guerres, integrisme, etc.) un augment considerable del flux migratori dels països menys desenvolupats cap als més desenvolupats, que provoca d'una banda la presa de consciència vers la necessitat de la integració i el multiculturalisme entès com un enriquiment humanitzador, i de l'altra, brots de racisme, xenofòbia i ressorgiment d'ideologies neonazis. També, la progressiva desconfiança cap a les solucions que puguin donar les institucions i un augment considerable de la iniciativa privada en forma d'Organitzacions No Governamentals (ONG) i voluntariat.

Concretant la situació al nostre país, caldria destacar en aquests últims deu anys:

— La progressiva integració econòmica i social a la Unió Europea, que possibilita una major interrelació a tots els nivells amb altres països desenvolupats. També, l'arribada d'immigrants d'altres països i altres ètnies que busquen treball i estabilitat social.

— L'assoliment d'un major grau d'autonomia política que incideix en la normalització lingüística possibilita l'existència d'alguns mitjans de comunicació propis del país, permet dissenyar el model d'equipaments socials, etc. i que hauria d'anar encaminada a formar consciència de país, però que és contrarestada per una forta tendència a l'individualisme i l'estandardització dels models socials (influències de les formes de vida anglosaxona, uniformisme cultural, etc.).

— La possibilitat d'accedir més fàcilment a estudis secundaris i superiors però, paral·lelament, una major dificultat per integrar-se al món laboral. L'allargament de l'adolescència i de la dependència econòmica dels pares, juntament amb el culte social a *la joventut* i un major grau de permissivitat en el comportament en societat i la relació amb l'altre sexe.

— Una lenta, però progressiva, evolució en els plantejaments sexistes i discriminatoris encaminada a construir un model de societat més just i igualitari.

És en aquest context, dibuixat de manera força incompleta i a grans trets, que haurem d'inserir la producció literària que autors i editors han adreçat als lectors catalans aquests últims anys, sense oblidar que en la producció editorial hi ha, també, factors derivats estrictament de modes, plantejaments comercials, estratègies de consum, etc.


## 2. LECTURA I ESCOLA

L'estret vincle entre escola i lectura que s'ha anat consolidant des de la represa de la literatura infantil i juvenil catalana ha tingut, indiscutiblement, aspectes positius i altres de negatius. Positiu ha estat l'increment de vendes del sector, que ha possibilitat la creació de noves editorials o de noves línies dins empreses ja consolidades i una certa familiarització dels joves lectors amb llibres que no siguin estrictament els de text, així com una recerca per part d'alguns sectors del professorat de noves alternatives a l'hora de treballar la llengua i la literatura a l'escola. També ha afavorit, en alguns casos, la dedicació més professionalitzada a l'ofici d'escriptor que, en un país petit com el nostre, resulta força difícil. El més negatiu ha estat, sense cap mena de dubte, la identificació de la lectura com una tasca escolar més, haver-se d'empassar una llista de llibres com qui s'empassa una capsa de píndoles i, a més, haver de fer un examen o omplir un caramull de fitxes sobre allò que hom ha llegit és quelcom que fa recular més d'un. L'escolarització de la lectura potser ha creat alguns nous lectors, però també n'ha fet perdre molts. La lectura-recepta, encara que sigui feta amb la millor intenció del món, atempta contra un dels principis més sagrats del lector: la llibertat, llibertat d'elegir, d'abandonar, de rellegir, d'esmerçar-hi tot el temps que calgui, etc. En aquest sentit, les reflexions que el professor de literatura francès Daniel Pennac fa en el seu llibre *Com una novel·la* són ben interessants.[35] L'obra, que ha tingut un èxit remarcable, hauria de ser llegida —i posada en pràctica— per molts de professors i pares que —amb bona voluntat— s'encaparren a fer llegir a la força i no recullen més que fracassos.

Però, tornant al fil del que dèiem, si en els primers anys de la represa la dependència lectura-escola era l'única via possible de supervivència de l'edició en català, en aquests moments la dependència lectura-escola s'està convertint en malaltissa. Als perills que comporta l'obligatorietat i l'uniformisme en la individualitat de cada lector cal afegir-ne un altre de força preocupant: la submissió de l'oferta a allò que l'escola demana. De forma conscient o no, alguns autors i editors (molts més dels que voldríem) van adequant les seves propostes a les suposades *necessitats escolars* en tots els aspectes: gènere, temàtica, nivell de llenguatge, extensió, presentació dels continguts, bateria d'exercicis posteriors a la lectura, etc., fins al punt que, en aquests moments, ens trobam amb una gran quantitat de literatura *light* feta a la carta amb els ingredients que el client demana (el client en aquest cas és l'escola, no el lector). Són llibres *kleenex*, d'usar i tirar, sense cap més transcendència i que no deixaran cap empremta important en el lector que, engolit per aquesta literatura «fàcil de llegir» segons una etiqueta posada de moda per algunes revistes especialitzades en el tema, deixarà de llegir altres coses més interessants i enriquidores i li dificultarà el pas a la literatura sense etiquetes i sense crosses.

Una altra pràctica nascuda del maridatge escola-lectura és la moda dels encontres amb els autors. Inicialment aquesta era una experiència innovadora, fruit de l'interès d'alguns mestres per promocionar la lectura entre els alumnes i del desig d'alguns autors de col·laboració i de donar a conèixer la seva. Actualment, tots ho sabem, s'ha convertit en una operació

---

35. PENNAC, DANIEL: *Com una nove·la*, Ed. Empúries, Barcelona 1993.

més del màrqueting de les editorials. Interessa poder oferir a l'escola una llista d'autors-visitants que —sempre que hi hagi el compromís de llegir alguna o algunes de les seves obres— se sotmetrà a les no sempre plaents sessions amb els alumnes i es disposarà amb paciència a respondre per enèsima vegada les mateixes preguntes. La generalització, l'automatizació diríem, d'aquesta pràctica —que si no es fa correctament, pot no servir absolutament per a res— va en contra de la lectura plural. Suposa que tots els alumnes d'un mateix grup llegeixin el mateix llibre —si més no els llibres d'un mateix escriptor—, sovint que la lectura es faci excessivament dirigida a la troba-da amb l'autor i, el que és més greu, que alguns editors supe-ditin la seva producció a aquesta possibilitat. Podríem parlar molt més d'aquest tema, que és de total actualitat, però només apuntarem un últim emperò: es va constatant que aquesta di-guem-ne moda fa que nens i joves deixin de llegir clàssics an-tics i moderns, d'autors nostrats o estrangers, i també mate-rials d'origen folklòric perquè no es pot *portar* l'autor, que o bé és mort o viu lluny o no se sap qui és. Així, podem deixar de banda les rondalles d'en Jordi des Racó, les novel·les d'Steven-son o de Kypling, els contes de Carles Riba o els de Roald Dahl, per posar només alguns exemples. Caldrà, cal, que reflexio-nem un poc sobre aquest fet i li donem la dimensió correcta.

3. Lectura i canals de difusió

Potser, amb aquestes reflexions, ens hem allunyat una mi-ca del propòsit inicial de l'article, comentar les tendències ac-tuals de la literatura catalana en el sector infantil i juvenil, pe-rò és que —ens agradi o no— els fets exposats incideixen força —i no de manera positiva precisament— en la producció que tot seguit analitzarem. Només si som conscients dels proble-mes podrem posar els mitjans necessaris per a resoldre'ls. No es tracta de parlar de culpes, aquesta és una paraula lletja que no agrada ningú. Es tracta de responsabilitats i som tots, el conjunt de la societat, els responsables. És ben lícit que autors i editors aspirin a vendre molt, car en aquest punt rau la seva subsistència. Però la tasca dels receptors és exigir qualitat, saber escollir, premiar amb el nostre interès els veritables productes de qualitat, no deixar-nos aclaparar per una producció abundant, acolorida però vàcua i la tasca dels crítics és saber assenyalar —amb rigor i independència— sospesar i valorar allò que realment val la pena, ajudar el receptor a separar el gra de la palla. El problema és que, de crítics veritables cada vegada en tenim menys, i els pocs que hi ha no tenen canals d'expressió, però aquest seria un altre tema. La responsabilitat dels adults és treballar per aconseguir que nens i joves puguin llegir en llibertat i la paraula clau en aquest context és la biblioteca. Crec que ja hem exhaurit —i n'hem abusat— del binomi lectura-escola i ara hem de treballar per a reconduir la situació. La biblioteca, per moltes raons però sobretot pel fet de ser pública i gratuïta, es perfila com el lloc ideal. Sigui d'aula, de centre, de barri o de poble, la biblioteca representa la llibertat en l'elecció, fer que el nin sigui protagonista del seu itinerari en el vast món de la literatura, que dibuixi —amb èxits i fracassos— el seu perfil de lector adult, encara que això no vol dir que l'adult renunciï al seu paper d'orientador, de «suggeridor» podríem dir. Necessitem més biblioteques, millor dotades, amb més facilitats d'accés, amb bons professionals i el compromís de treballar per transformar-les en centres irradiadors de cultura i vida, no en polsosos magatzems o en simples espais amb taules i cadires per a fer els deures de l'escola.

Però em sembla que ens hem tornat a allunyar del tema principal de l'article. Malgrat els problemes apuntats fins suara la literatura infantil i juvenil catalana d'aquests últims anys ha estat la més prolífica de la seva història i ha fruitat en un bon grapat d'obres que, anys a venir, seran emblemàtiques. Hem viscut anys de consolidació dels autors capdavanters que han anat arrodonint i eixamplant la seva obra, aprofundint en una manera de fer ja estabilitzada o provant altres camins. També, s'han incorporat nous valors que han ampliat el panorama narratiu. D'altra banda, l'augment de producció s'ha traduït en més col·leccions, més editorials i més premis literaris, però no gaire en més presència d'aquesta literatura als mitjans de comunicació, una altra de les grans assignatures pendents que encara tenim. La informació sobre literatura infantil i juvenil corre per unes vies gairebé reservades als diguem-ne *iniciats* i rarament surt d'aquests cercles. Curiosament deu ser un dels pocs productes comercials la propaganda dels quals no s'adreça als potencials consumidors, sinó a unes persones que teòricament hauran d'induir —directament o indirectament— el consum. Els llibres, no només els escrits en català, tenen poca o nul·la projecció publicitària en un món on la publicitat és fonamental. Hauríem de pensar seriosament a crear nous canals de difusió de la informació, molt més propers als nens i joves, clàssics o alternatius però que fossin efectius i que acomplissin plenament el seu objectiu: informar de l'oferta i incitar a la lectura. *Incitar* em sembla un bon verb per conjugar al costat de *lectura*.

4. LA PRODUCCIÓ ACTUAL

Parlar de tendències literàries en la producció catalana actual és parlar bàsicament, tant si ens agrada com si no, de narrativa. És cert que les editorial publiquen molts altres materials, que els llibreters els venen i que nens i joves els consumeixen. Però és cert també que el mercat dels llibres per a les primeres edats (llibres per mirar fets amb materials diversos, pop-ups, etc.), el dels llibres de coneixements, el dels àlbums i el dels còmics és totalment dominat per la producció estrangera i, per tant, gairebé tots els llibres són traduccions. No és que ens manquin il·lustradors, ni guionistes, ni especialistes en aquesta o aquella matèria, és —simplement— una qüestió de mercat que ara potser no és el moment de comentar. Però vegem els diversos sectors de la producció amb més detall.

### 4.1. *La poesia i el teatre*

La poesia i el teatre són —i pel que sembla seguiran essent durant molt de temps— gèneres minoritaris. Encara no hem estat capaços de trobar —tret d'escasses i honroses excepcions— el camí per acostar el nin a la poesia d'una forma engrescadora i efectiva, de fer-li arribar el plaer de llegir i de recitar poemes, de jugar amb les paraules i amb la rima. I aquesta és la història del peix que es mossega la cua, car l'adult que no viu l'experiència poètica difícilment aconseguirà acostar-hi l'infant, i la manca de resposta del públic fa que ni els autors se sentin estimulats a dedicar-s'hi ni els editors es decideixin a publicar-ne d'una forma més o menys sistemàtica. En aquest panorama més tost desolador, hi ha algunes aportacions que cal destacar, encara que no tenguin la continuïtat que seria desitjable. És el cas de la col·lecció La Poma Verda, de l'editorial Empúries, que entre 1986 i 1987 publicà interessants llibres de poemes esplèndidament il·lustrats d'autors tan reconeguts com Miquel Martí i Pol, Miquel Desclot i Olga Xirinacs.[36] Cal destacar, igualment, l'aportació de la col·lecció El Tinter dels Clàssics de Publicacions de l'Abadia de Montserrat, amb petits reculls de poemes seleccionats per a joves lectors dels millors poetes catalans de tots els temps (Maragall, Costa i Llobera, M. Antònia Salvà, Joan Alcover, Joan Salvat-Papasseit, Guerau de Liost, etc.), publicats en volumets assequibles i amb il·lustracions noves i originals. Com a obra recent, fresca i innovadora, destacaríem el *Bestiolari de la Clara* (1992) de Miquel Desclot, que s'insereix en la tradició dels bestiaris alhora que la renova.

El teatre, per les seves especials característiques, no és un gènere de consum. El teatre és essencialment representació, són pocs els lectors de textos teatrals i per això les obres es publiquen en petites col·leccions que sovint van més adreçades a l'adult que —després d'una lectura seleccionadora— podrà

---

36. Ens referim a *Marina* d'Olga Xirinacs, *Bon profit!* de Miquel Martí i Pol i *Música, mestre!* de Miquel Desclot, il·lustrats per Asun Balzola, Carme Solé i Fina Rifà respectivament.

proposar als joves l'organització d'una representació que no directament al lector infantil i juvenil. Tanmateix, en l'oferta teatral i des de fa ja alguns anys, podem parlar de tres línies bàsiques. La primera i probablement més estesa és la que adapta rondalles populars de diverses tradicions. Aquest recurs enllaça amb la producció d'abans de la guerra civil (recordem els «Espectacles per a Infants» de Folch i Torres, sovint basats en rondalles, i les peces teatrals de caràcter modernista d'Apel·les Mestres) i també es vincula a la recuperació de la tradició popular que s'ha produït en la literatura actual. Trobam adaptacions de rondalles i llegendes extretes dels aplecs d'en Jordi des Racó i de Joan Amades però també moltes dels rondallaris europeus (Perrault, els Grimm, el cicle artúric, les faules de La Fontaine) i oriental (contes de les *Mil i una nits*). Una segona línia és la formada per les obres que adapten textos literaris clàssics, siguin o no infantils. És el cas de les nombrosíssimes adaptacions de *Tirant lo Blanc*, de *L'Odissea* i de versions de relats con *El màgic d'Oz*, les faules d'Ovidi, etc. Finalment, en un tercer grup, caldria incloure les obres de creació actual que —en línies generals— presenten una temàtica molt semblant a la de la narrativa: crítica social feta sovint en clau d'humor de la problemàtica contemporània (la contaminació, la insolidaritat, la societat de consum, etc.) que es resol en propostes de to positiu a favor de la solidaritat, l'ecologia, el pacifisme, etc. Els editors que tenen col·leccions de teatre són pocs però ja compten amb una certa tradició en aquest camp, ens referim a La Galera (amb «Teatre Joc d'Equip» i «Taller de Teatre», que aporta no tan sols obres, sinó també senzills textos de tècnica teatral) i Edebé.[37]

## 4. 2. *Els llibres de coneixements*

Ben probablement, un dels trets destacats d'aquesta dècada és l'eclosió dels llibres de coneixements. No fa gaires anys els nens i joves tenien llibres de lectura que eren majoritàriament de creació (novel·les, contes) i les explicacions sobre la

---

37. Sobre aquest tema vegeu la revista *Faristol*, 15, Barcelona 1993.

naturalesa, l'organització social, la història, etc. es reservaven als llibres de text i a algunes enciclopèdies de caràcter més o menys divulgatiu. En aquests últims anys totes les editorials s'han llançat a la comercialització de llibres de coneixements sobre els temes més diversos i adaptats a totes les edats, en edicions molt atractives que, a més del dibuix i la fotografia, usen tota mena de recursos: desplegables, retallables, diorames, fulls transparents, autoadhesius, etc. Aquests llibres, interessants i ben fets, són sempre traduccions d'originals anglesos, francesos o nord-americans. Els llibres comprats als grans grups editorials francesos solen ser de plantejament agosarat i discurs més narratiu. Els anglosaxons tenen un to més documentalista. Uns i altres, per més ben fets que estiguin, no poden suplir totalment els materials que nosaltres hauríem de generar, sobretot en el que fa referència al món social i a alguns aspectes característics del nostre entorn natural. Els equips de treball autòctons queden limitats a la confecció de llibre de text i no tenen accés a la realització de llibres de coneixements que s'apropin directament a la nostra realitat. Hi ha, tanmateix, algunes excepcions que convé tenir en compte, com és el cas de la col·lecció La Galera-Cavall Fort que des de 1994 edita —agrupats per temes— els interessants dossiers que la revista *Cavall Fort* havia anat publicant, però són l'excepció que confirma la regla.

### 4. 3. *Els àlbums*

Quelcom de semblant passa amb els àlbums. A principis dels anys vuitanta semblava que la producció d'àlbums fets pels nostres autors i il·lustradors tenia un futur brillant. La crisi econòmica i els criteris editorials han fet decaure la producció d'un gènere molt interessant. Actualment, són pocs els editors que s'arrisquen a produir llibres profusament il·lustrats, en cartoné i a tot color. És molt més fàcil optar per un producte que ja ha tingut èxit a altres països o que ve avalat per un nom de gran prestigi. Potser, últimament, l'editorial que més arrisca en aquest sentit sigui l'Arca de Junior, d'anys enrere caldria destacar l'aportació d'Hymsa. No podem deixar de citar molt especialment les propostes editorials d'Aura Comunicació, per exemple les col·leccions «Els Iris» i «Amb els cinc sentits», de presentació exquisida i que sempre responen a un projecte tancat i que té un sentit en ell mateix. Malgrat les dificultats més recents, en aquesta dècada s'han publicat alguns àlbums que són una aportació clau a la literatura catalana. Possiblement Carme Solé-Vendrell és la il·lustradora amb més àlbums publicats —si exceptuam els que formen sèries tipus *Teo* o *Les tres bessones*—; alguns, com *L'aniversari* o *Raspall*, il·lustren amb tendresa i un punt de malenconia narracions d'escriptors catalans tan prestigiosos com Miquel-Martí Pol i Pere Calders respectivament. La sensibilitat i l'experiència personal de la il·lustradora ha fruitat en llibres inoblidables com *La lluna d'en Joan* o *Jo les volia*, que s'acosten directament a sentiments com la solitud. Altres, *Com el nens del mar* o *Grrrrrgg!!*, suposen la irrupció del realisme crític en aquest gènere, amb el tractament agosarat de problemàtiques socials dures. Els il·lustradors catalans són molts i de reconegut prestigi internacional: Joma, Pep Montserrat, Marta Balaguer, Montse Ginesta, Tàssies, Roser Capdevila, Carme Peris, Fina Rifà, Irene Bordoy, la ja citada Carme Solé i un llarg etcètera de noms que han contribuït amb el seu treball i la seva professionalitat a fer de la producció catalana una aportació plural i competitiva amb les del nostre entorn.

Molt sovint el llibre il·lustrat per a les primeres edats lectores es basa en l'adaptació o recreació de les rondalles populars. Les velles històries de sempre, que han viatjat d'un cap a l'altre de la terra i que són amb nosaltres des de temps immemorial, es reformulen en llibres atractius i amb modernes il·lustracions, agombolats amb dissenys innovadors i explicats amb noves paraules. En aquesta línia cal destacar l'aportació de La Galera amb les seves col·leccions «Els Contes Populars» i «Les faules», iniciades a principis dels anys setanta i refoses i renovades últimament en la col·lecció «Popular». Remarquem, també, que alguns títols d'aquesta col·lecció han estat escollits per a fer una oferta extraordinàriament innovadora: els contes multimèdia que, amb suport informàtic, permeten la lectura i el joc interactiu. Per a infants més grans, la mateixa editorial ha iniciat fa poc una col·lecció d'acurat disseny («El Sac») que recull contes i llegendes d'arreu de món.

### 4. 4. *La narrativa*

Com ja hem dit pàgines enrere, la narrativa és el gènere per excel·lència en la producció catalana. La podríem dividir en contes i novel·les, segons l'extensió del relat. Agrupa un ampli espectre d'edats, des dels 8-10 anys fins al 17-18, com a conseqüència de l'allargament de l'escolaritat obligatòria i la manca de fronteres clares entre el que es considera un lector jove i un lector adult. El desenvolupament de la literatura juvenil catalana ha vingut marcat per un fet clau: l'arribada del català a l'escola, a l'ensenyament primari i secundari obligatori. En un període molt curt de temps —a partir del moment en què el català fou assignatura obligatòria als centres d'ensenyament— el públic lector potencial es multiplicà. Seguidament, la demanda d'aquest públic —una demanda fortament marcada per interessos extraliteraris, com ja hem comentat— s'ha anat perfilant i estabilitzant fins a marcar d'una manera clara les directrius en quant a creació i producció de llibres.

En la narrativa catalana per a infants i adolescents les línies iniciades des de la represa dels anys seixanta (llibres de colles, relats d'aventures, novel·les històriques) s'han mantigut en un casos, han evolucionat en altres i sovint s'han diversificat per oferir un ventall més plural. Així, reprenent la periodització proposada per Francesc Cubells, és veritat que a la dècada de dels seixanta el realisme de to idealista —presentat sovint en forma de llibres de colles— era el més habitual, que els anys setanta foren els del qüestionament dels rols tradicionals i que, arribats a la dècada del vuitanta, hi ha una major presència de la temàtica ecològica i, sobretot, una clara revitalització dels materials populars que s'usen per enllaçar amb la tradició i afavorir l'arrelament al país, per parlar alhora dels grans temes de sempre (el creixement, l'amor) i dels problemes d'avui (la incomunicació, la pèrdua dels lligams amb la natura, etc.). Arriba, també, i pren carta de naturalesa a la nostra literatura, l'anomenat realisme crític. És una tendència que ve del nord, dels països més desenvolupats que el nostre i que planteja —de manera directa i sense edulcorants— la problematica generada per la societat actual. Ens arriba tard perquè la nostra incorporació als models socials que critica és tardana: la problemàtica derivada del divorci, la soledat a les grans ciutats, les tribus urbanes, la drogaadicció, el desarrelament dels vells, la competitivitat a ultrança, etc. Però caldrà que anem a pams i vegem totes aquestes coses de manera més detinguda i analítica per poder arribar, al final de l'article, a una visió global però aprofundida del tema que ens ocupa.

### 4.5 *La novel·la històrica*
La singular situació política del país afavorí entre els anys 70 i 80 la publicació de nombroses novel·les de tema històric que, ultra el seu valor literari, tenien l'objectiu de donar a conèixer la nostra trajectòria històrica als joves. Es tractava de formar la consciència nacional dels adolescents, de suplir les llacunes del sistema educatiu i alhora de crear una referents històrics capaços de tipificar unes aspiracions comunes. Oriol Vergès, per exemple, amb la seva col·lecció «Les Arrels»,[38] novel·litzà la trajectòria històrica de Catalunya d'una manera sistemàtica. Altres autors —com Josep Vallverdú, Emili Teixidor, Jaume Cabré o Joan Blasco— desenvolupen una trama narrativa a partir d'algun o alguns episodis cabdals de la història. Aquests últims anys, amb la incorporació de la història pròpia als programes d'ensenyament, aquesta necessitat ha minvat i la novel·la històrica s'ha alliberat de la càrrega didàctica i —al mateix temps— s'ha reduït la producció, que ha crescut en altres línies. Ens cal, però, destacar dos autors: Eusèbia Rayó i Emili Teixidor. Eusèbia Rayó ha publicat fins ara dues novel·les històriques d'extraordinària qualitat: *Una veu del passat* (1990) i *L'exèrcit dels innocents* (1993). La primera és un relat d'aventura i creixement en el marc de la

---

38. Editada per Publicacions de l'Abadia de Montserrat a partir de 1978.

Grècia clàssica; la segona novel·litza l'esgarrifós episodi històric de l'anomenada Croada dels Innocents. Tant l'una com l'altra destaquen pel rigor de l'ambientació i la força dels personatges. Emili Teixidor, autor d'una de les primeres i millors obres d'aquest corrent (*L'ocell de foc*, 1971), ha publicat el 1994 una ambiciosa obra ambientada al final de la Tercera Guerra Carlina (darreries del segle XIX) titulada *Cor de Roure*. S'hi entremescla la descripció d'un context històric força complex, la vivència d'una situació límit en plena adolescència i la trama sentimental de la descoberta dels orígens familiars; és un obra rica i treballada, que és ja avui un referent obligat. Seguim, però, gairebé sense obres que novel·litzin aspectes relacionats amb els primers anys del segle XX: la II República, la guerra civil espanyola o els durs anys de la postguerra. A altres països europeus les convulsions polítiques i socials del segle XX han entrat amb naturalitat en els llibres per a joves i han produït algunes obres d'una qualitat molt remarcable, com és el cas d'*El tigre de la vitrina* (Alki Zei, 1966) i *Quan Hitler va robar el conill rosa* (Judit Kerr, 1971).

### 4.6 *La narrativa de gènere*

Fa deu anys els crítics demanaven llibres de gènere per a adolescents. Avui, en bona part gràcies a la generalització de les lectures obligatòries a secundària però també per l'evolució natural de la producció, aquesta demanda és amplament coberta. Potser el desenvolupament més espectacular ha estat el de l'anomenada novel·la negra, fins al punt de tenir algunes col·leccions en exclusiva (La Maleïda de l'editorial Pirene, La Negra de La Magrana) i una presència notable en altres com La Teranyina (editorial Cruïlla), Columna Jove (editorial Columna), etc. Aquestes obres presenten totes les característiques pròpies del gènere: desenvolupament de l'argument entorn de l'esclariment d'un enigma o la reparació d'una malifeta inicial, suspens i ritme trepidant, llenguatge col·loquial amb pinzellades d'argot, detectiu que sovint és un model d'antiheroi, descripció de baixos fons i ambients marginals, mòbils econòmics o passionals, ambientació de to cinematogràfic, capítols curts i intensos, etc. Al costat d'aquests trets tipificadors del gènere tenim els que singularitzen la nostra producció: la presència important de l'humor i a vegades de l'absurd, un cert to caricaturitzador, la quotidianitat d'alguns personatges que responen al nostre model social, la proximitat i identificació dels escenaris (especialment Barcelona com a model de gran ciutat) i la suavització dels trets més violents. Pel que fa als autors, són molts els que, de manera assídua o esporàdica, publiquen obres en aquesta línia però podríem destacar el tàndem format per Andreu Martín i Jaume Ribera amb la seva sèrie protagonitzada pel jovenet Joan Anguera, més conegut per «Flanagan»: *No demanis llobarro fora de temporada* (Premi Nacional del Ministeri de Cultura, 1987), *Tots els detectius es diuen Flanagan* (1991), *El carter truca mil vegades* (1991) i *No te'n rentis les mans, Flanagan* (1993). Cal destacar també el detectiu luso-català Celso Mosqueiro, creat per Antoni Serra (*RIP senyor Mosqueiro*, 1989; *L'arqueòloga va somriure abans de morir*, 1986; *Espurnes de sang*, 1989 i altres), les novel·les de Jaume Cela i Juli Palou (*Les sargantanes negres*, 1989) i les aportacions de Jaume Fuster, que ja el 1972 publicà *De mica en mica s'omple la pica*, una de les obres precursores d'aquesta línia, i ha escrit diverses novel·les protagonitzades pel detectiu Lluís Arquer (*Les claus de vidre*, 1984; *Vida de gos*, 1989; *Sota el signe de sagitari*, 1986; *Anna i el detectiu*, 1993); de Maria-Antònia Oliver (*Estudi en lila*, 1985; *Antípodes*, 1988), Pere Morey (*Mai no encalcis un cec a les fosques*, 1990; *Operació Verge Negra*, 1987; *Però... tu no eres mort?*, 1989) i d'altres.

Per circumstàncies molt semblants, també ha augmentat força la producció en el camp de l'anomenada ciència-ficció. El gènere, que a la literatura catalana podem considerar iniciat per Manuel de Pedrolo el 1974 amb *Mecanoscrit del segon origen* (probablement l'obra més llegida els últims vint anys pels joves catalans), s'ha anat desenvolupant i diversificant, eixamplant el ventall d'edats a les quals es dirigeix. En general, són obres que plantegen —en un context d'aventura trepidant— l'establiment de relacions amb éssers d'altres planetes, o bé la vida a la Terra en un futur sorgit d'algun desastre ecològic o d'un extraordinari desenvolupament tecnològic. Gairebé sempre duen implícit un missatge positiu, de valoració de la llibertat i les relacions humanes com a valors capaços de fer front al totalitarisme i la deshumanització. Aquests últims anys destacaríem en aquesta línia David Cirici (*Robòtia*, 1985) i Montserrat Galícia, guanyadora del Premi Joaquim Ruyra el 1994 amb *Somies, estimada?*

Encara que la novel·la històrica, la negra i la de ciència-ficció tenen sempre un important component aventurer, volem remarcar que en aquesta dècada la novel·la pròpiament d'aventura ha cedit protagonisme a les de gènere ja comentades i a la novel·la psicològica. Els primers anys de la represa hi va haver autors veritablement especialitzats en l'aventura, sobretot Joaquim Carbó amb la seva sèrie protagonitzada per Pere Vidal (*La casa sota la sorra*, 1966 i altres), però també Josep Vallverdú (per exemple *El viatge del «Dofí Rialler»*, que desenvolupa un aspecte de *L'illa del tresor*), Oriol Vergés i Robert Saladrigas (amb la sèrie d'*El viatge prodigiós d'en Ferran Pinyol*, 1971-78), entre d'altres. Últimament una de les millors novel·les publicades, que respon a totes les característiques del gènere i sovint les transcendeix per l'aconseguida textura psicològica dels personatge, és *Memorial de Tabarca* (1993), de l'autor menorquí Ponç Pons, ambientada en un context de navegants, pirates i cristians fets presoners; inclou un meravellós elogi de l'amistat, la lleialtat i la cultura com a força de desenvolupament humà. No podem deixar de citar, tampoc, les aportacions de Maite Carranza, especialment *La nit dels arutams* (1990).

### 4.7 *La petjada de la fantasia*

Un altre corrent que va viure el seu moment més intens a principis dels anys vuitanta per les especials característiques socials de l'època i perquè sintonitzava amb una línia de producció d'èxit arreu d'Europa és el de les obres inspirades en la tradició popular, en els personatges que omplen les nostres rondalles i llegendes. Miquel Rayó va treballar força en aquesta línia, especialment en la seva trilogia encapçalada per la coneguda obra *El raïm del sol i de la lluna* (1983). També ho feren amb molt d'encert Mercè Canela (*Utinghami, el rei de la boira*, 1979) i —en un to més humorístic i agosarat— Joles Sennell i Miquel Obiols. Actualment, encara que se segueixen publicant versions i adaptacions del rondallari, com és el cas de *La cadena d'or* (1993) de Miquel Desclot. Hi ha poques aportacions en aquesta línia. Això, no obstant, cal destacar algunes obres de Pep Coll, investigador del folklore pirinenc, especialment *Què farem, què direm* (1989), i el relat *La bruixa que va perdre un secret* (1994) de Maria de la Pau Janer, estudiosa de temes rondallístics.

A finals dels anys setanta, com a reacció davant el realisme dominant i sota la influència de les propostes de Rodari, alguns autors publicaren un grapat d'obres que podem incloure clarament en el corrent del *nonsense* o absurd. És el cas de Joles Sennell i de Miquel Obiols. Llibres d'humor i de fantasia, amb molta acció de caràcter rocambolesc i que destacaven per les innovacions formals, el joc amb les estructures, el llenguatge i l'estil. Títols com *La guia fantàstica* (1977) de Joles Sennell o *Tatrebill en contes uns* (1980) i *El misteri de Buster Keaton* (1980) de Miquel Obiols foren una glopada d'aire fresc. Aquest corrent mai no s'ha desenvolupat excessivament, però diversos autors el segueixen conreant. Entre els més prolífics i de més acceptació entre els lectors podem citar M. Dolors Alibés (*Contes per a l'hora de les postres*, 1988; *Un goril·la sobre la taula*, 1992; *Monstre busca monstra*, 1994) i les aportacions de Teresa Duran (*A les fosques*, 1989) i Empar de Lanuza (*Aventura d'una desventura*, 1985).

4.8 *El realisme i la novel·la psicològica*

Tot i la riquesa i varietat del panorama descrit fins ara, crec que podem afirmar sense cap mena de dubte que el gènere estrella de la dècada 1985-95 en la literatura juvenil catalana és la novel·la realista que planteja una problemàtica de tipus psicològic en un context quotidià, l'anomenada psicoliteratura. En els anys seixanta i bona part dels setanta la producció més abundant en la literatura catalana era l'ano-menat llibre de colles, novel·letes realistes de to idealitzat en les quals un grup d'amics —amb imaginació i bona fe— acon-seguien resoldre els petits problemes que se'ls plantejaven. A principis dels anys vuitanta, quan aquest esquema ja comen-çava a periclitar, arribà, amb força rebombori entre la gent del gremi, el corrent anomenat realisme crític. Com hem dit pàgines abans, és un corrent d'origen nord-europeu, que pren carta de naturalesa especialment a Alemanya i que arriba a Catalunya primerament a través de traduccions castellanes publicades per Lóguez i Alfaguara i, posteriorment en ver-sions catalanes de diverses editorials. El realisme crític inten-ta fer arribar directament al lector la problemàtica social i hu-mana que l'envolta car pensa que l'únic camí per a transformar la realitat passa per conèixer-la i prendre'n cons-ciència. El realisme crític planteja problemes més tost propis de les societats avançades —com ara la incomunicació en l'entorn urbà, la migradesa de relacions familiars, l'atur, el di-vorci, la marginalitat a les grans ciutats, la droga, els proble-mes d'atenció als vells, les sectes, etc.— i poques vegades s'ar-risca a donar solucions o proposar models. Són més aviat un retall de vida presentat al lector, que n'haurà de treure les se-ves pròpies conclusions. Entre autors i crítics catalans aquest corrent causà una forta controvèrsia i les posicions, en un pri-mer moment, es radicalitzaren. Entre les primeres obres cla-rament inserides en aquesta línia podríem destacar *Fugir* (1985) de Francesc Sales, *Cul de sac* (1986) de Gemma Lienas i *La imbècil* (1986) de Mercè Company.

Ara, que ja han passat gairebé deu anys de les discussions i enfrontaments sobre si el realisme crític és bo o és perniciós per als joves lectors, jo diria que estam arribant a una mena de síntesi o solució de compromís, molt d'acord amb el temps que vivim. M'explicaré. Les novel·les realistes publicades en aquests últims anys plantegen alguns temes que podríem con-siderar com a propis del realisme crític: pares divorciats, pro-blemàtica escolar, relacions difícils amb els germans, contac-tes amb la marginalitat, immigració, SIDA, dificultats per aconseguir el primer treball, etc., però tractats de manera atenuada, suavitzada, a vegades amb una certa intranscendència aconseguida per la via de l'humor o mitjançant la descripció d'ambients que, de tan quotidians i familiars, perden tota virulència i —encara que sigui molt en el rerefons— adopten un cert to bonhomiós en la resolució dels conflictes que ens recorda l'ètica dels llibres que hem classificat dins el corrent del «realisme idealitzat». És a dir, hem arribat allà on era previsible, si tenim en compte la trajectòria literària pròpia i la força de les influències foranes. La nostra visió del món —la que volem transmetre als adolescents, si més no— no és ni tan agra ni tan desencantada com la d'alguns autors estrangers considerats paradigmes del realisme crític (recordeu, per exemple les obres de Peter Härtling o les de Mirjam Pressler), però ja han passat aquells temps de «flors i violes», de nens i nenes ben pentinats i educats, capaços de remoure cel i terra per aconseguir un rètol per al seu poble, impedir la urbanització d'un petit bosquet o proposar solucions d'aparcament a les autoritats municipals. Ara els conflictes són individuals i no sempre hi ha solucions totals o final feliços, però els autors segueixen apostant per l'amistat, la solidaritat, el diàleg i el seny com una via per intentar resoldre els problemes, o si més no per fer que la vida sigui més humana. És un realisme «a la catalana» amb les característiques pròpies d'una societat de final de segle. Com assenyala Teresa Duran, s'ha desintegrat el tema de l'objectiu comú i s'ha perdut l'heroi-protagonista compromès amb la societat, substituït per personatges amb poca capacitat de comprometre's i que assumeixen les situacions de manera més passiva, tal i com passa en la literatura d'adults que podríem etiquetar de postmoderna. El subjecte és el «jo», no el «nosaltres», i no només a nivell d'estil (l'abundància de relats escrits en primera persona és aclaparadora), sinó també en la concepció de l'univers narratiu. Són novel·les amb poquíssimes innovacions formals, un llenguatge col·loquial i una ambientació urbana essencialment centrada en Barcelona, que sovint recorren a estereotipus per donar més sensació de realisme i afavorir la identificació del lector.

Els exemples els podem trobar entre les obres dels autors més veterans i també en la producció dels incorporants més recentment. En el primer cas, i només a tall d'exemple, podem citar Joaquim Carbó (*La Dèlia i els ocells*, 1995), Oriol Vergés (*El primer tren*, 1993) i Andreu Sotorra (*La medalla*, 1992). En el segon, Gemma Lienas (*Així és la vida, Carlota?*, *Ets galàctica, Carlota!*, 1994), Josep Gòrriz (*Nocturn*, 1994) i, en un to més d'humor i quotidianitat, algunes obres de Maite Carranza (*Frena, Càndida, frena!* i *Esfuma't, Gaudenci!*, 1994).

Un plantejament ben diferent és el que ens proposa la tendència anomenada realisme fantàstic. Són llibres que, partint d'unes coordenades realistes i sense sortir-se'n totalment, inclouen en el relat elements meravellosos o irreals. És una proposta de llarga tradició en la literatura per a infants i joves, que permet, gràcies al seu doble registre de realitat i fantasia, incorporar elements com la crítica, l'humor i la poesia sense que el relat se'n ressenti. És una opció integradora que pot ser enriquidora o caure en la banalitat més absoluta, segons l'ús que se'n faci. Les possibilitats metafòriques del realisme fantàstic són extraordinàries i poden arribar a proposar una gran multiplicitat de lectures. L'autor que més ha treballat en aquesta línia —i de manera força coherent— és Gabriel Janer Manila. Des de la seva primera obra (*El rei Gaspar*, publicada el 1976) fins a l'última hores d'ara (*Han cremat el mar*, 1993) l'autor ha bastit un univers literari unit per un fil —alhora subtil i ferm— de crítica social i amarat d'una profunda poeticitat. Els personatges de Gabriel Janer ens parlen de les pors i els desitjos de tots els homes (la soledat, l'amor, la incomprensió, la il·lusió) des d'un entorn sovint dur (la marginalitat, la guerra, l'emigració) i amb un llenguatge ple de matisos i vellutades cadències. El resultats són uns llibres intemporals, personalíssims, diferents, que recullen la problemàtica més actual (el racisme, l'experimentació amb animals, la droga, el totalitarisme, etc.) i la insereixen plenament en la vastedad de la condició humana, en els «perquè» que se'ns plantegen des del moment en què començarem a existir com a persones: l'amor i el desamor, la llibertat i la servitud, la salut i la malaltia, la vida i la mort. Gabriel Janer té una obra molt extensa, ha conreat la novel·la, el conte i el teatre per a infants i joves. De les publicacions més recents destacaríem *Tot quan veus és el mar* (1987), sobre les dificultats de comunicació en les relacions humanes; *El palau de vidre* (1989), que ens parla del racisme, l'explotació, la droga i la vida a la presó, i, molt especialment, *Han cremat el mar* (1993), un bellíssim al·legat contra la guerra, un clam a favor de la vida i de la plenitud humana, ambientat a la Bagdad devastada per les bombes de la guerra del Golf. Altres autors que opten sovint pel realisme fantàstic, generalment accentuant l'aspecte lúdic i humorístic però també amb una certa dosi de crítica, són Mercè Canela (*S'ha de ser animal*, 1992), Josep Gregori (*Moguda a la biblioteca*, 1995) i Joles Sennell (*El llapis fantàstic*, 1983), entre d'altres.

## 5. CONCLUSIONS

Ens cal, ara, sintetitzar en poques línies la nostra exposició, valorar —en definitiva— el que al nostre parer ha aportat aquesta dècada a la literatura infantil i juvenil en llengua catalana, fer balanç i assenyalar les mancances, els èxits i els fracassos. En resum podem dir que:
—Al llarg d'aquests últims deu anys el panorama editorial ha crescut i s'ha diversificat extraordinàriament. Passats els primers anys de «boom» i dispersió ara anam cap a una major concentració editorial, amb línies comercials molt clares, col·leccions menys eclèctiques i per tant més unitàries i amb una especial atenció als aspectes de disseny en la presentació dels llibres.
—Amb els avenços en el terreny de la normalització lingüística la literatura, lluny d'independitzar-se del tutelatge de l'escola, estreny dia a dia el lligam amb la institució escolar i n'és totalment dependent. Aquest fet repercuteix en la creació i en les polítiques editorials i va en detriment de la lectura entesa com un fet lliure i plural. Cal reivindicar la lectura en lli-

bertat i la funció de la biblioteca com a centre dinamitzador de la lectura.

—Els editors s'arrisquen poc a l'hora d'apostar per autors estrangers i només tradueixen els ja consagrats (Dahl, Nöstlinger, Ende, Rodari), mentre que fan el contrari en els llibres de coneixements, que són majoritàriament traduccions, i no se n'estimula en absolut la producció pròpia.

— Paral·lelament, els autors —que s'inhibeixen a l'hora de proposar models— s'arrisquen poc a l'hora de crear, sovint repeteixen fórmules ja solcades i les propostes innovadores a nivel estilístic són escassíssimes. Això no vol dir que no hi hagi un grapat d'obres literàriament valuoses, que ben segur depassaran l'interès del moment i resistiran el pas del temps.

—La crítica rigorosa i veritable brilla per la seva absència. I és que interessa poc; hi ha pocs crítics i encara menys espais per exercir-la. En aquests temps d'«usar i tirar», imperen els interessos dels grups editorials, les sinopsis apressades, les etiquetes fàcils i les classificacions de contraportada molt més que les anàlisis detallades i les reflexions aprofundides.

—Tammateix, però, hem de remarcar que la nostra literatura ha fet molt de camí en pocs anys, que ha aconseguit passar del nores —gairebé del zero absolut— a un nivell extraordinari de producció i molt digne de qualitat. Cal, no obstant, segui treballant, augmentar el llistó d'exigència en tots els àmbits, aconseguir la participació plena dels diversos estaments implicats i, sobretot, no oblidar que el futur continua essent un repte.

# 6. LA NOVEL·LA HISTÒRICA EN LA LITERATURA JUVENIL CATALANA: UNA EINA DE RECOBRAMENT NACIONAL?[39]

En primer lloc, cal dir que sovint es fa difícil distingir entre les obres que podem anomenar pròpiament novel·les històriques i les d'ambientació històrica. La distinció entre unes i altres hauria de recaure en el pes del factor històric en el context de la narració. Quan l'argument gira entorn del desenvolupament i l'explicació d'un fet històric i aquest és l'eix de la novel·la no hi hauria cap dubte, ens trobam davant una narració històrica. En canvi, quan els esdeveniments històrics són usats com a rerefons per a desenvolupar arguments que posen l'accent en l'aventura, el creixement psicològic dels personatges, etc. i el motiu històric pren un paper referencial o secundari, probablement haurem de qualificar aquestes obres com a novel·les d'ambientació històrica. Tanmateix, la distinció entre unes i altres no és sempre clara, perquè pesar i mesurar en literatura és sempre un exercici difícil i arriscat.

39. Article publicat a la revista *L'Arc*, 8 (ICE de la Universitat de les Illes Balears), Palma, 1999. Una primera versió d'aquest estudi va ser presentada al II Congreso de Literatura Infantil y Juvenil, celebrat a Mérida (Càceres) el 1998 i publicat a *Actas del II Congreso de Literatura Infantil i Juvenil*, Editora Regional de Extremadura, Cáceres 2000.

Des d'aquesta doble perspectiva, volem encetar en aquestes pàgines una petita reflexió sobre el paper de la novel·la històrica adreçada a un públic juvenil en la tasca de recobrament dels senyals d'identitat catalans després dels anys de silenci i ocultació imposats pel franquisme.[40] Per a fer-ho, l'analitzarem —ni que sigui succintament— des de diversos aspectes.

En primer lloc, quins períodes són novel·lats? Inicialment aquells que resulten més atractius pels aspectes positius que comporten vers l'expansió i el desenvolupament de Catalunya (els comtes catalans,[41] la figura del rei Jaume I *el Conqueridor*,[42] els almogàvers, etc.); també els que són cabdals per a entendre el perquè del desenvolupament de la història del país (la repoblació,[43] el compromís de Casp,[44] la Guerra del Francès o de la Independència)[45] o que tenen un component social i alhora romàntic engrescador per als adolescents (el cas dels pirates i els bandolers dels segles XVII-XVIII[46] o l'emigració a Amèrica el s. XIX, per exemple).[47] La majoria de novel·les se situen, doncs, entre el segle XII i el XIX, amb una marcada preferència per l'època medieval. Hi ha períodes molt tractats i altres d'oblidats, com per exemple la romanització, el s. XVIII i —essencialment— tot el s. XX. Volem remarcar que

40. La primera novel·la històrica catalana publicada després de la guerra civil és la titulada *Les presoneres de Tabriz*, de Maria NOVELL (Barcelona, 1966).

41. Vegeu *El cavaller de la barba negra* de JOAN BLASCO CASASNOVES (Barcelona, 1983).

42. Vegeu *L'ocell de foc* (1973) d'EMILI TEIXIDOR i també *El rescat del rei minyó* (1976) i *Els dos vailets del castell de Montsó* (1977), ambdós de JOAN BLASCO CASASNOVES.

43. Vegeu *En Mir l'esquirol* (1978) de JOSEP VALLVERDÚ, que tracta de l'estructura feudal, la repoblació i les lluites amb els sarraïns.

44. Vegeu *Frederic, el malaguanyat* (1984) de JOAN BLASCO CASASNOVAS, sobre la figura de Frederic, nét de Martí l'Humà i aspirant a la corona en el Compromís de Casp.

45. Vegeu *La història que en Roc Pons no coneixia* (1980) de JAUME CABRÉ, sobre la vivència de la guerra des de la resistència civil.

46. Vegeu *La madona del mar i els pirates* (1989) de MIQUEL FERRÀ i també *Galceran, l'heroi de la guerra negra* (1978) de JAUME CABRÉ o *Ulls d'ocell* (1996) d'ANTONI GARCIA LLORCA.

47. Vegeu *Un català a la manigua* (1976) d'ORIOL VERGÉS, sobre l'emigració dels catalans a Amèrica i la problemàtica de l'esclavatge.

la història més recent del país —tot i que té prou ingredients per ser novel·lada— no sembla interessar els nostres autors. No tenim cap novel·la històrica que parli del segle XX: ni dels primers trenta anys, ni de la guerra civil ni, tampoc, dels quaranta anys de dictadura franquista. Algunes vegades n'apareix algun motiu com a rerefons o s'hi al·ludeix de forma secundària.[48]

Habitualment, i a un gran nombre de països, la novel·la històrica ha estat marcada per una considerable càrrega ideològica. De tots els gèneres de la literatura juvenil potser aquest és el que permet més fàcilment la manipulació i l'afany d'adoctrinament, tal com ho demostren la majoria de novel·les històriques publicades sota règims dictatorials. Quin ús ideològic fan els autors catalans d'aquest tipus de literatura? La resposta a aquesta pregunta requereix un estudi més exhaustiu que aquest, una anàlisi detallada. Això no obstant, podem dir que és innegable que aquests llibres pretenen crear uns referents històrics que tipifiquin unes aspiracions comunes encaminades a fer país, a construir el sentiment de pertinença i d'identitat nacional del lector. Però també ho és que ho fan sense sectarismes i amb un tarannà obert, integrador i respectuós, defugint generalment el tractament maniqueu dels temes. És ben clar que a través d'aquestes obres hom pretén transmetre valors morals, cívics i patriòtics, per aquest ordre. El denominador comú de la majoria de les obres és la defensa de la llibertat, tant la dels individus com la dels pobles. I per aconseguir-la, els autors posen l'accent en el valor del diàleg, l'entesa i la bona voluntat més que en la força de les armes o la repressió. Per exemple, en els temes bèl·lics són llibres que s'allunyen volgudament del que podem anomenar «sang i fetge», de la descripció de fets cruents (batalles, assassinats, etc.) i per això elegeixen sovint escenaris de rereguarda, que per-

48. Per exemple, la peripècia d'un fugitiu de la guerra del 36 a *El fantasma del Fluvià* (1981) de JOAQUIM SOLER, la narració de la fugida de dos soldats de la República a *Mai no moriràs, Gilgamesh* (1992) de PERE MOREY, o el tema del contraban, el caciquisme i la connivència de les autoritats durant la postguerra a *Contraban* (1995) de MIQUEL RAYÓ.

meten mostrar al lector com sovint són els més dèbils i innocents els que han de patir les conseqüències de les actituds intolerants o violentes dels poderosos. Aquesta tria també es fa palesa en el tipus de protagonistes, que no són herois de caràcter èpic, sinó més tost personatges dèbils però intel·ligents i bondadosos. És per això que hi sovintegen nois i noies molt joves i d'extracció humil, dones del poble i vells.[49] Fins i tot la figura del rei Jaume I *el Conqueridor* —el nostre heroi nacional— és novel·lada no en la plenitud del seu poder com a monarca sinó en els anys difícils de la seva infància i adolescència.[50]

Una altra pregunta que ens formulam és si —amb aquestes obres— els autors tenien la intenció d'omplir el buit de l'ensenyament de la història catalana a l'escola, essencialment a la dècada dels setanta. La resposta ha de ser matisada. Algunes sèries d'obres, seqüenciades i sistemàtiques, és evident que tenen aquest propòsit.[51] Altres, però, responen més a la fascinació de l'autor per un període o un fet determinat i al gust de novel·lar que a una voluntat didàctica expressa. D'altra banda, amb la normalització dels continguts a l'escola, la història del país ha trobat el seu lloc i no necessita del subterfugi de la novel·la, tot i que —si el lector hi troba plaer— pot ser una camí engrescador d'aprenentatge. Per tant, podríem dir que la novel·la històrica catalana té una voluntat més didactista al llarg dels anys 60-70 i es fa més «personal», psicològica i de creixement a les dècades 80-90, en sintonia amb les tendències literàries vigents i la situació de progressiva normalitat de la cultura del país.

Pel que fa als autors, conformen una nòmina diversa i variada, tant pels estils, el to narratiu o les preferències a l'hora

---

49. Podem citar moltes novel·les, però a tall d'exemple en podríem destacar dues de Josep Vallverdú: *En Mir, l'esquirol* (1978) protagonitzada per un adolescent i *Els amics del vent* (1979) sobre la resistència catalana a la invasió napoleònica, protagonitzada per una vella i dos infants.

50. Vegeu les obres ja citades a la nota núm. 41.

51. Ens referim, per exemple, a les obres d'Oriol Vergés que formen la col·lecció «Les arrels», publicada per l'Abadia de Montserrat i que novel·len la història de Catalunya.

d'elegir escenaris i arguments. Si haguéssim de cercar un denominador comú, aquest seria el bon nivell i l'acurada documentació que —generalment— traspuen les recreació d'èpoques i d'ambients. Tot i que, en ocasions, es permetin la ironia o el joc amb l'anacronisme. Val a dir, també, que en general no són autors d'un únic gènere, sinó que a més de novel·les històriques escriuen en altres coordenades.

Per acabar, volem remarcar que aquestes breus notes són només quatre ratlles que ens acondueixen a una reflexió clara: la novel·la històrica en la literatura juvenil catalana ha actuat i actua —en la mesura de les seves possibilitats— com una eina de recobrament nacional a través de l'elecció dels temes i arguments i l'articulació d'un missatge ideològic de catalanitat ben determinat, sempre des d'una perspectiva oberta, dialogant i no excloent. Tanmateix, es fa necessari un estudi ampli i aprofundit per poder matisar i enriquir aquestes primeres conclusions. I, també, la comparació de les novel·les catalanes amb les que es produeixen dins i fora de les nostres fronteres, per poder-ne escatir analogies i divergències i veure fins a quin punt són producte d'una situació historicosocial ben determinada, marcada per les dificultats a l'hora de construir el propi país.

Ens cal, doncs, seguir treballant...

# 7. EL PREMI GUILLEM CIFRE DE COLONYA: UN ESTÍMUL A LA CREACIÓ, UNA INVITACIÓ A LA LECTURA[52]

La tardor del 2005 el premi Guillem Cifre de Colonya va complir la seva vint-i-cinquena convocatòria. Des de 1980, doncs, la Caixa de Colonya, amb seu a Pollença, convoca —de manera ininterrompuda— un certamen que premia una novel·la per a joves lectors en llengua catalana. Aquest va ser el primer premi de literatura infantil que es va convocar a les Illes Balears. Des d'aleshores algunes institucions, com l'Ajuntament d'Eivissa, el d'Alaior o la Fira de Teatre de Vilafranca, n'han creat d'altres. El Cifre de Colonya, al llarg d'aquests vint-i-cinc anys d'existència, s'ha consolidat com un referent de qualitat literària, no únicament a les Balears, sinó dins tot l'àmbit dels Països Catalans. La idea inicial partí del Dr. Martí March i Cerdà, activista cultural pollencí i catedràtic de Pedagogia a la Universitat de les Illes Balears, amb l'objectiu d'impulsar la creació literària en aquest àmbit, aleshores oblidat i sovint menystingut per la cultura oficial. Ell fou qui va animar la direcció de la Caixa de Colonya a donar el suport econòmic a aquesta iniciativa i és fins avui qui organitza i coordi-

52. Article publicat a la revista *Lluc*, Palma 2005.

na el Premi, val a dir que amb el mateix entusiasme dels primers anys.

La literatura infantil i juvenil en llengua catalana va ser, certament, el gènere literari que patí amb més intensitat els estralls de la Guerra Civil i l'aridesa de la llarguíssima postguerra. La producció per a infants en català s'havia iniciat amb el començament del segle XX i havia pres una certa volada de la mà del moviment noucentista, quan autors i il·lustradors de prestigi —amb l'impuls d'un grapat d'editorials capdavanteres i el suport de les institucions d'autogovern— començaren a publicar llibres per a infants. Però aquest va ser un fenomen circumscrit a Catalunya, que no arribà a les Illes, on l'única lectura en català a l'abast dels joves lectors eren les *Rondaies Mallorquines d'en Jordi d'es Racó*. Amb la guerra de 1936-39 i la repressió lingüística i cultural de les dècades següents, la creació i l'edició de literatura infantil quedaren pràcticament col·lapsades. No va ser fins a finals de la dècada dels seixanta que s'inicià una tímida represa, en la qual va tenir un paper certament important l'anomenada Escola Activa, els professionals agrupats entorn de l'Associació de Mestres Rosa Sensat, el moviment escolta i la tasca de dues editorials de nova creació: Edicions 62 i La Galera. Va ser precisament La Galera, nascuda amb la vocació de ser una editorial especialitzada en llibre infantil i juvenil, qui va convocar el Premi Josep M. Folch i Torres, avui el més antic i prestigiós en aquest àmbit. El 1975 l'escriptor mallorquí Gabriel Janer Manila guanyà el premi esmentat amb la seva obra *El rei Gaspar*, publicada a Barcelona l'any següent. Aquests dos fets —l'obtenció del premi i la publicació de l'obra— són les fites que marquen el començament de la literatura infantil i juvenil catalana a les Balears, l'inici d'un camí que ens ha portat fins a la situació actual. Per la seva banda, el Cifre de Colonya va establir des del primer any un conveni amb l'editorial La Galera, que és qui des d'aleshores s'encarrega de publicar l'obra guanyadora, a la seva col·lecció Els Grumets, sens dubte una de les més veteranes i consolidades del panorama literari català. I, precisament, l'escriptor Gabriel Janer Manila és membre permanent del jurat del Cifre de Colonya i avala amb el seu mestratge el premi, el qual ha comptat sempre amb un jurat de prestigi, format per professionals diversos del món de la literatura infantil.

Les característiques del premi i tots els detalls de la seva trajectòria al llarg d'aquests anys han estat explicats per Martí March a l'article «El Premi de Narrativa infantil i juvenil Guillem Cifre de Colonya: vint-i-cinc anys cercant lectors, construint escriptors», publicat en el número 1 de la revista *Ooohéee*, de l'Institut d'Estudis Baleàrics; el lector interessat hi podrà trobar una informació detallada i una reflexió sobre els objectius del premi. És per això que el present article el centrarem en una altra vessant i analitzarem les característiques literàries de les obres guanyadores al llarg d'aquest primer quart de segle d'existència del premi.

La participació dels autors en les diverses convocatòries no és molt elevada, està al voltant d'una dotzena d'obres cada any —amb les oscil·lacions habituals en aquests certàmens. El lloc d'origen del creadors abraça tot el domini lingüístic: Catalunya, País Valencià, Balears i —fins i tot— l'Alguer i en la llista d'autors premiats en trobam de novells i d'altres amb una llarga trajectòria literària. Per tal de poder-ne fer una anàlisi més detallada, dividirem la producció en cinc blocs de cinc anys.

## 1. DE 1980 A 1985

En aquest període tenim tres obres premiades: *El raïm del sol i de la lluna* (1982) de Miquel Rayó, *Els set enigmes de l'iris* (1983) de Mercè Canela i *En Miquel sobre l'asfalt* (1985) de Joaquim Carbó. Carbó, el 1985, era ja un autor molt conegut i amb una ampla experiència com a escriptor per a infants i joves, que s'havia donat a conèixer sobretot a través dels seus llibres d'aventures, entre els quals destaquen *La casa sota la sorra* (1966), *La casa sobre el gel* (1982) o la creació del simpàtic detectiu privat anomenat Felip Marlot, model d'antiheroi. Per la seva banda, Mercè Canela també ja havia publicat prop d'una dotzena de llibres per a infants, amb una qualitat molt remarcable i un segell propi inconfusible, entre els quals destacaríem *Utinghami, el rei de la boira* (1979) o *Asperú, joglar embruixat* (1982). En canvi, Miquel Rayó —l'únic mallorquí dels tres—, tot just s'iniciava en aquest món i *El raïm del sol i de la lluna* era el seu primer llibre en solitari. Amb la perspectiva dels anys transcorreguts, podem dir que ha significat la primera pedra d'una trajectòria literària brillant i que —hores d'ara— Miquel Rayó és un dels millors i més reconeguts autors de literatura juvenil en llengua catalana.

Les tres obres són diferents però alhora molt semblants, ja que parteixen de la voluntat dels autors de treballar a partir de la tradició que ens forneix el món de les rondalles i actualitzar-la. No és casualitat, sinó el resultat d'una tendència literària que va tenir a la dècada dels vuitanta el seu moment més àlgid i que té vinculacions amb la producció europea d'aquest mateix període. En literatura juvenil, entre el 1950-1970 impera el realisme benintencionat, que veu en la literatura de caràcter fantàstic una proposta escapista, no adequada per a les noves generacions. En canvi, els moviments contestataris i de revolta de finals dels seixanta i principis del setanta demanen un retorn de la imaginació i la fantasia —recordeu el famós eslògan del maig del 68: «La imaginació al poder»— i és en aquest context que hem de situar la difusió de les obres de Tolkien o l'èxit aclaparador d'Ende, amb *La història interminable* (1982). En la literatura catalana aquesta tendència suma un altre element cabdal: la recuperació de la tradició popular és entesa com la reivindicació d'un patrimoni cultural fins aleshores silenciat, reivindicar el folklore propi és reivindicar el país, la seva cultura i la seva llengua. Així Rayó, Canela i Carbó construeixen tres relats on s'entremesclen els motius extrets del rondallari amb la temàtica pròpia de la literatura per a adolescents: el creixement, la descoberta de l'altre sexe, les relacions amb els adults, i també amb nous problemes socials com la destrucció de la natura o la despersonalització de les grans ciutats. El resultat són tres obres molt atractives, força treballades literàriament —especialment la de Rayó i la de Canela, menys la de Carbó—, plenes de referències a la literatura culta i la popular, amb pinzellades de desmitificació —per exemple, un inoblidable gegant vegetarià que plora la pèrdua de la seva estimada dona d'aigua a *El raïm del sol i de la lluna*— i amb una estructura complexa i alhora molt ben lligada, especialment remarcable en *Els set enigmes de l'iris*. Tres llibres que encara avui són llegits amb plaer i passió pels joves lectors i que els poden servir de pont per a altres lectures i descobertes.

## 2. DE 1985 A 1990

En aquest període, les obres guanyadores foren: *L'alquímia del cor* (1986) d'Eusèbia Rayó, *Les aventures d'en Tres i Mig* de Pere Rosselló i *Cau i foguera* de M. Àngels Bogunyà que el 1988 obtingueren el premi *ex aequo*, *La Madona del Mar i els pirates* (1989) de Miquel Ferrà i *El gran invisible* (1990) d'Albert Dasí. El 1987 el premi va ser declarat desert, però com que l'any següent hi va haver dos llibres premiats, tenim cinc obres en cinc anys. Tres d'autors mallorquins —E. Rayó, Rosselló i Ferrà—, una autora catalana —Bogunyà— i, per primer cop, un escriptor valencià —Dasí—.

*L'alquímia del cor* va ser també la primera obra publicada d'Eusèbia Rayó —germana de Miquel Rayó, el guanyador de la primera convocatòria— i s'insereix en una línia molt semblant a les tres obres del període anterior: ambientació vagament medieval, una peripècia de transformació personal i de creixement a través de la metàfora de l'alquímia i un llenguatge acurat. L'autora inicià amb aquest premi una trajectòria literària molt interessant, que ha fruitat en un grapat de novel·les juvenils de rerefons històric que destaquen per la seva qualitat. L'ambientació a l'època del Renaixement italià i l'atractiu de l'aventura de pirates va ser l'elecció de Miquel Ferrà, un escriptor mallorquí fascinat per la història i que s'agrada de la divulgació del patrimoni històric i llegendari de la

Mediterrània. També el passat històric és ben present a *Cau i foguera*. En canvi, Pere Rosselló optà per una línia ben diferent: les aventures i desventures d'un ca, contades per ell mateix. Aquest recurs literari —que no és original, però que presenta per a l'autor un grau de dificultat considerable— resulta molt atractiu als joves lectors i permet a l'escriptor criticar les arbitrarietats dels humans i l'absurd dels seus convencionalismes. Dasí, per la seva banda, guanyà el premi amb una obra sobre un vell mag i el món del circ, d'acció trepidant i diàlegs plens de vivacitat.

El denominador comú de dues de les cinc obres comentades és el passat històric, una altra línia important en la novel·la juvenil catalana que —més enllà del seu innegable atractiu literari— ha servit per acostar els joves lectors a les arrels del seu país i fornir una consciència identitària.

## 3. DE 1991 A 1995

El 1991 el premi va ser per a una autora que s'iniciava en el món de la literatura, Rosa M. Colom, amb l'obra *El mandarí i jo*. El 1992 no hi va haver cap obra premiada, però el 1993 guanyà *Allò que conta el vent del desert* de Pere Morey. Segueixen *L'Empaitagrills i la noia de la lluna* (1994) de J. Francesc Delgado i *Entre el cel i la terra* (1995) de Ponç Pons. Aquest cop, tres autors de les Illes —els mallorquins Colom i Morey i el menorquí Pons— i un escriptor català que començava i que hores d'ara és un dels més prolífics i reconeguts: J. F. Delgado.

Rosa M. Colom escriu una història intimista sobre les dificultats de la vida i l'acceptació de la mort, un tema sempre difícil —i més en literatura per a joves— que l'autora —tot i que és el seu primer llibre— sap tractar amb emotivitat i agilitat narrativa. Pere Morey —en un registre molt diferent— opta per una aventura d'ambientació exòtica amb rerefons històric. En temps de les Croades, un jove escuder cristià s'enamora de la filla del xeic d'una tribu àrab. L'enfrontament entre el Cristianisme i l'Islam —un tema ara tan actual— i la fidelitat a les pròpies creences són els eixos entorn dels quals gira la història. També Ponç Pons —poeta i narrador menorquí— ambienta el seu relat en el passat, entre els segles XVII-XVIII, i planteja temes vinculats a la ciència i la religió en un context d'aventura i creixement personal. En canvi, J. F. Delgado —en una obra situada també a Menorca— presenta un relat realista sobre l'amistat entre un vell i un nen, però hi afegeix una vinculació amb el món de la fantasia, a través de la llegenda de les noies de la lluna.

## 4. DE 1996 A 2000

Els últims anys del segle XX la tendència d'una major presència d'autors de les Balears canvia a favor dels escriptors del Principat. El guanyadors són *Lúnia* (1996) de Marta Barceló, *Tiny de llum de lluna* (1997) d'Antoni Garcia Llorca, *La guerra dels xiclets* (1998) de Jordi Folch, *Això era una era* (1999) de Tomeu Vidal i *Naus drac al Mediterrani* (2000) de Xavier Guillamon. Dos autors mallorquins novells, Barceló i Vidal, i tres de Catalunya amb una obra ja consolidada.

*Lúnia* és un relat amb un cert alè poètic sobre l'amistat i el dret dels infants a la imaginació. Per la seva banda, *Tiny de llum de lluna* se submergeix en el món mític dels déus que habiten el fons del mar i en les seves complicades relacions, mentre que *La guerra dels xiclets* és un divertidíssim relat —amb contínues referència al famós escriptor britànic Roald Dahl i a les seves obres— que fabula sobre el que passa quan es prohibeixen els xiclets. *Això era una era* és una elegia del món rural mallorquí en contrast amb vida insulsa de la ciutat —tot vist amb ulls de nen—, i *Naus drac al Mediterrani* és una apassionant aventura de pirates danesos i víkings, molt ben escrita i documentada per un autor fascinat pel món medieval. Cinc obres, doncs, entre les quals és molt difícil establir vinculacions o relacionar-les amb les tendències literàries del moment, ja que no presenten cap tipus d'unitat ni temàtica ni estilística, tot i que mantenen el premi en un nivell de qualitat molt remarcable.

## 5. DE 2001 A 2005

El 2001 el premi va ser declarat desert. Els últims quatre anys s'ha donat a obres molt diferents entre elles que destaquen per la seva originalitat: *L'escola secreta de Madame Dudú* (2002) de Rosa M. Colom, *L'últim dinosaure* (2003) de Xavier Beltran, *Terramolsa* (2004) d'Antoni Garcia Llorca —que ja havia obtingut el premi el 1997— i *Els caçadors del Sol* (2005), d'Antoni Oliver. Dos autors mallorquins —la ja consolidada Colom i el novell Oliver— i dos catalans de reconeguda trajectòria —Garcia Llorca i Bertran—. Colom —que ja havia estat guanyadora el 1991— torna a aconseguir el premi quan ja s'ha fet un nom en la literatura infantil i juvenil catalana i ha obtingut moltes altres distincions. *L'escola secreta de madame Dudú* és una obra molt treballada i complexa escrita —com és habitual en l'autora— amb un punt d'ironia. L'escola secreta és el lloc on les cigonyes aprenen a transportar els nadons d'un cap a l'altre del món, i a partir d'aquesta idea inicial —que pot semblar esbojarrada— es construeix un relat deliciós i original. *L'últim dinosaure* és un bell relat ple de tendresa sobre la fidelitat i l'amistat, entre un dinosaure —la Cuca Gran— que estima els infants i una nena, la Guida. *Terramolsa*, obra d'un autor que ha obtingut un gran nombre de premis i reconeixements des de 1995, any en el qual guanyà el Folch i Torres— ha estat considerada una de les millors obres de la literatura juvenil catalana dels últims anys, sobretot per la qualitat literària del seu llenguatge —molt treballat— i la força de la història que narra, una faula d'animals que retrata en clau metafòrica les debilitats i grandeses dels humans, tot recollint la millor tradició de la faulística europea. Finalment, l'última obra premiada fins avui és *Els caçadors del Sol*, la primera del Cifre de Colonya que podem considerar plenament adscrita al gènere de la ciència-ficció: en un món fosc i humit perquè el Sol ha desaparegut, un jove coratjós decideix anar a la recerca de la claror, malgrat el risc que això suposa. És un relat on també es fa present la descoberta de l'amor i la iniciació a la vida adulta.

108

## 6. El balanç d'un quart de segle

Finalment, el balanç que podem fer dels vint-i-cinc anys del premi és altament positiu. El podríem resumir en els punts següents:

—Un grapat d'obres amb un alt nivell de qualitat, que es mantenen en el catàleg de La Galera perquè s'han convertit — moltes d'elles— en obres de referència de la literatura juvenil catalana, en aquesta franja tan difícil de joves lectors entre 8 i 12 anys.

—En moltes ocasions el premi s'ha convertit en el trampolí de sortida d'autors novells que, a partir de l'obtenció del Cifre de Colonya, han anat construint la seva carrera com a escriptors i hores d'ara són valors importants en la literatura catalana: Miquel Rayó, Eusèbia Rayó, Garcia-Llorca, Rosa M. Colom... en serien exemples.

—En altres el premi ha estat una fita important en trajectòries ja consolidades, que ha contribuït a afermar-les: Joaquim Carbó, Mercè Canela, Xavier Guillamon, etc.

—L'existència del Cifre de Colonya —juntament amb les tasques de recerca i de divulgació de diversos professors de la UIB— han fet de Mallorca un espai de referència en el món la literatura per a joves en llengua catalana.

—La tasca impecable del coordinador del premi i el suport incondicional i continuat de la Caixa de Colonya han fet possible que aquest premi sigui un model a seguir per altres institucions, un estímul a la creació i una invitació engrescadora a la lectura.

Per tot això, podem dir que el llumeneret blau que va encendre a principis del segle XX el pedagog Guillem Cifre de Colonya a Pollença encara avui segueix il·luminant el camí de la nostra cultura, marcat per les fites dels llibres i solcat per les petjades dels lectors.

# 8. 100 GRUMETS QUE DIBUIXEN, TÍTOL A TÍTOL, LA TRAJECTÒRIA DE LA NOSTRA LITERATURA[53]

Teniu a les mans un text que, a mode de Capità, vol presentar-vos tots i cada un dels integrants de la seva tripulació, pel tal que pugueu gaudir i fer gaudir la seva companyia, compartir hores que s'ompliran amb les variades i atractives històries que cada Grumet és capaç d'explicar al lector que se li apropi amb ganes de llegir i set de descoberta. Però els 100 Grumets que conformen la col·lecció, la tripulació literària, no han estat reclutats en un dia, ni en un mes, són fruit de gairebé trenta anys de selecció pacient i contrastada, de la tasca dels creadors, de l'esforç dels editors i, sobretot, de la tria del públic que —amb el seu suport incondicional— ha marcat aquells Grumets que no es poden jubilar, perquè la història que conten encara ens interessa i ens commou.

Fa trenta anys la literatura infantil i juvenil catalana era a punt d'iniciar, encara molt i molt tímidament, un nou període de la seva curta —i tanmateix tràgica— història. A principis

53. Aquest text va ser publicat com a pròleg del llibre *Cent grumets i un capità* publicat per La Galera en ocasió del número 100 de la seva col·lecció Els Grumets.

de segle xx els intel·lectuals catalans havien començat a intuir les possibilitats de la creació literària adreçada a infants i joves. Entre els anys 20 i 30 les expectatives s'anaren fent realitat i autors i il·lustradors de prestigi dedicaren els seus esforços a posar els llibres catalans per a infants i joves a l'alçada dels que es feien a Europa. A la tasca s'hi sumaren també els mestres i els bibliotecaris, els editors i les institucions. El resultats foren excel·lents, però els projectes es trencaren quan més embranzida duien: la guerra civil i els llargs anys de dictadura condemnaren la cultura catalana al silenci i la desfeta. La història és prou sabuda. A principis dels anys seixanta, però, la feina silenciosa i eficaç dels que no es resignaren a perdre la veu, comença a fruitar: el 1961 surt el primer número de la revista *Cavall Fort*, el 1962 es funda Edicions 62, el 1963 neix La Galera, el 1965 l'Associació de Mestres Rosa Sensat, el 1966 s'inicia la col·lecció Els Grumets que avui ens ocupa. Cada una d'aquestes passes són fonamentals en el recobrament de la nostra literatura infantil i juvenil, de la nostra identitat cultural. Són les bases sobre les quals s'assenta una literatura que avui és ampla i diversa, rica i plural, capaç de competir amb les més reconegudes del món occidental, que compta amb professionals de primer ordre i que constitueix una sòlida i inqüestionable realitat.

Els 100 Grumets que presentam han estat seleccionats entre la producció d'aquests anys i és per això que, a través dels seus títols, podem fer un interessant recorregut per la història de les tres últimes dècades de literatura infantil i juvenil catalana, sense oblidar l'aportació dels Grumets que —traduïts d'altres llengües— ens posen a les mans grans obres d'autors estrangers avui considerats clàssics, com Mark Twain, Gianni Rodari, René Goscinny i Michel Ende, per posar alguns exemples.

La producció dels primers anys de la represa ve marcada per les coordenades del realisme. Des dels moviments de renovació pedagògica —que són els que comencen a formar, a les escoles més progressistes, els primers nous lectors en català— es potencia el realisme que permet una ràpida identificació del lector amb els protagonistes. Són llibres que presenten una societat poc conflictiva, poblada per nins assenyats i sincers —sovint organitzats en colles— i adults força comprensius, que resolen les mancances i els problemes amb les armes de la racionalitat i el diàleg, sempre amb una considerable dosi d'enginy i d'imaginació. *El zoo d'en Pitus* (S. Sorribas, 1966) inicià aquesta línia a Catalunya i avui ja podem dir que és un clàssic, però n'hi ha molts més: *La colla dels deu* (J. Carbó), *La cuca japonesa* (Serrat /Torrents), *Un rètol per a Curtó* (A. Garriga), *De qui és el bosc?* (M. Canela), etc. Llibres que vehiculen missatges de solidaritat, de pragmatisme, de senzillesa i ens recorden la saviesa d'un vell aforisme: «la unió fa la força».

A partir dels anys setanta bufen aires nous en la literatura infantil i els Grumets en són capdavanters. La producció s'estructura en corrents, la temàtica es diversifica i, tal com passa a Europa, sorgeixen «llibres nous per a nens amb problemes nous». La realitat menys dolça, que posa sobre la taula situacions de pobresa, de solitud, d'incomprensió, de fanatisme, també té els seus Grumets: *En Roc drapaire* (J. Vallverdú), *Ulls de gat mesquer* (J. Barceló), *L'home dels gats* (J. Vallverdú), etc. D'altra banda, el passat històric —amagat i bandejat dels programes escolars— arriba amb força als adolescents a través de les narracions vibrants i rigoroses d'autors com Josep Vallverdú, Jaume Cabré, Maria Novell, Àlvar Valls, Oriol Vergés, etc., que els descobreixen un passat propi, desconegut i atractiu, fet de glòria i de derrota.

El 1975 la situació política comença a canviar i, poc temps després, l'ensenyament del català a l'escola inicia un llarg i complex camí de normalització, que continua encara avui i que possibilita un espectacular augment de lectors potencials en la nostra llengua. Dels Estats Units ens arriben les teories psicoanalítiques de Bettelheim aplicades als contes populars, que posen de manifest la importància d'aquests relats en la formació dels infants. D'Itàlia vénen les lúdiques propostes de Rodari i les primeres traduccions de les seves obres publicades a Els Grumets, que conviden a jugar amb les rondalles i a explorar les tècniques de les avantguardes; hi ha tot un corrent de valoració i revitalització de la tradició popular que incideix en els nostres autors i fruita en obres magnífiques com *Utinghami, el rei de la boira* i *Els set enigmes de l'iris*, de Mercè Canela, o *El raïm del sol i de la lluna* i *El secret de la fulla d'alzina*, de Miquel Rayó.

En els anys vuitanta realitat i fantasia es donen definitivament la mà i els autors basteixen obres en les quals la crítica social, la denúncia de la incomprensió o la injustícia, la soledat i l'alienació es veuen reforçades per un alè de poeticitat, una petjada de fantasia o una saludable dosi d'humor. Són obres que pouen en la tradició i alhora es projecten vers el futur, dibuixant personatges tan inoblidables i colpidors com en *Joanot de Rocacorba* (T. Duran), en Banga, n'Eloïm i la vella Andraixa d'*Ulls de gat mesquer* (J. Barceló), el corsari de l'Illa dels Conills o la Berta de *Tot quan veus és el mar* (G. Janer Manila) o l'àvia-bruixa Mercúria (R. M. Colom). Altres autors opten pel camí de l'absurd, l'experimentació i l'humor, com és el cas d'*En Patancràs Xinxolaina* (J. Sennell).

Els Grumets han arribat, plens de força i carregats de saviesa, als anys noranta. S'han mantingut ferms en el seu lloc i alhora han sabut encarar el velam als nous vents. A bord la tripulació és diversa, com ho són els lectors que faran camí amb ells. La Galera ha carregat, dels ports on ha fet estada, històries que ens arriben al cor, que ens dibuixen somriures i ens provoquen el desig de compartir-les. Un bell bagatge per a una bella aventura.

# OBRES I AUTORS

# 9. TURMEDA O EL DO DE LA CONTEMPORANEÏTAT[54]

Quan, a finals del segle XIV, fra Anselm Turmeda va escriure aquest llibre, ben segur que no podia imaginar el ressò que tindria al llarg de les centúries següents. El *Llibre de bons amonestaments* és, juntament amb *La disputa de l'ase*, l'obra més coneguda i famosa de l'enigmàtic escriptor mallorquí. Es tracta d'una curta obreta en vers —428 versos disposats en estrofes de tres octosíl·labs que rimen entre ells i que van seguits d'un tetrasíl·lab de rima independent— de to popular, que té un clar antecedent en una obra italiana del s. XIII intitulada *Dottrina dello Schiavo di Bari*. Turmeda usava, sense problemes, el recurs que avui anomenem plagi. Però no tot el llibre és una còpia, sinó que hi ha fragments —especialment el conegut com «Elogi dels diners» i els de to antimonàstic— on traspua clarament la concepció del món i dels valors de Turmeda, tot i que la seva és una ideologia que entronca de forma directa amb els tòpics literaris medievals, des dels goliards a l'Arxipreste d'Hita. El llibre, de fàcil memorització, va conèixer un èxit extraordinari i es va convertir en la lectura que,

54. Article publicat a la revista *Faristol*, 15 (Consell Català del llibre per a Infants i Joves), Barcelona 1993, i a *El Mirall*, 64, Palma, 1993.

després de la doctrina, es posava a mans dels infants catalans, fins a principis del s. XIX. Notem que entre el 1635 i el 1821 hi ha registrades més de quaranta edicions populars de l'obra, però sembla que n'hi hagué moltes més.

Ara, quan sembla que els llibres que oferim als infants van per altres viaranys, l'Abadia de Monserrat, recupera aquest clàssic català en la seva excel·lent col·lecció «El tinter dels clàssics». Com és aquesta versió?

En primer lloc, cal dir que és una selecció. Dels 428 versos de l'original n'han quedat 216, és a dir gairebé la meitat. S'han eliminat algunes estrofes misògines, altres molt religioses, d'altres cíniques i algunes reiteratives o de difícil interpretació. En general, la tria és feta amb bon criteri, però la retallada d'estrofes ens ha semblat una mica excessiva, ja que n'hi ha de força interessants que han desaparegut. Ja al pròleg se'ns indica que el llenguatge ha estat «lleugerament modernitzat», cosa que era totalment necessària per a possibilitar una lectura sense gaires dificultats. En general s'ha conservat força bé el ritme i el color de la parla medieval, però creiem que hauria estat perfectament possible conservar formes i girs encara ben vius en la llengua catalana en lloc d'optar per les formes més estandarditzades —com és ara substituir «jas» per «té» o «preg» per «prego».

Tota una altra qüestió és la ideologia que els «amonestaments» vehiculen. Llibre escrit per un personatge dual i contradictori, situat entre dues cultures —l'àrab i la cristiana— i en una època de transició —del món medieval al Renaixement—, l'obra és plena de contrastos. De la ironia al cinisme més descarat, passant per consells plens d'ètica i per normes totalment cristianes, Turmeda ens sorprèn per la seva total i absoluta modernitat. En el nostre món —de consum i de canvi, d'adoració dels diners, de relacions socials difícils— l'autor medieval ens ofereix un text que pot servir perfectament de punt de partida per a la conversa —i la controvèrsia— amb els nostres adolescents. Llibre per llegir amb veu alta, en grup, per discutir i comentar i per veure com els afanys de la humanitat, malgrat el pas dels segles, són sempre els mateixos.

Menció a part mereixen les innovadores il·lustracions de Tàssies, plenes d'audàcia. Dibuixos que sorprenen en principi per la seva duresa, però que amaguen una proposta lúdica a to amb el llibre. Construïts com si fossin retallables, i amb un hàbil ús dels bitllets de banc en contrast amb els colors sobre fons negres, l'il·lustrador aconsegueix transmetre el to d'ambigüitat i de «modernitat» que traspua el llibre. Tot un encert!

# 10. *LES FURES*, ENTRE EL RECORD I L'ELEGIA. UNA NOVEL·LA PER A JOVES LECTORS?[55]

## 1. Llorenç Villalonga, l'escriptor i l'home.

Llorenç Villalonga és, sens dubte, un dels més grans escriptors de les Illes Balears. Va néixer a Palma el 1897, i morí a la mateixa ciutat el 1980, després d'una vida dedicada a la literatura i també a la seva professió, la psiquiatria. El seu pare era militar, carrera que igualment seguiren els seus dos germans, en Guillem i en Miquel. La seva mare, Joana Pons Marquès, era de Menorca. Els Villalonga-Pons eren una família benestant, però no pertanyien a l'aristocràcia. Sembla que la rigidesa del caràcter militar del seu pare es veia compensada per la tendresa i la sensibilitat de la mare, una figura que trobem en el rerefons dels personatges femenins més positius i asserenats de l'escriptor. La infantesa de Llorenç Villalonga va transcórrer entre els hiverns a Palma i els estius a Bunyola, tot i que els primers anys, a causa de la professió del seu pare, els passà primer a Maó i després a La Corunya. Si l'hivern representava

55. Introducció a l'edició de *Les Fures* de Llorenç Villalonga a cura de J. A. Grimalt, publicada per la Conselleria d'Educació i Cultura, Palma, 2006.

la rigidesa dels mestres, els conflictes amb els companys, les classes particulars de francès..., l'estiu era la vida lliure, el contacte amb la natura, la simplicitat del dia a dia al poble, la calma com a teló de fons de la vitalitat infantil. Aquest records d'infantesa seran sempre presents a la seva obra, embolcallats amb una mirada idealitzada, a voltes amb un punt d'acidesa.

A l'hora d'orientar el seu futur, Llorenç defugí la carrera militar i decidí estudiar Medicina. Cursà la carrera a diverses facultats espanyoles (Múrcia, Barcelona, Madrid i Saragossa) i mai no va ser un estudiant brillant. Més endavant anà a París, on s'especialitzà en fisioterapèutica (1929). Ja instal·lat definitivament a Palma, exercí des de 1933 fins a la seva jubilació a l'Hospital Psiquiàtric.

En esclatar la Guerra Civil, Llorenç Villalonga pren partit per la Falange Espanyola i mostra una actitud declaradament hostil cap a la República i cap al nacionalisme català, amb plantejaments feixistes. Les relacions amb els intel·lectuals mallorquins conservadors i catalanistes, que mai no havien estat bones, es trenquen definitivament. L'actitud combativa dels primers anys de la guerra, però, aviat serà substituïda per un replegament interior que l'allunya del dia a dia polític. Tanmateix, cap als anys seixanta, quan Villalonga opta definitivament pel català com a llengua d'expressió literària —val a dir que un cop constatat el seu escàs èxit com a escriptor en castellà—, aquest enfrontament s'anirà esvaint i l'autor exercirà un cert mestratge sobre les noves generacions d'escriptors mallorquins.

Després d'uns anys de joventut tempestuosos, s'especialitzà en Psiquiatria a Barcelona i es casà, als trenta-nou anys, amb Maria Teresa Gelabert, una cosina llunyana. Aquest matrimoni —que coincideix justament amb el trasbals de la Guerra Civil— significa per a Villalonga l'assumpció de la maduresa i l'inici d'una nova etapa vital, menys combativa i més assenyada i reflexiva. La seva esposa, Teresa, juntament amb el record de sa mare —Joana—, es confondran en el seu univers literari per a formar un personatge femení arquetípic: dona Maria Antònia de Bearn.

Tot i que sempre es va sentir atret per la pràctica de l'esport, la seva passió era la literatura. Des de ben petit s'havia afeccionat a la lectura i havia anat construint una sòlida cultura assentada sobretot en la coneixença dels autors francesos, clàssics i moderns. França era per a Villalonga el referent cultural europeu més atractiu i complet, i com a tal apareix sovint a les seves novel·les.

De fet, encara que no va ser mai un gran viatger, sí que va ser un home cosmopolita. Durant la seva joventut, se sentí fortament atret per la colònia estrangera d'intel·lectuals i bohemis que s'havien instal·lat pels barris del Terreno, Gènova i la Bonanova i hi mantingué relacions afectives. Significaven una finestra al món i una promesa d'aventura, més enllà dels estrets límits de la societat conservadora de l'època, que al jove Villalonga li semblava provinciana i tancada en ella mateixa. Aquestes dues realitats, la Mallorca levítica i la Mallorca esnob, ja apareixen —dibuixades amb pinzellades satíriques— a la seva primera novel·la, *Mort de Dama* (1931), i seran dos referents claus a tota la producció posterior.

Les inquietuds literàries de Villalonga el portaren a conrear gairebé tots els gèneres al llarg de la seva llarga vida com a escriptor. S'inicià amb les col·laboracions periodístiques a *El Día*. Més endavant dirigí la revista *Brisas* (1934-36), va publicar quinze novel·les, diversos llibres de relats, obres de teatre, poemes i moltíssims articles de premsa, signats sovint amb el pseudònim *Dhey*. Tanmateix, és considerat —essencialment— un novel·lista. Els crítics solen dividir la seva producció narrativa en tres cicles. L'anomenat «Cicle de Fedra», format per obres que —a partir del mite clàssic— s'inspiren en la relació que va mantenir amb la poetessa cubana Emília Bernal i on apareix una Mallorca que s'obre tímidament a la nova realitat social que significarà el turisme a l'illa, abans de la Guerra Civil. En segon lloc, el «Cicle de Bearn», que representa la maduresa de l'escriptor i significa l'elaboració acurada d'un món personal de caràcter elegíac, molt més reflexiu que la producció anterior i en el qual destaca —com a peça central entorn de la qual graviten les altres novel·les— la titulada *Bearn o la sala de les nines* (1961), una obra que integra el món i el pensament de l'autor, amb personatges que ja havien aparegut en obres anteriors i que aquí cristal·litzen i es consoliden com a arquetipus, com és el cas de Don Toni i dona Maria Antònia. Tots els temes vertebradors de la novel·lística de Villalonga són a *Bearn*: el temps que fuig i la incapacitat humana per a retenir-lo, el contrast de l'amor-passió i l'amor assossegat —alhora antitètics i complementaris—, el passat entès com a paradís perdut, la paternitat i la literatura com a transcendència, la cultura com a camí d'humanització, la incertesa del progrés, l'atracció per l'homosexualitat, les relacions entre les diverses classes socials, la religió i l'agnosticisme, la novel·la entesa més com a vehiculadora d'idees que no d'històries, etc. Finalment, el tercer grup d'obres el conformen narracions de caràcter autobiogràfic —com les *Falses memòries de Salvador Orlan* (1967), *Les Fures* (1967) i *El misantrop* (1972)— i el que podem anomenar «Cicle de *Flo la Vigne*» (1968-1972), on predomina la reacció de l'autor front al canvi social, el progrés i el consumisme, temes que ja apareixen a la segona part de *Les Fures*. La seva trajectòria és clou amb *Andrea Victrix* (1974), relat de caràcter futurista i apocalíptic, i *Un estiu a Mallorca* (1975), reelaboració narrativa del drama titulat *Sílvia Ocampo* (1935), la seva primera obra, que havia estat publicada quaranta anys abans i que significa el tancament del cercle literari villalonguià.

## 2. *LES FURES*: DE L'ELEGIA A LA CRÍTICA

*Les Fures* és una novel·la escrita el 1965, quan Llorenç Villalonga ja s'acostava als setanta anys. És una obra de maduresa i reflexió sobre un temps passat, una mirada idealitzada —però no per això exempta d'ironia— cap a la infantesa viscuda en un entorn ja desaparegut. A *Les Fures* hi trobem refosos els temes essencials que conformen —de manera gairebé obsessiva— els seus principals referents literaris, sobre els quals gira de forma concèntrica la seva producció. I també hi retrobem l'estil personal de l'autor: la claredat expositiva, la tendència a l'esquematisme, la valoració de la idea per sobre de l'acció, les frases definitives i definidores, el narrador-protagonista, les cites i al·lusions a la cultura francesa i, més esporàdicament, a la tradició clàssica, l'ampla galeria de personatges secundaris —vistosos i anecdòtics—, etc.

El títol, a primer cop d'ull senzill i expressiu, és el mal nom de dues dones —germanes— que viuen a Bearn —Bunyola?— i són tingudes per bruixes. En sentit figurat, una fura és una persona inquieta —especialment una dona— que tot ho observa i tot ho vol saber, que es fica en els assumptes dels altres. I, etimològicament, sembla que aquesta paraula tenia el sentit de «lladre». Les fures, a la pagesia mallorquina, són animals considerats molt perniciosos. En canvi, els caçadors les crien per usar-les en caçar conills. És a dir, són alhora temudes i útils, com les *Fures* de la novel·la. *Fura* és, doncs, un mal nom pejoratiu, com negatius són els dos personatges que el porten.

## 2.1. *El narrador i l'estructura del relat*

*Les Fures* és una novel·la breu, narrada en primera persona. Es presenta com el record d'unes vivències de l'autor-narrador. I —en realitat— ho són en bona part, ja que Llorenç Villalonga quan era infant —a causa d'una malaltia— passà un llarg període de temps a Bunyola, per tal de refer-se. En el seu record, aquell temps passat en contacte directe amb la natura i lluny del control familiar, fou un paradís. A la primera part es conten un fets succeïts quan el narrador tenia devers deu anys, un món d'infant vist amb ulls d'infant. A la segona part, el narrador ens conta una segona estada al poble, deu anys després, quan és ja un jove, decebut del món a causa d'un accident que li esguerrà una cama. Ara el narrador veu la realitat amb ulls d'adult, entelats d'amargor. Reapareixen els mateixos llocs i alguns dels personatges, però el pas del temps i els canvis socials ho han trastocat tot, i queda ben poc d'aquella Arcàdia, ara fondament idealitzada.

L'estructura de la novel·la és molt senzilla. Com ja hem es-

mentat, formalment es divideix en dues parts, separades cro-
nològicament per deu anys. La primera part consta de deu ca-
pítols, ens descriu l'espai on es desenvolupa l'acció —un poble
de Mallorca, al peu de la serra de Tramuntana, que podem
identificar amb Bunyola— i els personatges, entre els que po-
dem destacar na Tonina —la dida—, la seva filla —na Colo-
ma— i en Xim, el ferrer. Com a presència de fons, les Fures, a
qui gairebé tothom tem, menys —precisament— la dida i el
ferrer. Més que una línia argumental marcada, els diferents
capítols ens presenten fets puntuals, a vegades anecdòtics,
que ens ajuden a conformar el caràcter dels personatges i la
relació, afectiva i formativa, que mantenen amb el narrador.
La segona part, que explica el retorn del narrador-protagonis-
ta al poble, després de deu anys, consta de quinze capítols. El
ferrer ha mort de malaltia, la dida i la seva filla han marxat a
França i en Joanet —antany company de jocs— s'ha convertit
en un jovençà capbuit, seduït per la vida fàcil que arriba a ser
empresonat, acusat de tràfic de drogues. L'únic que resta im-
mutable és la presència inquietant i aspriva de les Fures. Els
tres últims capítols, a mode de cloenda simbòlica, acaben
amb aquesta presència, a qui la veu popular ha atribuït tot el
mal i la dissort dels habitants del poble.

## 2.2 Els personatges i els temes

El personatge central de la novel·la és el narrador, i és a tra-
vés dels seus ulls que el lector copsa la realitat de Bearn i dels
seus habitants. Infant ciutadà i malaltís, fill «de senyors», la
vida lliure a Bearn li obre els ulls al món. La primera part de la
novel·la ve marcada per la relació amb tres personatges: na
Coloma —la filla de la dida, companya de jocs— significarà la
descoberta de l'atracció cap a l'altre sexe, na Tonina —la di-
da— és la dona autosuficient, intel·ligent, calculadora, amb
un punt de cinisme, rebel a la seva manera, capaç de dibuixar
la seva vida a desgrat del què diran. Per al narrador serà un
model de comportament, potser no exemplar, però sí efectiu.
En canvi, en Xim —el ferrer— és un exemple totalment opo-
sat però igualment admirat. En Xim —«*Era auster, purità, fort*

126

*i realista*»— el fascina per la fortalesa física, la integritat moral i la simplicitat amb què s'enfronta al món. El ferrer —gairebé un heroi èpic— domina els elements —el foc, l'aigua— i li ensenya el domini del propi cos i el valor de la integritat moral.

A la segona part, aquests tres personatges són només un record. La dida i sa filla han fugit del poble i —diuen— s'han situat a França, el ferrer ha mort als trenta anys, gairebé en olor de santedat. Els personatges que resten a Bearn són anodins —en Joanet, na Margalideta, llurs famílies—, passius i sense força per resistir amb dignitat els canvis socials que la «modernitat» i «el progrés» porten. El narrador també ha canviat, ara la seva mirada és desencisada i crítica, pàgina a pàgina revela l'ensorrament d'un món que ell havia idealitzat. Aquest contrast entre l'abans i l'ara és el tema central de la novel·la: el canvi social basat en el consumisme i el progrés, sense uns fonaments ètics i una base cultural que li donin sentit, ens aboca a la buidor i el conformisme. Aquesta idea es sintetitza en la figura d'en Joanet, jove malfeiner i gastador que es deixa arrossegar per la vida fàcil i no recull cap dels valors heretats de la tradició, i també en la de la seva promesa, na Margalideta, incapaç de prendre cap decisió autònoma. El narrador constata aquest fet amb ràbia continguda, però se sap incapaç de trobar-hi solució.

Tot i que *les Fures* són els personatges que donen títol al llibre, i que la seva presència es fa palesa al llarg de tota la narració, tenen més una càrrega simbòlica que no actancial. Són un referent, representen la por al desconegut, a allò que surt de la norma, a les pulsions soterrades de creences en màgia i bruixeria. I per això, tot allò negatiu que no té explicació per a la gent senzilla de Bearn és atribuït a les males arts d'aquestes dones. La figura de la bruixa —tot i tenir un fonament real en la societat— és un personatge molt present a la literatura. Villalonga contraposa el racionalisme del narrador —i el distanciament que suposa el no formar part del poble— al pensament màgic, irracional, poruc, que veu en el comportament de les Fures i en les seves paraules, sovint profètiques, una

127

aliança amb el Mal. Al capdavall, la fi de les Fures —que vendrà del cel— serà vista com un alliberament i un acte de justícia divina. El narrador, però —conscient del paper que havien representat—, acaba la novel·la amb una pregunta —alhora clarivident i terrible—: «Però, ¿quant de temps tardarien a reencarnar-se, unes noves Fures?»

## 3. L'ESPAI I EL TEMPS

Villalonga reprèn a *Les Fures* un espai que ha cisellat al llarg de tota la seva obra fins a convertir-lo en un mite: Bearn. En designar aquest topònim l'autor recrea el paisatge natural i humà del Raiguer de l'illa, en unes terres al peu de la Serra de Tramuntana que vagament podríem situar entre Alaró, Bunyola i Binissalem, llocs amb els quals l'autor està lligat biogràficament. Concretament, el Bearn de *Les Fures* és una transposició de la Bunyola que ell va viure d'infant. La família Villalonga tenia una casa just al costat de l'església del poble, on passaven períodes de vacances. Hi ha clares coincidències entre la biografia de la infantesa de l'autor i els personatges i espais de la novel·la que comentem. Però les coincidències són anecdòtiques, perquè allò que realment ens vol explicar l'autor és que Bearn és el seu paradís perdut, personal i intransferible: «*A Bearn vaig passar els millors anys de la infantesa... / ...en el meu record Bearn segueix essent una Arcàdia.*». Però, com a bon proustià, Llorenç Villalonga sap que no hi ha més paradisos que els perduts. És per això que la primera part de la novel·la ens mostra aquest paradís i la segona s'ocupa d'explicar-nos com s'ha anat esmicolant, fins a perviure únicament en el record de l'autor. Si volguéssim fer un paral·lelisme biogràfic, les dates no ens quadrarien gaire, perquè —pels fets narrats— la primera part l'hauríem de situar devers 1907 i la segona per la forma de vida que explica, als voltants de 1960. A la ficció de la novel·la només han transcorregut deu anys entre un període i l'altre. Tant s'hi val! Això no preocupava gens ni mica Villalonga, interessat a mostrar els canvis en les formes de vida de la Mallorca tradicional a la Mallorca turística, però no en l'exactitud cronològica. Tot i reflectir aquests canvis —les ràdios, les motocicletes, les batedores elèctriques, les begudes de cola, els primers immigrants— la realitat històrico-política és absent de la novel·la, perquè no hi ha cap referència a la guerra, ni a la dictadura, ni a cap mena de poder polític.

També n'és força absent el paisatge. L'autor ens vol transmetre idees, no descriure espais. El paisatge, l'entorn natural, és un teló de fons per a les vivències dels personatges i les reflexions de l'autor, la seva descripció es pot obviar: «*El paisatge són arbres, terres, roques: objectes inanimats, o quasi, iguals avui que en temps dels romans, descrits ja una vegada per sempre. El dramatisme d'una història no està en el regne vegetal ni en el mineral. És de l'home, que cal ocupar-nos.*» Tot i això, reconeix un cert paral·lelisme, una certa concordança, entre l'entorn i les persones que l'habiten: «*La naturalesa a Bearn és dolça, harmònica com el caràcter dels seus habitants.*». Hi ha, en aquesta afirmació, un cert determinisme.


A MODE DE CONCLUSIÓ

*Les Fures* fou publicada el 1967 i no va tenir un gran èxit de públic, encara que rebé algunes crítiques força elogioses, essencialment d'autors i estudiosos mallorquins. Potser, a l'ombra de *Bearn*, semblà una obra menor, secundària. El cert és, però, que amb el temps *Les Fures* ha trobat el seu espai i ha assolit el lloc que li pertoca en el conjunt de l'obra de Villalonga. I el seu valor és la síntesi. Al capdavall de la vida, ja prop dels setanta anys, el nostre autor elabora una obra breu i continguda que reuneix tots els elements importants del seu món literari, el seu pensament i el seu estil narratiu. És una obra d'enllaç entre el passat biogràfic i literari de l'autor —hi retrobem personatges, espais, temes, anècdotes de la seva vida i la seva obra—, i el present que l'autor viu amb una certa perplexitat, amb un sentiment clar de desubicació. I aquest enllaç li permet projectar la seva idea del futur que ens espera, en la societat capitalista i tecnificada que ens ha tocat viure. Una visió de futur desencisada i àcida, que l'autor posarà de manifest en totes les seves obres publicades des de mitjan anys seixanta. Ell mateix confessava, en alguna entrevista, que no trobava el seu lloc en el present ni esperava res del futur. Però aquest desencís no treu gens d'atractiu a *Les Fures*, ans el contrari. El lector d'avui hi troba l'elegia —a voltes emocionada— del paradís de la infantesa, la visió crítica de la realitat feta des de la força i la ràbia de la joventut i la reflexió i el distanciament —a voltes ratllant el cinisme— que només és possible des de l'edat adulta. Un narrador que, a través dels tres estadis de la vida, ens enfoca diversos aspectes de la realitat —alhora canviant i immutable, racional i irracional— de la condició humana.

PER A SABER MÉS SOBRE *LES FURES*

ALEGRET, J.: «Llorenç Villalonga: *Les Fures* i *Falses memòries de Salvador Orlan*» dins *Als Villalonga de Bearn (Homenatge de Bunyola a Llorenç i Miquel Villalonga)* a cura de Tomeu Quetgles, Ajuntament de Bunyola — Consell Insular de Mallorca, Palma, 1988.

POMAR, J.: *La raó i el meu dret. Biografia de Llorenç Villalonga*, Ed. Moll, Palma 1995

POMAR, J.: *Llorenç Villalonga i el seu món*, Di7 Edicions, Binissalem, 1998.

ROSSELLÓ BOVER, Pere: «La raó en el temps de la Coca-Cola (La desintegració del mite de Bearn a *Les Fures*», dins *Professor Joaquim Molas. Memòria, escriptura, història II*, Universitat de Barcelona, Barcelona 2003.

SIMBOR ROIG, V.: *Llorenç Villalonga a la recerca de la novel·la inefable*, Institut Interuniversitari de Filologia Valenciana i Publicacions de l'Abadia de Montserrat, València-Barcelona, 1999.

# 11. *L'ILLA DE LES TRES TARONGES,* ENCANTAMENT I MERAVELLA[56]

El mestratge d'un escriptor es demostra en la seva capacitat d'usar els registres narratius més diversos, en l'enginy per construir les històries, en el poder evocador del seu llenguatge, en la creació d'universos narratius coherents i seductors alhora. En Jaume Fuster, amb la trilogia formada per *L'Illa de les Tres Taronges, L'anell de ferro* i *El jardí de les palmeres,* ens forneix una bona mostra d'aquestes qualitats. Guiamon, el poeta amorós transformat en heroi èpic per la força de les circumstàncies, ens narra —amb vigor i sensibilitat— una aventura extraordinària viscuda en una illa de llegenda. Tanmateix, el lector prest endevina el rostre afable d'en Jaume Fuster sota les vestidures medievals de Guiamon, i reconeix els camins i paisatges de Mallorca en la mítica Illa de les Tres Taronges. Jaume Fuster estimava Mallorca i la coneixia pam a pam, era capaç de parlar —i de cuinar!— com els mallorquins i sabia veure les qualitats i els defectes d'aquest petit país. No

---

56. Aquest text es publicà com a presentació a la novel·la *L'illa de les Tres Taronges* de Jaume FUSTER, a l'edició conjunta d'Editorial Barcanova, Edicions de La Magrana, Editorial Planeta, Edicions Tres i Quatre (Biblioteca Jaume Fuster, 5), Barcelona 2000 (pàgs. III-VII).

és estrany, doncs, que elegís la nostra illa —la seva història, les seves llegendes— com a base per a construir una obra complexa i ambiciosa com és la trilogia esmentada.

Podem inserir *L'Illa de les Tres Taronges* —i les altres dues novel·les que la complementen i completen— en el corrent literari anomenat *fantasy*, entès com la tendència literària que s'inspira en la tradició de la mitologia, dels llibres de cavalleries i de la novel·la gòtica. El *fantasy* té en Tolkien un dels seus autors més prestigiosos i reconeguts. Les seves obres, escrites a partir del 1923, arribaren tard al nostre país, però assoliren un gran èxit cap a finals dels anys setanta i principis del vuitanta. *L'illa de les Tres Taronges*, que Jaume Fuster començà a escriure el 1978, pertany clarament a aquest gènere que troba en la fantasia i en la tradició literària un vehicle adient per a expressar els anhels vells i nous de la humanitat. De fet, la novel·la s'inicia amb una citació de *The Lord of the rings*, l'obra més emblemàtica de l'autor esmentat.

La novel·la ens conta una aventura mítica: la lluita que duen a terme Roger d'Adià i els seus companys per retornar a l'Illa de les Tres Taronges —governada per forces malignes— la Pau, el Valor i la Prosperitat. Retrobam, doncs, el vell tema de la lluita del Bé contra el Mal tan habitual en el gènere de *fantasy*, però no per reiterat deixa de ser atractiu si conforma un relat nou i sorprenent. L'escriptor divideix la novel·la en dues parts. En la primera el protagonisme recau en l'heroi Roger —el soldat de fortuna—; en la segona, en la princesa Garidaina, filla del rei de l'Illa. El relat es clou amb un Epíleg que tanca la peripècia viscuda i obre la porta a noves aventures, que formaran els dos llibres posteriors de la trilogia. Cada un dels vint-i-cinc capítols s'inicia amb un text que, a la usança medieval, ens informa succintament dels principals fets que s'hi esdevindran. Aquest recurs —iniciat sempre amb la forma «*De com...*»— en principi podria semblar que resta interès a la lectura, però no és així, sinó que n'hi afegeix, ja que té la virtut d'estimular l'avidesa del lector per conèixer tots els detalls de l'acció.

El temps de l'aventura és un temps volgudament indefinit,

clarament medieval pels usos i costums dels personatges —
els vestits, el menjar, l'urbanisme de les ciutats—. És alhora
un temps mític, en la cruïlla entre el final de l'Època Fosca i
l'inici d'una Nova Era —simbolitzada en la construcció de la
Ciutatnova , caracteritzada per la pau i el govern del poble.
El conflicte polític que presenta l'autor —l'enfrontament en-
tre els pagesos agermanats i el poder reial— se situa històrica-
ment al segle XVI, però l'autor defuig en tot moment qualsevol
concreció cronològica, encara que reculli l'esperit de la revol-
ta.

L'espai és també un espai de llegenda —el regne de Mont-
carrà— bastit sobre una realitat geogràfica concreta. El joc de
complicitats que l'autor estableix amb el lector ens du a reco-
nèixer els diversos indrets de l'illa que Fuster amaga sota una
toponímia fantàstica. La descripció del port de Súmir ens
evoca de seguida el Port de Sóller, reconeixem Randa en el
Puig del Gegant, Artà en Riumar, Pollença en Montpunyent,
Alcúdia en Alcaïna i tants d'altres llocs, sota la sonoritat ro-
tunda dels topònims imaginaris. Els camps, els camins, els
hostals... són els de la Mallorca tradicional, la que va existir
fins a l'arribada del turisme i el canvi radical de formes de vi-
da d'aquestes últimes dècades. Adesiara, algunes llegendes in-
serides en el cos de la narració ens assabenten de l'origen ex-
traordinari d'alguns espais —el Puig del Gegant, el Camp
Fosc, els Bous de Pedra—. L'autor recull en aquests relats ve-
lles contalles de la tradició oral mallorquina.

La galeria de personatges que solquen els camins de l'Illa
és ampla i diversa, encara que el protagonisme recau en l'ano-
menada Companyia del Portador: Roger —el soldat de fortu-
na—, Garidaina —la princesa—, Guiamon —el poeta narra-
dor—, Poncet —el criat hàbil— i Guiós —el monjo guerrer
que els fa de guia. No és difícil agrupar els personatges en les
set categories que establí V. Propp en analitzar els personat-
ges de la rondalla meravellosa, car com una rondalla d'aquest
tipus està articulada la novel·la que comentam. La figura de
l'heroi és doble, ja que tenim un heroi —Roger— i una he-
roïna —Garidaina, anomenada també Estel d'Or i la Matado-

ra del Drac—; ambdós comparteixen les qualitats dels herois de rondalla: joventut, bellesa, netedat de cor, valor, generositat i perseverança. El paper d'agressor és compartit pel misteriós Genet Negre, els corsaris, el drac i el mateix rei Flocart, ja que tots ells dificulten la missió de la Companyia del Portador. La funció de mandatari o comanador —el que encarrega l'acció a l'heroi— recau en el Misteriós Viatger. Com a auxiliars actuen Poncet, Guiamon, Guiós i els inquietants Grans de l'Abisme. El donant és, indiscutiblement, l'Home Savi del Puig del Gegant, vell profeta que ens recorda Ramon Llull. L'objecte de la recerca és l'Estendard, símbol del reialme. El paper de fals heroi l'hauríem d'atribuir a Ferruç, germà del rei Flocart que conspira des de l'ombra per fer-se amb el poder. Hi ha, també, un gran nombre de personatges secundaris que ajuden a completar i fer avançar l'acció. Això no obstant, la força d'alguns dels personatges de la novel·la rau no en les seves funcions com a actants sinó en la seva humanitat. És el cas de Guiamon, immers per casualitat en l'aventura, entranyable figura d'antiheroi que es queixa de fam, set i cansament, que té por i passa pena, que se sap vulnerable i se sorprèn d'ell mateix, fidel i observador, humil i orgullós alhora.

La màgia, com a tots els relats de *fantasy*, és present a *L'Illa de les Tres Taronges*. En destacaríem tres elements: l'espasa Eina de Pau, la Veu i el Drac. L'espasa —d'innegables ressonàncies artúriques— és el símbol del poder i la força i a la seva fulla hi ha gravada la divisa fonamental de la novel·la: «*Justícia porta Pau — Injustícia porta Guerra*». La Veu que enfolleix el rei Flocart és l'esperit del mal que porta el Regne a la perdició. El Drac, anomenat també la Bèstia, representa tot allò negatiu que cal vèncer per recobrar la pau i la justícia. Potser les pàgines literàriament més atractives de la novel·la són les vinculades a aquests tres elements: les batalles singulars que Roger i Garidaina guanyen amb Eina de Pau a la mà, el misteri que envolta la presència de la Veu i la destrucció —narrada magníficament— del catau de la Bèstia són escenes extraordinàriament plàstiques i plenes de vivacitat. Perquè el llenguatge de *L'Illa de les Tres Taronges* és essencialment narratiu, dominat per l'acció i acolorit per pinzellades d'ironia. A vegades senzill, altres volgudament barroc, segons les necessitats de cada acció. Un llenguatge que ens detalla les descripcions o --en els diàlegs— ens dibuixa un somriure de complicitat amb els personatges.

En resum, però, *L'Illa de les Tres Taronges* és una complexa i suggeridora al·legoria, en la qual el lector juga a desxifrar pàgina a pàgina, mot a mot, tot allò que en Jaume Fuster —tot parlant del passat— ens diu del present. Els lectors que recullin l'envit i es deixin fascinar per la història, encantar per les paraules i seduir pels personatges que habiten aquestes pàgines ben segur trobaran plaent el seu viatge —personal i intransferible— per l'Illa de les Tres Taronges.

# 12. LA LITERATURA INFANTIL I JUVENIL A LES ILLES BALEARS. CONÈIXER ELS NOSTRES AUTORS

És indubtable que aquests últims anys l'edició de llibres adreçats a un públic infantil i juvenil ha augmentat de forma espectacular al nostre país. Hem passat de tenir una producció escassa i no gaire variada a tenir un ventall amplíssim de possibilitats on escollir. Llibres de tota classe, temàtica, presentació, preu i nacionalitat omplen els prestatges de les llibreries. Sovint el comprador, davant aquest excés d'oferta, se sent desorientat i no sap què escollir.

D'altra banda, també aquests últims anys, molts dels escriptors de les Illes s'han orientat cap al conreu d'aquest gènere, fins no fa gaire temps menystingut i, fins i tot, oblidat. Els llibres que escriuen aquests autors s'arrelen d'una manera o l'altra a la nostra realitat, per la temàtica, per l'ambientació o el llenguatge. És per això, ultra la qualitat literària, que ens poden ser especialment útils en la tasca d'engrescar els infants i els joves cap a la lectura i per donar-los a conèixer diverses vessants de la nostra cultura. Dedicarem aquestes línies a comentar —breument, de forma general i sense voluntat de ser exhaustius—, el tipus d'obra de creació que fan els nostres autors.

Per als més petits poden resultar atractius els contes clars, senzills i directes d'Elisabet Abeyà, hereus directes de l'oralitat. Alguns entronquen directament amb el món de les rondalles —com és el cas de *La bruixa que va perdre la granera*— i altres recreen moments de la vida quotidiana de qualsevol infant, *Estimat avi* en seria un bon exemple.

Per a lectors entre vuit i deu anys també podem trobar relats fantàstics i altres realistes. Entre els del primer grup, algunes de les obres de Miquel Rayó (especialment la trilogia formada per *El raïm del sol i de la lluna, El secret de la fulla d'alzina* i *La bella ventura*, obres totes inspirades en les rondalles) i molts dels contes i les novel·les curtes de Gabriel Janer Manila, sovint a cavall entre la realitat més dura i la fantasia més poètica; un bon exemple en seria *Tot quant veus és el mar*.

Però és a partir dels deu anys quan l'oferta es diversifica més: novel·les d'aventures i d'acció, o relats plens de sentiment a través dels quals es denuncien injustícies socials o s'analitzen els problemes i les incerteses dels adolescents, enfront a ells mateixos i al medi que els envolta.

La novel·la històrica —o amb rerefons històric— compta ja amb un bon grapat de títols on escollir. Pere Morey és un dels habituals d'aquest gènere. L'autor sent una especial fascinació per l'època talaiòtica, interès que podem copsar a *Les pedres que suren* i a *L'anell de Boken-Rau*, entre d'altres obres. També Miquel Ferrà opta sovint pel tema històric i situa les seves obres a èpoques diverses: *La Madona del mar i els pirates, Contes tàrtars de Mallorca, Contes del Call, La veritable història el capità Aranya*, etc. Una magnífica novel·la de sentiments amb rerefons històric clàssic, on Mallorca apareix com a referent llunyà, és *Les veus del passat*, d'Eusèbia Rayó.

També Pere Morey s'endinsa en novel·les de trama pol·licíaca i ho fa sempre des d'una òptica juganera i antiviolenta, amb una bona dosi de comicitat. És el cas d'*Operació Verge Negra* o *Però tu, no eres mort?*

Pel que fa al tema dels sentiments, els trobam tractats des de les òptiques més diverses: el sentit de culpabilitat a *El mandarí i jo* de Rosa-Maria Colom, el desig de viure noves emocions i el pas de nina a adolescent a *L'última por*, de Miquel Rayó; entendre el desig de soledat i viure el primer amor a *L'estret del temps*, de Pere Pons; la lluita per la llibertat a *Arlequí, el titella que tenia els cabells blaus* de Gabriel Janer, o la marginació social que mena a la follia a la magnífica novel·la *El palau de vidre*, del mateix autor, etc.

També l'ecologia és una preocupació present en els nostres escriptors: la crítica a la balearització a *Rondalles per als qui les saben totes*, de Pere Morey; la unió enfront dels urbanitzadors a *Les ales roges*, o la problemàtica dels animals en captivitat a *Eh, vellmarí!* de Miquel Rayó.

Les representacions teatrals són també un bon camí per acostar els infants a la literatura. A més de les adaptacions de les populars rondalles, hi ha alguns autors illencs que escriuen obres de teatre adequades per a ser representades per joves actors. Entre ells destaquen Gabriel Janer i Miquel Rayó. En canvi, el que gairebé no tenim és poesia per a infants, encara que fa poc s'ha publicat una selecció dels poemes de Josep M. Llompart que poden arribar més fàcilment als joves, sota el títol de *Camins*.

En conjunt, una producció prou variada —sobretot si tenim en compte que no es començà a publicar fins al 1975— i que pot engrescar els joves lectors, amb el valor afegit que ens serà possible contactar directament amb els autors i donar als lectors la possibilitat de dialogar amb l'autor i analitzar així, des d'una altra òptica, la seva obra.

# 13. GABRIEL JANER MANILA, L'ARQUITECTE DELS SOMNIS[57]

## 1. DADES SOBRE L'AUTOR

«Vaig néixer a Algaida, al Pla de Mallorca, un horabaixa de novembre de 1940. Vaig créixer al si d'un petit nucli familiar, mentre creixia una petita tenda de teixits i merceria que els meus pares havien obert, al poc temps de casar-se. Vaig assistir a l'escola del poble en temps difícils. No vaig viure la Guerra Civil, però vaig patir les conseqüències de la immediata postguerra: la fam i la misèria doblegaven les vides. Els relats de la guerra —el relat oral de la repressió, la història de l'assassinat polític, de la venjança personal i la tortura— cobejaren la meva infantesa. Aquell era un poble de vencedors i de vençuts i això degradava les relacions, alhora que estenia un hàlit de tristesa sobre cada gest, sobre les paraules.

A vegades, quan tenia vacances, acompanyava el pare als mercats i a les fires. Esteníem la mercaderia en una taula desmuntable, sota una lona, i esperàvem que arribassin els primers compradors. En altres ocasions vaig acompanyar-lo per terres de secà, per camins polsosos, per les possessions i les cases de fora-

---

57. Aquest text fou publicat com a opuscle per la Institució de les Lletres Catalanes. El títol fa referència a una conferència de Gabriel Janer Manila: «L'arquitectura dels somnis».

vila —aquella era una societat agrària— tractant de vendre a la gent la roba del treball, el vestit de festa, els llençols per a la caixa de la núvia. A vegades cobràvem en espècies: blat i formatge, un véll de llana i un sac de palla per al cavall.

L'escola del poble era una escola trista: alguns mestres havien estat represaliats per les seves idees polítiques i depurats. Readmesos novament, llavors eren funcionaris del règim que havia sorgit de la guerra. Vaig començar els estudis de batxillerat amb un mestre que, en hores extres, donava aquelles classes a un grup d'al·lots del poble. Més tard vaig continuar-los a la ciutat. A l'Escola Normal de Palma vaig realitzar els estudis de Magisteri, entre 1956 i 1959. He exercit la professió de mestre durant quinze anys a dues escoles rurals —la primera a un poble del pla, la segona en un de muntanya, en una vall d'horta i tarongers— i en una escola d'un suburbi de Palma, entre la ciutat i el camp, en una zona "de contacte". Em vaig llicenciar en Pedagogia a la Universitat de Barcelona, l'any 1970, i en aquesta Universitat vaig llegir la dissertació de doctorat el 1978 sobre *La problemàtica educativa dels infants selvàtics. El cas de Marcos*, un estudi sobre un cas de marginació social, la història d'un nin que visqué abandonat durant tretze anys, entre els sis i els dinou, en una vall de Sierra Morena, al sud de la Península Ibèrica, en la confluència d'Andalusia i Ciudad Real. Allí tenia esment d'una guarda de cabres, sense altre contacte amb la societat que algunes visites esporàdiques d'aquells que acudien a cercar el producte de les cabres. Es tracta d'un estudi sobre els infants selvàtics, a la problemàtica dels quals el cas de Marcos aporta observacions inèdites. Abandonat a la tràgica soledat de la serra, Marcos va conviure amb un pastor vell, que l'ensenyà a sobreviure, li serví de "preceptor", l'introduí en el medi i desaparegué. En la soledat d'aquella vall, Marcos va descobrir que no estava sol. Sabia que convivia amb els animals i tractà de comunicar-s'hi, d'establir una relació d'afecte, d'expressar-se amb el seu llenguatge.

En l'actualitat sóc catedràtic d'Antropologia de l'Educació a la Universitat de les Illes Balears. Vaig començar a escriure fa molt de temps: novel·les, assaig, relats juvenils. Em seria difícil sintetitzar les coordenades que m'impulsaren a contar històries. Hi ha, segurament, en la base de la meva experiència literària d'escriptor, la capacitat adquirida dels homes i les dones del meu poble de narrar. De recrear la vida de bell nou a través del llenguatge. Me'n record que vaig decidir de començar a escriure un dia en què un amic —llavors érem estudiants— em suggerí d'escriure una novel·la. Em va dir que li agradava el ritme que imprimia als meus relats, quan contava una història, asseguts a la terrada d'una cafeteria, la tarda d'un diumenge. Em deia que hi havia a les meves històries un enigma secret, un perfum tènue, una certa ambigüitat misteriosa. He escrit relats per a joves, però no els vaig escriure pensant que els llegirien exclusivament els nins i els joves. Crec, encara, que un bon relat per a nins també ho ha de ser per a adults. Sóc, després de tant de temps, un aprenent. No he deixat mai de ser un aprenent. Cada dia aprenc a experimentar la matèria que tinc entre les mans, a forçar fins als límits l'expressivitat de l'idioma i a aprofundir en el coneixement de la vida. Algú, referint-se al meu estil, ha parlat de «lirisme lúcid» i a mi no em desagrada. Escric tots els dies, perquè és quasi un joc. Un joc amb les històries i amb les paraules que les signifiquen. I la fortuna de sentir-me capaç d'expressar amb precisió la mesura justa d'un sentiment obscur, d'una passió inútil o d'un somni. La meva epopeia particular no és molt diferent de la d'altres escriptors: l'obsessió de donar voltes sobre uns mateixos temes, com idees fixes que no et deixen tranquil i, a força d'obstinar-se, es converteixen en núvols vells que circulen sota el cel encapotat de la ment. I el combat de guanyar la quotidiana parcel·la de llibertat, la passió per la paraula i els seus significats múltiples, el convenciment que la vida pot ser, a vegades, momentàniament bella.»[58]


## 2. L'OBRA

Gabriel Janer Manila és un autor amb una obra molt extensa. D'ençà del seu primer llibre (una novel·la per a adults publicada el 1969) ha publicat desenes d'obres de gèneres diversos. Inicialment conreà el teatre, després s'inicià en la narrativa per a adults i alguns anys més tard (potser a partir de la infantesa de les seves filles?) començà a escriure contes, novel·les (i alguna obra de teatre) per a infants i joves. La seva

58. Reproduït de l'opuscle *Punt de lectura. Gabriel Janer Manila*, «Nota de l'autor», publicat per la Institució de les Lletres Catalanes, Barcelona 1998

dedicació al món de la pedagogia, d'altra banda, l'ha dut a escriure assaigs vinculats al tema de l'educació, alguns llibres de text i altres de divulgació pedagògica. La seva curiositat per tot el que és cultura i el seu amor al país han fet que conreés també gèneres tan diversos com la biografia (de l'actriu Cristina Valls o de mossèn Alcover, per exemple), la prosa evocadora de paisatges o la reelaboració de velles tradicions i llegendes escrites en forma de cançó.

Les edats a les quals s'adreça són, també, molt diverses. De fet, la majoria dels seus llibres són mals de classificar o encaixonar en tal o qual edat, tant per la manera que té de tractar els temes com pel llenguatge que utilitza. Ben sovint són obres amb diferents nivells de lectura, que poden agradar a infants, joves i adults. Compta més la sensibilitat del lector, la facilitat de connectar amb la prosa poètica i l'imaginari de l'autor, que l'edat cronològica. Són, els seus llibres, històries que —rellegides temps després de la primera lectura— t'aporten noves perspectives, hi descobreixes nous caires, et menen a noves reflexions. El secret rau, segons manifesta repetidament Gabriel Janer, a no adoptar una actitud «infantil» o «paternalista» en escriure per a infants i joves:

> «I quan feim literatura, sigui infantil o sigui la que sigui, feim literatura i no una altra cosa. Mai ha de permetre un escriptor que la seva obra quedi subordinada a un element exterior a ella mateixa: ni la política, ni la religió, ni la pedagogia. La llibertat de l'escriptor, i la del lector, tengui aquest l'edat que tengui, ha de ser total.»[59]

Aquest mateix criteri l'autor l'aplica a l'hora d'escollir la temàtica de les seves obres, convençut que la literatura infantil no és aquella que imita grotescament el món dels nens i dels adolescents des del món dels adults, sinó aquella que s'adequa a una etapa del desenvolupament humà sense renunciar a la universalitat dels temes. Gabriel Janer és un home preocupat

---

59. ALZAMORA, S.: *L'escriptura del foc*. Palma: Lleonard Muntaner, editor, 1998 (p. 128).

per l'ésser humà, i per les coordenades en les quals es desenvolupa. Per això, cap tema, per conflictiu o ingrat que sigui, li és aliè. Sense voler ser exhaustius, citarem alguns dels principals eixos temàtics entorn dels quals giren les seves obres: la problemàtica social i cultural de la immigració (a *El rei Gaspar*, *Com si els dits m'haguessin tornat cuques de llum*, *La Serpentina* i *El palau de vidre*), la família trencada, desavinguda o inexistent vista des de la perspectiva dels fills (a *Tot quant veus és el mar*, *Recorda't dels dinosaures*, *Anna Maria* i *Violeta, el somriure innocent de la pluja*), la manca de llibertat i la tirania (a *Diu que n'era un rei* i *Arlequí, el titella que tenia els cabells blaus*), el món de la droga, la marginació, la follia i la presó a *El palau de vidre*), la problemàtica ecològica (a *La perla verda*, *Els rius de la lluna* i *Els rius dormen als núvols*), l'horror de la guerra (a *Han cremat el mar* i *El palau de vidre*) i la manca de sentiments com a motor de destrucció de la humanitat (a *Recorda't dels dinosaures*, *Anna Maria*). Però cada un d'aquests temes —aspres i esquerps— està entreteixit amb fils de tendresa, d'amistat, de solidaritat o d'il·lusió:

«—A les meves obres per a joves, explic coses que habitualment ningú no explica en aquests tipus de relats. De vegades hi ha qui em diu que són massa fortes, i que poden ocasionar una mala estona als nins. Això és un doi: un nin, quan obre un llibre, té plena consciència d'estar penetrant dins un espai màgic, dins un àmbit de ficció [...] No hi ha cap diferència de part meva quan escric una novel·la destinada als adults o una d'adreçada al públic juvenil. Només hi ha una matisació: a les novel·les per a joves, procur subratllar un component d'esperança.»[60]

A més de la temàtica, l'estil i el llenguatge, les obres de Gabriel Janer són inconfusibles per la textura dels seus personatges. Al llarg dels anys, títol rere títol, ha creat una galeria de personatges molt variada però, alhora, molt unitària. Variada perquè hi ha homes i dones, infants i joves, animals humanit-

60. ALZAMORA, S.: *Gabriel Janer Manila. L'escriptura del foc.* Palma: Lleonard Muntaner, 1998, pp. 129-130.

zats, reis i captaires, adults i vells, blancs i negres... Però —tanmateix— unitària perquè el denominador comú de la majoria dels seus personatges és la sensibilitat, la rebel·lia i la perplexitat davant la realitat. Una perplexitat superada mitjançant la fantasia i l'alè poètic. Molts dels seus personatges són —voluntàriament o involuntàriament— marginats: l'emigrant d'*El rei Gaspar*, l'àvia pobra de *La serpentina*, en Damià, el captaire de *Recorda't dels dinosaures, Anna Maria*; na Violeta, la prostituta de *Violeta, el somriure innocent de la pluja* o Sulayman, el jove africà obligat a fer de camell, per citar-ne només alguns.

Encara que trobem algunes obres de protagonista únic, generalment les obres de Gabriel Janer es basteixen sobre dos personatges lligats per algun tipus de vincle: familiar (l'àvia i el nét a *La serpentina* i *Han cremat el mar*, la parella a *El terror de la nit*), l'amistat (entre dues rates de laboratori a *Els rius de la lluna*, entre una nena i un captaire a *Recorda't*...), la complicitat (entre una mestra i la seva alumna a *Tot quant veus és el mar* i amb el grup d'alumnes a *Els rius dormen als núvols*). Ben probablement això succeeix perquè uns dels recursos primordials que fa servir l'autor és el diàleg. El diàleg actua com a mitjà d'exposició d'idees i reflexions i també com a motor generador de l'acció. Els personatges dialoguen i s'interroguen constantment, a vegades amb preguntes i respostes que semblen absurdes o il·lògiques, però que contenen la llavor d'una reflexió o el tall punyent d'una observació crítica:

> «—Us contaré una història.
> —És una història que ha succeït alguna vegada o és una mentida? —preguntà na Clara.
> —Només us en contaré una part: la que ja ha succeït. La que encara ha de succeir no us la diré. M'estim més mantenir-la en secret, en un racó del cor.
> —El del desig? —preguntà na Poniona.
> —És un bosc, el desig, tot de camins perduts.»[61]

61. *Viatge a l'interior del fred*, p. 54.

A través dels diàlegs i les pinzellades descriptives, anem descobrint la interioritat dels personatges. Hem dit que els seus personatges eren rebels i crec que aquesta és llur característica més destacada i definidora. Es rebel·len contra la injustícia, contra la manipulació, contra la monotonia o els camins traçats d'antuvi a causa de la classe social, l'ofici o la condició. Però aquesta rebel·lió no es manifesta mai en actituds violentes, sinó en la recerca de noves alternatives, a vegades pels viaranys de la fantasia, altres a través de la màgia de la paraula o mitjançant la fuita cap a nous horitzons.

Aquesta és una de les raons per les quals podem adscriure Gabriel Janer al corrent narratiu del realisme fantàstic o màgic. A totes les seves obres hi trobem elements realistes combinats amb plantejaments o fets fantàstics. A través d'aquesta duplicitat, d'aquest joc entre el real i l'irreal que l'autor mai no explicita ni justifica, es tracten temes delicats o conflictius (la drogaaddicció, la presó, l'experimentació amb animals, la guerra, el racisme, etc.) i s'infiltra una considerable càrrega de crítica social. L'adopció d'un punt de vista fantàstic i divergent és el que fa possible observar la realitat amb ulls nous i provar de trobar alternatives. El somni, la poesia, les paraules, són per a l'autor una eina de canvi i transformació de la realitat. Així ens ho explica, en clau d'humor, en aquest fragment de *Viatge a l'interior del fred*:

«Però sobtadament li revingué una idea que potser portaria a la solució del conflicte. Ho havia sentit explicar a l'àvia Margarida, que tenia anomenada de bruixa: la solució pot trobar-se a la rima. Quan ho digué a la classe, tothom es va sorprendre.

—Què vol dir? —preguntaren.

—Que la solució —repetia na Poniona— pot trobar-se a la rima. La vida és plena de solucions bellament descobertes gràcies a la rima: Qui barata / el cap es grata...

I les formigues varen desfer-se el cambuix a força de sentències:

—De por i de fred, / com més se'n té, més se n'admet.

—Alerta que un gust / no et porti un disgust.

—Fins que no fou mort en Pasqual / no li portaren l'orinal.

—Tan bona sou madò Agnès / que no sou bona per a res.

I na Poniona, satisfeta de veure que pel camí de la rima potser trobarien un desenllaç venturós afirmà:

—Ara, només falta descobrir la paraula misteriosa que s'avingui amb Ferrana.»[62]

Si ens fixem en l'edat dels personatges que omplen les pàgines de Gabriel Janer veurem com en destaquen fàcilment dos grups: els vells i els infants. Els vells són humils i savis, savis no per la seva formació, sinó per les seves vivències. I transmeten aquesta saviesa als infants que els són pròxims, sovint en forma de contarella o faula. D'aquesta galeria en destaca l'àvia Hafida, la dona àrab que conta al seu nét que encara ha de néixer un feix de meravellosos contes orientals, entrellaçats amb el relat dels horrors de la guerra del Golf, en la qual el seu fill ha perdut la vida. Però no podem deixar de citar l'àvia de *La serpentina*, el captaire amic de l'Anna —amb qui anirà a la recerca dels dinosaures—, la vella Idani que abandona la selva per anar a retrobar el seu estimat Omaha, o el venedor de globus que conta històries a un àngel i un dimoni de pedra, que s'humanitzen a través de la paraula.

Els infants, nins o nines, destaquen per la seva ferma, insubornable, constant voluntat de saber. Són infants interrogatius, que pàgina a pàgina es plantegen mil i una preguntes sobre el món i la vida. Una vida que generalment no els resulta fàcil o plaent, perquè els toca patir i compartir els problemes dels adults: la misèria, la soledat, la incomprensió, el desarrelament... I ho fan amb ulls d'infant i, a vegades, ànima de poeta. La Berta, protagonista de *Tot quan veus és el mar*, li diu a la seva amiga fantasma:

«—La meva mare diu que no hi sortiràs, a la fotografia del vell Adrià, perquè creu que tot és una invenció del meu cap, una fantasia, o un somni. I potser no s'equivoca; però no sap la força que contenen les fantasies, i desconeix el poder dels somnis...»[63]

62. *Viatge a l'interior del fred*. Barcelona: Cruïlla, 1995 (El vaixell de vapor) p. 12.
63. *Tot quant veus és el mar*. Barcelona. La Galera (Els Grumets), 1987, p. 86.

Entre els personatges adults cal fer menció de la figura positiva de la mestra, representada especialment per «la senyoreta Mònica». Es tracta d'una figura generalment femenina, capaç de connectar i participar plenament de la descoberta del món que viuen els seus alumnes, capaç de coordinar esforços, estimular sensibilitats i donar alè als projectes més agosarats, com fa la senyoreta Mònica, mestra de les agosarades formigues que van a la recerca dels grans de magrana que guariran la seva companya:

> «—Prop del pol —havia dit la mestra—, el vent arriba simultàniament des de tots els punts de la bruixola. És fàcil enfollir, amb tants de vents que et travessen de sobte el pensament.»[64]

Pel que fa als adults del sexe masculí, Teresa Duran[65] remarca el seu refús a un present hostil i la decisió de saltar endavant, d'adoptar una decisió radical per tal de canviar, conscient de la seva petita parcel·la de poder de transformació de la realitat i del risc d'aquest salt. Són personatges sovint voltats de solitud, aïllats en la seva misèria o en la seva follia, però sempre idealistes. Un dels més emblemàtics és, sens dubte, l'emigrant protagonista d'*El rei Gaspar*.

Sovint, l'acurada prosa de Gabriel Janer ha estat qualificada de poètica. Els recursos estilístics que utilitza esdevenen el seu segell, personal i intransferible. Com assenyala Teresa Duran, normalment utilitza les frases com si fossin enunciats («*Tenien por, tanmateix*»). Habitualment a aquests enunciats, segueixen frases complementàries que els expliciten, els singularitzen o els poetitzen («*Era una por misteriosa, indesxifrable: el dolor de l'últim sospir, la solitud de l'agonia, el terror de corrompre's, la incertesa del més enllà, l'obsessió del no res...*»). En aquest joc literari entre l'enunciat i el complement és on trobam la força i l'amplada poètica de l'autor, on es fan possi-

---

64. *Viatge a l'interior del fred*. Barcelona: Cruïlla (El vaixell de vapor), 1995, p. 30.
65. DURAN, T. *El paral·lelepípede blau*. Palma: Conselleria de Cultura del Govern Balear, 1991, p. 49.

bles els múltiples nivells de lectura de les seves obres, on s'estableixen les complicitats amb el lector. Un altre recurs, sàviament explotat, és el dels diàlegs, del qual ja hem parlat anteriorment. I les imatges poètiques, sorprenents i oníriques, que brufen tots els relats («*Travessarien les postes de sol ran del cel del desert fins a tocar les constel·lacions amb les mans. Potser posarien el peu a les terres de gel, perquè diuen que hi ha terres de gel, de gel verd.*») a vegades exposades en forma d'interrogant final que clou un capítol o una història («*-Faran un taüt on pugui cabre-hi el cadàver del mar?*»). En conjunt, un estil suggeridor, amarat de poesia, sovint amb un deix de tristor contrapuntat amb una pinzellada d'humor sorprenent. Construït amb un llenguatge que poua en la tradició, que sap usar els vells jocs populars de la llengua (embarbussaments, rodolins, endevinalles) per donar un to festiu i joiós o sorprendre amb l'expressió més alambinada, on la paraula recercada llueix com un joiell.

## 3. Propostes de lectura

### El rei Gaspar

#### Edat de lectura

*El rei Gaspar* és la novel·la iniciadora de la literatura infantil i juvenil catalana a les Illes Balears i també la primera que l'autor va escriure per a infants. El 1975 va obtenir el premi Folch i Torres, l'Editorial La Galera la publicà l'any següent i va ser declarada obra d'interès especial pel «Ministerio de Información», el 1977 figurà a la Llista d'Honor del Premi de la C.E.E.I.

És un llibre singular, on la distinció entre realitat i desig, somni i pensament, no és sempre clara. Podríem recomanar la seva lectura a partir de deu anys, però pel tema que tracta —i per com el tracta— també pot ser una lectura adient per a lectors preadolescents i per a adults.

Per les festes de Nadal, un immigrant accepta la feina de fer de Rei Gaspar a la porta d'una botiga de joguines. Enmig de l'ambient festiu i consumista, el «Rei» recorda el seu passat en un poblet pobre de l'altra banda del mar, on han quedat la seva dona i els seus fills, amb l'esperança de retrobar-se tot d'una que les circumstancies econòmiques ho permetin.

El contrast entre la disfressa de rei i la seva realitat de pobresa i solitud el menen al record, la reflexió i el somni. El record del seu poble (els anys de festeig, el pastoreig de les cabres, el naixement dels fills, la dona estimada, les festes), la reflexió sobre allò que el va empènyer a partir (la recerca d'una vida millor, l'illa vista com una terra promesa, rica i acollidora) i el somni de tenir a prop els seus i poder oferir-los una vida millor, en una casa d'amples finestrals on tot pugui ser diferent i nou.

Amb el cap ple de records, confusió i desigs, la matinada del dia dels Reis l'emigrant travessa la ciutat —on són ben evidents les traces de la festa i la felicitat viscuda pels altres la nit anterior— i arriba fins al moll. Del vaixell que acaba d'entrar al port en davallen la reina i els prínceps —la seva dona i els quatre fills—, carregats amb les maletes i el vell matalàs familiar. És el millor regal que podia obtenir el Rei Gaspar. Junts, recomencen la vida a la nova terra plens d'esperances i projectes.

TEMA

Quan Gabriel Janer va escriure aquesta història, ja feia més d'una dècada que Mallorca s'havia convertit en la terra promesa per a molts d'homes i dones del sud de la península que, atrets per l'abundància de feina en el sector de la construcció i els serveis, a causa de la creixent demanda turística, abandonaven els seus pobles i s'establien a l'illa. Era habitual que primer vinguessin els homes sols, i en haver trobat una mica d'estabilitat, arribés la resta de la família. També era normal que primer s'establissin en habitatges molt precaris i després es compressin un petit pis o es construïssin una caseta. A partir, doncs, d'una experiència molt propera —el barri on viu l'autor va créixer i s'eixamplà amb aquests nous habitants vinguts d'allà deçà la mar— es construeix la trama d'aquest relat. El tema és, clarament, l'emigració i la problemàtica humana i social que aquesta genera (la solitud, el desarrelament, la incertesa, l'explotació, etc.), però també —des d'un caire positiu— l'amillorament de les condicions de vida, l'esperança, la il·lusió d'un futur millor.

PERSONATGES

Un narrador omniscient va descabdellant el relat, que gira entorn de l'emigrant del qual desconeixem el nom veritable, ja que és anomenat en tot moment *el Rei Gaspar*. L'autor ens descriu el vestit de rei que porta —un fals vestit de rei de per riure— i molt sumàriament algun tret físic («Per dins els ulls menuts del Rei Gaspar, uns ulls lluents, una mica místics i encisats...»). Per què allò que veritablement importa són les seves vivències, sensacions i sentiments. És un personatge profundament humà, quotidià i al mateix temps extraordinàriament poètic. Té el punt de rebel·lia i d'il·lusió necessaris per haver pres la decisió de revoltar-se contra la pobresa i anar a la recerca d'una nova vida, però sent el fibló punyent de la soledat i l'enyorança dels seus. Interpreta el món des del punt de vista dels pobres, dels que només tenen el treball de les seves mans per a sobreviure, però mai no ho fa des de l'òptica dels vençuts, encara que a voltes la solitud i la sordidesa sembla que guanyaran la partida:

> «Però el Rei Gaspar sabia que mai no seria seu el món, tanmateix. Perquè el món és d'una altra gent. El món és dels homes que fan la vida i la desfan com un qui descabdella una troca de llana. El món és dels que tenen diners, pensava ell [...] Ell sabia que el món mai no seria seu i s'hauria conformat amb una casa amb les finestres amples. Una casa on hi cabessin tots plegats, sense estretors, amb la possibilitat de viure del treball de cada dia.» pàg. 39

Entorn del Rei, tots els altres personatges són secundaris o incidentals, i més que copsats directament, hi arribem a través dels comentaris del narrador o l'evocació del protagonista. En podríem destacar, tanmateix, *la reina*, una dona sensible que renta la roba dels rics del seu poble mentre enyora el seu marit; *els prínceps*, encuriosits per la nova vida que els espera; el propietari de l'empresa on treballa l'emigrant —un punt paternalista— o el taverner cantaire i sa mare, una vella que fabrica bombolles de sabó com qui construeix somnis impossibles. I al costat dels personatges humans, la referència sovintejada a la imatge de la patrona del poble, el culte a la qual marca les estacions i presideix la vida de la petita comunitat on l'emigrant ha nascut i ha viscut fins aleshores.

PROPOSTES DE TREBALL

1. Podem imaginar com va ser el primer dia de treball del protagonista, un cop arribat a l'illa: el patró, els companys, l'edifici en construcció, la pensió on descansar i refer-se. Després, podem transformar aquestes percepcions en una carta que el Rei escriu a la seva dona i als fills per tal d'explicar com li va la nova vida.

2. La immigració de gent d'altres indrets de l'Estat Espanyol cap a Catalunya o les Balears ha minvat molt aquests últims anys, substituïda per la immigració de nord-africans, amb vivències i problemes molts semblants als que ens descriu la novel·la. A través de l'observació, la recerca bibliogràfica i l'entrevista a aquests nous immigrants o als seus fills, els alumnes poden recollir informació suficient per a posar aquest tema a debat a classe. Ho podem fer, per exemple, en forma de taula rodona sobre els pros i els contres de les migracions humanes, els problemes d'adaptació, els canvis socials que tot això comporta, etc.

3. Per al Rei Gaspar, el flabiol és un objecte que el vincula a la seva vida al poble:

«No havia tornat a tocar mai més el flabiol, d'ençà que era a l'illa. Se l'havia emportat, així mateix, però no havia gosat treure'l

153

de la bossa, perquè li recordava el poble, el turó, el riu, llarg i ample com una cinta blava. Li recordava els sons d'aquells companys que seguien podrint-se enmig dels sementers. Li recordava la Reina que arribava correguent amb el cistell del dinar, en un temps que no tenia cap il·lusió ni esperança.»

Tots tenim algun objecte que ens vincula a un temps o un lloc perdut, que ens porta records. Cada alumne pot escriure un petit text a partir de la descripció de les sensacions que li provoca algun objecte que per a ell tingui una càrrega emocional. Després, els podem llegir i comentar a la classe, o bé dur-los i fer-ne una petita exposició.

4. El text de la novel·la inclou sovint referències a festes que marquen el pas del cicle anual i descabdellen la roda del temps: Nadal i Reis, la Quaresma i el Ram, Pasqua i les processons, les festes d'estiu. Buscarem aquests fragments i veurem com és viscuda cada una d'aquestes fites anuals pel protagonista de la novel·la, tant quan era al seu poble com després a Mallorca. Per exemple, aquest fragment:

«Als infants del seu poble els Reis d'Orient no els portarien gairebé res: confitets d'anís, una embosta de glans, quatre dolços de sucre. Els infants del seu poble tenien la cara trista, la pell seca, la mirada lluent...» pàg. 73

Comentarem com es viuen les festes segons la situació social i anímica de cada persona. Elegirem una festa i la descriurem des de dos punt de vista oposats: l'il·lusionat i el desencisat, l'optimista i el pessimista, etc.

5. Demanarem als alumnes que elegeixin el fragment que més els ha agradat de la novel·la (pel què diu, per com ho diu, etc.), en farem una lectura col·lectiva a classe, on cadascun justificarà la seva tria, i finalment els exposarem en un mural «antològic», copiats amb tintes de colors.

## EDAT DE LECTURA

*El palau de vidre* és un llibre dur i bell. Els temes que tracta no són fàcils ni amables, però el relat assoleix moments de gran plasticitat i sensibilitat. Probablement, la riquesa i els continguts de l'obra poden ser entesos, valorats i reflexionats entorn dels 15 anys. A partir d'aquesta fita —tanmateix orientativa—, l'obra és adequada a qualsevol edat, encara que pot ser especialment impactant entre adolescents i joves.

## ARGUMENT

En Sulayman és un jove africà que es veu obligat, per la guerra i la misèria, a abandonar el seu país. Mentre travessen el desert, una vella li conta la història de Poniegu, la jove princesa segrestada pel vent del desert. Li explica que només un príncep la podrà rescatar. Ell voldria ser aquest príncep.

Després d'un viatge llarg i difícil, arriben a l'illa on, durant els primers anys malviu amb els seus pares, fent diverses feines. Quan la mare mor i el pare descompareix, en Sulayman comença a fer de camell, venent droga a la menuda pels carrers de Ciutat. És llest i àgil, però un mal dia la policia l'enxampa. Quan intenta fugir, es dóna un cop al cap i perd la noció de la realitat. És condemnat i empresonat. A la presó —amb la ment enterbolida— retorna a la fabulació que escoltà en travessar el desert i pensa que habita un palau de vidre i que els presoners són els cavallers de la seva cort. Un dia de Carnaval, sabedors de la seva follia, li fan creure que pot anar en una moto a buscar la flor negra dels boscos i rescatar Poniegu. El presoner que ell anomena «senescal» es compadeix de tant d'escarni i li vol fer veure la realitat, però Sulayman li respon: «*¿No ho saps, senescal, que només és mentida allò que no sorgeix del somni?*».

## ESTRUCTURA

L'argument —per a facilitar la comprensió— ha estat explicat a l'apartat anterior d'una manera lineal, però no és aquesta l'estructura del relat. L'obra es divideix en vint capítols breus. Els quatre primers ens exposen la situació actual del protagonista: és a la presó i la seva follia li fa confondre la realitat amb la fantasia. És objecte de burles i maltractaments per part de la resta de presoners. A partir del capítol cinquè i fins al dissetè fem un salt enrere i, mitjançant el desenvolupament del relat, ens assabentem de les causes que l'han aconduït a aquesta situació: la guerra i la fugida del seu país, la rondalla de Poniegu, la misèria, la desaparició dels pares, la vinculació al món de la droga i l'accident el dia de la seva detenció. Els tres últims capítols ens expliquen la festa, la burla i l'escarni que li fan els presoners, però podem copsar com a través d'aquesta burla Sulayman acompleix —ni que sigui des de la follia— el seu somni: oferir a Poniegu la flor negra dels boscos.

TEMA

El tema és la fràgil divisió entre fantasia i realitat, entre seny i follia. Com a subtemes importantíssims dins l'obra podem citar: l'horror de la guerra, l'emigració forçada, la misèria, el món de la marginació i la droga, la duresa de la vida a la presó, el racisme, la manca de solidaritat, etc.

PERSONATGES

Hi ha un únic personatge central i protagonista, entorn del qual gira tot el relat: en Sulayman, anomenat sovint «el príncep de Montverd». És un personatge complex i mal de classificar, mescla d'heroi i antiheroi, de príncep i de captaire. En fugir del seu país té just dotze anys; en acabar el relat en té prop de divuit. En aquests anys ha conegut l'aspror de la vida i ha perdut els pares, la llibertat i el seny. És —però— un personatge que sedueix el lector: la seva lluita per la supervivència en un entorn difícil i hostil, la necessitat d'adaptar-se a les circumstàncies —sempre adverses per a un marginat com ell— i la seva vinculació insubornable al món poètic del somni i la fantasia el fan extraordinàriament atractiu i inoblidable. Sulayman ens mostra que, quan totes les portes de la vida es tan-

156

quen, la ment té encara recursos per a transformar la realitat i fer-la suportable, ni que sigui pels viaranys de la follia.

Tots els altres personatges són secundaris o incidentals i l'autor només en destaca alguns trets essencials per al desenvolupament del relat. Podríem citar la vella que li conta la història d'Aïssa i Poniegu, la qual serà per a Sulayman el referent a la poesia, la fantasia i la il·lusió. Com una vella donant de rondalla, esperoneja en el protagonista la necessitat de recerca d'una altra realitat, la capacitat de fabular i de sentir-se part d'aquesta mateixa faula, la seducció per la paraula. Podem citar, també, els presoners que des de la seva posició de marginats i condemnats, encara fan burla i escarni d'aquell que és més dèbil i indefens. Els pares que —des de la seva pròpia misèria— són incapaços de donar al fill un mínim de recursos per a la subsistència; el traficant, que només cerca el guany fàcil a través de la mentida i la violència; els policies i els jutges, per als quals Sulayman és només una peça en l'engranatge vast i obscur del món de la droga... En conjunt, podem dir que la incidentalitat de tots els personatge el que fa és subratllar la gran solitud del protagonista, la impossibilitat de rebre ajut, de comunicar-se. És per això que l'única opció possible és la follia, la fuita de la realitat.

<small>PROPOSTES DE TREBALL</small>

1. Un dels elements més atractius del llibre és, sens dubte, la història de Poniegu. La rondalla s'inicia en el capítol 6 i es desenvolupa al llarg dels capítols 7 i 8 per finalitzar en el capítol 9. En realitat, però, es tracta d'una història inacabada ja que el final queda obert, amb la protagonista segrestada pel vent del desert. Adesiara, el fil narratiu s'interromp per les preguntes de Sulayman i les vicissituds del viatge. Demanarem als nostres alumnes que tornin a escriure el relat obviant les interrupcions i que li construeixin un final, al marge de Sulayman, que clogui la rondalla. Pot ser un final d'acord amb la tradició d'aquests relats o bé un final sorprenent i alternatiu. Després, podem exposar els diversos finals i escollir el que ens sembli més encertat o adient.

2. «Ni que la mar els hagués llançat sobre l'arena, nàufrags perduts, desembarcaren en aquell port. No tenien res més que la vida, obscura com la pell. Derrotada, la vida.» p. 49

Tot el capítol 11 és dedicat a explicar la travessia marítima i secreta cap a les costes de l'illa. S'hi barreja el tractament ignominiós del patró, la fascinació per la descoberta del mar i la incertesa del que els espera a la nova terra. La problemàtica dels immigrants africans que arriben indocumentats a les costes espanyoles és una notícia freqüent a la premsa. Recollirem algunes d'aquestes cròniques i les usarem per iniciar un debat a classe sobre aquest tema, la problemàtica social i humana que comporta i les possibles solucions o alternatives que podrien contribuir a resoldre'l.

3. «La pols —pàl·lida neu— li permetia viure feliç. Esnifava una mica d'aquella pols blanca i sentia que la vida s'engrandia i es perllongaven les sensacions. Després vingué l'haixix, l'heroïna... Era un home jove, que s'injectava una dosi de felicitat cada matí, potser perquè no era capaç d'inventar-la, la felicitat.» p. 68

El capítol 16, «Ni que fos un animal ferit», ens relata la mort d'un addicte a les drogues amb cruesa i tendresa alhora. Podem llegir aquest capítol en veu alta a classe i demanar als alumnes què en pensen, de tota aquesta problemàtica. Després, podem cercar una notícia periodística semblant —dissortadament, no ens serà difícil trobar-la— i analitzar les diferències d'estil i llenguatge que hi ha entre una exposició de caràcter literari i una exposició periodística d'un mateix fet.

4. «De nit al desert, quan creix la lluna, les històries emergeixen de la memòria.
El camió avançava. La vella alçà la lona i senyalà els pous de pedra, ran del camí.
—N'hi ha molts? —preguntà Sulayman.
—N'hi ha molts.
—Quants? Més de mil?
—N'hi ha un per a cada història que neix al pensament.
—Quantes?

—No ho sé. Mil i una, potser. Una en cada pou.

La vella coneixia les històries que els pous ocultaven al fons del ventre. En l'entranya profunda dels pous, s'hi arreceraven les històries —velles contances— de la gent del desert.» p. 31

Podem entendre aquest fragment com una clara il·lusió als relats que conformen les *Mil i una nits*. Ara, que comptam amb una bona traducció al català d'aquesta obra, el professor pot fer una exposició a classe de les seves característiques essencials (història-marc, datació, continguts, autoria, etc.) i demanar als alumnes que cada un d'ells elegeixi un petit conte d'aquesta col·lecció i l'expliqui als companys de classe. Una altra opció, és comentar les característiques d'alguns dels personatges literaris que provenen de les *Mil i una nits* i que són força coneguts a la literatura occidental: Xahrazad, Simbad, Aladí, Alí Babà, etc.

## RECORDA'T DELS DINOSAURES, ANNA MARIA

### EDAT DE LECTURA

La contraportada del llibre ens indica que l'edat de lectura recomanada és a partir de nou anys. Ben probablement, a partir dels nou o deu anys, podem començar a gaudir d'aquesta història, encara que, pel seus diversos nivells de lectura i el caràcter de paràbola, pot ser una lectura atractiva per a adolescents i, indubtablement, ho serà per als adults amb sensibilitat.

### ARGUMENT

En Damià és un vell captaire que havia fet de prestidigitador. Les seves habilitats —i la seva filosofia— sedueixen els infants del barri, i especialment l'Anna Maria, els pares de la qual s'oposen a aquesta amistat. Després d'un temps de no veure's, reprenen el vell projecte de fer una funció de màgia al teatre del barri. Anna Maria, d'amagat dels pares, hi fa de presentadora. L'espectacle és un fracàs, per la poca sensibilitat del públic i perquè en Damià ha perdut facultats. El pare de l'Anna Maria, enfadat, la va a buscar. Aquella nit, a la seva cambra, la nena s'adorm entre plors i somnia que ella i en Damià davallen una escala que els condueix —a través del temps— milions d'any enrere, fins a arribar al moment en què els dinosaures es destrueixen entre ells. En Damià li explica la seva teoria sobre l'extinció d'aquests animals, provocada per la manca de sentiments i de sensibilitat. N'Anna no torna a veure en Damià, però una nit l'intueix entre els estels.

ESTRUCTURA

L'obra, molt breu, es divideix en 10 capítols. En el primer capítol assistim al retrobament entre els dos protagonistes, després de mesos de no veure's. Els capítols següents ens expliquen la vida de captaire d'en Damià, el seu passat d'il·lusionista, l'enuig dels pares de l'Anna Maria per l'amistat de la seva filla amb el vell, l'actitud dels veïns, etc.

Els capítols setè i vuitè exposen el nucli de l'acció: la funció fracassada al vell teatre, que posarà punt i final a la relació dels protagonistes.

Els dos últims capítols clouen l'obra i li donen la seva dimensió de paràbola, dotant-la d'un sentit simbòlic extraordinari. Relaten el viatge a través del somni que permet presenciar l'extinció dels dinosaures i treure'n conseqüències perfectament aplicables a la realitat actual. Les últimes línies —que recorden el final d'*El petit príncep*— ens mostren com —malgrat les prohibicions— el record i l'ensenyament del vell Damià sempre serà present en el cor de l'Anna Maria.

TEMA

Aquest petit fragment ens dóna —metafòricament— la clau del tema de l'obra: «*Si la sang arriba freda al cap, el pensament es tanca a la il·lusió, a la màgia del somni*». La idea central de l'obra és que la manca de sentiments i de sensibilitat la condueix a la destrucció, a una vida grisa, mancada de qualsevol estímul. Entorn a aquesta reflexió, exposada mitjançant la singular teoria de l'extinció dels dinosaures, hi ha altres temes també importants: la marginació social, la força de l'amistat malgrat les diferències d'edat i condició, el dret a ser diferent, la manca d'enteniment entre els pares, etc.

El relat gira entorn de dos personatges centrals, diferents i complementaris alhora. En Damià, el vell marginat que estima aferrissadament la seva llibertat i la vol salvaguardar a qualsevol preu (encara que aquest sigui un preu tan alt com la fam i el fred), posseeix un passat fet de fantasia i una filosofia de la vida pròpia, anticonvencional i crítica, però no àcida ni ressentida: «-*No li agrada l'hospici. Diu que s'estima més lluitar sol per la supervivència, que la vida és còmoda a l'hospici, excessivament còmoda. A en Damià li agradaria ser un lleó salvatge, que ha de cercar-se la vida cada matí. Heu vist res més desgraciat que un lleó en una gàbia, fart de carn pudenta, marejat de tantes mosques que li embullen la memòria?*» p. 21. Malgrat la seva fortalesa i decisió, hi ha una cosa que entristeix profundament en Damià, i és l'oposició dels adults a la seva relació amb els infants. Per a ell, conversar amb nins i nines i mostrar-los una altra manera de veure i interpretar el món és el que dóna sentit a la seva vida. El adults, mancats de sensibilitat i plens de prejudicis, només veuen en ell un vell brut que vagareja pels carrers i beu massa vi, un marginat, un paràsit.

L'Anna Maria —com la Berta de *Tot quant veus és el mar*— és un personatge paradigmàtic en la galeria de protagonistes de Gabriel Janer. Intel·ligent i sensible, pateix la incomprensió dels pares i la manca d'enteniment entre ells. Ens sobta la seva lucidesa, la capacitat de condensar en una frase breu o una pregunta l'absurd del món dels adults:

«—No ens agrada —afegia la mare— que t'obsedeixis amb els enganys d'un malabarista errant de taverna. Un trampós.
—Però en Damià no enganya ningú.
—Què dius ara? Si tot és una trampa.
—Tot? —preguntava l'Anna Maria.
—Absolutament tot el que fa aquest home.
—Només tot el que fa aquest home?» pp. 33-34

«M'han dit —explicava— que potser es reconciliaran, amb les vacances. La mare creu que tornaran a estimar-se, com en aquell temps en què jo era petita. Tu creus que tres o quatre gin-tònics i una pizza tenen tant de poder?» p.47

L'Anna Maria construeix el seu propi criteri a través de les converses amb en Damià i de la seva observació de l'entorn i del comportament dels adults. La seva sensibilitat, a flor de pell, sovint xoca amb els plantejaments prosaics dels altres personatges: «*I plorava, impotent de veure que aquella gent no era capaç, tanmateix, de percebre la fascinació màgica dels somnis.*»

La resta de personatges que apareixen al llibre són secundaris, anècdòtics o purament incidentals. En podríem destacar els pares, convencionals i capficats en els seus problemes i després una sèrie de personatges adults que, encara que no comparteixin l'estil de vida d'en Damià, no el censuren ni marginen: el comissari bonhomiós que aconsella a en Damià que vagi a l'hospici, però que comprèn la resistència del vell captaire i el convida a cafè amb llet i pastes; la fornera i el botiguer que li proporcionen un poc de menjar o la mestra, que voldria convidar-lo a fer una conferència als seus alumnes.

Uns altres personatges, que sorgeixen del somni i que tenen —com ja hem comentat abans— un sentit metafòric són els dinosaures. Sense individualitats, presentats com a grup, aquests animals prehistòrics són el referent que pren l'autor per a simbolitzar l'autodestrucció, les conseqüències de la insensibilitat.

### Suggeriments didàctics

1. El capítol 4 és el més divertit i facetiós del llibre. Ens conta dues anècdotes, plenament surrealistes, del passat d'en Damià com a il·lusionista. La primera explica com un dia volia fer aparèixer un ànec i li va sortir una artista de Hollywood, i les peripècies que hagué de patir per tal de fer-la desaparèixer. La segona, de com trossejà una senyora i en tornar a confegir-la màgicament li faltà un peu. Tant una anècdota

com l'altra són molt atractives plàsticament i literàriament —
hi ha tot un joc de suposades paraules màgiques. És per això
que una proposta atractiva seria refer aquest capítol en forma
de còmic, dibuixant les seqüències i adaptant el text. Podem
optar per fer-ho de forma col·lectiva, ja que així la feina serà
menys feixuga i més engrescadora.

2. En Damià s'entristeix molt en veure que la grua se'n du
el cotxe que li dóna aixopluc, i en la seva imaginació la com-
para a un dinosaure. Després, busca conhort a la seva tristor
abraçant el tronc d'un vell arbre:

> «S'aferrà a la soca i l'abraçà, amb el desesper de sentir aquell
> refús. El plor es va fondre en la duresa de l'escorça. L'arbre li co-
> municava una certa tranquil·litat, perquè tenia la sensació que
> no estava sol. Havia entrat la primavera i les fulles de l'arbre tre-
> molaven, inquietes. En Damià percebia la vibració de les fulles,
> l'aroma de la saba, la vitalitat del tronc... I era com si fos un ger-
> mà, un germà gran al qual pots acudir a cercar suport.» p. 42

La grua com un dinosaure i l'arbre com un germà gran són
dues comparacions a través de les quals dos objectes habitu-
als a la vida quotidiana es carreguen emocionalment mit-
jançant la percepció individual, un positivament i l'altre de
forma negativa. Podem demanar als alumnes que elegeixin
dos objectes i reflecteixin en ells una determinada càrrega
emotiva. Ho hauran d'explicar per escrit, en un registre litera-
ri. Podem aprofitar per aprofundir en els conceptes de com-
paració i metàfora.

3. Al llarg del llibre surt diverses vegades la idea que l'hos-
pici o l'alberg és un lloc on es poden satisfer les necessitats bà-
siques del cos (menjar, dormir en un llit, rentar-se), però en
Damià prefereix la llibertat i la incertesa del carrer a la como-
ditat que ofereixen les institucions. Una proposta seria buscar
quins serveis d'aquests tipus hi ha a la nostra ciutat (on es tro-
ben, de qui depenen, que ofereixen, etc.) i elaborar-ne un petit
informe o dossier. Treballarem les diferències entre la prosa

expositiva i objectiva que requereix un informe i la prosa literària del relat que comentam.

4. Els dinosaures, tot i que han existit realment, acumulen una considerable càrrega mítica, afavorida per la literatura i el cinema. Demanarem als nostres alumnes què els agradaria saber d'aquests éssers i formarem diversos equips de treball per temes (classes de dinosaures, hàbitat i costums, llegendes, teories sobre l'extinció, novel·les i pel·lícules que en parlin, etc.), els quals buscaran informació i l'exposaran a classe, ajudant-se de materials de suport: lectura de textos, fotografies, esquemes, enregistraments, etc.

## *HAN CREMAT EL MAR*

### EDAT DE LECTURA
*Han cremat el mar* es publicà en una edició juvenil el 1993 i l'any següent obtingué el Premi Nacional de Literatura Juvenil que concedeix el Ministeri de Cultura. Es fa difícil, tanmateix, recomanar-ne una edat de lectura adient, perquè es tracta d'una obra que —com altres de l'autor— té molts de nivells de lectura, des del més anecdòtic al més simbòlic. Podem dir, per tant, que una bona edat podria ser a partir del 12-13 anys, però que ben segur resultarà atractiva i colpidora per a joves i adults.

### ARGUMENT
Quan esclata la Guerra del Golf, Yasin —un jove de Bàssora— es veu obligat a combatre i mor entre les ruïnes d'un *búnquer* durant un dels atacs dels aliats. La seva dona espera un fill i l'àvia Hafida —la mare de Yasin— decideix explicar a aquest nét que encara ha de néixer la història de la seva família, entremesclada amb el relat de l'horror i l'absurd dels combats i la descripció de com era la vida abans que la guerra desfés les esperances, els projectes i el mar. Yasin era músic i narrador, contava velles històries d'amor i prodigis a les festes; també havia estat un bon narrador Sohrab, el seu pare. Al-

gunes d'aquestes contances seran recontades per l'àvia Hafi-
da al nét encara no nat, com a testimoni i penyora de l'herèn-
cia de sensualitat i fantasia del seu país, el país de les mil i una
nits, ara devastat per la guerra.

## Estructura

El relat és breu i es divideix en 15 capítols, que no seguei-
xen un ordre lineal ni cronològic en l'exposició dels fets. Ja al
primer capítol ens assabentam de les línies bàsiques que es
desenvoluparan: el relat com a pervivència de la memòria, la
guerra terrible en la qual han mort el pare i el fill (Sohrab i Ya-
sin) i la sensualitat del món oriental:

> «Vet aquí la causa per la qual m'he decidit a explicar-te aques-
> ta història: l'infortuni de ser pobres, alguns desastres de la guer-
> ra, l'enèrgica sensualitat amb què els homes del poble s'havien
> atrevit a imaginar la vida, segles enrere, sobre aquest espai. Et
> parlaré, també, del teu pare...» p.11

Els capítols 2, 3, 4 i 6 se centren essencialment en l'adoles-
cència de Yasin, la descoberta de l'amor i de la seva passió per
la música, la fascinació per les històries. El capítol 5 reviu els
preparatius i la imminència de la guerra. En canvi, els capí-
tols 7, 8, 9 i 10 es centren més en Sohrab, en el seu passat de
pescador amarat d'històries sobre el mar que ell recontava
amb gràcia i poesia. A partir del capítol 11 torna el protago-
nisme a Yasin i ja fins al final l'obra entremesclarà el relat de
la vivència de la guerra amb una de les més belles rondalles
que explicava Yasin, la de l'amor dissortat entre un príncep de
Síria i Samira, l'esposa de l'emir. La cloenda del llibre ens tor-
na a l'horabaixa en què Yasin s'enamorà: «*Van mirar-se, els
teus pares, i tu començares a néixer.*»

## Tema

El tema central de l'obra és, indubtablement, la guerra.
L'autor començà a escriure aquest relat quan encara els mís-
sils de la Guerra del Golf solcaven el cel de Bagdad i la televi-
sió ens inundava amb imatges d'un mar encès pel vessament

de petroli. La impressió i la reflexió sobre aquests fets (l'anomenada guerra tecnològica, la manipulació de la informació, el desastre humà i ecològic que tot això significa) el menaren a construir aquesta història bellíssima d'amor i mort, d'esmolada fantasia i crua realitat. El tema, doncs, és la guerra i la destrucció que comporta a tots els nivells: personal, col·lectiu, econòmic, ecològic, cultural, etc. Podem esmentar, també, la valoració de la narració com a ordenació del caos, pervivència de la memòria i envol de la imaginació:

«La guerra —no he estat capaç d'esborrar de la memòria l'estrèpit dels fusells, l'explosió de les bombes— ha destruït allò que quedava dels vells encantaments, el misteri dels relats que els homes i les dones d'aquest poble contaren durant segles, mentre tractaven d'explicar que la vida, tot i que sovint és amarga, a vegades ens fa tremolar el cor, només el temps que dura l'espai de la felicitat.» p. 61

PERSONATGES

Hi ha una gran diversitat de personatges, que desfilen a través del record de Hafida, la narradora. L'àvia, una dona plena de tendresa i ràbia, saviesa i clarividència, és una de les més belles creacions de l'autor. D'ella en sabem poques coses, però el lector percep la realitat a través dels seus ulls, i així és també com la rep el seu nét encara no nat, subjecte passiu però tanmateix protagonista, de la història.

Yasin i Sohrab comparteixen protagonisme, pare i fill que compartien la vida humil, la passió per les històries, l'acceptació plàcida i lúdica de la vida, han hagut de compartir la mort en una mateixa —absurda i devastadora— guerra. De Yasin en destaca la il·lusió d'una vida gairebé per encetar i el temor davant el futur incert que dibuixa la guerra, de Sohrab la ironia de les seves històries, la seva vinculació al medi natural, especialment al mar, que serà destruït primer per l'explotació dels seus recursos i després pel vessament del petroli.

Els altres personatges de l'entorn familiar estan menys desenvolupats: Maryam, la jove embarassada i vídua, l'oncle botiguer que col·leccionava bells instruments de corda, la seva esposa sorda que era capaç de percebre la música màgica que feien aquests instruments, el barber del carrer de la Pols, etc.

Hi ha, també, els personatges que formen part de les històries que es relaten en el llibre. Especialment, la figura del príncep sirià i la seva amant, l'esposa de l'emir, protagonistes d'una exquisida rondalla d'amor i mort. Però també els nuvis que cavalcaren una estranya carcassa voladora, l'esclau que se salvà de la mort tot interpretant una melodia colpidora en un vell llaüt, etc.

PROPOSTES DE TREBALL

1. Per a una millor comprensió del llibre, abans o després d'iniciar-ne la lectura, podem dur a terme un treball de recerca i documentació sobre la Guerra del Golf: cronologia, països en conflicte, interessos, estratègies bèl·liques (bombardeigs, vessament de cru, enfrontaments entre forces de terra), conseqüències (vides humanes, destrucció ecològica, destrucció de béns culturals, etc.). Podem comparar aquesta guerra i la forma com es va dur a terme amb l'encara més recent conflicte de Kosovo.

2. Podem elegir alguna o algunes de les històries de Sohrab que parlen del mar i de les quals l'autor només ens en proporciona algunes pinzellades per desenvolupar-les literàriament. Per exemple, l'illa, que era una tortuga, els vells marins que habiten en coves i tenen claus terribles, les peripècies dels mariners perduts al ventre d'una balena, la barca plena d'algues mortes, els ocells que enfosquien el cel, el geni sorgit del calderó de coure, etc.

3. En el capítol 6 se'ns conta la història del príncep sanguinari que feia matar esclaus per tal que la sang servís d'ungüent al seu cavall predilecte. És un relat breu però colpidor que podem intentar traslladar a un altre llenguatge narratiu, per exemple, reescriure'l en forma de romanç per ésser cantat o recitat, llegir-lo en veu alta amb acompanyament musical, fer-

lo servir de base per a un guió de còmic o de titelles o bé una auca, buscar-li —tal com suggereix l'autor— altres finals, etc.

4. Hafida conta una versió condensada de la rondalla «La flor romanial» i es compara ella mateixa a la canya que delatà el crim del mal germà. Demanarem als alumnes que cerquin una versió completa d'aquesta història i l'expliquin a classe. Després, fa una comparació entre la fortalesa de les canyes i la seva mateixa capacitat de suportar l'adversitat. Podem considerar la canya transformada en flabiol delator com un símbol de Hafida. Buscarem, en altres capítols del llibre, elements simbòlics que l'autor usa per intensificar o il·lustrar el que vol exposar: les cames de fusta que caminen soles, els paisatges pintats al cap de les agulles, les rates del desert, les ombres, el sol que neix del desert, etc.

5. A partir d'aquest fragment, suggerirem als alumnes que facin una descripció del que és per a ells el sentiment de la por:

«Una guerra no és, bé vull que ho sàpigues, una lluita entre màquines. Tanmateix, al final, la derrota es compta pel número de morts. No et serà difícil comprendre fins a quin extrem n'hem sortit vençuts. Hi hem posat massa homes i hem conegut la mesura del pànic. La terra —les trinxeres que les rates del desert cobriren d'arena— és plena d'ombres embogides d'espant, mortes de por. Tu no saps, escara, de què és feta, la por. Que té les dents com claus i s'aferra a la carn, que és carnissera.» p. 30

*DANIEL I LES BRUIXES SALVATGES*

EDAT DE LECTURA

*Daniel i les bruixes salvatges* obtingué el premi Bancaixa de narrativa juvenil el 2002. Aquest premi és instituït per l'Ajuntament d'Alzira (País Valencià). L'obra fou publicada el 2003 a la col·lecció l'Espurna de l'Editorial Bromera, una col·lecció de caràcter juvenil. La novel·la, tanmateix, és de difícil adscripció a una edat determinada, tal com passa amb moltes altres obres d'aquest autor.

Encara que la història és breu, tant l'estil literari usat, com l'estructura fragmentada en l'exposició dels fets i la duresa del tema tractat, la fan una obra poc adequada per a lectors de menys de quinze anys. A partir d'aquesta edat i per a adults, el relat és colpidor i suggeridor.

ARGUMENT

Una nit de Nadal una dona infanta un nen i el deixa abandonat entre fems. Un captaire el troba i el lliura a una parella de mercaders benestants, que li posen per nom Daniel i el crien com un fill. Quan Daniel té just sis anys el seu pare adoptiu és falsament acusat de d'encobrir un assassí i mor a la presó. La mare, perdut el marit i desposseïda de tots els seus béns, mor dies després al carrer. Daniel torna a mans del captaire, però amb ell no té cap mena de futur i decideix partir a la recerca d'una vida millor, el captaire li dóna quinze monedes d'or que havia rebut dels seus pares com a compensació per haver-los lliurat el nen.

Daniel sobreviu d'allò que obté captant o amb petits furts. Durant un temps fa d'ajudant als frares d'un hospital que acull malalts del foc de sant Antoni, però cansat de passar fam se'n va. Entra a servir a casa de mossèn Ferrandot, un capellà bonàs i excèntric que a les nits toca la bombarda dalt la teulada i està fascinat per la història d'amor entre el rei Salomó i la reina de Sabà. El mossèn ensenya Daniel a llegir i li explica les històries de la Bíblia, alhora que l'introdueix al món de la fantasia i la fascinació per les belles contalles. Mor Ferrandot i el jove Daniel torna a quedar al carrer. S'uneix a una banda de brivalls que sobreviuen a base de robatoris i enganys. Després, passa a treballar com a servent d'un notari, però és un mal home que l'apallissa sense miraments. Als vuit mesos, Daniel el fa caure dins un parany i fuig, fart de bastonades.

Per un sou miserable i una mica de menjar, es lloga com a cabrer a una possessió. En la més gran solitud, s'enamora d'una noia que ha vist un sol cop i amb la que mai no ha parlat. Una nit, és testimoni de com l'amo mata a cops i estimba per un barranc un antic rival amorós. L'amo —un ésser mesquí—, en sentir-se descobert, no dubta a acusar Daniel del crim que ell mateix ha comès. Li troben les quinze monedes d'or que havien estat del captaire i conclouen que ell és l'assassí i que el mòbil del crim no és altre que el robatori. Per això, Daniel és condemnat a morir penjat a la forca.

La narració, en primera persona, és el text que ell mateix escriu la nit abans de ser ajusticiat i que va adreçat a la seva estimada.

ESTRUCTURA

El relat no és gaire extens, un centenar de pàgines. Es divideix en quinze capítols (com a *Han cremat el mar*), que no segueixen un ordre lineal ni cronològic ni temàtic en l'exposició dels fets. Escrit en primera persona, en forma autobiogràfica, són les diguem-ne «memòries» d'un jove de quinze anys que les escriu hores abans de ser ajusticiat, acusat falsament d'assassinat. L'escrit és dirigit a la seva estimada, un personatge només intuït vagament al final de l'obra i del qual no sabem el nom ni en tenim pràcticament cap altra dada.

Al primer capítol ens assabentem de la situació terrible del protagonista, el qual ens diu que fa només sis mesos que treballa de cabrer. El segon capítol ens introdueix el personatge de mossèn Ferrandot i la seva fascinació per la reina de Sabà. Sabem, també de les circumstàncies del naixement i l'adopció de Daniel. Els tres capítols següents es centren en la descripció de la vida amb els pares adoptius —les cançons que li cantava la mare, les històries fabuloses dels viatges del pare—, la descripció dels conflictes civils entre dos bàndols aristocràtics que suposaran l'assassinat d'un jutge i la posterior acusació del pare i, finalment, la injusta mort dels progenitors que comportarà la definitiva orfenesa de Daniel.

El sisè capítol és el de la presa de consciència de la precarietat de la seva situació, tant afectiva com material. Daniel, encara un nen «exposat a morir de fred», ha de prendre la determinació de sobreviure sol en un món hostil. Els capítols 7, 8 i 9 estan amplament entreteixits d'històries secundàries i alhora complementàries de la principal: el dia que Daniel trobà un vell anell al ventre d'un peix, els espectacles terribles de les execucions públiques, el pescador que creia haver pescat el diable, el peu amputat els dits del qual encara ballen, el cec que canta la trista història que portà la mort al mercader, el frare que somreia només quan dormia, etc. El capítol 10 és un punt d'inflexió en la narració, ja que el protagonista abandona el convent i entra a servir mossèn Ferrandot.

Els tres capítols següents (11, 12 i 13) són els de la vida plàcida amb el capellà que li descobreix la literatura. L'autor ens parla llargament dels amors entre la reina de Sabà i el rei Salomó, i de com l'adolescent se sent fascinat per aquesta història. Al final del 13è capítol mor Ferrandot i Daniel queda, altre cop, al carrer.

Els dos últims capítols precipiten el desenllaç. L'arribada de l'home misteriós que posteriorment serà assassinat, la descripció de com Daniel n'és testimoni i, finalment, l'acusació de l'amo que el durà a la forca. Cap al final del llibre s'intensifica l'expressió de l'enamorament de Daniel.

En conjunt, però —com ja hem dit—, el text és com un conjunt de retalls de records que el lector ha de confegir i ordenar de bell nou, per tal d'establir l'ordre cronològic dels fets i la cohesió de les referències i els símbols que l'autor desplega amplament a través del recurs a les històries inserides dins el text, els referents cultes, les sentències de caràcter filosòfic, les imatge poètiques i oníriques, etc.

## TEMA

El tema central d'aquesta novel·la és la injustícia. La injustícia de la vida i de la mort. A partir d'aquest nucli central l'autor proposa altres temes que en deriven, com és la pena de mort, l'explotació de l'home per l'home, la fatalitat com a destí inexorable, la lluita aferrissada per la supervivència, la misèria i la mesquinesa. Hi ha —també— temes en positiu, especialment el sentiment amorós i la descoberta de la sensibilitat com a maneres de transformar la percepció del món. Daniel és capaç d'entendre, comprendre i en certa manera acceptar la injustícia de la seva vida i de la seva mort gràcies a la seva sensibilitat, que ha desvetllat a través de les belles històries i de l'amor d'algunes persones que l'han acollit i estimat. Un dia, va tenir la següent conversa amb mossèn Ferrandot:

«—Escolta'm a mi, Daniel: la vida que t'ha tocat viure és la millor de les vides possibles.
—Per què —vaig gosar preguntar-li—, si sóc un desgraciat? La misèria m'envolta des que la meva mare em va llançar a la terra. Hi ha tant de biaix de néixer en una casa o néixer en una altra...
—Tu ho has dit, Daniel —em replicava—, la misèria m'envolta. Fixa't: no la portes a dintre teu. La misèria és exterior a tu... /... —Tu no ets miserable, tot i que la misèria t'ha acompanyat sempre. Potser continuar amb la misèria és una decisió teva... /... — Però tu no ets un miserable, Daniel. Tens noble el cor, ets viu com la centella...» (pp. 15-16)

PERSONATGES

El fet d'estar escrita en forma autobiogràfica fa que el personatge central i protagonista, en Daniel, tingui una gran força. El lector tot ho veu i percep a través dels seus ulls, de les seves apreciacions, dels seus records. Daniel és un jove intel·ligent i net de cor, que es veu obligat a sobreviure en circumstàncies del tot adverses. La capacitat d'observar, d'escoltar, d'imaginar i —finalment— de posar per escrit les seves vivències, seran les armes que li permetran sobreviure entre tanta dissort i acceptar amb serenitat la mort. La resta de personatges formen una mena de teló o galeria al seu entorn, que va contrapuntant el diversos moments del relat. Alguns només estan insinuats, el lector just els pot intuir. Altres estan caricaturitzats, en un esbós exagerat que en remarca els trets més característics. Trobem un major desenvolupament en els personatges positius, els que han fet bé a en Daniel i en canvi un major esquematisme en els més negatius.

Entre els personatges positius destacaríem en Pere-Antoni Roca i na Genoveva Costa, la parella que l'adopta (el pare que li porta regals i històries de mar enllà, la mare que li canta una bella cançó trobadoresca), el frare que l'ensenya a somriure i

172

—sobretot— mossèn Ferrandot, una figura extravagant i gairebé màgica amb unes teories insòlites sobre la relació entre el creixement dels cabells, els batecs del cor i l'amor.

Entre els personatges negatius trobem tots els que s'aprofiten de la feblesa de Daniel, sobretot el notari que l'apallissa sense motiu i l'amo que el du a la forca amb la seva falsa acusació. N'hi ha, però, molts d'altres. El vagabund que s'aprofita dels seus companys més joves per explotar-los, la madona que li plany un tassó de llet, etc. El captaire que el troba just acabat de néixer i que el recull altre cop quan moren els pares adoptius és un personatge ambivalent. D'una banda, vol treure un rendiment de la seva troballa, però de l'altra el deixa partir i li dóna les quinze monedes que havia «cobrat» per ell, monedes que finalment serviran per acusar-lo falsament d'assassinat.

Cal esmentar, també, els personatges que formen part de les històries inserides en el relat, especialment la reina de Sabà i el rei Salomó, personatges que actuen com a contrapunt mític a la crua realitat del protagonista. La seva història d'amor serà el referent gairebé continu de Daniel quan somnia que una altra vida és possible. Hi ha altres personatges incidentals, especialment vinculats a l'univers de les rondalles: el pescador que creia haver pescat el diable i en demanava escriptura de propietat al notari, el cec Damià que cantava romanços i auques, el frare que parlava de filosofia amb el seu ase, l'home ric que volia descobrir el llenguatge dels ocells, etc.

SUGGERIMENTS DIDÀCTICS

La novel·la no se situa en unes coordenades temporals ni geogràfiques concretes. Per la societat que descriu, l'acció es podria situar entre els segles XVII-XVIII, fins i tot a principis del XIX. L'espai podria ser el de qualsevol lloc d'Europa a aquesta època, però probablement l'autor pensava en una ciutat portuària de la Mediterrània. Alguns fets es poden identificar amb la realitat històrica mallorquina dels segles esmentats. Les lluites entre dos bàndols aristocràtics —els Canamunts i els Canavalls— que enverinaren la vida de la societat civil a la Mallorca del XVII, l'assassinat del jutge Joan Berga, que és força semblant al del jutge Antoni Despujols de la novel·la, etc. No hi ha, però, cap intenció per part de l'autor de descriure esdeveniments o llocs concrets, fet que accentua en la narració el seu caràcter de paràbola. És per això que els suggeriments didàctics que proposem són més tost de caràcter genèric i reflexiu.

1. Un tema cabdal de la narració és la pena de mort. Aquesta condemna existeix encara a molts de països del món. Podríem dur a terme un treball de recerca i documentació que després concretarem sobre un mapa, dels estats que encara apliquen aquest càstig. Veurem com i quan va ser abolida la pena de mort a l'estat espanyol. Podem escoltar alguna cançó vinculada a les últimes hores d'un condemnat a mort, com la composició «Margalida» de Joan Issac (sobre l'execució de Salvador Puig Antich) o «Al alba» de Luis Eduardo Aute, composta arran de les últimes execucions de Franco per l'anomenat procés de Burgos (1975).

2. Buscarem a la xarxa les pàgines d'algunes associacions que treballen per a l'abolició de la pena de mort i veurem quins recursos posen en funcionament.

3. Des d'un plantejament més literari, treballarem sobre la història de Salomó i la reina de Sabà. Qui eren aquests personatges? On i quan varen viure? Quina va ser la seva relació? Buscarem el llibre de Salomó a la Bíblia i en llegirem alguns fragments. També podem cercar informació sobre altres parelles famoses històriques o literàries: Romeu i Julieta, Marc Antoni i Cleopatra, Artús i Ginebra, Tirant i Carmesina, Jaume I i Violant d'Hongria, Don Quijote i Dulcinea, etc.

4. Extraurem del text de la novel·la algunes de les rondalles que s'hi expliquen i les reescriurem en un nou format: en còmic, en auca, en forma dialogada, com un missatge de mòbil, com una cançó, etc.

5. Un tema recurrent en el text és el de l'explotació infantil. A partir d'aquest text:

> «Em record que vaig tenir por. Patia de veure que, de manera inesperada, aquell home em podia tornar a vendre. I tenia por. Era com si la m'haguessin clavada a l'arrel dels cabells, la por. Qui volgués comprar-me seria per fer-me treballar com una bèstia. Hi havia qui tenia un estol d'infants, els més pobres de tots, que reclamaven la generositat de la gent per compte seu. Com aquell que té un ramat d'ovelles, un corral de gallines, una guarda de cabres. Els controlaven els ingressos i els donaven poca alimentació i molt de càstig perquè tinguessin l'aspecte malaltís i la color trencada.» p. 42

Buscarem a la premsa o a Internet fotografies sobre casos d'explotació infantil en diversos àmbits —fàbriques, mendicitat, prostitució, etc.— i en diversos entorns —societats desenvolupades, països en procés de desenvolupament, indrets de pobresa i marginació, etc. Conversarem com podem incidir en intentar combatre aquestes situacions (no adquirir productes fabricats per empreses que exploten els infants, denunciar els casos que puguem percebre en el nostre entorn, etc.).

6. Rellegirem el capítol 3, on se'ns descriuen els regals meravellosos i les històries fantàstiques que el mercader Pere-Antoni Roca duia dels seus viatges mar enllà. Demanarem a cada alumne que imagini i descrigui un regal meravellós que li agradaria rebre en una ocasió molt especial. Podem fer una activitat manual que titularem «Els regals impossibles». Consistirà a fer paquets singulars amb tota mena d'elements —paper, cartró, branques i fulles, teles, pedretes, vidrets, caramels, plàstics, boles de collars, fruits secs, llaços i cintes, flors, etc.—. Després, exposarem aquests paquets, cada un amb una etiqueta del seu contingut «meravellós»

## EDAT DE LECTURA

*Vola, vola..., Josh!* és un llibre de la col·lecció «El vaixell de vapor» de la sèrie blava. A la contraportada —després d'unes línies sobre el text i l'autor— podem llegir la indicació «A partir de 7 anys», entre els 7 i els 10 anys pot ser una bona edat per a la lectura d'aquest conte, tant per la llargària de la narració, com per la història que s'hi explica, a través del recurs dels animals personificats.

## ARGUMENT

En Josh és un estornell que ha nascut l'últim d'una llocada de set. Prest tots el joves ocells són entrenats per al llarg viatge que hauran de fer cap a les terres més càlides del sud. En iniciar-se el viatge la mare pateix perquè sovint en Josh queda ressagat, primer perquè s'embadaleix amb els paisatges i després perquè s'enamora d'una jove estornella que es diu Daniela. Deixen l'esbart i segueixen el camí junts. Passen diversos perills, el major és aconseguir alliberar-se del monstre que hi ha en els freus de les muntanyes. S'incorporen a un nou esbart jove i aprenen a vèncer la por dels espantalls, però una escopetada fereix en Josh, que haurà de fer uns dies de repòs. Després, passen per Florència on coneixen Pinotxo i la fada dels cabells blaus i veuen un espectacle de titelles, segueixen camí i en passar per una gran ciutat (Barcelona?) s'embadaleixen amb la vida dels passeigs (la Rambla?) i entren a uns grans magatzems. Topen el falcó, però el poden esquivar i finalment arriben a al seu destí: una illa del sud (Mallorca?).

## ESTRUCTURA

Gabriel Janer Manila rarament usa una estructura lineal en les seves narracions. Sovint comença *in media res* i després va descabdellant la informació d'una manera aparentment desestructurada. El llibre que analitzem, però, és per a lectors encara inicials i l'estructura dividida en 12 capítols —tot i no ser estrictament lineal— no és gaire complexa. Al primer ca-

176

pítol ja trobem l'esbart en ple vol i la mare de Josh que se n'adona que el seu fill es va ressagant del grup. Els dos capítols següents parlen del naixement del protagonista, l'entrenament per al llarg viatge, la curiositat dels ocells més joves i la saviesa que els transmeten els majors. Després, hi ha l'encontre amb Daniela i l'enamorament. Els capítols 5-7 es centren en l'aventura solitària dels dos joves fins a trobar un nou esbart en el qual s'integraran i en el qual coneixeran el valor de la solidaritat. Els tres capítols següents són força diferents i tenen un alè més poètic. Els ocells passen per Florència i mantenen una singular relació amb Pinotxo. Finalment, a l'últim capítol travessen una ciutat que fàcilment podem identificar amb Barcelona, superen l'atac del falcó i finalment arriben —sans, estalvis i feliços— al seu destí, una illa del sud del Mediterrani.

TEMA

El tema central del relat és la migració, el viatge des de l'indret on es neix cap a l'indret on pot es viure i els perills, aprenentatges i esforços que suposa el camí. Temes complementaris del central són la descoberta de l'amor, la necessitat d'aprendre a superar la por, el valor de la solidaritat i la curiositat per allò que ens envolta. Tots aquests temes estan tractats a través de personatges animals —ocells—, però són una clara transposició de les preocupacions i els neguits dels humans.

PERSONATGES

Com ja hem dit, pràcticament tots els personatges són ocells. Hi ha, també, personatges humans —que sovint s'enfronten als ocells— i d'altres extrets de la literatura (Pinotxo, la fada dels cabells blaus, el titellaire Menjafoc). El protagonista és Josh, però també la seva parella Daniela. Junts descobreixen l'amor i els perills del món, junts construeixen un projecte de vida. Com a protagonista col·lectiu podríem parlar de l'esbart. L'esbart és integrat per milers d'ocells, però actua com un sol personatge. Té unes regles de comportament, unes

177

estratègies i uns codis que cal respectar. D'alguna manera podem dir que ens trobem davant un breu relat d'aprenentatge, amb una certa càrrega iniciàtica. Josh i Daniela són joves i inexperts; aquest és el seu primer viatge. A través del camí aprendran les estratègies bàsiques de supervivència i el valor de la solidaritat. En arribar al seu destí ja seran ocells adults, capaços de dur endavant una vida plena.

PROPOSTES DE TREBALL

1. Primerament, convindria que els alumnes es documentessin sobre les característiques físiques i la vida dels estornells, especialment pel que fa al tema de la seva migració anual. Aquesta informació pot ser exposada a classe en forma de mural, en podem veure fotografies i documents audiovisuals, etc. Serà interessant veure sobre un mapa quin és el trajecte migratori dels estornells.

2. Un cop tinguem clars aquests aspectes, poden passar a analitzar la fabulació que en fa l'autor. Veurem quins aspectes es corresponen a la realitat de la naturalesa i quins tenen una dimensió literària. Després, podem comparar la migració dels ocells amb el fenomen de les migracions humanes. Des d'on i cap a on migren els humans? Amb quins objectius? Com és el camí que fan? Quins perills han de passar?

3. Ben segur que a classe tindrem alumnes fills d'emigrants. A partir de la informació que ens puguin aportar de l'experiència dels seus pares o d'ells mateixos, podrem conversar sobre aquest tema tan complex.

4. En Josh i el seu esbart sovint veuen el món des del cel. Nosaltres, quan anem en avió, també tenim aquesta visió. Demanarem als alumnes que dibuixin com veuen la terra des del cel, buscarem fotografies aèries i les penjarem a classe. Conversarem sobre el canvi de perspectiva i com les coses canvien si les observem des d'un punt o un altre.

5. L'autor sovint parla de la por i de les estratègies que cal fer servir per vèncer-la. Reitera l'exemple de la por «volguda» que passem en entrar en un Tren de la Bruixa dels que hi ha als parcs d'atraccions:

«—Però tu em parles d'un joc, Josh. Aquells que munten al tren saben que les bruixes i les graneres participen d'una diversió. A l'altre extrem del freu ens espera un monstre afamegat que s'alimenta dels ocells que passen. I això no és un joc. No és estrany si tinc por.» p. 38

Podem proposar als alumnes —com a activitat col·lectiva— fer dues llistes. A una posarem aquelles coses que ens fan una por volguda o «de per riure» —els contes de por, la nit de Halloween, les disfresses de calaveres, fantasmes, vampirs, etc.—; a l'altra llista posarem les coses que ens fan por «de veritat» —la mort, els accidents, la soledat, el patiment, el rebuig social, etc. Reflexionarem sobre aquests temes i buscarem estratègies per enfrontar-les.

6. Els ocells juguen a «Volen, volen...». És un joc molt conegut i prou entretingut per jugar una estona a classe o a l'hora del pati. En el capítol 5 Josh dedueix que deuen ser a Alemanya perquè li sembla que els ocells que sent cantar ho fan en alemany. Aquest episodi, prou divertit, ens pot servir per jugar a la classe amb els embarbussaments mimològics, és a dir, amb aquelles frases que —tot i ser en català—, si les diem d'una manera ràpida i estrafent l'entonació, poden semblar frases dites en un altre idioma. Vegeu-ne alguns exemples:

· «Comprem pa?», «Pujar fa suar!» [francès]
· «Ai si caus!» [anglès]
· «Cards verds taquen. Secs piquen si es toquen.» [alemany]
· «Els nuvis viatgen en omnibus gratis.» [llatí]
· «Quin fum fa? Fa un fum fi.» [xinès]
Ben segur que d'aquestes frases, entre tots, en sabrem moltes més.

7. Com a activitat final de caràcter lúdic —encara que el llibre ja ens ha ensenyat que no serveixen gairebé de res— podem fabricar un divertit espantaocells per al pati de l'escola o un mecanisme que faci renous o que brilli molt, com els que descriu l'autor al tercer capítol . Per a fer-los, usarem materials reciclats: cd's vells, roba, vidres, llaunes, cordes, bosses de plàstic, etc.

## SAMBA PER A UN «MENINO DA RUA»

### EDAT DE LECTURA

És un llibre publicat l'any 2000 per l'Editorial Edebé en la seva col·lecció «Nòmades» (núm. 9), que va adreçada a un públic juvenil. La novel·la, però, és també atractiva per al públic adult, tant pels temes que tracta —temes durs i colpidors, gairebé sagnants— com per la manera de tractar-los —entre la cruesa i l'alè poètic, entre la realitat i la fantasia, a mig camí entre l'elegia i la denúncia.

### ARGUMENT

Benedita, als 14 anys, es veu obligada a fugir del seu poble, assaltat pels militars que maten la gent i devasten el béns. Al tren coneix Luciano, que la salva de ser violada. Arriben a la gran ciutat —Rio de Janeiro— i és acollida a casa del jove, on la mare la pren per una filla morta —Maria dos Montes—, que ha retornat a la vida. Viu una curta història d'amor amb Luciano, queda embarassada i, en adonar-se que Luciano ha perdut tot l'interès per ella, fuig. La recull Beto, un titellaire que habita en una favela. Neix el fill —Paulinho— i més endavant en té un altre amb en Beto —Amazoninho. Una tarda el titellaire és assassinat per un escamot. Benedita, pobra i amb dos infants, malviu tot demanant caritat. Coneix un altre home, Mauro, amb qui tindrà el tercer fill —João Bautista—, però aviat serà empresonat. Altre cop sola, els fills —només amb 9 o 10 anys— parteixen a buscar-se la vida pels espais marginals de la gran ciutat. Només Paulinho, de tant en tant, la va a veure. Un dia ella intueix que el fill major ha mort. Inicia una recerca desficiosa per llocs marginals i arriba a descobrir que ha estat assassinat per Antonio, un antic veí que ara cobra per matar els pobres, a tant la peça. Finalment, veu com Luciano —que forma part de la classe benestant— ha estat còmplice en la mort del seu propi fill, del qual desconeixia l'existència i li ho fa saber.

## ESTRUCTURA

Com en la majoria de novel·les d'aquest autor, l'estructura no és lineal, sinó que es presenta juxtaposada, fragmentada, confegida en base a records d'esdeveniments que van endavant i endarrere en el temps cronològic. El relat s'obre amb una intuïció terrible de la protagonista: el seu primogènit Paulinho és mort. El segon capítol és el de la presa de la decisió: l'anirà a buscar i esbrinarà què ha passat. Els capítols 3, 4 i 5 ens expliquen la infantesa i la fugida de Benedita. Del 6 al 9 tracten de la relació amb Luciano, l'embaràs i el primer fill. Del 10 al 12 es centren en la convivència i l'assassinat de Beto, el titellaire. El capítol 13 explica de manera sumària la breu relació amb Mauro i el tercer fill . Els cinc últims capítols són els de la recerca desesperada del fill mort primer i de l'assassí i l'encobridor després. A l'últim —com un cercle que es tanca— Benedita, boja per la tristor i la injustícia, es retroba amb el seu passat.

És, per tant, una estructura que en podríem dir concèntrica. La protagonista volta sobre el seu passat un cop i un altre, fins a retrobar l'absurd de la vida a l'última seqüència.

## TEMA

Altre cop el tema és la injustícia de la pobresa. L'autor tria una protagonista dèbil: dona, pobra, sense família i sense formació. La vida la castiga un cop i un altre, atrapada en una espiral de necessitat, sordidesa i mala sort . Aquesta protagonista —amb la qual el lector s'identifica per la seva tendresa i innocència, pel seu desemapar, però també per la seva lucidesa— serveix per posar sobre la taula un tema difícil i dur: la

181

misèria. La misèria de les grans ciutats que contrasta amb la riquesa d'alguns dels seus barris, el drama dels *meninhos de rua*, dels infants que han de buscar al carrer —un carrer que és una selva— la supervivència de cada minut. Però també la misèria de la societat en general, tant la material com la moral. És, per tant, un tema propi del corrent que se sol anomenar realisme crític, aquell que no defuig tractar a la literatura juvenil els aspectes més crus de la realitat contemporània. L'autor, però, com ja és el seu estil, amara tota la narració de poeticitat, li dóna un to a voltes oníric i altres elegíac, amb pinzellades d'ironia i altres de follia, i converteix la novel·la en una paràbola.

PERSONATGES

El personatge central és, sens dubte, Benedita. Però aquest cop no ens trobem davant un relat escrit en clau autobiogràfica —com era *Daniel i les bruixes salvatges*— sinó que hi ha un narrador omniscient que ens explica l'exterior dels fets i l'interior dels personatges. Tots els altres giren entorn d'ella. Hi ha un predomini de personatges masculins: els tres companys (Luciano, Beto i Mauro) que li faran tres fills (Paulinho, Amazoninho i João Bautista), Celio, l'entrenador de futbol al qual li falta una cama que intentarà que ella es conformi al seu destí com ell s'ha hagut de conformar al seu; el Negre amic del fill mort que compon la bella samba per a ell i els mena a l'assassí; Antonio —el Piranya—, que ha mort el seu fill per unes monedes, i els soldats que intenten abusar d'ella dins del tren. D'aquests personatges destaquen Beto, l'únic que l'estima realment. El titellaire és un personatge somniador i tendre que Janer Manila repeteix sovint en les seves obres. I també en destaca el fill major, el fill mort que era l'únic que mantenia vincles d'afecte amb la seva mare.

Personatges femenins, només n'hi ha dos amb una certa importància. La dona del ferroviari, que —talment les dones dels gegants de les rondalles— l'encoratja a seguir el seu camí, i Dona Mariana, la mare boja de Luciano que veu en Benedita la seva filla morta i que —al final del relat— en endevinar el seu patiment li demana: « Però què tens? Veig que fas cara de cansada. No et tracten bé, enllà de la vida?»

1. El primer de tot, caldrà que ens documentem sobre els *meninhos de rua* del Brasil i les seves circumstàncies de vida. També sobre com és la ciutat de Rio de Janeiro i que són els barris de *favelas*. Tanmateix, farem veure als nostres alumnes que circumstàncies semblants es donen a molts altres llocs del món.

2. L'autor fa poques descripcions físiques dels personatges, només algunes breus pinzellades. Per grups, demanarem als alumnes que descriguin l'aspecte dels principals personatges de l'obra, i que els construeixin un passat i un futur, més enllà de la novel·la.

3. Per a escriure el capítol 5 —en el qual Benedita s'atura a la casa d'una parella que vigilen el pas dels trens— l'autor s'ha inspirat clarament en un episodi habitual de les rondalles meravelloses, quan l'heroi o l'heroïna arriben a la casa d'un gegant i són ajudats per la dona del monstre, la qual els dóna algun objecte màgic que els possibilita arribar al seu destí. Llegirem a classe una rondalla on hi hagi alguna d'aquestes escenes i la compararem amb la del nostre llibre.

4. L'autor, en algunes pàgines, exposa el problema que suposen els nens del carrer per a la societat on viuen i les «solucions» terribles que alguns adopten. Debatrem a classe sobre aquests temes i buscarem informació sobre col·lectius que treballen per a resoldre aquestes situacions. Què fan? Com ho fan? Quins resultats obtenen?

5. Finalment, tot i l'amargor del relat, podem treballar sobre el tema de la samba com un dels ritmes musicals més difosos i atractiu. Escoltarem algunes sambes, analitzarem la lletra de la que *el Negre* va compondre per al seu amic mort i —si

és possible— intentarem aprendre a ballar aquest ritme brasiler.

4. LA PRODUCCIÓ DE L'AUTOR

**Novel·les i contes per a nois i noies**
- *El rei Gaspar*. Barcelona: La Galera, 1976 (Els Grumets)
- *Diumenge, després de lluna plena*. Barcelona: Barcanova, 1983
  - *La serpentina*. Barcelona: La Galera, 1983 (Els Grumets)
  - *El corsari de l'illa dels conills*. Barcelona: La Galera, 1984 (Els Grumets)
  - *Els peixos no es pentinen*. Barcelona: Edebé, 1987
  - *Tot quant veus és el mar*. Barcelona: La Galera, 1987 (Els Grumets)
  - *Diu que n'era un rei*. Barcelona: Ediciones B, 1988
  - *Els rius dormen als núvols*. Barcelona: Edebé, 1988
  - *La finestra*. Barcelona: Teide, 1988
  - *Contes per als qui dormen amb un ull obert*. Madrid: Bruño, 1989
  - *Arlequí, el titella que tenia els cabells blaus*. Barcelona: La Galera, 1990
  - *La perla verda*. Saragossa: Edelvives, 1990
  - *Recorda't dels dinosaures, Anna Maria*. Barcelona: Edebé, 1993
  - *Viatge a l'interior del fred*. Barcelona: Cruïlla, 1995
  - *Aquella dona que vingué de Mart*. Madrid, Bruño, 1996
  - *Vola,vola..., Josh!*, Barcelona. Cruïlla, 2001 (El vaixell de vapor, 101)
  - *El cavall*. Barcelona: Cercle de lectors, 2004
  - *Perduts al bosc màgic*. Barcelona: Baula, 2005
  - *Mehdi i les llunes del zoo*. Barcelona: Edebé, 2005

**Novel·les per a joves**
- *Com si els dits m'haguessin tornat cuques de llum*. Barcelona: Publicacions de l'Abadia de Montserrat, 1979

- *Violeta, el somriure innocent de la pluja*. Barcelona: Laia, 1987
- *El palau de vidre*. Barcelona: Aliorna, 1989
- *Han cremat el mar*. Barcelona: Edebé, 1994
- *El terror de la nit*. Barcelona: Columna, 1995
- *Samba per a un «meninho da rua»*. Barcelona: Edebé, 2000
- *Daniel i les bruixes salvatges*. Alzira: Bromera, 2002
- *L'illa i una nit*. Palma: Ensiola, 2003

**Teatre per a nois i noies**
- *Les aventures d'en Pere Pistoles*. Palma de Mallorca: Moll, 1981
- *La princesa embruixada*. Palma de Mallorca: Moll, 1981
- *El corsari de l'illa dels conills*. Barcelona. Edebé, 1984

**Llibres didàctics**
- *Aucells esquius* (amb M. Rayó). Palma de Mallorca: Moll, 1979
- *Història de l'illa de Mallorca*. Palma de Mallorca: Moll, 1980
- *Història del teatre a Mallorca*. Palma de Mallorca: Edició especial per a la Caixa d'Estalvis de les Balears «Sa Nostra», 1980

**Narrativa per a adults**
- *L'abisme*. Palma de Mallorca: Moll, 1969
- *El silenci*. Palma de Mallorca: Moll, 1970
- *Han plogut panteres*. Barcelona: Nova Terra, 1971
- *El cementiri de les roses*. Barcelona: Selecta, 1972
- *Els alicorns*. Barcelona: Destino, 1972
- *La capitulació*. Palma de Mallorca: Moll, 1972
- *L'agonia dels salzes*. Barcelona: Destino, 1973
- *Petita memòria d'un mestre del meu temps*. Barcelona: Galba, 1975
- *La cerimònia*. Barcelona: Edicions 62, 1977
- *Tango*. Barcelona. Galba, 1976

- *Angeli musicanti*. Barcelona: Edicions 62, 1984
- *Els rius de Babilònia*. Barcelona: Edicions 62, 1985
- *La dama de les boires*. Barcelona: Plaza & Janés, 1987
- *Satan estima Berlín*. València: Tres i Quatre, 1990
- *Paradís d'orquídies*. Barcelona: Columna: 1992
- *Lluna creixent sobre el Tàmesi*. Barcelona: Columna, 1993
  - *La vida, tan obscura*. Barcelona: Columna, 1996
  - *Els jardins incendiats*. Barcelona: Columna, 1997
  - *Estàtues sobre el mar*. Barcelona Columna, 2000
  - *George, els perfums dels cedres*. Barcelona: Columna, 2002
  - *Èxtasi*. Barcelona: Columna, 2005
  - *Tigres*. Barcelona:

**Assaig**
- *Implicació social i humana del teatre*. Barcelona: Dopesa, 1975
- *La literatura infantil (Apunts per a una pedagogia descolonitzada de la lectura)*. Palma: ICE — Edicions Embat, 1979
- *La problemàtica educativa dels infants selvàtics: El cas de «Marcos»*. Barcelona: Laia, 1979
- *Sexe i cultura a Mallorca: el cançoner*. Palma de Mallorca: Moll, 1979
- *Cultura popular i ecologia del llenguatge*. Barcelona: CEAC, 1982
- *Sexe i cultura a Mallorca: la narrativa oral i el teatre*. Palma de Mallorca: Moll, 1982
- *Pregoner de quimeres*. Barcelona: Alta Fulla, 1985
- *Pedagogia de la imaginació poètica*. Barcelona: Alta Fulla, 1986
- *Escola i cultura: el territori com a projecte*. Barcelona: Edicions 62, 1989
- *Mallorca, els dimonis de l'illa*. Barcelona: Edicions Mil·lenari, 1989
- *L'educació de l'home que riu*. Barcelona: Alta Fulla, 1991
- *Literatura infantil i experiència cognitiva*. Barcelona, Pirene 1995

- *Pinocchio in Spagna*. Florència: La Nuova Italia, 1996
- *Com una rondalla: Els treballs i els dies de mossèn Alcover*. Palma de Mallorca: Moll, 1996

**Altres**

- *La ciutat de Mallorca: al recer d'una badia mediterrània*. Palma de Mallorca: Moll, 1980
- *La meva terra: Crònica d'enamoraments i penitències* (il·lustracions de Josep Coll Bardolet). Palma de Mallorca: Caixa d'Estalvis de les Balears, 1980
- *Palma, la ciutat i les ombres* (fotografies de Vicenç Matas). Palma de Mallorca: Caixa de Pensions «La Caixa», 1988
- *Les festes llunyanes*. Palma de Mallorca: J. J. de Olañeta, Editor, 1999

La seva obra ha estat traduïda a l'alemany, l'anglès, el castellà, el gallec, el neerlandès i el rus.

# 14. MIQUEL RAYÓ, NATURA I LITERATURA*

* Itinerari de lectura de la Institució de les Lletres Catalanes, Barcelona.

## 1. ALGUNES DADES SOBRE L'AUTOR

Miquel Rayó i Ferrer va néixer els primers dies de la tardor de 1952, a Palma. Era el tercer fill d'un matrimoni que vivia al carrer d'Apuntadors, en un barri antic i mariner de la ciutat.

Conta que el seu avi matern era capità de la Guàrdia Civil i havia fet de soldat a Puerto Rico, on visqué interessants peripècies. Sembla que la seva figura inspirà el nostre escriptor per crear la figura del guàrdia civil honest i intel·ligent de la novel·la *Contraban*. L'avi patern, en canvi, sempre va viure a Palma i treballava de dependent. La seva dona, la padrina Eusèbia, feia de cosidora i sembla que tenia una gràcia especial per contar anècdotes i xafarderies. Els avantpassats paterns d'en Miquel havien estat mariners i visqueren aventures en les seves travessies fins a Amèrica, amb algun naufragi i tot, com és el cas del que costà la fortuna al patró Roig.

De petit, en Miquel fou alumne de les monges agustines i, més endavant, dels pares teatins. Diu que li agradava aprendre, però que odiava les llargues cerimònies religioses i els càstigs corporals que s'usaven a les escoles d'abans. Bona part del seu temps lliure el dedicava a la lectura, com veia que ho feien son pare, sa mare i els seus germans més grans. Lector apassionat de novel·les clàssiques d'aventures —com és ara *L'illa del tresor*, de Stevenson, o les de l'oest de Zane Grey—, mons perduts, dinosaures, bandolers, marcians i personatges de rondalla ompliren molts dels seus horabaixes de lector absort en les peripècies singulars que els llibres explicaven.

Acabat el batxillerat, ingressà a l'escola de Comerç —on s'avorria força— i obtingué els títols de Perit Mercantil i Professor Mercantil. Era temps d'altres lectures, potser més filosòfiques, que l'estimularen a plantejar-se els grans interrogants de la humanitat.

Començà a treballar en el món de l'ensenyament, a secundària, a diversos pobles de Mallorca. Ensenyar és una feina que li agrada i probablement d'aquí ve la seva fama de professor pacient i comprensiu. Posteriorment, el 1992, es llicencià en Ciències de l'Educació per la Universitat de les Illes Balears. Actualment és tècnic del Programa d'Orientació i Transició a la Universitat (POTU) entre la UIB i la Conselleria d'Educació de les Illes Balears.

A la dècada dels anys setanta, i amb un grup de joves emprenedors com ell, col·laborà en la fundació del GOB, el grup balear de conservació de la naturalesa que fa més de vint-i-cinc anys que treballa de ferm per a la conservació del patrimoni natural de les nostres illes. Foren anys de feina intensa i il·lusionada en el projecte de futur que el GOB representava: publicacions, cursets, debats, manifestacions, etc. i els fruits ara ja són ben visibles: la protecció de la Dragonera, de les albuferes de Mallorca i Menorca, de Cabrera, d'Es Trenc, etc.

En Miquel Rayó és un bon coneixedor de la nostra naturalesa. Trescador de camins i muntanyes, de salobrars i illots i observador infatigable de la flora i la fauna, especialment dels ocells salvatges, coneix les illes pam a pam. D'aquesta observació n'han nascut un bon grapat de reflexions que podem trobar reflectides en els seus llibres de creació o explicades en les obres d'educació ambiental que ha publicat. En parlar d'aquests temes no oblida citar els amics que l'han acompanyat

190

—i l'acompanyen!— des de fa anys en l'apassionada lluita per la conservació de l'entorn i en la difusió del valor de la natura mediterrània.

Tampoc oblida els amics quan parla de la seva faceta d'escriptor, especialment el mestratge de Gabriel Janer Manila, amb qui contactà a mitjan anys setanta. En aquesta època, ja havia descobert que —al costat del patrimoni natural en vies de destrucció per la massificació turística— hi havia un patrimoni cultural —una llengua, unes tradicions— que també es trobaven en perill i que calia conèixer, difondre i salvar. Colpit per la majestuositat de la poesia de Costa i Llobera i amb un bon feix de lectures com a bagatge, sentí la necessitat de contar coses, de dir, d'explicar... i començà a escriure.

Mentrestant, s'havia casat amb n'Assumpció i tenia dos fills, en Joan i na Mar, que cada nit li demanaven un conte. De la mà dels seus fills descobrí la literatura infantil i juvenil actual i va veure clar que el que li agradava era escriure relats plens d'humor, de màgia, de fantasia i de tendresa, que poguessin ser assaborits per joves lectors, però que també seduïssin els grans. Des de fa anys, les seves obres han merescut el reconeixement de lectors i de crítics, i algunes han estat premiades en importants certàmens: premi Guillem Cifre de Colonya (1982), Josep Maria Folch i Torres (1987), Generalitat de Catalunya (1986), Joaquim Ruyra (1999), Edebé (2000), Crítica Serra d'Or (2001), Premi Ala Delta (2004), etc. Diu que —en literatura— se sent deutor de les rondalles, de Flaubert i Proust, de Gabriel Janer, de Llorenç Riber i Salvador Galmés, de Cunqueiro, de Stevenson i Melville, de Josep Maria Llompart i Miquel Àngel Riera i de tants d'altres que l'han emocionat i fascinat. Admira l'*Odissea* i *Don Quijote*, les obres de Shakespeare, *L'idiota* de Dostoiewski, *Pickwick* de Dickens i l'*Ulisses* de Joyce, entre moltes altres. I els grans creadors de literatura infantil d'arreu del món. També és un apassionat del cinema i un bon espectador de televisió. Coneix a fons el cinema més clàssic (Ford, Preston Sturgess, Houston, Renoir, Fellini, Tati, Berlanga...) i n'agafa alguns elements per a compondre i estructurar les seves obres. Considera la televisió com una finestra oberta al món que li permet viatjar i conèixer moltes coses sense moure's de casa.

Una conversa amb ell ens revela un home inquiet i alhora tranquil, lector apassionat i sensible. Un naturalista preocupat per la degradació ambiental i capaç d'actuar per intentar canviar aquesta situació. Un observador atent i sagaç que sap —a través de la paraula escrita— compartir amb els altres les seves il·lusions, els seus neguits, el plaer de viure i de conviure, la commoció enfront a l'adversitat, la rebel·lia enfront a la injustícia. Observant ocells, trescant les muntanyes, conversant amb la gent, llegint, mirant cinema o escoltant jazz, en Miquel Rayó acumula tresors que retorna als lectors en forma de belles històries, que no ens deixen indiferents. Històries que neixen de l'evocació i de la fabulació, però que ens arriben al cor per la seva intensitat emocional i per la bellesa del seu llenguatge.

Desitja que, en un futur no molt llunyà, en el nostre país sigui tan valorat escriure per a joves com ho és escriure per a adults, perquè allò que realment val és la capacitar de contar i d'emocionar, sigui quina sigui l'edat del lector. Diu que voldria tenir molt de temps per llegir, per viatjar, per escriure, per compartir amb els amics i per seguir aprenent. Aprendre sempre, de tot i de tots, és allò que realment dóna sentit a la seva —a la nostra— vida.


## 2. L'OBRA

Miquel Rayó és un autor que conrea essencialment la novel·la, però també el teatre per a infants i els assaigs de divulgació científica, sempre des d'un punt de vista pedagògic. La seva producció connecta amb un ampli ventall de lectors, des de novel·les adreçades a infants a partir de nou anys (*L'última por*, per exemple) fins a obres per a lectors adults, els quals gaudeixen del seu domini del llenguatge i de les referències cultes que brufen les seves obres (*La reina de Sabà* en seria un bon exemple).

192

Podem dir que Miquel Rayó és un novel·lista inquiet, que va a la recerca no només de noves històries, sinó de noves maneres d'estructurar-les i expressar-les. Per això, es fa difícil encasellar la seva producció en un model determinat. Si ens fixam —per exemple— en les novel·les juvenils, podríem fer dos grans grups, segons el tipus de protagonista que elegeix. En algunes és un protagonista individual —un jove, una nena o un animal— i en altres és un protagonista col·lectiu —una colla d'amics, un grup d'animals—. Entre les primeres trobam sovint un plantejament iniciàtic que es desenvolupa a partir d'una recerca en forma de viatge, com a la trilogia formada per *El raïm del sol i de la lluna*, *El secret de la fulla d'alzina* i *La Bella Ventura*, inspirada en el món de les rondalles. A les segones és més freqüent el desenvolupament de l'argument en base a la consecució d'un objectiu determinat, per exemple salvar de l'especulació urbanística una zona verge (com passa a *Les ales roges*), objectiu que s'aconsegueix amb la col·laboració del grup. En un cas i l'altre, se sol fer palès un procés de maduració dels protagonistes, bé en clau realista (*L'última por*) o en clau simbòlica (*El raïm del sol i de la lluna*).

Les novel·les se solen dividir en capítols breus, a vegades simplement numerats i altres amb un títol que ens fa intuir allò que hi trobarem. El fil narratiu sol estar format per tres parts ben definides: una presentació breu de la situació, dels personatges, del lloc i del temps on passa l'acció seguida del nus de la història, per acabar amb un desenllaç ràpid i un final no sempre tancat, que ens pot donar peu a imaginar noves etapes de la vida dels protagonistes. El ritme dels seus llibres, tot i no ser trepidant, manté l'atenció fins a l'última pàgina, pendents de la veu del narrador, que —en tercera persona— ens relata els esdeveniments i els diàlegs, col·loquials i a voltes còmics o sorprenents.

Pel que fa als escenaris, el més habitual és l'entorn mediterrani, sovint amb el mar com a rerefons. A vegades es tracta de llocs concrets, més o menys identificables per al lector com el Salobrar on transcorre *Les ales roges*, el llevant de l'illa de

193

Mallorca, escenari de les peripècies de *Contraban*, o el poblet de pescadors on passa l'estiu na Clara, protagonista de *L'última por*. En altres ocasions l'espai és una terra mítica, un país de rondalla habitat per éssers fabulosos —gegants i dracs i ocells que parlen—, com a la trilogia abans esmentada.

Els valors sovint més presents a l'obra de Miquel Rayó són l'amistat i la solidaritat, les actituds de respecte a la natura i a la cultura en general (ben paleses en la presència constant del medi natural i en l'ús de formes lingüístiques preses de la tradició, per exemple), la valoració del treball en equip, la perseverança i la imaginació com una manera creativa i lúdica d'entendre el món.

La temàtica és variada i constant alhora. La preservació del medi natural (explicada en forma de metàfora a *El raïm del sol i de la lluna* i de forma directa a *Les ales roges*, però present d'una manera o l'altra a tota la producció), la maduració i el creixement personal a través de vivències que exigeixen voluntat i abnegació (*El secret de la fulla d'alzina*, *La bella ventura*, *El cementiri del Capità Nemo*), la importància de la comunicació a *Anna i el vern*, l'esforç per aconseguir un ideal somniat a *Eh, vellmarí!*, la lluita contra la injustícia a *Contraban*, etc. El llenguatge acolorit i la descripció detallada de personatges i ambients fa que el lector senti la història pròxima i s'hi impliqui d'una manera afectiva:

«Va ser aleshores que el vellmarí Gaspar rebufà dins l'aigua del seu cossi, gran com una banyera. Tot just es despertava en aquells moments.

Tragué el cap de l'aigua, poderós i amb el front ample. Semblava un home, el vellmarí, un home gran i calb que nedava cansadament.

Els seus ulls entelats miraren arreu.

Tornà a veure, com cada dia en la seva llarga vida a la caravana del circ, els mateixos carros desmanegats, els mateixos companys seus temorencs, la mateixa expressió agrenca en la cara enrojolada del senyor Armand, que els amenaçava xurriac en mà...

I aleshores al seu cor, al seu vell cor fatigat, Gaspar també sentí com cada vegada la cruel punyida del fibló dolorós de la impotència.»[66]

Cada personatge utilitza formes expressives adients a les seves característiques (edat), a la seva condició (màgic, especulador, funcionari) i a l'època en què viu (el temps indeterminat de les rondalles, l'actualitat), però tots ells usen un llenguatge ric en expressions i frases fetes que ens fan adonar de la riquesa del nostre idioma:

«—Vella Alzina... —començà el cérvol.
—Uep! Vella, jo? Vejam si encara hauré d'assajar-te quatre cinglades amb un verdanc!
—Dama Alzina —corregí el cérvol—, vénc a mostrar-te l'elegit.
—L'elegit? —remugà aquella veu de jaia—. I per a què hem de menester un elegit, les meves filles i jo, eh?
El cérvol explicà com va poder el que succeïa; ho va fer un poc temorenc, amb el cap acalat respectuosament. Quan va haver acabat, la veu va dir:
Bé, bé, ja veig que és cosa dels homes i dels estels, això... Tanmateix ja ho sabíem que qualque dia hi hauríem de dir la nostra en tot aquest embolic. No res, que s'acosti i veurem què hi podem fer! Que s'acosti, dic —va exigir amb impaciència.»[67]

La producció literària de Miquel Rayó ha estat encara poc estudiada pels crítics, però, en un article publicat el 1996, el també escriptor Josep Francesc Delgado fa una síntesi de les principals característiques de la seva obra:

«Riqueza y plasticidad musical del estilo, conocimiento profundo y detallado del medio natural, integración de cuentos populares y leyendas... Miquel Rayó es un escritor de una única narrativa en bloque que aborda directamente algunos de los

66. Rayó, M. *Eh, vellmarí*. Barcelona: Cruïlla, 1990 (El vaixell de vapor, 36) p. 14.
67. Rayó, M. *El raïm del sol i de la lluna*. Barcelona: La Galera, 1983 (Els grumets de la Galera) pp. 57-58.

problemas modernos que más nos afectan, y continua a la par tradiciones literarias que han acabado siendo inmortales. Su viaje a través de la literatura no resulta una simple recreación de mitos. Navegando por el agua salada de la vida, el novelista ha resultado ser como los barcos que, después de pescar en lejanos océanos, acaban por volver con las bodegas repletas de cosas nuevas y exóticas al lado de los objetos de siempre. Es la combinación de lo uno y lo otro lo que conforma un paisaje nuevo que, a través de la letra impresa, se pone al alcance de otras geografías, de otros horizontes.»[68]

En resum, podem dir que la ja extensa i variada obra de Miquel Rayó ens permet descriure'l com un home encuriosit pel que succeeix al seu voltant i dir que, com a novel·lista, reflecteix les seves múltiples facetes: pedagog, naturalista, lector incansable, cinèfil i, sobretot, apassionat de la comunicació com a eina d'enteniment i progrés, de plaer i de coneixença entre la humanitat.


3. PROPOSTES DE LECTURA

*N'ANNA I EL VERN*

EDAT DE LECTURA

La contraportada del llibre ens indica que és un llibre recomanat a partir dels nou anys. Per la brevetat de la història, el complement dels dibuixos i la presència d'animals humanitzat, l'obra pot ser fruïda sense problemes a partir d'aquesta edat per a qualsevol lector. Però per la intensitat dels sentiments que expressa, el rerefons real de la història, la problemàtica de la malaltia que tracta i la sensibilitat de l'autor a l'hora d'utilitzar el llenguatge i descriure les emocions de la protagonista, és un d'aquells llibres sense fronteres que —com *El petit príncep* de Saint-Exupery o *La minyonia d'un infant orat* de Llorenç Riber— són capaços de commoure el lector, sigui quina sigui la seva edat i la seva formació.

68. »M. Rayó: imaginación y compromiso» a *CLIJ*, 81 (març 1996) pp. 24-29.

N'Anna és una nena *especial*, perquè dins el seu capet hi ha un tel de confusió que li fa difícil la relació amb els altres, viu dins el seu món i només es comunica amb facilitat amb els animals i les plantes. Ni els metges, ni els psicòlegs ni la vella Maria —la remeiera— saben com curar-la. El seu millor amic és n'Álvaro, el garriguer que li mostra tots els secrets del bosc i dels seus habitants: la mostela, el teixó, el vell llop i, sobretot, l'enigmàtic vern, l'arbre estimat que li recorda la seva Galícia natal. Però n'Álvaro té un enemic: n'Eusebi, el caçador furtiu, que se'n riu de la seva estimació cap a l'arbre i amenaça —encara que només sigui per fer el fatxenda— de tallar-lo. Un divendres a la tarda, quan n'Anna torna d'escola amb el seu pare, aprofita una aturada per baixar de la furgoneta i endinsar-se en el bosc. Amb l'ajut d'alguns animals anirà cap al cor de la boscúria on habita el vell arbre per tal de defensar-lo —amb les seves petites forces— de qualsevol mal... Els adults iniciaran la llarga recerca de la nena, i només un dibuix oblidat a la butxaca del pare els servirà d'orientació, però en retrobar-la hauran de fer el cor fort.

ESTRUCTURA

Ens trobam davant una obra breu, dividida en cinc capítols, però que no segueix un desenvolupament lineal en l'exposició de la història. El primer capítol («N'Anna») ens presenta la protagonista ja en el moment clau de l'acció (l'horabaixa que la nena es perd) i recula després per explicar la malaltia de n'Anna, els intents per trobar-li remei i com és la seva vida quotidiana. El segon capítol («N'Àlvaro»), ens presenta el garriguer gallec —la seva *morriña*— i la relació d'amistat que manté amb l'Anna. Aquí entra en escena el vell vern, l'arbre mític, estimat pel garriguer. En el tercer capítol arriben les amenaces de n'Eusebi, el furtiu que s'enfronta a n'Alvaro.

El quart capítol, titulat «El bosc» ens retorna al moment inicial de l'acció, per explicar-nos la incursió de n'Anna fins al cor del bosc, amb la companyia dels animals que l'habiten i també ens explica com s'escampa la notícia de la desaparició. Finalment, en el cinquè assistim a l'encontre de n'Anna i el vern, entenem els motius que l'han duta fins allà, veiem la preocupació que la desaparició de la nena ocasiona a la seva família i a tot el poble i assistim al desenllaç de la història.

No podem parlar d'una estructura complexa, tot i que la manca de linealitat temporal aporta una certa complicació, sinó d'una exposició on la informació està ben dosificada i ens porta al final on tot els caps lliguen i cada peça encaixa en el seu lloc fins a tancar l'obra de manera colpidora i simbòlica.

### TEMA

El tema del llibre és la relació d'amistat que s'estableix entre un personatge estretament vinculat al bosc, el garriguer Álvaro, i una nina, n'Anna, amb dificultats de comunicació a causa de la malaltia anomenada autisme. A partir d'aquest tema central surten altres línies temàtiques, com la relació amb la natura a través de la conservació (n'Àlvaro), la depredació (n'Eusebi, el furtiu) o la màgia (la remeiera Maria), l'angoixa que produeix la vivència d'una malaltia encara poc coneguda i sense tractament i també la inserció en la societat dels infants afectats per malalties mentals.

### PERSONATGES

La nòmina de personatges que apareixen és reduïda, però molt variada. Podem distingir entre els personatges humans, els animals i els vegetals. Entre els primers n'Anna, de la qual l'autor ens descriu el món interior amb una extraordinària sensibilitat, els seus pares (preocupats i entristits per la malaltia de la filla), els que intenten curar-la (el metge, la psicòloga, la vella remeiera) i se senten impotents, i els dos que representen la relació amb la naturalesa, un des del punt de vista positiu (Álvaro, el garriguer enamorat del bosc, homenatge de l'autor a l'escriptor Álvaro Cunqueiro) i l'altre negatiu (n'Eusebi, el furtiu de caràcter depredador). També podem citar els altres infants del poble, sovint perplexos però sempre comprensius amb les estranyes reaccions de la protagonista.

Els personatges animals apareixen breument, però tenen la seva importància: els cavalls salvatges i alterosos, la inquieta i valenta mostela, el curiós i poruc teixó i —sobretot— el vell llop que ja no fa por a ningú, el qual aporta al relat una bona dosi d'humor i de tendresa.

Entre els vegetals destaca el vern esquiu, que és commogut per la tendresa i decisió de n'Anna, que el vol salvar de qualsevol perill:

> «El vern, d'habitud esquerp, se sentia agombolat per primer pic en molt de temps. I hom hauria dit que les branques s'afebliren per una estona i es gronxaven sota el ruixat com si fossin d'herba tendra i no de fusta vella.
>
> Les gotes de pluja, quan regalimaven per les fulles del vern i pels seus brancons caducs, semblaven petits, molt petits rierols de llàgrimes. Qualcuna queia, com una carícia, sobre el capet confús de n'Anna...»

Així, el vern és un personatge més simbòlic que no actiu. Arbre mític, representa la naturalesa tota. La relació positiva amb el vern, la de n'Álvaro i a través d'ell la de n'Anna, significa la vida en harmonia amb la mare terra, expressades en un i altre personatge a través de l'admiració, el respecte i la tendresa vers el vell arbre.

SUGGERIMENTS DE TREBALL

1. Com ja hem explicat, n'Álvaro i n'Eusebi representen dues maneres oposades de relacionar-se amb la naturalesa. Aquesta dualitat es manifesta en l'enfrontament constant dels dos personatges al llarg del relat que, tanmateix, s'oblida al final de l'obra, quan s'uneixen en un mateix objectiu. Seria interessant treballar amb els alumnes el perfil psicològic d'ambdós i la manera com l'autor els presenta i ens explica la seva relació amb l'entorn.

2. N'Anna, tot i ser la protagonista de l'obra, és un personatge enigmàtic. A causa de la malaltia, les seves reaccions són imprevisibles. No obstant això, Miquel Rayó ens va mostrant el seu petit món amb una gran sensibilitat. Podem cer-

car informació en relació a l'autisme i elaborar un petit dossier sobre aquesta malaltia. Després, veurem si les característiques del comportament d'aquests malalts coincideixen amb les de l'Anna.

3. El llop de n'*Anna i el vern* és un personatge caricaturat, un punt grotesc. Ha tornat vell i ja no fa por, però ell no ho vol acceptar i els altres animals li segueixen el joc:

> «Al llop li agradà molt rebre aquell reconeixement. Feia tant de temps que no en rebia cap... Va fer, però, un grunyit de refús, perquè un llop ferotge no podia consentir-se cap moment de feblesa: —Arf! Compte, nina, no t'acostis, que sóc una fera, jo!»

A través de les faules i altres obres, s'han creat una sèrie de tòpics literaris que identifiquen certs animals amb determinades virtuts, qualitats o defectes (la laboriositat de les abelles, la reialesa del lleó, l'altivesa del paó, etc.). Podem elaborar una relació d'animals i indicar la característica que tradicionalment els és assignada. També podem completar el treball amb una col·lecció de citacions (fragments en prosa o poemes) on s'expliciti clarament aquesta vinculació.

4. N'Álvaro, a més d'un bon garriguer i un personatge simpàtic, és un bon narrador d'històries. Una de les seves predilectes és la del marí Simbad. Originàriament, les aventures de Simbad pertanyen al recull d'històries que conformen *Les mil i una nits*, encara que sovint se n'han fet adaptacions i edicions fora del marc general de l'obra. Un bon exercici pot ser acudir a les fonts i llegir (o explicar a classe) les aventures d'aquest personatge, que és avui un clàssic de la literatura universal.

CONTRABAN

EDAT DE LECTURA

Es tracta d'un llibre publicat a la col·lecció «Gran Angular» de Cruïlla, una col·lecció —pel seu contingut i presentació— clarament pensada per a adolescents. En el relat hi trobam ingredients molt diversos: les relacions d'amistat i enamorament entre un petit grup d'adolescents, la memòria encara sagnant dels fets ocorreguts durant la Guerra Civil en un poble de Mallorca, la problemàtica del contraban i el caciquisme, etc. És, per tant, una novel·la amb una certa complexitat temàtica, i una estructura un poc cinematogràfica en l'exposició dels fets; per tot això, l'edat recomanada de lectura seria entre 13 i 17 anys, aproximadament.

ARGUMENT

La novel·la se situa a Mallorca, en un poble costaner, durant la primera dècada de la postguerra. La protagonitzen quatre amics: en Toni (un al·lot espavilat i àgil, però no gaire bon estudiant), en Joan (grassonet, remugador i una mica poruc, encara que lleial als seus amics), na Catalina (la filla del metge, plena d'energia i il·lusió) i na Isabel (independent i agosarada, òrfena, que viu amb la seva padrina a un casalot mig abandonat). Entre els adults cal destacar don Damià (el cacic dedicat al negoci del contraban de tabac), el metge vidu, l'honrat sergent de la Guàrdia Civil, mossèn Tomeu (el capellà bonhomiós) i na Bel, la padrina d'Isabel, plena de ressentiment per la mort de la seva filla durant la guerra.

La trama s'inicia quan, amb pocs dies de diferència, apareixen dos homes del poble morts de forma violenta; tant un com l'altre es dedicaven a descarregar tabac de contraban per a la «companyia» de don Damià. Els quatre amics, gairebé sense voler, es troben vinculats a l'esclariment d'aquests assassinats. S'hauran d'enfrontar al control dels pares, al recel del sergent i a les amenaces del cacic i el seu xofer, hauran de posar en funcionament tota la seva capacitat de raonament, la solidaritat i el valor. Finalment, però, aconseguiran desbaratar un important desembarcament de tabac i que l'assassí sigui lliurat a la justícia.

Paral·lelament, aquest estiu i totes les vivències que el conformen els faran madurar com a persones, aprofundir en les relacions amb els adults i entre ells mateixos i entendre moltes coses que fins aleshores eren fosques o incomprensibles.

201

TEMA

Podem parlar de dues línies temàtiques que es desenvolupen de manera paral·lela al llarg de l'obra. D'una banda hi ha el tema social, que ens parla del caciquisme, el contraban i la Guerra Civil, i de l'altra el tema del pas de la infantesa a l'adolescència, que ens parla de les relacions d'amistat i de colla, de les relacions amb els adults (pares, padrins, mestres) i, sobretot, del desvetllament dels primers sentiments amorosos.

PERSONATGES

Es tracta d'una novel·la coral, on el protagonisme està molt repartit entre diversos personatges i fragmentat en una estructura gairebé cinematogràfica. A grans trets, però, podem establir dos grans grups: els joves i els adults.

En el grup dels joves hi ha quatre protagonistes i alguns personatges secundaris. Cada un d'ells presenta unes característiques de personalitat determinades que contribueixen al desenvolupament del relat. Les dues al·lotes, na Catalina i na Isabel, comparteixen el fet de ser òrfenes de mare —les seves mares respectives eren amigues i d'ideologia progressista— i viure amb les padrines. Són, però, diferents. Na Catalina és més reflexiva i na Isabel més decidida, impulsiva, impetuosa i «dura», un model «poc femení» per als cànons de l'època. Els dos al·lots, en Toni i en Joan, són també diferents. En Toni és lliure i autònom, pacient i observador. En Joan és un punt covard, més acomodatici i passiu, encara que en els moments clau demostra la seva capacitat de reacció.

Entre els adults hi ha els personatges positius, bàsicament les «forces vives» de la vila: el metge, el mossèn i el sergent; tots tres són comprensius, de tarannà bonhomiós i bons coneixedors de les característiques socials i econòmiques del poble on habiten. Hi ha, també, els dos personatges negatius o antagonistes: don Damià, el cacic, i el seu xofer, que actua gairebé com un ca carnisser al servei del seu amo, moguts per interessos econòmics i de poder, capaços de qualsevol cosa per mantenir la seva hegemonia al poble, bastida sobre la por i la necessitat econòmica dels més dèbils.

Un altre personatge important és na Bel, la dona ja gran que, plena de rancor i desig de venjança, actua com a memòria acusadora de les atrocitats comeses pel cacic i els seus sequaços durant els anys de la guerra. Una petita galeria de personatges secundaris, com el botiguer cobdiciós o en Feliciano, el guàrdia civil foraster, posen el contrapunt costumista —i un punt còmic— a la narració.

## Suggeriments de treball

1. La comprensió del context històric de la novel·la es pot veure molt potenciat si hi ha un treball específic per part del professorat abans, durant i després de la lectura. Els diversos temes tractats al voltant de la situació política i social de la Mallorca de postguerra permeten configurar diverses línies de treball: les característiques del caciquisme, la Falange i el seu paper durant la guerra, els assassinats en el període de la Guerra Civil, els suborns i la complicitat de les autoritats, la problemàtica del contraban, les dificultats econòmiques pròpies de l'època, etc.

2. Els quatre amics que conformen la colla protagonista —na Isabel, na Catalina, en Toni i en Joan— són descrits al llarg de la novel·la, tant pel que fa al seu aspecte físic com a les característiques psicològiques. Podem demanar als alumnes que —amb la informació obtinguda al llarg de tota la novel·la— en facin un retrat complet, que expliciti l'aparença i la manera de ser de cada un.

3. A molts de pobles de Mallorca hi ha gent que ha viscut de prop tot el tema del contraban de tabac. Un treball ben engrescador i il·lustratiu seria localitzar algunes d'aquestes persones i entrevistar-les, per tal que ens expliquessin com era aquesta activitat i quina incidència tenia en la vida del poble.

4. Al final del llibre, na Isabel se'n va a estudiar a Ciutat. En Bernat té moltes ganes que ella li escrigui. Podem elaborar a classe diverses cartes, tot imaginant com és la nova vida dels personatges durant el curs (les noves descobertes, el record de l'aventura viscuda a l'estiu, etc.) Per exemple, na Isabel escriu a en Bernat o a la seva àvia, en Joan escriu a sa mare o a mossèn Tomeu, na Catalina escriu a en Toni i a son pare, etc.

EDAT DE LECTURA

És un llibre d'aventura i de creixement, molt semblant en la seva estructura i el seu context a una rondalla meravellosa. Escrit en un llenguatge planer, però no exempt d'una fina ironia, podríem dir que l'edat ideal de lectura seria entre els 10 i 12 anys, però sense cap dubte pot agradar a lectors més petits i també als més grans. L'obra, encara que és independent i té sentit complet per ella mateixa, pertany a la trilogia formada per *El raïm del sol i de la lluna*, *El secret de la fulla d'alzina* i *La bella ventura*, tres títols iniciàtics i vinculats al rondallari. Com ens indica l'autor a l'epíleg que tanca la trilogia:

> «Com una serp que es mossega la coa, *La bella ventura*, clou un cicle de contes que, tanmateix, deixa el lector a les portes d'una nova aventura prodigiosa: la recerca engrescadora de la pròpia identitat i de les quimeres pròpies. Cada un dels tres llibres i els tres alhora, són només allò que s'anunciava en la dedicatòria que encapçalava el primer: un aplec apassionat de mites vells i de naturalesa.»[69]

ARGUMENT

El malvat cavaller Blanc ha robat l'estel amb cua, que és el símbol de l'enteniment i la pau al reialme del rei Braçdur. N'Agraciat, un humil jovencell que treballa de mosso a les cuines del palau, serà l'elegit de la natura i dels estels per anar a la recerca del talismà perdut, tot seguint les indicacions i els consells del mag Merlot. Pel camí ajudarà els petits habitants del bosc, els homenets i les donetes de colzada, i —amb enginy i coratge— els alliberarà de la Fera Metzina. Amb la força de la fulla d'alzina aconseguirà trobar el cavaller i, en una dura batallà, vèncer el mal i tornar l'estabilitat i la pau al regne. Un regne que, algun dia, governarà.

69. Epíleg a *La bella ventura*, Barcelona: Ed. La Galera, 1986, p. 114.

El tema essencial de la novel·la és la lluita del bé contra el mal. Com a subtemes podem destacar el de la creixença i la maduració del protagonista a través de les peripècies que viu i els obstacles que ha de vèncer. N'Agraciat passa de ser un criadet de les cuines que ni tan sols té nom, a ser un jove heroi, admirat de tots i hereu de la corona, gràcies a la confiança dipositada en ell i a l'ajut del món màgic que ha obtingut mitjançant el valor i l'enginy («Ell ja no era cap al·lot poruc ni primatxol sinó un cavaller ben ardit i esforçat, capaç de qualsevol proesa. Vivia certament una altra vida.» pàg. 70).

Un altre tema a destacar, tot i que hi apareix de forma implícita, és el de l'ecologia. L'autor opta per presentar relacions positives amb el medi natural, les quals sempre reverteixen en favor de qui les estableix. És el cas del respecte de n'Agraciat vers el Cérvol Roig, la Dama Alzina i el bosc en general, representat per la gent de colzada.

## ESTRUCTURA

Podem aplicar l'estructura que proposa V. Propp com a pròpia de la rondalla meravellosa i veurem com resulta totalment adequada.[70] Podem veure clarament que l'estructura del relat és l'habitual d'una rondalla meravellosa. En aquest cas, trobam una duplicació de la partida i una triplicació de les proves que passa l'heroi abans d'enfrontar-se directament amb l'enemic. La primera partida suposa l'elecció de l'heroi i la donació de l'atribut màgic; la segona és una mena de revalidació de l'encert de l'elecció. Abans del combat definitiu l'autor ens mostra com el jovencell insegur, triat pels estels, ha esdevingut un heroi enginyós i valent capaç de qualsevol proesa. Després d'aquesta demostració té lloc el combat i la victòria, seguits de la proclamació com el futur monarca i el reconeixement unànime de tots.

70. Trobareu l'anàlisi d'aquesta estructura totalment desenvolupada a l'article titulat «La renovació de la rondalla: l' aportació de Miquel Rayó», que podeu trobar en aquest mateix llibre.

PERSONATGES

Els personatges que conformen la novel·la són molt variats i atractius. N'Agraciat és l'heroi entorn del qual es desenvolupa l'acció de la resta de personatges. Està predestinat a acomplir la missió que dóna sentit al relat. L'entrada de l'heroi a l'aventura és, com a les rondalles, el resultat d'una agressió que desencadena una recerca. Però abans és necessari passar algunes proves per obtenir l'objecte màgic que possibilitarà l'èxit. La porta cap al meravellós s'obre amb una prova que només és possible superar amb l'actitud positiva de l'heroi.

L'agressor —el cavaller Blanc— té un paper important, en el sentit que és el detonant de l'acció. Només apareix en els moments clau del relat (l'inici, el combat i el càstig). Es tracta d'un personatge pla, que no evoluciona, ja que el seu paper és simbolitzar el mal. Resulta inquietant i imprevisible.

Hi ha també la figura del donant. Tal com mana la tradició es tracta d'una figura femenina vinculada a la naturalesa i al món màgic: la vella Dama Alzina, descrita amb una bona dosi d'humor per part de l'autor. El Cérvol Roig el podem considerar un auxiliar màgic, en forma d'animal agraït. I també són auxiliars màgics els homenets i les donetes de colzada, representants de l'esperit del bosc.

Finalment, cal citar la figura del mandatari o comanador, representada per Merlot, l'astròleg. En realitat, Merlot —notem les ressonàncies artúriques del seu nom— actua com a intermediari o braç executor d'un altre comanador, que seria el destí escrit als estels i que només ell sap interpretar. És un eficaç executor de les prediccions astrològiques i —amb la seva actitud i els seu savis consells— anima el jove heroi. Merlot, que coneix els secrets de la natura i té serenitat i experiència adquirides al llarg dels anys, representa la figura perfecta del comanador, el personatge capaç de preveure les potencialitats que s'amaguen rere la figura de qui ha estat cridat a ser heroi.

PROPOSTES DE TREBALL

1. L'estructura d'aquesta novel·la, com hem vist, s'adiu plenament amb la pròpia de les rondalles meravelloses. Podem

facilitar als alumnes l'estructura de les funcions de Propp i que ells mateixos, en grup, l'apliquin a aquest relat. Si creiem que és una estructura excessivament complexa, podem usar la versió simplificada que proposa Gianni Rodari.[71]

2. També, seguint la proposta de Propp, podem agrupar els personatges de la novel·la segons les categories pròpies de la rondalla meravellosa: heroi, agressor, donant, auxiliar, mandatari o comanador, persona cercada i fals heroi.[72] Podem definir llurs característiques i el paper que juguen en relació als altres.

3. «Gent de colzada» és una de les denominacions que prenen els éssers diminuts a les nostres illes, però n'hi ha d'altres (dimonis boiets a Mallorca, barruguets a Eivissa, fameliars a Menorca, etc.). Un treball interessant i engrescador pot ser cercar les característiques d'aquests petits éssers a rondalles de les Balears i Pitiüses i comparar-les amb les d'altres petits éssers d'altres mitologies (per exemple, la cèltica o la nòrdica).

4. Miquel Rayó juga molt amb elements de literatura popular (gloses i cançons, embarbussaments, etc.). De fet, un dels jocs preferits dels homenets i les donetes de colzada són els jocs amb les paraules. Els podem imitar, tot construint endevinalles i embarbussaments sobre els personatges o els fets del llibre que més ens hagin agradat.[73]

71. Vegeu RODARI, G. *Gramàtica de la fantasia*. Barcelona: Ed. Aliorna, 1987 (pàgs.70-77).
72. Per a més informació sobre aquesta tipologia de personatges, podeu consultat PROPP, V. *Morfología del cuento*. Madrid: Ed. Fundamentos, 1987 (7ª edició).
73. Trobareu informació sobre l'elaboració d'embarbussaments i endevinalles en els dos llibres següents:
AAVV, *Llengua de pedaç (Onomatopeies i embarbussaments)*. Palma: Ed. Moll, 1991
AAVV, *Una cosa que no és cosa (Les endevinalles a l'escola)*. Palma: Ed. Moll, 1993.

### EDAT DE LECTURA

La contraportada del llibre indica «per a lectors a partir de deu anys». Probablement, l'edat ideal de lectura d'aquesta obra és entre els 10 i els 14 anys, tant les característiques dels protagonistes —dos al·lots amb els quals el jove lector s'identificarà fàcilment— com per la manera com es desenvolupa la trama i l'estil del text, planer i directe, amb un punt d'humor.

### ARGUMENT

N'Andreu, un al·lot grassonet i urbà, passa les vacances de Pasqua a una caseta del Salobrar de Campos, on el seu oncle treballa com a garriguer. Allà coneix en Jordi, el fill de la propietària de la finca, que l'introdueix en els secrets del bosc i els aiguamolls: observen els ocells, les plantes, corren per la platja, s'acosten als animals, descobreixen nius, col·laboren amb els ornitòlegs... Però també s'assabenten que aquesta natura verge i salvatge és en perill a causa de la voracitat dels urbanitzadors i la complicitat de les autoritats. Quan la mare d'en Jordi, ben a desgrat, ja és a punt de cedir a les pressions, els dos al·lots demanen ajut als ecologistes i junts aconsegueixen aturar el projecte.

### TEMA

El tema és ben clar: posar de manifest la necessitat de lluitar conjuntament per tal de preservar la naturalesa i especialment aquells espais que, per les seves característiques, constitueixen ecosistemes valuosíssims, hàbitats insubstituïbles d'animals i plantes.

Com a subtemes podríem esmentar l'amistat entre els dos protagonistes, una amistat recent però fonda i lleial; la corrupció de les autoritats i la seva poca consciència ecològica i, també, les pressions a què es veuen sotmesos els propietaris que no volen urbanitzar llurs finques.

PERSONATGES

La novel·la presenta un protagonisme compartit entre n'Andreu i en Jordi, dos al·lots d'aproximadament deu anys, molt diferents entre ells però, alhora, complementaris. N'Andreu és un al·lot de ciutat, bon jan, que es meravella de descobrir tots els tresors naturals que el Salobrar amaga. En canvi, en Jordi és un personatge perfectament integrat en el medi natural on viu. Lliure i silvestre, gairebé com un animalet del bosc, coneix pam a pam tot l'indret i no entén la vida sense una estreta vinculació amb la natura. Malgrat ser tan diferents, entre ells s'estableix una relació d'amistat i complicitat, a vegades una mica de mestre i deixeble, perquè a través d'en Jordi, n'Andreu —i els lectors— podem conèixer la riquesa i varietat de l'entorn.

Entre els personatges adults podem distingir entre els positius i els negatius, segons la relació que mantenen amb la natura. Els primers són els partidaris de conservar i protegir el medi natural: l'oncle garriguer, la mare d'en Jordi —propietària dels terrenys— i els ecologistes. En el segon grup hi ha el representant de l'empresa constructora i el batlle del municipi. Els personatges adults estan poc detallats i de cada un d'ells l'autor només en destaca un o dos trets essencials, indispensables per al desenvolupament de la novel·la: l'amor a la natura del garriguer, la fermesa de la propietària, l'avidesa del constructor, etc.

PROPOSTES DE TREBALL

1. Aquesta novel·la, situada en un indret verge de la costa mallorquina, pot ser un bon punt de partida per a treballar amb els alumnes nombrosos aspectes de ciències naturals: què és un salobrar, com són els ocells dels aiguamolls, d'on vénen i com viuen les «ales roges», quins animals hi ha a la garriga i quins costums tenen, etc.

2. És també un llibre excel·lent per encetar a l'aula el tema de la conservació de la natura i apropar-se a la tasca dels grups ecologistes que treballen en aquesta línia. Des de l'escola, ens podem posar en contacte amb alguns d'aquests grups i

demanar-los documentació, que vénguin a fer una xerrada explicativa a l'escola, que aportin suggeriments i propostes per tal que els alumnes puguin contribuir a aquesta tasca, etc.

3. Des de la vessant més literària, hi ha també diverses possibilitats de treball. Alguns capítols s'inicien amb una carta de n'Andreu als seus pares on els conta com li van les vacances al Salobrar. Podem imaginar el cas contrari: n'Andreu convida en Jordi a passar un quants dies a la ciutat i allà li fa de guia. Aleshores, en Jordi escriu a sa mare i li explica tot allò que li ha vengut de nou de la vida urbana. Cada alumne escriurà almenys una carta, que serà exposada o llegida a classe.

4. Al llarg del llibre trobam diverses descripcions d'ocells i mamífers que habiten aquesta zona humida. Per exemple, la matinada que n'Andreu descobreix els flamencs, l'autor ens els descriu així:

«Els flamencs eren desmanegats i gràcils alhora, amb aquelles cames llargues que semblaven a punt de trencar-se; amb el coll serpentí; amb el bec descomunal, com una sabata girada, amb el qual grataven el fons del fang consirosament i el removien per obtenir-ne el menjar...»

A partir de l'observació directa o de la informació obtinguda a través d'una guia de camp, podem demanar als alumnes que elegeixin un ocell i en facin primer una descripció de caràcter científic i després una altra de caire més literari, usant —com fa l'autor— l'adjectivació suggeridora, les comparacions il·lustratives, etc.

5. Miquel Rayó és un autor al qual li agrada el contacte directe amb els lectors. Una opció ben interessant és convidar-lo a l'escola per parlar dels seus llibres en general i del que els alumnes han treballat en particular, per organitzar un debat sobre el tema que planteja aquest llibre o sobre l'ofici d'escriptor, el plaer del lector, etc. Si això és complicat, sempre ens podem posar en contacte amb ell a través de la correspondència convencional o el correu electrònic i fer-li arribar les nostres opinions, propostes, suggeriments o treballs derivats de la lectura de la seva obra.

EDAT DE LECTURA

La contraportada del llibre ens indica «a partir de 10 anys». És cert que probablement alguns lectors ja a partir d'aquesta edat poden gaudir de la lectura d'*El cementiri del capità Nemo*. Tanmateix, per la seva densitat psicològica, el punt de vista del narrador i les referències a l'obra de Verne que inclou el text, potser seria una lectura més adequada per a joves a partir de dotze anys en endavant. És també un llibre molt interessant per a ser llegit per un adult, pel seu to evocador i la riquesa expressiva i de sentiment que conté.

ARGUMENT

En Miquel és un noi actiu i observador. Comparteix alguns estius del final de la seva infantesa amb el seu avi vidu, en una casa ran de mar, en un petit poble costaner. Al costat de l'avi, en Miquel aprèn a observar i estimar la natura: la descoberta dels fòssils incrustats a les roques, el miracle anual dels nius dels ocells, la pesca compartida, els llibres d'aventures plens de personatges enigmàtics i excitants, com el capità Nemo. L'últim d'aquests estius —que ara en Miquel conserva, com un tresor, en la memòria— serà el de la decadència física de l'avi i l'eclosió d'un sentiment nou, l'enamorament. Na Maria, la neboda de l'apotecari, compartirà amb ell els llargs dies d'estiu, la platja, algunes lectures i un amor tot just apuntat. Ja gran, en Miquel recorda aquesta època amb melangia i tendresa.

TEMA

El tema central és el final de la infantesa, la descoberta del món dels adults. Entorn d'aquest nucli destaquen dos subtemes que s'hi lliguen clarament: la relació avi-nét, sense les interferències dels pares, i la descoberta de l'atracció cap a l'altre sexe. En la relació amb l'avi, ultra la tendresa i el sentiment, cal destacar també la importància de les afeccions compartides. La passió de l'avi per les pedres i els fòssils fruitarà en el nét, que de gran serà geòleg, la vivència compartida de l'entorn natural marcarà una petja inesborrable en el caràcter i la memòria d'en Miquel. L'autor també remarca especialment el procés de decrepitud física de l'avi, que en Miquel descobreix pas a pas i que el colpeix profundament.

PERSONATGES

El personatge central és en Miquel, alhora protagonista i narrador del relat. Però l'avi —el padrí, ja que aquesta és la forma que s'usa a Mallorca i la que empra l'autor— té també una importància cabdal. Al recer de la seva figura es conforma la del nét, i la seva manera de viure —senzilla, natural i sàvia— ajudarà en Miquel a construir la seva pròpia personalitat. El nen és lleial, observador, impulsiu i inquiet; l'avi és tolerant, comprensiu i reflexiu, amb un punt d'ironia. Ambdós es complementen i s'enriqueixen mútuament: la innocència del nét i la saviesa de l'avi, foses en l'estimació compartida.

A la segona part del llibre apareix un altre personatge, el contrapunt. Es tracta de na Maria, una nena de la qual podem dir que en Miquel s'enamora, amb tota la innocència i simplicitat del primer amor. Na Maria significa la descoberta de l'atracció cap al pol femení, la seva presència trenca un poc la relació dual exposada a la primera part i possibilita el creixement d'en Miquel cap a altres direccions de la seva personalitat. Al final, na Maria només serà un bell record, fràgil i tendre, en la memòria d'aquells estius.

Hi ha, també, una petita galeria de personatges secundaris cada un dels quals aporta matisos a la relació entre en Miquel i el seu avi: els pares del noi, l'amo en Sion, el company de llargues hores de pesca, don Bernat, l'apotecari sorrut i bonhomiós, etc. I alguns personatges incidentals que apareixen en alguns capítols, com la parella de la Guàrdia Civil, el mercader d'aviram, etc.

PROPOSTES DE TREBALL

La relació que viu en Miquel amb el seu avi és molt intensa. Al llarg dels mesos d'estiu sembla que el contacte amb els pares es redueix a algunes cartes. Demanarem als alumnes que

212

es posin a la pell d'en Miquel, elegeixin alguna de les anècdotes del llibre —per exemple l'alliberament de l'aviram engabiat per ser venut a la plaça, la trobada del cos d'un home mort a la platja o el dia de pesca amb l'amo en Sion— i l'expliquin en una carta com si fos en Miquel que la conta als seus pares.

La natura és un element fonamental en aquesta novel·la: la mar i els peixos, les roques i els fòssils, els ocells i els seus costums... Però la natura sovint s'entrellaça amb la literatura, com en aquest fragment:

> «Un capaltard, quasi va tremolar-te la veu quan li digueres quasi a cau d'orella, perquè don Bernat no pogués sentir-te des de la botiga:
>
> —La mar és tan gran que no ens hi trobaríem, tu i jo.
>
> Ella va dir-te amb una rialla que s'hi troben les balenes, i els vellmarins, i els peixos, fins i tot els més petits i els més febles.
>
> —Segur que tots fan veus —va explicar— que els humans no podem sentir.
>
> —Potser els va sentir qualque pic el capità Nemo —respongueres.
>
> I li acaronares breument el braç per primer pic, quan afegires
>
> —Doncs, sí que deu ser un guirigall el fons de la mar... I imaginat: per damunt de tot, les cançons de les sirenes que encanten els mariners perduts!
>
> —Beneit!» (pp. 112-113)

Demanarem als alumnes que busquin informació sobre les sirenes i els seus cants, fins arribar a l'episodi de l'*Odissea* on Ulisses s'encadena al vaixell per tal de no deixar-se anar seduït per les sirenes. Paral·lelament, farem una recerca sobre com es comuniquen les balenes i altres mamífers marins. Veurem com entre ciència i literatura, entre imaginació i coneixement empíric, sempre hi ha lligams interessants que s'enriqueixen mútuament.

3. *Vint mil llegües de viatge submarí* (1870), la novel·la de Jules Verne que protagonitza el ja mític capità Nemo, és present a aquesta novel·la de Miquel Rayó ja des del títol. La lec-

tura del relat d'aventures fascina el jove Miquel i la personalitat enigmàtica de Nemo el porta a construir el seu propi i intransferible «cementiri» de records, tresors i vivències. Al voltant d'aquesta vinculació, podem proposar diverses activitats:

• Buscar a la biblioteca del centre els llibres de Jules Verne, suggerir la lectura d'alguns d'aquests llibres i, després, per grups o per parelles, fer-ne una petita exposició a classe.

• Per Internet, o per altres mitjans, fer una recerca sobre els personatges més coneguts de les novel·les de Verne —Capità Nemo, Miquel Strogoff, Phileas Fogg, etc.— Fer-ne la semblança per escrit i acompanyar-la d'il·lustracions publicades sobre aquests personatges. Amb aquest material muntar una petita exposició, que també pot incloure documentació geogràfica, cientificotècnica, cronologies, etc.

• Veure alguna pel·lícula inspirada en una novel·la de Verne.

4. Cada alumne elegirà una vivència seva vinculada a un estiu (una anècdota de vacances, un viatge, una festa, una amistat, un esport, etc.), en farà un petit guió que serveixi per explicar-la a classe en una exposició oral. Li demanarem, però, que algunes informacions quedin ocultes i només ens en doni algunes pistes. Al final, haurà de formular una o més preguntes que els companys hauran de respondre a partir de les «pistes» obtingudes i les respostes només de «sí» o «no» de l'alumne.

# EL CAMÍ DEL FAR

La contraportada del llibre ens recomana la lectura a partir d'onze anys. Crec que és una indicació prou encertada, perquè aquesta és —si fa no fa— l'edat que pot tenir el protagonista i aleshores el procés d'identificació lector — protagonista és molt senzill i directe. Tanmateix, com passa en altres obres d'aquest autor, *El camí del far* és un llibre que pot ser llegit amb plaer a moltes edats i —sens dubte— pot ser una lectura molt atractiva per als adults.

ARGUMENT

En la monòtona grisor de la postguerra, la tensa calma d'un petit poble de Mallorca es veu trasbalsada per l'arribada d'un grup de presoners republicans condemnats a treballs forçats. S'instal·laran en un campament improvisat, no gaire lluny de la vila, i hauran de construir —en un estiu— un camí nou que arribi fins al far. En Miquelet, fill d'un republicà mort durant la guerra, farà amistat amb un presoner, en José Muñoz, i a través d'aquesta coneixença descobrirà que els homes són fets de grandeses i de misèries, que la dignitat és una part fonamental de la vida, que entre els vençuts s'estableixen lligams invisibles i ferms de solidaritat i complicitat. L'intent de fuga de José Muñoz i un altre company —amb l'ajut d'en Miquelet i sa mare— ens mena cap al final del relat, amb l'afusellament dels dos presoners. Un final dur, trist i colpidor, però alhora esperançat.

TEMA

El tema general del llibre és la condició humana, vista amb els ulls innocents i escrutadors d'un noi que s'obre a la vida. La concreció d'aquest tema és el joc de relacions, sentiments i abusos de poder que deriva d'una situació social crítica, en la qual —després d'una guerra civil— vencedors i vençuts han de conviure. Com a subtemes podríem citar el menyspreu dels vencedors per la dignitat humana, les relacions d'amistat entre persones d'edat molt diferent, la militarització que irromp en la vida dels civils, la solidaritat més enllà de la ideologia, la compassió, etc.

PERSONATGES

El personatge central, el protagonista, és en Miquelet, un noi orfe de pare que intenta entendre la vida a partir del plantejament d'un munt d'interrogants. Les respostes a aquestes preguntes sovint li resulten poc clares, críptiques, perquè amaguen referències a un passat recent, dur i aspre —la guerra— que ha generat un present difícil i ple d'injustícia —la postguerra—.

Al costat d'en Miquelet, dues figures adultes. La mare, una dona amorosa i forta, però trasbalsada per la pèrdua del seu marit, i en José, un presoner republicà que —d'alguna manera— ocupa el lloc del pare mort, i que al final també serà assassinat.

A l'altra banda, els falangistes —els vencedors— prepotents, orgullosos i barroers, liderats per en Joan, el batlle, que assetja constantment la mare d'en Miquel, emparat en la seva condició d'autoritat del règim i intentant aprofitar la situació indefensa de la vídua.

Un altre personatge interessant és el mestre, Don Antoni, atrapat entre la necessitat de no tenir conflictes amb les autoritats feixistes i la voluntat de mantenir-se fidel a uns principis ètics essencials. Ell serà, al final, qui prendrà la iniciativa de recollir els cossos dels dos soldats afusellats, en un últim intent de salvaguardar la dignitat humana.

PROPOSTES DE TREBALL

És evident que a partir d'aquest llibre es poden desenvolupar un gran nombre de continguts vinculats a la Guerra Civil espanyola: cronologia, bàndols en conflicte, víctimes, indrets on es desenvolupà, règim polític i social de la postguerra, etc. Cal tenir en compte, però, l'edat i els interessos dels lectors amb els quals treballarem, i potser per això posarem més èmfasi a destacar els valors humans dels protagonistes i la dimensió literària del relat.

1. En aquest fragment, l'autor ens explica com eren els jocs dels infants a l'entorn rural. Jocs senzills que es nodrien d'allò que el medi proporcionava, sense joguines comprades ni aparells tècnics:

> «Els infants del poble passàvem molt de temps en la garriga. Hi cercàvem perdigons, conills, o esclata-sangs, si era l'hivern, nius de cadernera i de mèrlera, espàrecs i pinyes...
>
> Ens fèiem espases amb els albons secs, i arcs amb brancons d'ullastre. Ens fèiem corones de flors, i collarets i arracades amb agulles de pi trenades.
>
> Jugàvem a conillons, a lladres i serenos. Si qualcú es feia cosir unes plomes d'una gallina en una veta i se l'anusava al front, tot d'una esdevenia un gran cap de tribu.
>
> —Hau! Ens saludàvem seriosos amb la mà alçada.
>
> De vegades, la reïna dels pins ens queia a gotes sobre els cabells.
>
> —Però, on diantre vos heu ficat? —ens renyaven les mares escapçant-nos-els, cansades de fregar-nos el cap amb sabó.
>
> D'altres vegades, quan l'eixut de l'estiu era més sever, hi paràvem una beguda per caçar-hi aucells amb filats.
>
> Ens amagàvem per hores sota una cabana de branques, a l'aguait. Esperàvem que els aucells acudissin a la beguda per a fer un glop.
>
> —Ara vénen!— murmuràvem quan sentíem l'aleteig dels aucells.
>
> Els caçàvem vius, i els teníem dins una gàbia fins que els veníem a qualque veïnada»
>
> (pp. 27-28)

A partir d'aquesta lectura podem demanar als alumnes que, per parelles, facin una recerca sobre quins eren els jocs d'infantesa dels seus pares i padrins o avis. Primer elaboraran un qüestionari de recerca, després faran les entrevistes —que poden enregistrar o bé prendre notes— i després exposaran el fruit d'aquesta recerca en una exposició oral a classe. Els demanarem que, si és possible, aportin algun tipus de documentació complementària: fotografies, cançons, alguna joguina artesana, etc. També, que es fixin en les diferències entre els jocs considerats «de nens» i els de «nenes» i en com ha canviat la manera de jugar d'aleshores ençà.

2. Amb alumnes més grans, el treball de recerca es podria fer de la mateixa manera, però substituint el tema del joc pel tema dels records de la guerra i la postguerra. És a dir, entrevistar àvies i avis sobre com recorden aquella època: la repressió, la fam, l'exili, les formes d'oci permeses i les prohibides, el tema de la llengua, etc.

3. La Guerra Civil és un tema que ha estat molt tractat en el cinema espanyol. Hi ha algunes pel·lícules que poden ser especialment aptes per relacionar-les amb aquest llibre. Per exemple «El viaje de Carol», que tracta de com una nena filla de pare nord-americà enrolat en les Brigades Internacionals i de mare espanyola viu un estiu —en temps de guerra— amb el seu avi i es fa amiga d'un nen del poble amb el pare assassinat pels nacionals, tot descobrint una amarga realitat. O «La lengua de las mariposas», sobre la relació entre un nen i el seu mestre —naturalista i republicà— represaliat pels falangistes. També pot ser interessant «El bosque animado», sobre vençuts de la guerra refugiats en un bosc de Galícia.

4. En el llibre trobem una bella referència a *El Quijote*:

«—D'on ets, José? —preguntà la meva mare a José Muñoz.
Ell es dreçà i va fer un somriure lluminós com mai no li vaig tornar a veure en la cara.
—Sóc d'una terra on hi ha grans pastures per als ramats d'ovelles. Hi havia un cavaller molt famós que hi marxava a cavall, per la meva terra, potser l'has sentit nomenar...
—A veure? —A la meva mare li lluïen els ulls, aleshores, com pintats.
—Don Quijote, es deia. Era valent i noble. M'hauria agradat d'ésser com ell.
— Beneit! —la meva mare el renyava afablement—. Si no existeix, Don Quijote... És d'un llibre, això. Era un foll, aquest.
—¿Un loco? —protestava José Muñoz, fent-se l'enfadat—. I

ara què dius? No n'hi ha hagut altre com ell, de tan generós. Si ara venia i ens veia així, maltractats, s'afuaria als soldats i ens alliberaria; perquè ell protegia la dignitat dels homes.» (pp 75-76)

Realment, José Muñoz no diu clarament d'on és, però tots els lectors ho hauran entès. Podríem fer un entretingut exercici de situar sobre un mapa o un globus terraqüi petites banderetes amb el nom i l'origen d'alguns personatges famosos de la literatura universal. Aquest exercici ens ajudarà a repassar algunes nocions bàsiques de literatura i geografia. Per exemple:

Don Quijote —————— La Manxa
Ulisses —————— Grècia
Tirant lo Blanc —————— València
Robinson Crusoe ——— Anglaterra
Faust ———————————— Alemanya
Romeu i Julieta — Itàlia

Podem proposar de fer-lo en petits grups, el professor farà la llista de personatges, els repartirà a cada grup —escrit cada un en una tarja— i el grup haurà de fer la bandereta i situar-lo al lloc corresponent.

5. A partir d'aquest mateix fragment podríem fer un altre exercici. José Muñoz s'identifica amb l'esperit altruista del Quixot i diu que li hauria agradat ser com ell. Demanarem als alumnes que elegeixin un personatge literari o cinematogràfic amb el qual s'identifiquin i argumentin oralment, davant els companys, aquesta elecció.

*BALENA*

Edat de lectura
El llibre és publicat a la col·lecció «Ales de paper», en la sèrie blava, que es recomana per a lectors a partir de set anys. Creiem que és un llibre prou adequat per a lectors entre 7 i 9 o 10 anys, depenent del grau de maduresa lectora de cada un.

## ARGUMENT

Una balena es fa amiga de la família que té cura d'un far: el farer Jonàs, la seva dona Maria del Mar i el seu petit fill, que també es diu Jonàs. La balena i el farer tenen llargues converses, el petit Jonàs sempre fa un munt de preguntes. Un dia la balena es posa trista en saber que se n'han d'anar a viure lluny del far, en un lloc on Jonàs pugui anar a escola. S'acomiaden, i a la balena li queda els record dels seus amics, simbolitzat en la llum del far que s'encén cada vespre (ara amb un mecanisme automàtic).

## TEMA

La simpatia i l'amistat que s'estableix entre els éssers. Subsidiàriament, la vida de les balenes i el funcionament i la utilitat dels fars.

## PERSONATGES

La Balena, que usa el genèric com a nom propi, ens narra la història en primera persona. És una balena tranquil·la però juganera, una mica vella i un xic aclaparada per la bateria de preguntes que li fa el petit Jonàs sempre que la veu.

El farer Jonàs és un home pacífic, fumador de pipa, que estima la seva feina i li agrada conversar amb la Balena, tot i que sempre hi posa una mica d'ironia.

Na Maria del Mar és la dona, li agrada cantar i compartir el seu cant amb la Balena. És assenyada i afectuosa i serà l'encarregada de fer entendre a la balena el perquè del comiat.

## SUGGERIMENTS DIDÀCTICS

1. La balena conta en primera persona la petita història. Podem demanar als alumnes si tenen alguna mascota —un gos, un gat, un hàmster, etc.—. Agruparem els alumnes en petits grups, de manera que a cada grup hi hagi almenys un alumne que tingui un animal a casa. Els proposarem que intentin posar-se en la pell del seu animalet i escriguin un petit relat en primera persona, en el qual la seva mascota expliqui una anècdota familiar. Si pot ser, acompanyarem els textos

amb alguna foto de l'animal i una fitxa amb el seu nom, característiques, costums, origen, etc. Les narracions seran llegides a classe en veu alta i després penjades en el tauló de treballs, per fer una petita exposició.

2. En el llibre, tot i ser molt breu, trobem dues referències literàries interessants. D'una banda, el nom que Miquel Rayó ha elegit per als dos personatges masculins, pare i fill. Ambdós es diuen Jonàs, ben segur que en al·lusió al personatge bíblic d'aquest nom que —segons ens conta la història sagrada— va ser engolit per una balena i va aconseguir sobreviure. Segons l'edat dels alumnes, els contarem la història bíblica o els demanarem que ells mateixos facin la recerca necessària per descobrir la història del Jonàs de la Bíblia i l'expliquin a classe o bé als companys més petits d'una altra classe. En un cas i l'altre els podem demanar que la il·lustrin com si fos un còmic o una auca.

3. A partir d'aquest fragment, demanarem als alumnes que busquin a quin llibre fa referència i els demanarem altres informacions complementàries com l'autor, l'època, un resum de l'argument, etc. depenent de les seves capacitats:

«Diuen que una àvia meva tenia la pell blanca i va fer-se, per això mateix, molt famosa.
Em sembla que això és un conte, però.»

4. Hi ha molts llibres sobre balenes. Recomanaria, per exemple, la lectura a classe del bell àlbum il·lustrat que es titula *El canto de las ballenas* (de Dyan Sheldon i Gary Blythe, ed. Kókinos). Aprofitant el tema de les balenes, també podríem explicar a classe la rondalla meravellosa titulada «La mare baleneta», on aquest mamífer actua com a animal auxiliar de l'heroïna (la podreu trobar en el tom VIII de les *Rondaies Mallorquines*, publicada per l'ed. Moll).

5. Aquest llibre forma part d'una col·lecció que complementa la història literària amb un apartat documental molt complet sobre les característiques biològiques de l'animal o animals que apareixen en el relat. En aquest cas, l'apartat es

titula «Vull saber més... de les balenes» i —amb text clar i il·lustracions de caràcter realista— aporta informació sobre les característiques i els costums d'aquests animals. Finalment, un senzill glossari explica aquelles paraules que —pel seu caràcter específic o dialectal— poden tenir alguna dificultat per al jove lector. No cal dir que a partir de les informacions aportades podem desenvolupar treballs diversos a l'escola: estudi d'altres mamífers marins, els sistemes de comunicació que usen, l'aprofitament tradicional de la seva pesca, el fet que avui en dia siguin animals protegits, etc.

## ON SÓN LLIURES ELS ESTELS

### EDAT DE LECTURA

En la contraportada del llibre trobem una indicació d'edat «A partir de 12 anys» i una indicació de gènere «Realisme crític». A partir de 12 anys seria l'edat mínima en què aquest llibre podria ser llegit, però el considero un relat que pot agradar a lectors més madurs i especialment colpidor per als adults que han viscut sota una dictadura. Pel que fa a la qualificació del relat com a «realisme crític», no hi estic gaire d'acord. Si bé és veritat que tracta un tema dur i difícil, com és el de la repressió que les dictadures exerceixen sobre la població civil, el to intimista i evocador del text l'allunyen de les obres típiques del realisme crític, que solen ser més dures i directes, mancades d'alè poètic.

### TEMA

L'enyorança dels éssers estimats i la llibertat, l'horror de la guerra. En aquest cas, la desesperació d'un home que ha perdut la seva dona i la seva filla per la repressió d'una dictadura. Hi ha altres temes secundaris importants, com els sentiments, el valor i la tendresa dels considerats folls o discapacitats psíquics, la solidaritat entre veïns, l'amor, la lluita per la supervivència en les condicions més adverses, etc.

En una ciutat d'Orient, devastada per la guerra i els estralls d'una dictadura inclement, un home que té l'ofici d'escrivent de cartes escriu una dotzena de cartes a la seva estimada filla Naïma. En aquestes cartes li explica com segueix la seva vida, la de n'Ehmer —a qui tothom pren per foll  i la dels veïns del barri des que ella i la seva mare foren segrestades per un escamot de soldats i portades no se sap on, sota una acusació qualsevol. Al llarg de la lectura d'aquestes cartes —que sempre comencen amb un «Benvolguda filla»— podem conèixer com era la vida d'aquesta família humil i feliç abans que la dictadura els trenqués el present: els jocs, la tendresa, les petites festes, l'alegria de descobrir la natura, de fer volar un estel, de córrer pels carrers del barri en llibertat. L'escrivent no sap on són la filla i la dona, no pot enviar les cartes a cap adreça coneguda, només escriure per alliberar el seu cor del neguit, per esplaiar-se amb les paraules, per fornir una petita esperança.

PERSONATGES

El llibre és escrit en estil epistolar. Són dotze cartes que el pare escriu a la seva filla. A través de les cartes —i per tant a través d'aquest narrador— coneixem la resta de personatges.

El pare, l'escrivent de cartes, és un home sensible i senzill. Ple de tendresa cap a la seva família, comprensiu i bondadós amb n'Ehmer —el boig— i revoltat contra la injustícia d'un règim totalitari, inhumà i ferotge. Intenta sobreviure i exercir el seu ofici, ara próscrit, en un entorn totalment advers. Les seves cartes transpuen tendresa i enyor.

La mare és una dona jove i decidida, altruista. Capturada pels soldats, les seves paraules de comiat són «No temeu».

Naïma és una nena, no sabem ben bé de quina edat, però petita. A través de les paraules de son pare sabem de les seves penes i alegries, de com li agradaven les rondalles de sa mare, el teatret d'ombres, observar les falzies mentre feien el niu, fer volar estels, jugar amb n'Ehmer, vell d'anys però innocent com un infant.

N'Ehmer era un captaire que va ser recollit per la família.

Absort en les seves dèries, ajudava a la casa a canvi de sostre i menjar. Ple de tendresa, era el millor company de jocs per a Naïma. Ara, sol amb el pare, sobreviu ple de melangia i —des de la seva follia— desafia la ferotgia inhumana dels soldats del dictador.

Akerim és el nom del dictador al qual s'al·ludeix sovint. Ell ha privat el poble de la llibertat i el fa viure en un infern de submissió i pobresa.

Hi ha altres personatges secundaris, gent del barri de la qual coneixem alguns retalls de vida, podem destacar na Mariam, la bugadera, vella i sola, que s'assabentarà de com el seu fill ha mort en les terribles presons de la dictadura.

PROPOSTES DE TREBALL

1. Si el considerem un llibre adequat per als últims cursos de secundària, el tipus de treball que podem fer pot ser de caire documental i resultar molt enriquidor. L'autor no dóna indicacions geogràfiques ni temporals concretes. Per l'ambientació general de la vida al barri i la fotografia de la portada, i pel mateix ofici d'escrivent de cartes, no ens serà difícil situar l'acció en un lloc qualsevol d'Orient i en un temps pròxim a nosaltres. Potser l'Afganistan dels talibans? Tant se val. Qualsevol lloc on els drets humans siguin trepitjats per les botes d'una dictadura pot ser el país d'*On són lliures els estels*, i —dissortadament— en el nostre món hi ha molts de llocs on això succeeix. Podem buscar els llocs del món que actualment tenen règims dictatorials, o retallar notícies de premsa que parlin d'aquests temes i comentar-les a classe. Podem treballar sobre la Declaració Internacional dels Drets Humans i veure quins drets solen ser violats sota les dictadures. Podem informar-nos sobre ONGs que treballen en aquesta línia; especialment interessant és la tasca d'Amnistia Internacional. Demanarem als alumnes si coneixen algú d'aquesta associació. Per internet o altres mitjans ens assabentarem de qui són, on són, què fan, com hi podem col·laborar, etc.

2. També podem orientar el treball cap a una vessant més literària. Qui s'anima a escriure la carta número 13? Com po-

dríem continuar aquesta història, bella i trista? O qui pot escriure alguna carta de resposta per al pare, escrivent desolat, i aportar-li un bri d'esperança?

3. Ens podem fixar en la figura de n'Ehmer, un personatge molt ben aconseguit i en el qual l'autor ha vessat una bona dosi de tendresa. Hi ha un fragment del llibre que enllaça plenament el caràcter del personatge amb la passió que Miquel Rayó demostra en tots els seus llibres pels ocells, per les seves característiques i —especialment— per les migracions. Són les pàgines que expliquen com Ehmer és capaç d'encomanar la seva alegria per l'arribada de les falzies no només a la petita Naïma, sinó a tota la gent del barri:

«Ha estat n'Ehmer qui primer les ha vist, puntets negres i falaguers en el blau cel. Tot d'una ha sortit al carrer a córrer i a saltar com un foll, picant a totes les portes i llençant maquets a totes les finestres.

Ben aviat els veïns s'han revoltat, i més d'un ha vengut a casa a queixar-se. Sempre hi ha gent incapaç de comprendre l'alegria espontània dels innocents. D'altres, en canvi, han seguit tot d'una n'Ehmer pel carrer com si la seva crida fos quelcom d'esperat molt de temps, i han improvisat un rotlle de rialles i de ball, les mans agafades com baules d'una cadena. Feia temps que al carrer no hi havia hagut un esclat de goig semblant, després de tant de temps, ja, de tirania.» pp. 47-48

La lectura d'aquesta carta, que és la número 10, ens ha evocat el conegut poema de Miquel Martí i Pol titulat «Primavera»; el transcrivim per tal de suggerir un treball comparatiu dels dos textos:

### Primavera

Heus ací:
una oreneta,
la primera,
ha arribat al poble.

I l'home que treballa al camp,
i la noia que passa pel pont,

i el vell que seu en un marge, fora vila,
i fins aquells que en l'estretor de les fàbriques
tenen la sort de veure una mica de cel,
han sabut la notícia.

L'oreneta ha volat,
una mica indecisa,
ran mateix de l'aigua del riu
s'ha enfilat pont amunt,
ha travessat, xisclant, la plaça
i s'ha perdut pels carrers en silenci.

I la mestressa que torna de comprar
ho ha dit als vailets que van a l'escola,
i aquests a les dones que renten al safareig públic,
i elles ho han cridat
a l'home que empeny un carretó pel carrer,
i l'home ho ha repetit qui sap les vegades
i n'ha fet una cançó al ritme feixuc de la roda.

Heus ací el que diu:
—La primavera ha arribat al poble.

Veiem que Martí i Pol i Miquel Rayó expressen un mateix sentiment, la joia per la primavera —potser també per la llibertat?— que arriba simbolitzada per una oreneta, la primera, que veu la gent del poble després d'un llarg hivern. Demanarem als alumnes que llegeixin atentament ambdós textos en veu alta, en comentarem les analogies i divergències i potser en podem fer algun treball plàstic o musical (audició de «La primavera» de la composició «Les quatre estacions» de Vivaldi, per exemple), una exposició de fotografies fetes pels alumnes sobre petites coses que en el nostre entorn anuncien la primavera, etc.

## Novel·les i contes per a nois i noies

*El raïm del sol i de la lluna*. Barcelona: La Galera, 1982 (Els Grumets)

*Plagueta d'ales*. Barcelona: Publicacions de l'Abadia de Montserrat, 1984 (La Xarxa)

*El secret de la fulla d'alzina*. Barcelona: La Galera, 1985 (Els Grumets)

*La bella ventura*. Barcelona: La Galera, 1986 (Els Grumets)

*Les ales roges*. Barcelona: La Galera, 1988 (Els Grumets)

*Quan el vell Baltasar tornava a la vila*. Barcelona: Edebé, 1988 (Els Lleons)

*El corsari*. Barcelona: Cruïlla, 1988 (El vaixell de vapor)

*El vellet de la barba verda*. Barcelona: Teide, 1988 (Baldufa)

*Un ermità i un gegant*. Barcelona: Edicions B, 1989

*En Tupac i els fills del sol*. Barcelona: Editorial Bruño, 1990

*Eh, vellmarí!*. Barcelona: Cruïlla, 1991 (El vaixell de vapor)

*L'última por*. Barcelona: Cruïlla, 1992 (El vaixell de vapor)

*N'Anna i el vern*. Barcelona: Edebé, 1998

*El camí del far*. Barcelona: Edebé, 2000

*Simbad, el niño*. Madrid: Anaya 2000

*El cementiri del Capità Nemo*. Barcelona:Baula 2004

*Balena*. Barcelona: Lynx Edicions, 2005

*Iosa i les grues*. Barcelona: Grup Promotor, 2006

## Novel·les per a joves

*Contraban*. Barcelona: Cruïlla, 1995 (Gran Angular)

*On són lliures els estels*. Barcelona: Baula, 2003

*Dama blanca, merla negra*. Barcelona: la Galera, 2004

*Els viatges de Simbad*, Palma, J. J. de Olañeta, 2002

## Teatre per a nois i noies

*Un conte d'àngels i dimonis*. Barcelona: La Galera, 1992 (Taller de Teatre)

*La terra té puces*. Palma: Moll, 1997

**Narrativa per a adults**
*La reina de Sabà*. Palma: Moll, 1995
*L'ungla de la gran bèstia*. Palma: Moll, 1997

**Llibres didàctics**
*Aucells esquius* (amb G. Janer Manila). Palma: Moll, 1979
*Aucellari o llibre dels Aucells*. Palma: José J. de Olañeta, Editor; 1985
*Didàctica de la natura a les Balears*. Palma: Societat Balear d'Educació Ambiental — Premsa Universitària (en col·laboració amb altres autors)
*Bufacanyes* (Llibre de lectures per a les escoles: antologia de textos de literatura infantil). Palma: Edicions Cort, 1989
*Cèrcol* (Llibre de lectures per a les escoles: antologia de textos de literatura infantil i popular). Palma: Edicions Cort, 1990
*Castanyola* (Llibre de lectures per a les escoles: antologia de textos d'autors de la literatura catalana). Palma: Edicions Cort, 1990
*Cabrera, natura entre les ones* (Llibre de lectura i d'educació ambiental per a escolars). Palma: Lleonard Muntaner, editor; 1997
*Els aucells en la cultura popular mallorquina*. Palma: Lleonard Muntaner, editor

**Assaig**
*Aproximació històrica a l'ús educatiu dels espais naturals a Mallorca (Segles XIX i XX)* Palma: Universitat de les Illes Balears, 1994
*Educació ambiental i llibres per a infants i joves*. Mallorca: Societat Catalana d'Educació Ambiental i Societat Balear d'Educació Ambiental, 1998
*L'ecologisme a les Balears*, Palma, Documenta Balear, 2004

**Llibres sobre natura**
*Cabrera, natura entre les ones*. Palma: Ed. Lleonard Muntaner, 1997

228

*Cabrera, l'illa sense nom* (amb fotografies de G. Servera). Binissalem: Di7 Edicions, 2000

*Els aucells en la cultura popular mallorquina* (en premsa)

*Les aus de S'Albufera, la nostàlgia del fang* (amb fotografies de S. Torrens). Binissalem: Di7 Edicions, 2001

*Mallorca, la Serra* (amb fotografies de J. Gual). Binissalem: Di7 Edicions, 2002

*Les basses tranquil·les d'Es Salobrar* (amb fotografies de P. Garcias). Binissalem: Di7 Edicions, 2004

*Natura Mallorca* (amb fotografies de Sebastià Torrens). Menorca: Triangle postals, 2005

**Adaptacions de rondalles**

*En Gostí lladre*. Palma: Moll, 1997 (Tirurany)

*La rabosa i l'eriçó*. Palma: Moll, 1999 (Tirurany)

**Traduccions**

*Las uvas del sol y de la luna*. Jaume Vidal Alcover. La Galera, 1983.

*El secreto de la hoja de encina*. Jaume Vidal Alcover. La Galera, 1985.

*La bella ventura*. Jaume Vidal Alcover. La Galera, 1986.

*Las alas rojas*. La Galera, 1988.

*El viejecito de la barba verde*. Ricardo Alcántara. Teide, 1988.

*Un ermitaño y un gigante*. Ediciones B, 1989.

*Una historia de ángeles y demonios*. Angelina Gatell. La Galera, 1992.

*Cuando el viejo Baltasar regresaba al pueblo*. Avelino Hernández. Edebé, 1992.

*Ana y el aliso*. Edebé, 1998.

*El camino del faro*. Edebé, 2000

*Ungía Fiarei*. Bucarest. Editura Meronia, 2001

*Donde vuelan las cometas* . Edelvives, 2003.

*El cementerio del capitán Nemo*. Edelvives, 2004.

*Ballena*. Lynx Ediciones, 2005.

# 15. LA RENOVACIÓ DE LES RONDALLES A LA LITERATURA ACTUAL: L'APORTACIÓ DE MIQUEL RAYÓ I FERRER[74]

El moviment romàntic del s. XIX aportà la valoració de l' herència tradicional en els diversos àmbits culturals i els intel·lectuals s'adonaren de la necessitat de recopilar els materials populars, amenaçats pel canvi social i econòmic que s'estava produint. A Mallorca fou mossèn Alcover el principal recol·lector de rondalles. Foren molts els pobles de Mallorca que veren passar la seva corpulència de canonge de la Seu a la recerca d' antigues llegendes i tradicions encara vives en els llavis i els cors d'homes i dones de l'illa. La seva intenció no era la d' un entomòleg, no volia classificar ni analitzar, sinó recollir allò que considerava en perill d'extinció per tal de retornar-ho al poble, aquest cop en lletra impresa, en volums assequibles en tots els sentits.[75] Realment, va tenir èxit en la seva comesa i, allò que havia iniciat com un entreteniment

---

74. Article publicat a *Hispanorama (Schwerpunkt: Mallorca)*, 65; Alemanya 1993 (pp. 45-50).

75. Sobre els objetius i la metodologia de la compilació podeu consultar l'article «Com he fet mon Aplec de Rondaies Mallorquines» publicat a *Zeitschrift für romanische Philologie*, pp. 94-111 volum LI (Halle, 1931). Reproduït a *Randa*, 14, Barcelona, 1983.

d'estiu, es va convertir en un llegat cultural de valor incalculable. El 1896 en va aparèixer el primer volum i, des de llavors, pràcticament no ha deixat de reeditar-se. Actualment les *Rondaies Mallorquines* conformen vint-i-quatre volums de l'Editorial Moll, que agrupen més de tres-cents relats populars de tot tipus: rondalles meravelloses i humanes, llegendes, tradicions, creences, etc. El secret de l'èxit rau no sols en la simplicitat o la gràcia del relat, sinó en la prosa en què aquest s'expressa. Mossèn Alcover, fill de la pagesia i bon coneixedor de la parla i l' esperit popular, va vestir les seves narracions amb un llenguatge ric, brillant, en ocasions grotesc i en altres poètic, capaç de seduir el lector des de la primera pàgina. I aquesta seducció s'ha deixat sentir en l'obra literària de molts d'autors mallorquins que descobriren en les pàgines alcoverianes la dignitat i la riquesa d'una llengua que l'escola els negava.

Durant els llargs anys de la dictadura franquista, quan el que avui anomenem literatura infantil i juvenil no arribava als nostres infants ni adolescents, quan el castellà era l'única llengua de cultura permesa i molts fins i tot ignoraven que fos possible escriure en català, les *Rondaies Mallorquines* ompliren a les nostres illes un espai cultural important. En llurs pàgines molts s'iniciaren a la lectura en la llengua pròpia i veren en boca de personatges fantàstics o còmics les paraules que la cultura oficial prohibia. No és estrany que trobem el ressò d'aquestes narracions —i precisament en la formulació d' Alcover i no en qualsevol altra— en l'obra de novel·listes com Gabriel Janer Manila, Jaume Vidal Alcover, M. Antònia Oliver o poetes com Josep M. Llompart. Menys encara ens sorprendrà trobar en la producció autòctona per nins i joves l'herència inequívoca de les *Rondalles* en personatges, situacions i llenguatge.

Voldríem dedicar aquest article a mostrar com l'obra de Miquel Rayó i Ferrer, un dels nostres autors més prestigiosos, s' inspira en les narracions populars —a través de les versions d'Alcover—, les lliga amb altres referents de la tradició popular mediterrània o cèltica i dóna a aquests materials una nova dimensió en sintonia amb la literatura actual. Des de finals dels anys setanta un sector important de la literatura infantil i juvenil occidental ha abandonat el realisme habitual en dècades anteriors i s'ha orientat vers formes de fantasia que, sovint en clau metafòrica, tracten els grans problemes de la humanitat: l'eterna lluita del bé contra el mal, el materialisme, l'agressió a la mare terra, la insolidaritat, la recerca de la maduresa, etc. És el moment en què es generalitza la lectura de Tolkien, de l'èxit de *Momo* i *Die unendliche Geschichte* de Michael Ende, dels manuals d'antropologia fantàstica de Wil Huygen i Rien Poortvliet —*Leven en werken van de Kabouter* i *De Oproep der Kabouters*—. És en aquest context, quan l'estudiós de la literatura infantil Francesc Cubells indica que sembla que «... a nivell mundial, l'amor a la naturalesa es va traspassant a una reactualització dels genis representatius de les forces de la natura: gnoms, elfs, fades... Recordem l'èxit de Tolkien. Si fos així, hauríem de potenciar encara més els relats meravellosos i les narracions més o menys fantàstiques. Caldria donar nova actualitat als follets i a les dones d'aigua del nostre folklore tradicional.»[76] on hem d'inserir la trilogia de Miquel Rayó formada per *El raïm del sol i de la lluna* (1983), *El secret de la fulla d'alzina* (1985) i *La bella ventura* (1986). Tres llibres publicats al llarg de quatre anys, que constitueixen un homenatge a la tradició popular, a l' obra de Alcover i, —al mateix temps—, obren aquesta herència a noves generacions, dins i fora de les illes, vinculant la producció i la problemàtica d'aquest fi de segle, tal i com expressa l' autor en l'epíleg que tanca la trilogia:

> «... com una serp que es mossega la coa, *La bella ventura* clou un cicle de contes que, tanmateix, deixa el lector a les portes d'una nova aventura prodigiosa: la recerca engrescadora de la pròpia identitat i de les quimeres pròpies. Cada un dels tres llibres i els tres alhora, són només allò que s'anunciava en la dedicatòria que encapçalava el primer: un aplec apassionat de mites vells i de naturalesa.»[77]

76. CUBELLS, Francesc: «El llibre català per a infants i adolescents: evolució i tendències» a *Lluc*, novembre-desembre 1984, n° 718, Palma.
77. RAYÓ, Miquel: epíleg a *La Bella Ventura*, ed. La Galera, Barcelona 1986.

Vegem, doncs, com s'articula aquesta herència popular en els diversos aspectes de l'obra literària: tema, estructura, personatges, poders i objectes màgics, coordenades espai-temps i ideologia.

## 1. Temàtica

En realitat, les tres narracions tracten el mateix tema, el tema bàsic de tota rondalla meravellosa: la maduració personal entesa com la superació d'un estadi inicial per a assolir-ne un altre de més adult, procés que es desenvolupa mitjançant l' enfrontament amb els obstacles que l'heroi troba en el seu camí. Això no obstant, en les dues primeres —*El raïm del sol i de la lluna* i *El secret de la fulla d'alzina*— el final de l'aventura està lligat a la resolució d'un problema col·lectiu —salvar una terra o un país—, en canvi a *La bella ventura* —articulada també com un viatge iniciàtic— la consecució de l'objectiu final condueix a la comprensió de la importància de la recerca en l'interior d'un mateix, la *bella ventura* rau en el camí, no en l'arribada:

«—Ai, mostela, i quina *bella ventura*, la nostra! Ja ens ho va dir l'home de molsa, que era potser ben a prop de nosaltres. Era sempre davant nostre i calia només emprendre el camí per trobar-la; o potser que era dins nosaltres, dins els nostres cors i dins les nostres voluntats de viure enganxats en la il·lusió d'un quefer impossible!»[78]

El tema del creixement, tan propi de la literatura dirigida a adolescents, és tractat amplament a *El secret de la fulla d'alzina*. N'Agraciat, el protagonista, és l'elegit pels astres per a emprendre la perillosa aventura de recuperar *l'estel amb coa*, el símbol de la pau en el regne que ell habita, el qual ha estat robat per un malèfic *Cavaller Blanc*. Quan s' inicia la narració és

78. Rayó, 1986: 110.

234

un mosso de cuina que per no tenir no té ni nom. La confiança que dipositen en ell i l'ajuda del món màgic obtinguda gràcies al seu valor i enginy, el converteixen en cavaller: «Ell no era ja cap al·lot poruc ni primatxol, sinó un cavaller ben ardit i esforçat, capaç de qualsevol proesa. Vivia certament una altra vida.»[79]

Un cop complida la seva missió la recompensa es concreta en els dos punts habituals a la rondalla: l'ascensió al tron i la relació amb l'altre sexe, ambdues coses símbols d'una vida adulta i feliç:

> —«Ara dorm, futur rei nostre —va dir-li—, i reposa tant com vulguis. Temps hi haurà per parlar de tot un altre dia...
> Mentre bevia la infusió, n'Agraciat hi olorà la humitesa profunda dels boscos. Al fons del seu pensament recordà els ulls asserenats i foscos de la donzella. Entre els seus dits cansats, la fulla d'alzina esdevenia un caramullet de pols.»[80]

El tema global que hem assenyalat, únic i persistent, moltes vegades adopta la forma de lluita del bé contra el mal. L'heroi o l'heroïna —representants del bé— s'enfronten a les forces del mal que intenten impedir o destruir llur acció. La representació o encarnació del mal és l'obstacle a vèncer per a aconseguir la maduresa, la llibertat i l'estabilitat emocional. Aquest és el cas d'*El raïm del sol i de la lluna*. La historia ens explica com en la Terra d'Enlloc el son de la princesa Glacella regula el pas de les estacions. Arriba un dia en què ella no es pot adormir, i els mags Berard i Bellroc descobreixen que es tracta d'un malefici de Morgana. Per a desfer-lo és necessari que un príncep doni a Glacella el *raïm del sol i de la lluna*. Troben un ocell, que és en realitat un príncep encantat, i junts emprenen la recerca. Els mags es perden al llarg del camí, però l'ocell aconsegueix la fruita meravellosa. En tornar al castell, la malvada Morgana li retorna la forma humana com úl-

79. RAYÓ, 1985: 70.
80. RAYÓ, 1985: 125.

tim tribut abans de poder donar el raïm a la princesa. Finalment, Glacella es dorm i la roda de les estacions segueix el seu curs.

L'ocell-príncep és un personatge radicalment oposat al dels prínceps tradicionals, atès que ell no desitja recuperar la forma humana a causa de les limitacions i compromisos que aquesta comporta. D'acord amb les teories de Bettelheim[81] podríem dir que viu segons el principio del plaer, a la recerca d'una gratificació immediata i sense pensar en el futur ni en la realitat. Però l'ocell festiu i despreocupat del principi es va fent cada vegada més responsable en el transcurs del relat. La tercera i definitiva penyora que haurà de pagar per aconseguir el seu objectiu serà sacrificar aquest principi de plaer i optar pel principi de la realitat:

> «I aleshores l'oriol va sebre que allò que més estimava en el món era ser com era des del dia del seu encantament: un aucell lluminós capaç de volar a la vela i de gronxar-se en els corrents d'aire, de fregar els niguls amb el cap i de travessar les mars i les terres lliurement, tot esperant una sorpresa rere cada aleteja-da.»[82]

És a dir, recuperar la forma humana i tot allò que ella comporta és el preu a pagar. Solament si és capaç d'aquest sacrifici, a través del qual desapareixerà l'ocell i en el seu lloc apareixerà el príncep disposat —ara sí— a enfrontar-se a la vida en tota la seva dimensió, serà possible que la naturalesa segueixi el seu camí.

Un altre tema a destacar, i que apareix en aquesta trilogia de forma implícita, és el de l'ecologia. L'autor opta per presentar relacions positives amb el medi natural, que sempre incideixen en favor de qui les estableix. Aquesta és la mateixa opció de la rondalla. Les rondalles són «ecològiques» en tant que presenten com a positiva i útil una relació equilibrada i

---

81. BETTELHEIM, B. *The Uses of Enchantement*, New York 1975.
82. RAYÓ, 1983: 116.

respectuosa de les persones amb llur medi natural. Si considerem la majoria d'éssers sobrenaturals —fades, gnoms, sirenes, etc.— que a les rondalles actuen com a donants d'objectes o poders màgics que permeten anar més allà de les pròpies lleis de la naturalesa, com a representants o personificacions de les forces de la natura, veurem que únicament qui estableix relacions positives amb ells és capaç de superar els problemes i assolir el seu objetiu, i amb ell la felicitat i la maduresa. Les tres narracions que comentem il·lustren aquesta idea: solament aquell que estima i respecta la naturalesa trobarà en ella les forces necessàries per donar sentit a la seva vida.

## 2. Estructura

Miquel Rayó indica, a l'epíleg a *La bella ventura*, que l'estructura narrativa pròpia de la rondalla meravellosa —en la qual els protagonistes viatgen a la recerca de quelcom imprescindible— és la usada en la trilogia que comentem. Vladimir Propp, en la seva obra *Morfologija skazky* (1928), establí de manera detallada les característiques d'aquesta estructura. A partir de la proposta de Propp podem analitzar els tres relats i veurem com tots s'ajusten a aquest model. Com exemple aportem el desenvolupament estructural d'*El secret de la fulla d'alzina:*

I *Situació inicial* á: Cada any s'organitza una cacera. Qui capturi el gran Cérvol Roig serà el successor del rei Braçdur.

II *Prohibició* ã: Únicament els nobles participen a la cacera.

III *Transgressió* ä: El jove criat ambiciona caçar el cérvol.

VIII *Malifeta* **A**: El *Cavaller Blanc* roba l'*estel amb coa*, símbol de pau.

IX *Mediació* **B**: L'astròleg Merlot parla amb el criat.

237

XI Y El criat va al bosc a realitzar l'encàrrec d'en Merlot.

XII D Troba el cérvol, que li diu que és l'elegit.

XIII E El criat accepta les instruccions del cérvol.

XIV F La *Dama Alzina* li dóna una fullà màgica i un nom: *Agraciat*.

XII D: El cérvol li diu que l'ha de matar.
XIII E: N'Agraciat el mata.
XIV F: Segueix les instruccions del cérvol i és reconegut com l'elegit per a iniciar la recerca.

X *Acció contraria* C: En Merlot explica a n'Agraciat la seva comesa.

XI *Partida* ↑: N'Agraciat se'n va.

XII D: Coneix els *homenets i les donetes de colzada* i el seu problema.
XIII E: N'Agraciat decideix ajudar-los.
XIV F: Preparen l'arma per a enfrontar-se al monstre.
XV G: N'Agraciat va a la cova del monstre.
XVI J: El monstre és vençut amb una estratagema.
XIX K: Es resol el problema de la *gent de colzada*.

XV *Desplaçament* G: Va al lloc on habita el Cavaller Blanc.

XVI *Combat* H: N'Agraciat i el Cavaller Blanc s'enfronten.

XVIII *Victòria* J: N'Agraciat venç amb l'ajut de la fulla màgica.

XIX *Restitució* K: L'estel amb coa és alliberat, es recupera la pau.

XX *Retorn* **ß**: N'Agraciat torna al castell.

XXXI *Final feliç*: **W**: És proclamat futur rei.

La fórmula de l'estructura és:

**á ã ä A B ↑ 2[D E F] C ↑ [D E F G H J K] G H J K ß W**

Com podem veure, és la pròpia de la rondalla meravellosa. En aquest cas trobem la partida duplicada i també les proves que passa l'heroi abans d'enfrontar-se directament a l'enemic. La primera partida suposa l'elecció de l'heroi i la donació de l'atribut màgic, la segona és una espècie de revalidació de l'encert de l'elecció. Abans del combat definitiu l'autor ens mostra com el jovenet insegur, elegit pels astres, es va transformant en un heroi enginyós i valent. Després es produeix el combat i la victòria, seguits de la proclamació com a futur monarca i el reconeixement de tots.

### 3. PERSONATGES

Els herois de la trilogia que analitzem estan predestinats a acomplir la missió que es desenvolupa al llarg de la història. El seu futur ha estat profetitzat per l'oracle —en aquest cas *el Llibre Més Vell*— en *El raïm del sol i de la lluna*:

> «El príncep veurà el raïm,
> del sol i de la lluna
> esponerós jardí més enllà dels deserts,
> i de la mar i les muntanyes.»[83]

L'astròleg Merlot ha llegit l'elecció de n'Agraciat en els astres i la vella *Dama Alzina* la confirma: «-Tu seràs l'*agraciat*, l'únic que pot emprendre l'aventura. Ningú no sap, però, si en

---

83. RAYÓ, 1983: 40

sortiràs amb èxit.». Bernadet cerca la bella ventura a causa del malefici que una vella havia pronunciat temps enrere. Les paraules que formen el conjur són les mateixes que trobem a les *Rondaies Mallorquines* d'Alcover:

> «Que en Bernadet,
> en tenir setze anys,
> no pugui estar ni sossegar
> que la bella ventura
> no vagi a cercar!»[84]

L'entrada dels tres herois en l'aventura és —com a les rondalles— el resultat d'una agressió que desencadena una recerca. El protagonista es veu obligat a reparar la falta o el dany que l'agressor màgic ha causat. Per abans és necessari passar algunes proves mitjançant les quals s'aconseguirà un auxiliar màgic que acompanyarà l'heroi o actuarà com intermediari: els mags Berard i Bellroc i l'au Fénix ajudaran l'ocell-príncep; la *fulla d'alzina* possibilitarà la victòria de n'Agraciat; la serp i la mostela acompanyaran en Bernadet en la seva recerca de la Bella Astresa del Món. La porta cap al món meravellós s'obri amb una prova; únicament l'actitud positiva de l'heroi farà possible el traspassar-la.

L' agressor té un paper important a la rondalla, ja que generalment és el detonant de l'acció. Sol aparèixer únicament en els moments clau del relat: l'inici, el combat, la persecució i —a vegades— el càstig. És un personatge pla, que no evoluciona al llarg de la història. Tal i com passa a la rondalla, en les tres novel·les que analizam els agressors són éssers sobrenaturals: Morgana a *El raïm del sol i de la lluna*, el Cavaller Blanc a *El secret de la fulla d'alzina* i la Bella Astresa a *La bella ventura*. Als dos primers els mou una intenció malèfica, llur objetiu és estendre el regne de les tenebres i detectar el poder; en canvi, en el tercer llibre allò que semblava un malefici és en

---

84. Vegeu la narració «L'amor de les tres taronges» *Rondaies Mallorquines*, III (Palma, 1986).

realitat una invitació a l'aventura i al creixement. Altres agressors secundaris —també habituals en els contes populars— són els llops i el drac, que amb el nom de Fera Metzina apareix a *El secret de la fulla d'alzina*:[85] «...era com una serp, però amb vuit potes armades d'urpes grolleres i esmoladíssimes, i tenia una cresta escarlata al cap, i el cos cobert d'escates que vessaven regalims de metzina.» Però no són els únics: falcons marins, grius de la boira i bubotes completen la nòmina d'agressors en aquests relats.

No hi manca tampoc la figura del donant. Moltes vegades es tracta d'una figura femenina que pertany al món màgic: la vella Dama Alzina en *El secret de la fulla d'alzina*, la mestressa del bosc a *La Bella Ventura*.

Els auxiliars màgics són personatges ambivalents, a mig camí entre el donant i l'objecte o la capacitat màgica que l'heroi necessita per a vèncer els obstacles. Tal com passa a les rondalles, les figures d'auxiliar que ens proposa Miquel Rayó adopten les formes més diverses, algunes lliguen directament amb la tradició: els animals agraïts —la serp i la mostela que acompanyen en Bernadet—, el Cérvol Roig; altres, en canvi, parteixen de la tradició i la transformen mitjançant la inversió dels rols tradicionals —l'ogre enamorat, pacífic i vegetarià, o la substitució de la funció d'un personatge propi de les rondalles per un altre pres de la mitologia clàssica, com és el cas de la mítica Au Fènix que substitueix l'*àliga de Portugal* de les *Rondaies Mallorquines*— a *El raïm del sol i de la lluna*.

Finalment, cal que citem la figura del comanador, perfectament representada per l'astròleg Merlot d'*El raïm...* En realitat, Merlot —notem les ressonàncies artúriques del seu nom— actua com a intermediari d'un altre comanador que seria el destí, escrit en els estels i que únicament ell sap interpretar. És un eficaç executor de les prediccions astrològiques i, amb la seva actitud i els seus savis consells, anima el jove Agraciat. Merlot, que coneix els secrets de la natura i té la se-

---

85. La Fera Metzina és en realitat una representació del mític basilisc, animal semblant a un dragó amb el cap de gall.

renitat i l'experiència que donen els anys, representa la figura perfecta del comanador, el personatge capaç d'endevinar i de preveure les potencialitats que s'amaguen rere la figura de qui ha estat cridat a ser heroi.


## 4. L'ELEMENT MÀGIC

A les rondalles els prodigis es produeixen amb freqüència mitjançant l'acció d'un objecte màgic o d'un poder sobrenatural que s'activa a través de la paraula o la mirada. A les obres que analitzem apareixen també aquests elements. El príncep Oriol és transformat en oriol per les fades, plenes de despit per no haver estat convidades a les festes del seu naixement, en una clara transposició del conegut motiu inicial de *La bella adormida*:

> «Ets Oriol
> i oriol seràs.
> Plomes i bec
> en ser gran tendràs!»

També un conjur fa que en Bernadet es senti angoixat en arribar a l'adolescència i hagi d'anar a la recerca de la bella ventura. Els objectes màgics que apareixen són diversos i es troben estretament vinculats als tradicionals: la fulla d'alzina que es transforma en donzella n'és un bon exemple:

> «Enmig de la llotja es produïa un esdeveniment prodigiós: com si les paraules de n'Agraciat haguessin estat l'encanteri d'un màgic, la fulla d'alzina s'havia esmunyit talment una cuca del seu puny clos, i havia esclatat amb un tro esborronador abans de caure en terra.
> Al lloc de l'esclafit, hi havia comparegut una donzella garridíssima!»[86]


86. RAYÓ, 1985: 118

Altres elements màgics a destacar serien: les plomes de l'ocell-príncep que guspiregen i formen un arc de sant Martí a través del qual pot escapar; l'espasa que sembla vella, però que en realitat és l'única vàlida per a vèncer l'enemic; la flauta màgica que convoca tots els ocells de la terra;[87] el *Llibre Més Vell* que proporciona la clau del futur;[88] l'estel amb coa que garanteix la pau en el regne de Braçdur; el fum màgic que retorna l'heroi a la Terra d'Enlloc, etc. En general, l'ús d'aquests objectes s'ajusta als cànons tradicionals.

## 5. Coordenades espai-temps

També el temps i l'espai coincideixen amb els de la rondalla. Una situació totalment atemporal, un «temps de conte» en el qual les referències són vagues, imprecises i canviants. Les al·lusions al temps són simbòliques i preses de la tradició: n'Agraciat ha de vagar un any i un dia abans de trobar un indici que el meni cap al Cavaller Blanc, set-cents setanta-set anys i un dia han de passar abans de poder usar de bell nou el *Llibre Més Vell*, cada cinc-cents anys l'Au Fènix s'ha d'immolar per a renéixer de les seves cendres.

L'espai coincideix clarament amb el propi de les rondalles meravelloses: boscos, castells, muntanyes inaccessibles, deserts i mars habitats per sirenes, coves misterioses... camins que cal passar per arribar al lloc desitjat, on habita l'enemic o la ventura.

## 6. Ideologia

Gran part de la vàlua de les rondalles i el secret de llur pervivència rau en la no interpretació explícita de l'ensenyament moral, en deixar oberta la significació del relat a la interpreta-

---

87. Motiu catalogat amb l'epígraf D 1441.1.1 en el *Motif-index*.
88. Motiu D 1311.14.

ció que vulgui o pugui fer cadascun. En part Miquel Rayó adopta aquesta mateixa línia; els valors es troben implícits en el desenvolupament de l'obra. ¿Quins valors es transmeten en aquesta trilogia? Són diversos: l'amistat i la solidaritat entre éssers molt diferents —el mag optimista i el pessimista, l'au Fènix i l'ogre, Bernadet i la mostela, etc.—; la valoració de la llibertat, la cura de l'equilibri natural imprescindible per a la supervivència, la valoració de la narració oral —la vella que encantava els infants amb els seus relats no era altra que la Bella Astresa del Món— i la perseverança com a virtut que possibilita aconseguir els objectius més difícils —el raïm, la Bella Ventura, l'estel amb coa—, símbols, respectivament, de l'harmonia natural, la pau i el creixement personal.


## 7. EL LLENGUATGE

Finalment, cal dir que la vinculació amb els vells relats es posa de manifest també en el llenguatge. Potser és en aquest punt on l'homenatge a Alcover pren tot el seu sentit, ja que Miquel Rayó recrea les paraules i les expressions més genuïnes que ell va elegir per a donar vida a personatges i accions. El plaer per les enumeracions —tan pròpies de la narració oral— es posa de manifest en aquest fragment:

«En un no res, mentre el vell sonava el flabiolet, l'entorn de l'obelisc s'omplí d'esbarts innombrables d'aucells. Hi havia virots i nonetes, rupits i voltors, mèrleres i pinsans; moixetes, cegues, cegalls, passa-foradins, ferrerics, butxaquetes, menja-mosques, gavines, busquerets i coa-roges; becassinetes, valones, cames de jonc, flamencs... i tants i tants que quasi no hi cabien, en aquell tros de cel.»[89]

Un tret típic d'Alcover és l'enumeració de derivats a partir d'una paraula inicial, recurs usat també per Miquel Rayó:

89. RAYÓ, 1983: 75

«Totes aquelles ales, alones, alasses i alarrines feien una remor eixordadora i imponent, corprenedora.» Retrobem, també, frases fetes que serveixen de suport als qui conten la història —«*i heu de creure i pensar i pensar i creure*»—; exclamacions rituals pròpies de tots els gegants de rondalla —«*Sent olor de carn humana! Ja en menjarem aquesta setmana!*», encara que a vegades incloen alguna variació: «*Sent olor de carn humana, ja en menjarem si la sort ho mana!*»—; en l'ús de frases màgiques tradicionals —«*Si jo tengués un pa de l'hora, una ullada de donzella i vi, de tu veuria la fi*»—[90] donen a aquesta trilogia tot el sabor i l'encant del llenguatge popular, recuperat pels autors que fan de la tradició una de llurs fonts principals d'inspiració.

90. Aquesta exclamació màgica apareix a «Es fill des pescador» *Rondaies Mallorquines*, II (Palma, 1983).

# 16. CATERINA VALRIU: L'OFICI DE NARRAR[91]

## 1. QUI ÉS?

Vegeu com es descriu ella mateixa:

«Vaig néixer a Inca el 1960. De petita m'agradava molt llegir llibres, anar a la biblioteca i muntar en bicicleta. Als vint anys ja era mestra d'escola i vaig començar a fer classe per diversos pobles de Mallorca, mentre anava a la Universitat per saber més coses de la meva dèria: la literatura. Acabada la carrera de filologia, vaig fer la tesina sobre les festes del carnaval.

Poc temps després, corria el 1987, va aparèixer na "Catalina Contacontes", el meu "alter ego" que —carregada amb dues maletes plenes de fantasia— es passeja per pobles i ciutats explicant contes a tots aquells que els vulguin escoltar.

El 1990 vaig començar a fer classes a la Universitat de les Illes Balears i dos anys després em vaig doctorar amb una tesi sobre la vinculació entre les dues matèries que més m'agraden: la literatura popular tradicional i els llibres per a infants.

He escrit alguns contes de collita pròpia, he publicat moltes adaptacions de rondalles i també articles i llibres sobre literatura i fins i tot un bon grapat d'antologies literàries per a infants.

91. Itinerari de Lectura de la Institució de les Lletres Catalanes, Barcelona 2008.

Ara, de gran, el que més m'agrada és explicar contes, veure créixer les meves filles i compartir aquesta illa nostra amb els meus amics. Ah! i continuar devorant llibres com quan era petita!»

Si preferiu el seu currículum exposat d'una manera més clàssica, podeu llegir aquest altre:

«Sóc mestra des de 1980, vaig exercir la docència a Educació Primària durant 9 anys, a diversos pobles de Mallorca (Petra, Búger, Campanet, Biniamar), gairebé sempre amb infants petits. El 1983 em vaig llicenciar en Filologia a la Universitat de les Illes Balears, dos anys més tard vaig llegir la meva tesina sobre l'antic Carnaval de Mallorca, feta essencialment a partir de la història oral, la qual va obtenir el premi extraordinari de llicenciatura i es va publicar en dos llibres: *El Carnaval a Palma, com era abans* (1989) i *El Carnaval a Mallorca* (1995). El 1992 em vaig doctorar a la mateixa Universitat, amb una tesi sobre la influència de les rondalles en els llibres actuals per a infants, que es va publicar el 1998. Des de 1990 som Professora Titular de la UIB, on impartesc assignatures de literatura catalana, especialment de literatura popular tradicional i de literatura infantil i juvenil als estudis de Filologia, als estudis de Mestre i en els programes de Doctorat.

Les meves línies d'investigació se centren en l'etnopoètica —bàsicament el llegendari i el rondallari— i en la literatura infantil i juvenil, amb una especial atenció a la convergència d'ambdues formes literàries. Sobre aquests temes he publicat diversos llibres d'assaig, comunicacions a congressos i un bon nombre d'articles en revistes nacionals i estrangeres. La didàctica de la literatura també ha estat part important del meu treball, tant per la publicació de diverses antologies de lectura per a infants i reculls de narracions per a explicar de viva veu, com pels cursets impartits a docents i bibliotecaris sobre teoria de la literatura infantil i de la literatura popular tradicional, estratègies d'animació a la lectura, tècniques de narració oral, etc. L'aspecte divulgador de la meva tasca també s'ha manifestat en la col·laboració assídua en revistes de caràcter local, en revistes infantils, en programes de ràdio i en les conferències que he pronunciat arreu sobre aquests temes.

En la vessant literària, una de les activitats que més m'agrada és l'adaptació de rondalles. Posar la meva veu, sigui oral o escrita, als vells arguments del patrimoni folklòric i acostar-los al públic actual. En aquesta línia, he dirigit i coordinat la col·lecció Tirurany —adaptacions de rondalles mallorquines— i he escrit un gran nombre de versions de rondalles d'arreu del món, publicades a Catalunya i a Mallorca i traduïdes a diversos idiomes. També he publicat alguns contes per a infants de collita pròpia. Des de 1987 explic contes i rondalles a infants, joves i adults d'arreu dels Països Catalans, amb el nom de Catalina Contacontes. He fet prop d'un miler de sessions de narració per tal d'acostar a la gent les històries contades de viva veu.»

## 2. QUÈ ESCRIU I COM ESCRIU?

Caterina Valriu té dues línies de recerca molt clares i vinculades entre si: l'estudi de la literatura popular tradicional i l'estudi de la literatura infantil i juvenil, especialment la catalana. També té dues activitats professionals alhora vinculades entre si: és professora de literatura a la Universitat i narradora de contes a biblioteques i escoles. Quan escriu, doncs, els seus textos s'insereixen en aquestes activitats i interessos. D'una banda, és autora de nombrosos llibres d'assaig i d'articles sobre cultura popular tradicional (festes, costums i tradicions), literatura popular (rondalles, llegendes, cançons), però també una part important de la seva producció està dedicada a l'anàlisi de la literatura per a joves lectors (llibres d'història de la literatura infantil, monografies sobre autors, tendències, crítica, etc.).

Quan no fa recerca i escriu per plaer, aleshores també aquestes dues línies d'investigació i treball s'entrecreuen. Li agrada molt especialment recrear en noves paraules les velles rondalles d'arreu del món. És per això que una gran part de la seva producció són adaptacions de rondalles i llegendes dels reculls d'Alcover, d'Amades, dels germans Grimm, Andersen, Perrault, etc. I també escriu alguna història per a infants de nova creació, que inventa sempre a partir del pòsit de la tradició popular, amb personatges com els Reis d'Orient, el peix Nicolau, na Maria Enganxa o el dimoni Cucarell. Però anem a pams i —tot deixant de banda els textos d'estudi, dels quals tothom destaca la claredat expositiva—, revisem la seva producció per als lectors més joves.

Conscients de la necessitat d'acostar als infants les narracions populars més importants de la nostra cultura i de ferho en versions completes i acurades, i també de la importància de la narració oral a casa i a l'escola, Elisabet Abeyà i Caterina Valriu s'engrescaren en el projecte d'elaborar un recull amb versions de les rondalles més conegudes de la nostra cultura aptes per ser explicades de manera oral o llegides en veu alta. Així va sorgir el llibre *Per fat i fat, contes per tornar a contar* (1993), pensat inicialment per a pares i mestres però que ha estat llegit amb gust pels joves lectors. Inclou trenta-set històries i un pròleg on es donen alguns consells per tenir èxit a l'hora de narrar contes als infants. El llibre va tenir una acollida magnífica del públic i —deu anys més tard— les dues autores publicaren la segona part: *I un punt més, contes per tornar a contar* (2004), amb narracions potser menys divulgades però igualment interessants. Les adaptacions de cada rondalla no estan signades per una o altra autora, però —si coneixem la manera d'escriure d'ambdues— sabem que les que tenen un estil més elaborat i alcoverià són les de Caterina Valriu i les més senzilles i directes corresponen a Elisabet Abeyà. En conjunt, però, els dos llibres han esdevingut una eina molt útil a casa i a l'escola, a la qual acudir quan busquem una versió «de fiar» d'un conte clàssic o una rondalla.

Hi ha també un conjunt important de versions de Caterina Valriu que han estat publicades en llibres independents, dins col·leccions de reconegut prestigi i il·lustrades per il·lustradors de renom. Les podem agrupar en tres blocs, segons la col·lecció on han aparegut:

· Col·lecció Popular de La Galera: *El vestit nou de l'emperador, Ditona*, ambdós d'Andersen.

· Col·lecció El Sac de la Galera: *La Regineta, Les tres filadores, Les collites del diable, En Sethomes i En Setgeps*, a partir de versions catalanes.

· Col·lecció Tirurany de l'Editorial Moll: *La filla del carbo-
neret* i *N'Espirafocs*, a partir de versions mallorquines.

En totes aquestes versions podem veure que l'estil és vol-
gudament popular, molt vinculat a l'oralitat, i amb un ús
abundant de paraules i formes tradicionals. L'argument, que
és sempre respectuós amb les fonts, amb alguna pinzellada
d'humor o ironia, s'explica de manera clara i lineal, amb
abundància de diàlegs, per afavorir la comprensió dels lectors
més joves.

Menció a part mereix el llibre titulat *Llegendes de Mallorca*,
on l'autora recrea en una versió personal i elaborada trenta-
tres llegendes mallorquines. En aquesta ocasió s'adreça a lec-
tors joves o adults i s'atreveix amb l'ús d'un estil literari més
personal.

La producció de textos amb arguments de creació pròpia
és encara poc abundant. La formen cinc contes adreçats a in-
fants entre 7 i 9 anys. El denominador comú d'aquests contes
és la relació que s'estableix entre uns infants actuals i uns per-
sonatges que pertanyen a la tradició literària: animals huma-
nitzats en el cas d'*En Galceran i les marietes* i personatges fan-
tàstics en els altres llibres (un sirènid, un diable, els Reis
d'Orient). En tots els casos es tracta de resoldre un conflicte
vital per al protagonista, i aquesta resolució vindrà sempre de
la mà de la imaginació i la gosadia. L'estil propi de l'autora
es fa palès tant en l'elecció dels noms dels personatges, en el
llenguatge amb ús de girs populars, en els diàlegs senzills i su-
cosos com en les descripcions, breus però acolorides, de
situacions i personatges. En tots els casos, la feina dels il·lus-
tradors afegeix contingut i dinamisme a les narracions.


3. ITINERARIS DE LECTURA


*EN GALCERAN I LES MARIETES*


Llibre publicat per Bambú (un segell de l'editorial Casals)
en una edició de format quadrat il·lustrada a tot color per Car-

me Peris, inclou un punt de llibre enganxat a la solapa. L'editorial facilita als educadors un CD amb propostes de feina i informació sobre les autores i la col·lecció. D'aquest llibre se n'ha publicat una traducció al coreà (2008).

EDAT DE LECTURA

Tant per les característiques de l'argument com per la tipologia dels personatges i el nivell de llenguatge, és un llibre adequat per ser llegit entre els 6 i els 9 anys. Pot ser narrat a infants més petits, ja que la il·lació argumental no és difícil de seguir.

ARGUMENT

Les grosses gotes d'una imprevista pluja de primavera esborren els puntets negres de la closca d'un estol de marietes. Elles queden molt decebudes, perquè una marieta sense taques no acaba de ser una marieta. A la recerca d'una solució, demanen al ratolí del bosc que els pinti els puntets amb la punta de la cua. No tenen pintura i el pinsà els proposa demanar ajuda a les gavines, les quals recullen la tinta d'un calamar generós. Però el ratolí no se'n surt, perquè la punta de la seva cua és massa gruixuda i les marietes queden totes negres. Na Pigarda, la marieta més espavilada, recorda que un dia va veure un nen que jugava amb un joc de peces blanques amb puntets negres i que això podria ser una solució per a elles. Parlen amb el nen, que accedeix a ajudar-les. Finalment, aconsegueixen marcar-se els punts del dòmino a la closca, però el joc queda despintat. Aleshores, les marietes ofereixen al nen ser un dòmino vivent per a ell. Acaben junts, jugant al bosc.

TEMA

El tema principal és el desenvolupament de la capacitat de trobar la solució a un problema a través de la reflexió, la imaginació i l'ajut solidari de tots els implicats. Així, els animals del bosc col·laboren en la mesura de les seves capacitats amb les marietes per resoldre el problema creat. Destaca el valor de l'amistat i l'enginy.

## ESTRUCTURA I PERSONATGES

L'estructura és senzilla i està desenvolupada de manera lineal. Per la brevetat del text, no hi ha divisions per capítols, però cada part és remarcada a l'inici amb una lletra capital.

*Inici.*— Es planteja el conflicte: les marietes han perdut els seus puntets. Se n'adonen quan el granot les confon amb cireretes de pastor. Cal buscar una solució.

*Desenvolupament.*— Demanen ajut al ratolí. Es planteja una nova mancança: no tenen tinta. Intervé el pinsà, el qual demana ajut a la gavina i la gavina a altres gavines. Van a mar i el calamar els en dóna. Fan diverses provatures que no tenen èxit. Sorgeix la idea del dòmino.

*Desenllaç.*— Després d'un intent amb les peces de dòmino que no ha funcionat, finalment les marietes aconsegueixen el seu propòsit. Al final, sorgeix un últim problema, que es resol amb la bona disposició de les marietes agraïdes.

Els personatges els podem dividir per la seva tipologia entre animals i humans. En Galceran d'una banda i els animals del bosc de l'altra. Tal com és habitual en les convencions dels contes, uns i altres parlen i s'entenen sense dificultat. Les protagonistes són les marietes, que actuen com a protagonista grupal o col·lectiu; tanmateix en destaca una —na Pigarda— com la més decidida. La resta de personatge —en Galceran inclòs— tenen la funció d'auxiliars, encara que podríem dir que el calamar actua com a donador. El paper d'agressor potencial —poc important en el desenvolupament del text— correspon al granot, ja que menja insectes i es pot menjar les marietes.

## SUGGERIMENTS DIDÀCTICS

D'acord amb l'edat de lectura indicada, les propostes de treball seran senzilles.

1. Farem una primera lectura individual del text. Després, alguns dies més tard, farem una lectura col·lectiva en veu alta. Comentarem les paraules o expressions que puguin implicar alguna dificultat de comprensió. Finalment, en farem un resum oral que sigui apte per explicar als companys més petits de l'escola, per exemple als alumnes de cinc anys.

2. Buscarem informació sobre les característiques i formes de vida de cada un dels animals que surten al conte. Marietes, granotes, pinsans, gavines, calamars, etc. Farem aquest treball per grups i elaborarem una senzilla fitxa (hàbitat, morfologia, alimentació, reproducció, etc.), que exposarem a la classe com un *pòster*, amb dibuixos i fotografies.

3. L'autora ha confegit els noms de les marietes a partir de les característiques d'aquests animalons: Pigarda, Trescaflors, Camacurta, Closqueta i Alaroja. També el nom de Tintanegra per al calamar usa el mateix recurs. Demanarem als alumnes que inventin noms per als altres personatges de la història (el granot, el pinsà, les gavines) a partir d'aquesta mateixa tècnica.

4. Les marietes tenen una curiosa forma de concentrar-se i pensar:

«Es posaren a pensar. Però, sabeu com ho fan les marietes quan volen pensar de veritat? Doncs es posen una damunt de l'altra, fent una torre fins que poden mantenir l'equilibri. Tanquen els ulls i es concentren. Aleshores, a la de sota li arriba tota l'energia de les altres, de manera que de segur que troba alguna idea bona.» p. 17

Demanarem als alumnes que reflexionin sobre com es concentren ells quan han de fer una tasca important i quines condicions són propícies per fer-ho (silenci, relaxament, etc.). Buscarem una fotografia de la famosa escultura *El Pensador* de Rodin i altres representacions plàstiques on hi hagi personatges en actitud de reflexió. A partir d'aquestes imatges escriurem alguns petits textos sobre el fet de pensar i inventarem què deuen pensar cada un d'aquests personatges. També podem treballar sobre la representació del pensament en les convencions del còmic (la bafarada amb petits cercles, la bombeta que s'encén, etc.).

Podem treballar sobre el tema del dòmino. Buscarem l'origen d'aquest joc, de quin país prové, quines són les seves regles. Demanarem als alumnes que portin dòminos de casa seva i constatarem que n'hi ha de moltes menes, de materials i dibuixos diversos. A partir dels dibuixos de Carme Peris, podem construir un dòmino d'animals per a la nostra classe o la classe dels més petits.

## LES BANYES D'EN CUCARELL

*Les banyes d'en Cucarell* va ser el llibre més venut de la Col·lecció el Vaixell de Vapor (sèrie blanca) de l'any 2007. Vet ací el que en va dir la crítica especialitzada:

«Valriu, gran coneixedora de la cultura popular catalana, beu de la tradició per crear aquest conte per a primers lectors. Agafa el personatge del dimoni Cucarell, un clàssic a casa nostra, i escriu un conte repetitiu, amb tres trobades entre un nen i un dimoni amoïnat perquè no té banyes. Les diferents solucions que dóna el Xesc al dimoni són molt ocurrents i acaben desembocant en unes situacions ben còmiques.

La il·lustradora ha copsat molt bé la idea de lligar tradició i actualitat que es desprèn del text de Valriu i esquitxa les pàgines de picades d'ullet com el CD o la mateixa samarreta del dimoni, que ben bé podria ser de «Custó». Un dimoni que Ruiz ha sabut omplir de vida gràcies a un gran ventall d'expressions. Un llibre ben recomanable: d'estructura clara per a primers lectors, i fins i tot apte per ser explicat. Amb un text concís i alhora ric. I amb un missatge final que arrodoneix la proposta: mira que ens agrada avançar problemes!» (Glòria Gorchs, revista *Faristol*, 59, novembre 2007)

### EDAT DE LECTURA

Llibre per a primers lectors, és adient per ser llegit entre els 6 i els 8 anys. Narrat oralment pot agradar a infants a partir de 4 o 5 anys, ja que la història és lineal, senzilla i té una estructura reiterativa.

### ARGUMENT

En Xesc passeja pel bosc, dins una cova troba el dimoni Cucarell, que plora desconsolat perquè no té banyes i a l'infern se'n riuen d'ell. El Xesc el vol ajudar, prova de posar-li unes banyes fetes amb branques, però floreixen i tothom li fa befa. Després ho intenta amb uns cargols de mar, però en fer vent l'aire passa a través dels cargols i sonen com un corn de peixater, és la riota de tot l'infern. Després ho intenta amb les antenes d'una vella ràdio, però sintonitzen totes les emissores i en Cucarell té molt de mal de cap. En Xesc es dóna per vençut i li regala un capell per tal que no es noti tant que no té banyes. Un dia, en Cucarell té picor al cap i en Xesc s'adona que al seu amic li surten unes banyetes; resulta que encara no en tenia perquè era massa jovenet. Acaba per ser un dimoni amb un gran banyam.

TEMA

El tema principal és la voluntat d'ajudar els altres malgrat les dificultats que això comporta, i també el valor de l'enginy per resoldre les situacions conflictives. Un tema secundari seria l'acceptació o el rebuig d'aquell que és diferent.

ESTRUCTURA I PERSONATGES

L'estructura és molt senzilla. Hi ha una trobada inicial dels dos protagonistes i es planteja una mancança. Un dels personatges intenta resoldre la mancança de l'altre per tres vegades, però malgrat la seva bona voluntat, fracassa. Finalment, la mancança es resol de manera natural amb la conseqüent alegria dels dos protagonistes. Una cançó popular actua com a motiu recurrent que a l'inici subratlla el problema i al final la seva resolució.

Únicament hi ha dos personatges, en Xesc que és un nin trescador i ple de recursos i en Cucarell, un dimoni un xic babau i molt amoïnat per les burles dels seus companys. Per la brevetat del text, els personatges gairebé no estan descrits, però les grans i acolorides il·lustracions aporten a la història tot allò que no es pot encabir en l'espai del text.

SUGGERIMENTS DIDÀCTICS

1. Tant a la tradició popular com a la culta el diable té una bona col·lecció de noms: Banyeta, Barrufet, Belcebú, Sata-

256

nàs, Llucifer, etc. Buscarem noms de dimonis i n'inventarem de nous. A partir d'aquest material podem fer rodolins o quartetes que parlin de les característiques tradicionalment atribuïdes al dimoni. Amb una mica de ritme, aquestes breus composicions poètiques es poden transformar en lletres de cançons burlesques, com la d'en Cucarell.

2. A partir de l'estructura del llibre que treballem inventarem una nova història. Per a fer-ho ens podem ajudar de la proposta següent:

**Elegeix una possibilitat (A, B o C) i construeix la teva pròpia història:**

· **Imagina que tu un dia passeges pel bosc i trobes:**
**A. una fada      B. un unicorn   C. un extraterrestre**

**El seu problema és:**
**A. que s'ha perdut  B. que cerca sa mare  C. que està trist**

**Tu l'ajudes:**
**A. li dónes un mapa  B. li contes un acudit   C. li deixes el teu mòbil**

**Ell o ella, molt agraït o agraïda:**
**A. et convida a ......... B. et regala ............... C. t'ensenya a .............**

**Al final, canteu junts una cançó.**


3. A la tradició popular existeixen uns dimoniets petitons que es diuen «dimonis boiets», o «manairons». Són inquiets i sempre es belluguen molt. Poder fer feines molt llargues, feixugues i complicades en molt poc temps i sense esforç. Estan al servei de qui els posseeix i no es cansen mai. Podem fer una llista de les feines que els manaríem si en tinguéssim uns

quants. Buscarem altres personatges que fan por de les nostres rondalles i llegendes.

4. N'Àngels Ruiz, la il·lustradora d'aquest conte, ha dibuixat en Cucarell com un dimoni molt original i modern. De la llista següent, encerclarem les coses que solen tenir els dimonis tradicionals i ratllarem les que no solen tenir:

| bellesa | cua | sabates de taló | ales | capa |
|---|---|---|---|---|
| potes de cabra | plomes | urpes | bicicleta | barba |
| capell | banyes | forca | rellotge | mòbil |

Entre tota la classe, podem fer una llista de les coses que solen tenir els pirates, les fades, les bruixes, els dracs, etc.

5. Cada alumne pensarà un nou episodi per a la història. Un material que en Xesc pugui trobar per a fer unes banyes i un problema de rebuig que puguin ocasionar. Després, cada alumne dibuixarà en forma de còmic de tres o quatre vinyetes la seva aportació.

LLEGENDES DE MALLORCA

Aquest llibre recull trenta-tres llegendes de la tradició mallorquina, algunes molt conegudes i divulgades i altres menys difoses. A partir de fonts escrites diverses, l'autora n'ha fer una recreació literària que, tot i ser fidel als arguments tradicionals, recrea els personatges i els ambients d'acord amb la seva visió personal i el seu estil literari. L'edició de Publicacions de l'Abadia de Montserrat, en la seva col·lecció Contes i Llegendes —n'és el número 4—, és molt acurada i inclou en les guardes un mapa que ens orienta sobre els indrets de l'illa on transcorren les narracions. D'altra banda, el dibuix que trobem a l'inici de cada llegenda ens indica davant quin tipus de relat ens trobem (d'encantaments, d'éssers sobrenaturals, religioses, etc.).

## EDAT DE LECTURA

És un llibre pensat per a públic adult, però pot ser llegit a partir de secundària, és a dir, per lectors adolescents. Les llegendes no són gaire llargues, el fil narratiu és sempre clar i lineal, el llenguatge és acurat i amb alguns girs o paraules que poden representar alguna dificultat per a lectors joves, però que poden ser fàcilment superades per la comprensió del context o amb l'ajut del diccionari. També han estat treballades per tal que puguin ser llegides en veu alta i resultin dinàmiques i atractives.

## ARGUMENTS I TEMÀTICA

Com no podia ser d'altra manera, els arguments són múltiples i diversos, atès que cada llegenda té el seu. Podríem destacar els de temàtica religiosa (amb la trobada de la Mare de Déu de Lluc, la mata escrita de Ramon Llull, l'oració capgirada del carboneret que trobà sant Vicenç Ferrer, la fe innocent del sant novici, etc.), els que tracten sobre les relacions dels éssers sobrenaturals amb els humans (la dona d'aigua, el peix Nicolau, el gegant del Puig de Randa, els dimonis boiets, etc.), els fets de caire històric (les llegendes sobre la conquesta de l'illa per Jaume I, la defensa del castell d'Alaró...), el món dels bandolers, les ànimes en pena i els fets singulars de personatges com l'Arxiduc Lluís Salvador o en Tià de Sa Real, el glosador manacorí del s. XVIII. Els temes de fons són els que conformen el llegendari de tots els pobles: l'amor i la mort, l'afany de riquesa, la lleialtat i la traïció, les creences en forces sobrenaturals, l'enginy com a eina essencial per a la supervivència, etc.

## ELS PERSONATGES

La galeria de personatges que desfilen per aquestes trenta-tres llegendes és ampla i variada. Podríem fer una primera divisió entre aquells que tenen una transcendència històrica i cultural important (Jaume I, Ramon Llull, sant Ramon de Penyafort, sant Vicenç Ferrer, l'Arxiduc Lluís Salvador...) i els que formen part de la petita història local (el Comte Mal, el glosador Tià de Sa Real, els soldats Cabrit i Bassa, l'amo en Biel Perxanc, en Bartomeu Cóc, el bandoler Rotget...). Però també podríem traçar la línia divisòria entre els que són personatges humans i els sobrenaturals. L'autora ha tingut cura que aquest darrer grup es vegi amplament representat. Així, per aquestes llegendes desfilen enigmàtiques dones d'aigua com n'Arruixa-mantells, entremaliats dimonis boiets, gegants forçuts, ressuscitats amb set de venjança, ànimes condemnades, dracs, fades, bruixes i fins i tot un sirènid conegut arreu de la Mediterrània, el peix Nicolau. Cada un d'aquests personatges, en establir una relació amb els humans —sigui de la mena que sigui— el que fan és posar de relleu algun aspecte —positiu o negatiu— de la condició humana. Així, les relacions amb els éssers sobrenaturals —que no són altra cosa que la representació simbòlica dels nostres afanys, les nostres temences i els nostres anhels— generen arguments que parlen de la por a la mort, de l'amor, de la cobdícia, de la compassió, de l'esperança i d'un llarg conjunt de sentiments i pulsions dels homes i les dones al llarg dels segles. Així, ens ajuden a treure l'entrellat de la complexitat del nostre interior i ens forneixen orientació per la relació amb la societat.

Podríem esmentar, també, un element fonamental d'aquests relats, que no és un personatge, però que té gran importància en la narració. És el paisatge, l'entorn, els llocs on transcorren les històries, els escenaris. Racons molt diferents de l'illa de Mallorca serveixen no només de marc a una acció, sinó que esdevenen una peça clau per al sentit i la rellevància de la història. L'autora ha triat llegendes que se situen en les diverses contrades de l'illa: la Ciutat de Mallorca més senyorial —brufada de convents i palaus—, la Serra Nord —que té el cor a santuari de Lluc— amb la magnificència de les muntanyes i el vertigen dels penya-segats, la placidesa de les terres del Raiguer marcades per potades de cavalls mítics, l'alçada singular del Puig de Randa, les viles i possessions del Pla, l'aspror de les marines de Migjorn... El paisatge de l'illa batega en cada narració, i la conforma molt més que un simple teló de fons.

Les propostes didàctiques podrien ser moltes i vinculades a totes i cada una de les llegendes. Aquestes línies, però, només són una pinzellada orientadora que el professorat haurà de desenvolupar d'acord amb les característiques i circumstàncies dels seus alumnes. És per això que ens limitarem a fer algunes propostes de caràcter genèric:

1. Podem treballar aspectes geogràfics i vinculats al medi natural, a través de la realització real o virtual d'itineraris que visitin els indrets on transcorren les llegendes. Per als itineraris virtuals podem fer ús dels recursos que es poden trobar a internet. Tant en un cas com en l'altre, els itineraris suposen una feina prèvia de localització, un desenvolupament que serà el treball sobre la llegenda —llegir-la, narrar-la, escoltar-la en forma de cançó, comentar-la, etc.— i un treball posterior de sistematització de la informació obtinguda i avaluació del treball realitzat. Podem visitar indrets molt interessants tant des del punt de vista natural com patrimonial. Per exemple Lluc, la Cala de Sant Vicenç, el puig de Randa, els casals senyorials de Palma, la finca pública del Galatzó, etc.

2. També és interessant el treball sobre els protagonistes de les llegendes. D'una banda, tenim els personatges amb rellevància històrica. Sobre ells es pot fer una recerca biogràfica i veure la seva transcendència en la història de l'illa. Així, les llegendes ens poden portar a aprofundir en l'estudi de figures cabdals com Jaume I, Ramon Llull, sant Vicenç Ferrer o l'Arxiduc Lluís Salvador. En una altra línia, podem treballar sobre els personatges imaginaris i els seus atributs: fades, bruixes, éssers diminuts, bubotes, ànimes en pena, etc. L'estudi d'aquests éssers, llurs característiques i tipologies, ens pot portar a treballar sobre les creences i les concepcions religioses i filosòfiques de la nostra cultura.

3. Segons l'edat dels nostres alumnes, podem treballar alguns aspectes literaris de caràcter més teòric: el concepte de llegenda, la seva diferenciació de la rondalla, el mite i la faula. Les estructures internes d'aquests relats, el nivell i registre de llenguatge usat per l'autora en una o altra narració, les fórmules rituals que apareixen en algunes històries, etc.

4. Una altra línia de treball ben interessant és la del treball de camp. Engrescar els alumnes a buscar les llegendes pròpies del seu entorn, els personatges llegendaris que els són més pròxims, a través de les entrevistes orals i els enregistraments a persones del nostre entorn —especialment la gent major— podem accedir a un patrimoni sovint ocult o gairebé oblidat, però encara viu a molts d'indrets del nostre país.

5. Finalment, les llegendes contemporànies o llegendes urbanes, ben vives entre els joves i que es difonen sovint amb mitjans electrònics, són un altre objecte d'estudi ben interessant. Fer-ne un recull, analitzar-les d'una manera sistemàtica i copsar les analogies i les divergències —de forma, de temàtica, de contingut, de llenguatge, etc.— que presenten en relació a les tradicionals potser una manera eficaç d'entendre l'ús i el sentit del llegendari a través dels segles.


4. QUÈ HA ESCRIT?

### Contes per a nois i noies

- *Alaní, alurt, alaquí*. Palma: Cort, 1989
- *En Galceran i les marietes*. Barcelona: Bambú, 2006.
- *Les banyes d'en Cucarell*. Barcelona: Cruïlla, 2007 (El vaixell de vapor, sèrie blanca)
- *Contes per contar a un gegant* (amb altres autors): Madrid, Alfaguara, 2007 (2a edició 2008).
- Altres contes publicats a les revistes infantils *Esquitx* (Illes Balears) i *Cavall Fort* (Catalunya).

### Narrativa per a adults

- *Llegendes de Mallorca*. Barcelona: Publicacions de l'Abadia de Montserrat, 2009.

### Assaig

- *El Carnaval a Palma, com era abans*. Palma: Ajuntament de Palma, 1989.

- *Història de la literatura infantil i juvenil catalana*. Barcelona: Pirene / La Galera, 1994.
- *El Carnaval a Mallorca*. Palma, Olañeta editor, 1995.
- *Influència de les rondalles en la literatura infantil i juvenil catalana*. Palma: Editorial Moll, 1998.
- *El rei En Jaume I, un heroi històric, un heroi de llegenda* (en col·laboració amb Tomàs Vibot). Palma: Olañeta editor, 1a edició 2005, 2a edició de luxe, 2008.
- *Paraula viva, articles sobre literatura oral*. Barcelona-Palma: Publicacions de l'Abadia de Montserrat — Universitat de les Illes Balears (Biblioteca Miquel dels Sants Oliver, 31) 2008.
- *Sant Vicenç Ferrer a Mallorca: història, llegenda i devoció* (en col·laboració amb Tomàs Vibot). Pollença: El Gall Editor, 2010.

**Adaptacions de rondalles**
- *Per fat i fat, contes per tornar a contar* (en col·laboració amb Elisabet Abeyà), Palma, Editorial Moll (Col·lecció La Finestra, 3) 1993 (3a edició 2006).
- *I un punt més, contes per tornar a contar* (en col·laboració amb Elisabet Abeyà), Palma, Editorial Moll (Col·lecció La Finestra, 11), 2004 (2a edició 2007).
- *N'Espirafocs*. Palma: Moll (Col·lecció Tirurany), 1997 .
- *La filla del carboneret*. Palma: Moll, 1999 (Col·lecció Tirurany), 1997.
- *El vestit nou de l'emperador*. Barcelona: La Galera (Col·lecció Popular).
- *Ditona*. Barcelona: La Galera (Col·lecció Popular).
- *La Regineta*. Barcelona: La Galera (Col·lecció El Sac).
- *En Sethomes i en Setgeps* . Barcelona: La Galera (Col·lecció El Sac).
- *Les collites del diable*. Barcelona: La Galera (Col·lecció El Sac).
- *Les tres filadores*. Barcelona: La Galera (Col·lecció El Sac).

**Llibres didàctics**

• *Trossos* (Antologies de lectures per a l'educació primària, segon i tercer cicle) Barcelona: Anaya, 1994-95.

• *Peix de Sabó* (Antologies de lectures per a l'educació primària, segon i tercer cicle) Barcelona: Barcanova, 1996-1997.

És col·laboradora i assessora per a les Illes Balears de diverses editorials catalanes. És membre del Consell de Crítics de la revista *Faristol* des de 1999.

Algunes de les seves obres han estat traduïdes al castellà, el portuguès, l'anglès i el coreà.

# 17. POESIA PER A UN NOU MIL·LENNI: L'APORTACIÓ DE JOANA RASPALL I MIQUEL DESCLOT[92]

LA MÚSICA DELS VERSOS: *MÉS MÚSICA, MESTRE!* DE MIQUEL DES-CLOT[93]

Miquel Desclot és un dels escriptors catalans que més s'ha dedicat a la poesia per a infants i des de fa més anys. Autor de sòlida formació acadèmica —va ser professor a les Universitats de Barcelona i de Durham—, apassionat de la música clàssica i expert en el tema, traductor exquisit i bon conversador, Miquel Desclot fusiona en la seva obra totes aquestes línies d'estudi i experiència i les combina amb humor i una pinzellada d'ironia. L'any 1971 va publicar el seu primer llibre i des d'aleshores s'ha dedicat a la literatura amb intensitat. Ha conreat diversos gèneres —poesia per a adults i per a infants, narrativa, contes, traduccions, llibres per a l'escola, textos operístics, etc.— i s'ha convertit, sens dubte, en un autor de

92. Aquest article va ser publicat a AAVV, *A poesía infantil no século XXI*, Ed. Xerais, Vigo 2009.
93. DESCLOT, Miquel (2001), *Més música, mestre!*, ilust. Fina Rifà, Barcelona: La Galera, col. Grumets, sèrie vermella, nº 124.

referència en la literatura catalana. *Música, mestre!* (1987) va ser el seu primer llibre de poemes per a infants. El seguí el poemari *Bestiolari de la Clara* (1992) —dedicat a la seva filla—, que s'insereix en la tradició dels bestiaris i la renova. Cada poema és dedicat no a una bèstia —com en els coneguts reculls medievals— sinó a una «bestiola» de l'entorn domèstic de qualsevol infant. Aquest recull va assolir un gran èxit entre els lectors. Pocs anys després publicà *Oi, Eloi?* (1995), dedicat al seu fill.

*Més música, mestre!* és un llibre de poemes que es va publicar el 2001 i que l'any següent va obtenir el Premio Nacional de Literatura Infantil. S'edità dins la col·lecció Grumets de la Galera, la qual adesiara dedica algun títol a la poesia infantil. En realitat, el llibre està format per quatre parts diferenciades, la primera de les quals ja havia estat publicada com a llibre independent el 1987, sota el títol de *Música, mestre!* a la col·lecció «La Poma Verda» de l'Editorial Empúries. L'autor assenyala que les composicions d'aquesta primera part constituïren les cançons de la cantata titulada «Concert desconcertant», que li va ser encarregada pel Secretariat de Corals Infantils de Catalunya en ocasió de la celebració del seu vintè aniversari (1987) i fou musicada pel conegut compositor català Antoni Ros Marbà. Tenim, doncs, una primera part formada per setze poemes dedicats cada un d'ells a un instrument de l'orquestra. La segona part, titulada «Qui desafina?», és formada per vint endevinalles breus, la resposta de les quals és sempre un instrument musical. La tercera part coincideix amb el títol general del llibre, tot afegint-hi un prec: «Més música, mestre... sisplau!», i són tretze poemes també cada un d'ells dedicat a un instrument, però en aquest apartat es tracta d'instruments rars, singulars o ètnics. Finalment, la quarta part, amb el títol de «A la plaça fan ballades», s'articula en vuit poemes referits a instruments populars propis de les colles sardanistes i de la música de carrer. En total, el recull presenta una gran riquesa de referents musicals, perquè són cinquanta-sis composicions i cada una d'elles tracta d'un instrument diferent.

La lectura de la primera part del llibre ens porta, indefectiblement, a recordar i revisar com era l'edició inicial, on aquests poemes constituïen un volum independent. En aquella ocasió, es tractava d'un llibre amb una presentació molt acurada de format mitjà, enquadernat en cartoné i acompanyat d'unes delicioses il·lustracions a tot color realitzades amb aquarel·les per Fina Rifà; poema i il·lustració ocupaven sempre dues pàgines que formaven un tot molt coherent. El llibre formava part de la col·lecció «La Poma Verda» de l'Editorial Empúries. Aquesta col·lecció només comptà amb tres títols, però escrits per autors de reconegut prestigi (Olga Xirinacs, Miquel Martí i Pol i Miquel Desclot) i també il·lustrats per professionals de primera línia (Asun Balzola, Carme Solé-Vendrell i Fina Rifà). Aparegué en un moment d'embranzida de la literatura infantil catalana (1986-87), encara que probablement no tingué un gran èxit comercial per les característiques del gènere. Encara avui, més de vint anys després, aquests llibres són presents a escoles i biblioteques i segueixen essent un referent.

Miquel Desclot, de qui és coneguda l'afecció a la música clàssica i a l'òpera, s'inicia en el món de la poesia per a infants amb aquest llibre de poemes sobre instruments. El seguiren un bon grapat de llibres de poesia sobre temàtica diversa i catorze anys després reprengué el tema amb la publicació de *Més música, mestre!* En aquesta ocasió el format del llibre no és —ni de bon tros— tan atractiu, però el lector hi guanya en quantitat, atès que de setze poemes inicials passa a cinquanta-tres.

El recurs general que usa l'autor en totes les composicions és la personificació dels instruments, com passa a les faules amb els animals. En aquest cas, però, l'objectiu no és alliçonar, sinó divertir. Aquesta personificació permet que els instruments parlin en primera persona i expressin actituds plenament humanes: sentiments, records, desigs, disconformitats, etc. L'autor els fa parlar amb humor i ironia, una ironia infantil —si em permeteu unir aquests dos termes que en principi semblen antitètics—, fresca però no exempta d'elegància. Així ho podem veure en aquesta estrofa:

> «Aquest que em grata així
> es creu un serafí,
> però és un assassí
> que em fa, per treure un mi,
> sofrir.
> Gonyí-gonyí-gonyí.»

Un altre recurs usat amb profusió —val a dir que el tema s'hi presta— és el de les onomatopeies. Com hem vist en l'exemple precedent —*gonyí, gonyí, gonyí*— la transcripció en grafies del so del violí dóna comicitat a la composició; en el poema complet l'autor l'usa com a tornada o vers que es repeteix al final de cada estrofa. El mateix recurs el trobem en altres composicions del recull: *boè-boè* per l'oboè, *dring-dring* per al triangle, *xim-pom!, xim-pom!* per al bombo i els platerets, etc.

Un recurs usat també reiteradament és el de l'homonímia. Desclot juga amb les paraules que sonen igual però tenen significats diferents:

> «A mi no em ve d'aquí
> tocar demà o ahir,
> jo sóc un violí
> que sona perquè sí,
> en si.
> Gonyí-gonyí-gonyí.» (p. 12)

Així, la nota *si* es vincula a l'afirmació *sí*. També l'instrument que es diu *viola* amb la flor del mateix nom:

> «Hola,
> em dic Viola,
> i no sóc la silvestre
> flor de bosc, la viola:
> jo estudio per mestra
> d'escola.» (p. 15)

Miquel Desclot desplega la seva imaginació festiva sobretot en els jocs de paraules, a vegades tan reeixits que fan inoblidables algunes d'aquestes composicions. Així, una de les més divulgades és la titulada «Clarinet»:

> «Com que sóc un clarí net
> de la boca a l'esquelet,
>
> m'ensabono cada dia
> la lluent anatomia:
>
> no voldria que un barrut
> pogués dir-me "claribrut".» (p. 18)

En aquest cas l'autor usa un joc complex. A partir de la paraula «clarí» i de la forma diminutiva «clarinet», atorga un valor adjectiu al que és únicament un sufix diminutiu —«-et». Així, amb «clarí +net» fa l'oposició adjectiva «clarí +brut» i obté una imatge singular plena de comicitat i una paraula nova que no existeix al diccionari. La idea que desenvolupa el poema es reforça amb la il·lustració, en la qual es pot veure un clarí que s'està dutxant per no ser «claribrut». La similitud de la paraula «tuba» amb la paraula «tub» i el fet que generalment el femení d'una paraula es forma tot afegint una —a al masculí, dóna peu al poema «Tuba» (p. 23) en el qual la tuba s'ha casat amb el tub de la pasta de dents; també en aquest cas la il·lustració visualitza aquest singular matrimoni. El mateix recurs és usat en el poema «Tenora» (p. 75), quan l'instrument ens explica que «jo només deixaré abraçar-me/ per qui sigui el millor tenor», tot fent el joc tenora-tenor. Però el poema on la invenció de paraules noves i els jocs de paraules pren més volada és, sens dubte, el titulat «Tam-tam». El nom de l'instrument ja és clarament una onomatopeia. Aleshores l'autor ens presenta tres estrofes formades per quartetes. A la primera i segona quarteta els dos primers versos —senzills i eufònics— són en català, però els dos últims semblen paraules sense sentit que imiten alguna llengua africana o els sons del tam-tam. A la tercera estrofa veiem com aquells versos incomprensibles eren transcripcions més o menys fonètiques de frases en català. L'efecte obtingut és còmic i remet a les llengües indígenes i als ritmes de l'Àfrica. Vegeu el poema:

> «**Tam-tam**
> Jo tinc un nyu
> que menja pa,
> sama landú
> sama nibà!
>
> Un dia algú
> me'l vol comprar,
> sama landú
> sama nibà!
>
> Serà tan dur
> de suportar!
> Se me l'endú!
> Se me n'hi va!» (p. 64)

Un joc molt semblant, de ritmes i paraules inventades tot combinant-ne d'altres ja existents —en aquest cas pròpies del parlar juvenil— el trobem a la composició «Sintetitzador», que tanca la tercera part del llibre. El poema —construït del primer a l'últim vers amb paraules d'argot o inventades i per tant no normatives— s'adapta com un guant a les característiques sonores de l'instrument: «*Tope guai neluru guai,/ mola-mola su perguai!*».

Els poemes són en general molt àgils i plens de ritme. Un dels recursos que possibilita aquest efecte és l'ús abundant d'interrogatives, mitjançant les quals l'instrument personificat s'adreça als seus companys o directament al lector:

> «Però no sóc una desgràcia
> ni un mal fagot.
> Vejam, digueu, ¿no tinc més gràcia
> que un esquellot?» (p. 20)

El mateix passa amb els diàlegs, que aporten dinamisme i variació i que permeten el joc irònic. Així, en el poema titulat

«Viola d'amor, oboè d'amor i clavicèmbal», el diàleg amorós
—volgudament romàntic i tirant a cursi— entre la viola i l'oboè és contrapuntat de forma irònica pel clavicèmbal:

> «No senten mai tronar ni ploure,
> aquest parell tan cançoner.
> Si els vull salvar m'hauré de moure
> i fer-los de matrimonier.» (p. 66)

Capítol a part mereix el tema dels referents. El poeta Desclot empra diversos referents presos de la tradició popular de dites i parèmies, del cançoner tradicional, de la història o de la literatura infantil i el món del còmic. Aquest ús referencial enriqueix les composicions en elles mateixes i també en la recepció que en fa el lector. La recerca de vincles i referències a partir de la lectura d'un poema pot ser un exercici interessant per als joves lectors que s'inicien en la lectura poètica i un estimulant per a una millor comprensió lectora. A vegades trobem frases fetes inserides en els versos, com en l'estrofa «*Però la mosca ens puja al nas/ i la farem com un cabàs.*». O bé referències a llegendes molt conegudes a Catalunya, com la de Sant Jordi: «*Jo sóc una princesa / de cabellera d'or / que espera l'escomesa / d'un mal drac sense cor.*» O a personatges propis de les rondalles, com els gegants.

En aquesta línia, la composició que obre el recull es titula «Crida de l'orquestra» i comença amb el vers «*Som som som els instruments, de l'orquestra, de la pila!*», en clara referència a la coneguda cançó «*Som som som els cavallers*» habitual en els repertoris de cançoners infantils catalans. El mateix referent el retrobem en el poema que enceta l'última part, i que és fet imitació de l'indicat anteriorment; en aquest cas es titula «Crida de la cobla» i comença amb un «*Som som som els instruments / de la cobla de la vila*. Igualment, el poema «Flabiol i tamborí» té una tornada a càrrec del tamborí en la qual el poeta juga a moure les vocals del seu lloc habitual (*«Jo també tambà tambí; / Jo tambí també tambó»*) tal com passa a la cançó-joc «Una mosca volava per la llum».

Les referències històriques, curosament ordenades per ordre cronològic, constitueixen el canemàs sobre el qual es construeix la primera part del poema «Trompeta». Així, aquest instrument ja era present en temps del faraó, del rei moro, del rei Jaume, del rei Sol i de Napoleó, encara que ens confessa —en un to clarament pacifista— que en lloc d'anar a batalles prefereix anar a ballades. Adesiara, també trobem alguna referència al món clàssic, com a l'endevinalla «*Instrument d'Orfeu, / al cel tinc el feu*». Potser el joc de referents més elaborat el trobem a la composició titulada «Arpa Celta». En vuit estrofes formades per quartetes, Desclot fa aparèixer gairebé tots els habitants del poblat de la Gàl·lia que s'ha fet famós a través dels còmics: Copdegarròtix, Panoràmix, Ordralfabètix, Edatdepèdix, Astèrix, Obèlix, Idèfix i Asseguratòrix. A cada estrofa cada personatge es relaciona amb la característica que el defineix als coneguts àlbums de còmic: la fam d'Obèlix, les batusses amb els romans d'Astèrix, la poca traça musical d'Assegurantòrix, etc. És un joc de metaliteratura que pot resultar engrescador per als coneixedors de les aventures d'Astèrix i pot picar la curiositat als qui encara no les coneixen.

L'apartat de «Qui desafina?» és format per un conjunt d'endevinalles molt breus —a vegades de només dos versos—. La solució de cada una és el nom d'un instrument. L'autor usa les estructures sintàctiques i els recursos retòrics habituals en els embarbussaments i les endevinalles populars: comparacions, metàfores, al·legories, frases positives contrastades amb altres de negatives (*Xiula i no és vailet. / Piula i no és pollet.* p. 41), onomatopeies («*Tres cares tinc/ per fer dring-dring*» (p. 35) i abundància de monosíl·labs (*Xim-pom!, /xim-pom!, / dos som.* p. 36). Les il·lustracions d'aquest apartat tenen un tractament força original. Es tracta d'una corrua de gent —la majoria nens— que desfilen tocant alguns dels instruments corresponents a les endevinalles. El dibuix, però, el descobrim a poc a poc, una mica a cada pàgina, fins que a l'última el podem veure complet.

El tercer bloc de poemes, titulat «Més música, mestre...

sisplau», és el dedicat a instruments no pròpiament orquestrals. Es tracta d'instruments rars, exòtics, folklòrics, antics o moderns: el tam-tam, la gaita, la viola de roda, el sintetitzador, etc. En general, són poemes més complexos, més llargs i més elaborats que contrasten amb la simplicitat de les endevinalles. També hi trobem l'ús de paraules més difícils o poc usuals (parapet, balandre, escafandre, giga, pavana, deveses, noms de balls... en serien exemples) i una major complexitat de composició. L'última part, dedicada als instruments de les cobles sardanistes, torna a presentar poemes més breus i senzills, amb una remarcable presència de la ironia.

En conjunt, podem dir que *Més música, mestre!* és un poemari de temàtica monogràfica d'extensió considerable, format per parts diferenciades però que formen un tot harmònic, apte per a un ventall ample d'edats i molt atractiu tant pel tema com per la qualitat de les composicions. L'autor planteja la música com una festa i els instruments que la fan ens conviden a gaudir d'aquesta festa compartida, del plaer de la música i ensems del plaer del llenguatge poètic. De fet hi són abundants els mots que fan referència a l'esperit festiu: xerinola, barrila, sarau, cabrioles, petons, alegria, gresca, tabola, etc. Miquel Desclot desplega el seu mestratge com a poeta i el seu entusiasme com a melòman al llarg d'aquesta cinquantena llarga de composicions, que encomanen les ganes de llegir, de conèixer els instruments i d'escoltar música.

LA POESIA COM A COMPANYA: UNA LECTURA D'*ESCALETA AL VENT* DE JOANA RASPALL [94]

Joana Raspall (Barcelona, 1913) és —sens dubte— la degana de la poesia per a infants en llengua catalana. Encara que nascuda a Barcelona, ha viscut sempre a Sant Feliu de Llobregat, ciutat on ha desenvolupat una intensa tasca com a dina-

94. RASPALL, Joana (2002), *Escaleta al vent*, ilust. Picanyol, Barcelona: La Galera, col. Grumets.

mitzadora cultural. Incansable en la seva defensa de la llengua i en la divulgació de la literatura, la poesia és per a ella una part consubstancial de la vida. Cursà estudis de bibliotecària i de comptabilitat, però al llarg dels anys —a més d'escriure— ha treballat llargament en temes de lexicografia i fraseologia, tant que és coautora de tres esplèndids diccionaris, un de sinònims, un d'homònims i parònims i un altre molt singular sobre locucions i frases fetes, que ha tingut gran acceptació. Com a autora, encara que escrivia des de sempre, no va començar a publicar fins ben entrada la maduresa. El seu primer llibre de creació publicat va ser, precisament, un volum de poesia per a infants de títol discret — *Petits poemes per a nois i noies*— que aparegué el 1981, quan Joana Raspall ja tenia seixanta-vuit anys. Des d'aleshores, no ha parat de publicar: tres llibres de poesia per a adults, onze per a infants, una novel·la, cinc llibres de narracions i contes per a joves lectors i quatre textos teatrals. Una producció, doncs, extensa, variada, coherent i treballada amb rigor.

Si ens centrem en aquests onze llibres de poemes, veurem que —tret del primer— les dates de publicació es concentren sobretot en un període de vuit anys —del 1996 al 2004—; per tant, són deu llibres en quatre anys, un ritme de producció —o almenys de publicació— força accelerat, i més si tenim en compte l'edat de Joana Raspall. Això ens fa pensar que, en aquesta última dècada, escriure poesia és per a l'autora un plaer que la fa sentir viva i bategant. Probablement, passades ja les preocupacions de la vida adulta, la vellesa de l'escriptora es fa saviesa i poesia i ella ens l'ofereix com un regal de valor incalculable. Tres editorials catalanes publiquen els seus llibres amb regularitat: Baula, La Galera i l'Abadia de Montserrat, amb una acceptació del públic estimable i fidel.

El llibre que ens ocupa, triat una mica a l'atzar atès que la qualitat de tots els seus és molt semblant, es va publicar el 2002 i agrupa cinquanta-tres poemes repartits en quatre seccions temàtiques. Els dibuixos a ploma que il·lustren el volum són d'un altre clàssic del món del llibre en català per a infants, el dibuixant Picanyol (1948) col·laborador habitual de revistes infantils catalanes com *Tretzevents* o *Cavall Fort*, en la qual dibuixa des de fa més de trenta anys personatges tan entranyables com el conegut Ot *el Bruixot*. Els seus dibuixos en blanc i negre són clars, senzills i nets i acompanyen gran part dels poemes, a vegades amb un lleuger toc d'humor. L'edició del llibre, en format butxaca, correspon a la tipologia habitual de la col·lecció Grumets. En aquest cas, hi trobem a faltar un índex que facilitaria la localització dels poemes, especialment necessari en un volum com aquest, que n'inclou més de cinquanta.

En una visió de conjunt, podríem dir que aquests poemes s'insereixen en la tradició literària catalana que instaurà el Noucentisme. Alguns ens recorden, per les formes expressives i l'acurada selecció de tots i cada un dels seus components, les característiques de la poesia de l'autora mallorquina Maria Antònia Salvà. Això vol dir que són composicions de notable perfecció formal —els versos ben mesurats, les rimes adients, el ritme pautat, etc.—, d'expressió continguda —no hi ha jocs agosarats, ni imatges estridents, ni combinacions extravagants—, que combinen amb mesura i harmonia l'expressió dels sentiments amb l'observació de la naturalesa i la vida quotidiana. La veu poètica mena el lector a la contemplació, la reflexió o el somriure mitjançant una composició perfectament articulada en la qual cada paraula ocupa el seu lloc i cada frase té els mots exactes —ni en sobren ni en falten— per aconseguir en el lector l'efecte desitjat. Els recursos retòrics usats són els habituals en la poesia adreçada als infants: la reiteració, els paral·lelismes, la personificació d'objectes i animals, les estructures dialogades, les frases exclamatives, les onomatopeies, etc. El que dóna, però, interès als poemes de Joana Raspall no són aquests recursos en si mateixos, sinó el mestratge amb què els usa per aconseguir expressar sentiments, emocions i reflexions, amb una senzillesa expressiva admirable.

El llibre s'obre amb el poema titulat «Endreça», dedicat «Als nois i noies amics». La lectura d'aquesta composició ens dóna la clau del títol:

«Pujaré al cel blau
a collir paraules
per una escaleta
tallada en el vent.» p. 7

Es tracta d'una «declaració d'intencions» poètica, ja que l'autora ens ve a dir que pujarà al cel —entès com l'univers poètic— i en tornarà «amb les mans curulles de somnis, i us els donaré». Cada poema és entès com una proposta —un somni, un desig, una constatació— a compartir amb el lector. Seguidament, s'inicia la primera part del recull, titulada «Elements i flors». És formada per quinze poemes dedicats a fenòmens meteorològics —la primavera, la nevada, el xàfec, el dia ennuvolat...— i a flors o plantes —la poncella, la rosella, la vinya...—. En general són una constatació joiosa de la bellesa i la força de la natura, que es demostra tant en fenòmens espectaculars —per exemple, la nevada— com en processos aparentment senzills i petits —com el pas de poncella a rosa—. No són en cap moment poemes de militància ecologista, però hi batega un profund respecte cap a la naturalesa i una mirada entre innocent i meravellada cap a l'espectacle quotidià de la natura. La segona part del recull porta per títol «Bestioles» i està formada per dotze composicions, cada una d'elles protagonitzada per un o diversos animalets de l'entorn: la papallona, els ocells, les formigues, la rateta, la granota i el gripau, el talp, etc. També en aquests hi destaca el respecte cap als animals, com per exemple la recomanació de no agafar les papallones que veiem volar —una reacció típica en els infants—, que l'autora expressa així:

«Si ve una papallona
jo no l'agafaré;
que voli que voli!
al cel hi està més bé.» p. 28

Alguns poemes ens remeten a les faules, tant per la classe d'animals que hi apareixen com per la lliçó moral que comporten. És el cas del poema titulat «Amigues» en el qual dues formigues col·laboren i comparteixen solidàriament un gra de blat, o el cas contrari en «El cuquet i l'aranya» on el cuc rebutja hàbilment els oferiments malintencionats de l'aranya. Hi apareixen diversos temes morals, com el desig i la disconformitat, l'enveja, les males intencions, la innocència, l'amistat per sobre de les diferències, el rebuig a allò que és diferent, l'egocentrisme, etc.

La tercera part —«Enjogassades»— és la menys unitària. Els deu poemes que la formen tenen com a denominador comú un to festiu i en molts d'ells la personificació d'elements inanimats —com la finestra o la llesca de pa— o de conceptes abstractes expressats gràficament —com els números o les notes musicals. Molts d'ells expressen desigs com el de volar, el de conservar la frescor de la neu per a l'estiu, el de tenir un camí que arribi fins on els altres no arriben, etc. Pel to festiu i el savi ús de les onomatopeies, destacaria el poema «Festa major al poble», però és igualment remarcable el col·loqui entre les llesques de pa que presumeixen del seu sabor i la seva versatilitat (pp. 48-49) o el poema titulat «Reunió d'amics» (p. 51) que ens descriu una singular reunió entre els números del 0 al 9.

L'últim bloc de poemes, sota el títol genèric de «Sentiments i figures», abraça un total de setze composicions, la majoria protagonitzades per éssers humans o per personatges de l'imaginari popular com un gegant o un animal humanitzat. Aquests personatges expressen desigs o decepcions reals o metafòriques. Així, trobem el desig de compartir un somni, de ser una perla, de poder fer un collar d'aigua, d'entendre el llenguatge del vent, de volar cap a Betlem, de poder-se comunicar amb un colom, de ser pagès... I també la decepció de no entendre el món actual, de la pobresa, de la no acceptació d'un oferiment, de la indecisió, etc.

En alguns poemes podem constatar la decepció i perplexitat davant la voràgine del món actual. Aquest sentiment a vegades és posat en boca de personatges trets de la mitologia popular, com el follet que feia cent anys que no sortia de la cova i queda esmaperdut en veure la bogeria dels cotxes que corren per la carretera, els percep com a monstres que han engolit els humans (poema titulat «Què ha vist el follet?», p. 53) o el gegant que volia estudiar però abandona el seu projecte, incapaç de fer anar l'ordinador, tot exclamant «Quin invent tan poca-solta! / És ben boja aquesta gent!», p. 66.

Si ens fixem en els recursos estilístics usats per Joana Raspall en aquest mig centenar de poemes, constatarem que no són ni molt abundants, ni molt variats ni especialment originals. Com ja hem assenyalat anteriorment, la vàlua rau en el bon ús que en fa l'autora per aconseguir fer de cada poema una petita peça estimable. Tanmateix, una revisió d'aquests recursos ens mena a remarcar l'ús dels paral·lelismes per estructurar les composicions i de les exclamacions que aporten intensitat, com en aquesta estrofa:

«Com llisca, el riu!
Com brilla, el sol!
Com xiula, el vent!
Com creix, el blat!» (p. 11)

També són molt abundants les personificacions d'elements naturals («La neu tapa els arbres / perquè no tremolin.../... i el sol es desvetlla, / veu la terra blanca / tan bella, i somriu» (p. 13); les reiteracions («Gotes, gotes, pluja espessa»; p. 15) i les interrogacions retòriques («S'ha quedat a l'altra banda? / S'ha adormit al fons del mar?»; p. 17). En algunes ocasions l'autora recorre a l'ús de modismes o frases fetes («fins al matí, si Déu vol»; p. 29) o a fragments de cançonetes populars conegudes de tots els infants («Arri, arri, tatanet!»; p. 31). Pel que fa a les imatges poètiques, són molt delicades i estan usades de forma molt acurada, com podem veure en aquest exemple:

«Un raget de lluna
ha esquitxat la terra
i han nascut a l'herba
les cuques de llum.» p. 38

Altres vegades en el poema destaca l'ús de les comparacions, com en aquests versos de «Paraules del vent»:

«El vent em diu unes coses
que jo no les sé explicar;
coses dolces i boniques
que fan de bon escoltar:
com si cantessin els àngels
amb arpes i violins;
com si les flors hi vessessin
el nèctar que duen dins;
com si em gronxessin les ones
sobre un mar meravellós
dins d'una barca de somni
on fóssim nosaltres dos...» p. 60

L'ús d'onomatopeies és habitual en les composicions poètiques adreçades als lectors joves. El poema «Festa major al poble» —que hem esmentat abans— és format per vint-i-tres versos i pràcticament a cada vers trobem una o dues onomatopeies, de les usades habitualment en la conversa col·loquial, que serveixen per a descriure amb gràcia i vivacitat les activitats d'un poble que celebra la seva festa major. Vet ací el poema sencer, que transcrivim per il·lustrar el mestratge de l'autora a l'hora d'usar un recurs aparentment tan tòpic i simple com el de les onomatopeies:

«**Festa major al poble**
Ding-dong, sona la campana...
L'altra li respon: ning-nang...

A l'envelat, tiro-liro!
A la fira, tu-ru-rut!
Fent bum-bum i nyigo-nyigo
els músics han corregut;
uns van a peu, trico-trico,
o en carro, banzim-banzam.
El que fa txing-txing, dormia
i es vesteix patim-patam.

Sonen valsos, tzigo-tzigo...
Les faldilles fan fru-fru...
Tot fent xiu-xiu, les veïnes,
nyic i nyec, ja s'esvaloten
i agafen set: fan glu-glu...

És l'estiu, mosquits ziu-ziu...
Xim-xim... cauen quatre gotes
fins que el carrer fa xip-xap.
Ai!, la festa, gori-gori,
amb tot l'envelat mullat!
Tothom xop: a fer nyam-nyam,
que l'arròs ja fa xup-xup...
Al temps li farem pam-pam!» (p. 47)

En conjunt, doncs, *Escaleta al vent* és un llibre ben representatiu del tipus de poesia que ens ofereix Joana Raspall. Una poesia honesta, directa, acurada, sense escarafalls ni experimentacions, però que es fa entenedora, atractiva i que ens arriba al cor i ens fa reflexionar de manera pausada sobre els grans i petits temes que atenyen la condició humana. Una veu poètica clara i ferma, que s'insereix en la tradició poètica nostrada —alguns dels seus versos els podria haver signat Josep Carner—, que assenyala una fita important en la poesia catalana per a infants contemporània i que pot influir en els joves creadors, per la seva qualitat i senzillesa.

# LES RONDALLES I LA LITERATURA INFANTIL I JUVENIL

# 18. LES RONDALLES I LA
# LITERATURA INFANTIL[95]

## 1. De l'oralitat i la tradició popular

La paraula, des de sempre, ha servit a la humanitat no tan sols per comunicar les realitats del món tangible sinó també per fabular, per donar forma a les creacions imaginàries que permeten expressar les pors, els delits i les il·lusions que conformen la vida. Les rondalles són una forma de fabulació antiga, comuna a un gran nombre de cultures, que neixen en l'oralitat i en ella perviuen i es multipliquen. Qui les conta —és a dir, qui les recrea i transmet— no es preocupa de l'autoria del producte ni de la data en què va ser creat sinó d'interessar el seu auditori, de divertir-lo o commoure'l. Però més enllà de l'innegable valor lúdic i estètic el narrador sap —de manera conscient, sols intuïda o totalment inconscient— que a través d'aquelles històries transmet també una percepció del món, uns models de conducta, una proposta d'acció, la saviesa de la col·lectivitat transformada —per la gràcia del geni i la paraula— en lliçó plaent, en ensenyament intrínsec, que no explici-

95. Publicat a *Articles*, 16; Ed. Graó, Barcelona 1998.

ta continguts sinó que obre un repertori de propostes i convida al joc simbòlic, a la interpretació, a emular l'heroi, a evitar poder ser comparat amb l'agressor o el beneit, a contraposar el discurs i la vida, a establir paral·lelismes, a endevinar i a reflexionar.

És per això que, des de fa segles, la humanitat ha usat les rondalles per inserir els membres més joves de la comunitat en el seu context social i cultural. Ben prest hom es va adonar que els mites, les contarelles, els exemples, les llegendes eren una via immillorable de transmissió de pensaments i d'experiències, uns materials aptes per vehicular la moral, l'ètica i l'estètica que calia fer arribar als infants i els joves. La narració popular, encara que ens parli simbòlicament i ens mostri creacions imaginàries, ens resulta familiar i pròxima, divertida i —malgrat això— alliçonadora, entenedora per la seva estructura i pel llenguatge que la conforma, fàcil de retenir i alhora colpidora.

No és estrany, doncs, que, en passar d'una cultura essencialment oral a una cultura escrita, les velles llegendes i narracions que circulaven de boca en boca des de temps immemorials s'escriguin i, molts segles més tard, siguin dels primers materials que es publiquin amb la doble intenció de conservar-les i difondre-les, segur com hom estava de la seva acceptació popular, del seu èxit repetidament comprovat i de la importància del seu contingut, més enllà dels arguments. De fet, els primers llibres sagrats —*Rig Veda*, *Zendavesta*, la *Bíblia*— són compilacions de llegendes sotmeses a un criteri dogmàtic, coordinades i unificades.[96] Tampoc és estrany que —històricament— quan els adults volen adreçar als infants i joves uns textos formatius, el primer que els posin a l'abast siguin faules, velles narracions que actuaran de mirall del món i contribuiran a la formació de la consciència i el pensament autonom. Els primers llibres escrits expressament per a la formació de joves prínceps i futurs governants no seran altra cosa

96. Vegeu R. Cansinos Assens (1983), «Estudio literario crítico de *Las mil y una noches*» en *Libro de la mil y una noches, I*. Madrid. Aguilar. 1983.

que reculls d'apòlegs que vehiculen una moral utilitària, essencial per aconseguir i mantenir el poder.

També els predicadors, aquells que volien difondre unes determinades creences religioses i unes normes de conducta específiques, usaren profusament els exemples i les faules per fer-se entendre entre gent de tota edat i condició. No ens cal anar gaire lluny per il·lustrar això que diem; el nostre Ramon Llull fou qui millor va saber usar la narració popular per vehicular el seu pensament, complex i abstracte, que es feia planer i dúctil quan s'emmotllava en les velles estructures de la tradició.

## 2. DE L'ÚS DE LA TRADICIÓ POPULAR EN LA LITERATURA INFANTIL I JUVENIL

La invenció de la impremta, el progrés industrial, el creixement de les ciutats, l'augment progressiu de l'alfabetització i un llarg etcètera de causes que ara haurem d'obviar, comportaran uns canvis profunds de les estructures socials i, per extensió, culturals. La vella cultura popular tradicional serà substituïda progressivament per una altra, per una cultura alfabetitzada que valorarà conceptes com els de l'originalitat i l'autoria, que substituirà l'oralitat per la lletra impresa. És en aquest context, ens situam en el s. XVIII, quan neix a Europa el que ara anomenam literatura infantil i juvenil, entesa com materials literaris destinats especialment a la lectura d'infants i joves. L'augment del nombre de lectors a conseqüència de l'escolarització de la població permetrà que molts de joves (sobretot del sexe masculí) puguin accedir a la lectura. Davant aquesta nova demanda, quina és la resposta dels editors? On cerquen els materials per editar? Evidentment en la literatura popular, en les rondalles, llegendes i romanços que contadors i recitadors narraven i cantaven als mercats i les places. Des del s. XVII, a tot Europa, l'anomenada literatura de canya i cordill divulgava vells arguments refosos un cop i un altre, amb preferència pels temes escabrosos i truculents (cançons de bandolers, romanços d'amors dissortats). Literatura ben coneguda pels sectors més populars sense distinció d'edat, però no l'hem de confondre amb la literatura infantil i juvenil, que marca d'una manera més definida quins són els seus destinataris, encara que es nodreixi del mateix substrat cultural.

Simplificant molt, podem dir que a Europa —al llarg del s. XIX— els intel·lectuals redescobreixen la tradició popular i decideixen arreplegar-la per tal que no es perdi, a partir d'uns plantejaments romàntics i nacionalistes; és quan neix el folklore com a ciència i la valoració del llegat tradicional com una riquesa insubstituïble. També és quan es publiquen la majoria dels contes i les novel·les que avui consideram clàssiques de la literatura infantil i juvenil. Entre uns materials i altres hi ha uns lligams evidents. Si revisam els llibres que es publiquen adreçats a infants i joves, una primera distinció es farà evident:

a) D'una banda les rondalles, que es presenten en edicions per als joves lectors (diferents de les adreçades als erudits), això vol dir en edicions parcials, adaptades i acompanyades d'alguna il·lustració, a vegades en edicions modestes i altres en presentacions luxoses. És el cas del recull dels germans Grimm, d'Afanasief, de Perrault, alguns relats de *Les mil i una nits* popularitzats a Europa, etc. També en aquest grup haurem d'incloure les faules, en les versions franceses de La Fontaine o les espanyoles d'Iriarte o Samaniego.

b) D'una altra, les obres de creació, ja siguin contes o novel·les juvenils, entre les quals predomina indiscutiblement el gènere d'aventures (des de la novel·la històrica de Dumas a l'anticipació científica de Verne, del sentimentalisme de M. L. Alcott al terror de *Frankestein*, de M. Shelley, per posar alguns exemples).

Una anàlisi detallada ens farà palès que en el segon grup hi ha nombrosos elements que ens remeten a la tradició popular, tant per temes com per motius, estructura, llenguatge o intencionalitat. És ben evident que els autors no creen a partir del no res, sinó des d'una tradició cultural rica i complexa que és

286

reformulada un cop i un altre, i quan s'adrecen a joves lectors els esquemes clars, els personatges arquetípics, el llenguatge directe de l'herència popular són no només clixés, sinó veritables pilars sobre els quals construir la seva pròpia obra, el discurs que serà alhora atractiu i entenedor per als joves. Per tant, podem afirmar que des dels inicis de la literatura infantil i juvenil els autors que es plantegen escriure per a infants sovint s'inspiren en els materials tradicionals.

Revisar, encara que sigui breument, algunes obres de les avui considerades clàssiques ens permetrà il·lustrar amb exemples aquesta afirmació.

*Trencanous i el rei dels ratolins* (1816) és un conte romàntic de l'autor alemany E.T.A. Hoffmann (1776-1822) construït a partir de dues línies argumentals que s'entrellacen fins a fer-se indestriables. D'una banda tenim un conte realista que descriu la vida d'uns infants burgesos alemanys, i de l'altra una narració escrita a l'estil de les rondalles meravelloses, que inclou la maledicció des del bressol, la recerca de l'objecte màgic, l'enfrontament amb l'adversari sobrenatural, la restitució del dany inicial, el reconeixement i la transfiguració de l'heroi i el final feliç de les noces i l'ascensió al tron.

També *Alícia en Terra de Meravelles* (1865) de Lewis Carrol, obra original i revolucionària, té nombrosos lligams amb la tradició. D'entrada, ens trobam davant un conte iniciàtic que relata les vivències d'una nena —gairebé una adolescent— en el món dels adults —un món observat i criticat des de la lògica implacable dels infants, magistralment caricaturitzat per l'autor—. Alícia —en la seva caiguda— és conscient d'entrar en una mena de conte de fades,[97] i un cop en Terra de Meravelles els referents meravellosos es multipliquen: els animals que parlen, la sala amb moltes portes, la poció màgica que la fa créixer i decréixer, l'assemblea dels animals, els animals au-

97. »Quan jo solia llegir històries de fades, pensava que aquesta MENA de coses no passaven mai, i ara estic al mig d'una! Caldria escriure un llibre sobre mi, oi que caldria? I quan jo sigui gran n'escriuré un…» ( L. CARROLL, *Alícia en Terra de meravelles* (1865), traducció de J. Carner, Barcelona, Juventud 1971).

xiliars, el bolet màgic, etc. Però potser on Carrol usa amb més alt mestratge l'herència popular és en el llenguatge: les rimes absurdes, els sense sentit, els jocs de paraules intraduïbles, les cançonetes i endevinalles que remeten al gust popular del joc lliure amb les paraules, de les dècimes desbaratades.

A Itàlia, Carlo Collodi comença *Les aventures de Pinotxo* (1883) amb una fórmula que remet a l'oralitat: «Vet aquí que una vegada hi havia...». Després els referents tradicionals sovintegen: la misèria de Gepetto, els enganys de l'astuta guineu, la vella història dels diners que neixen a les branques dels arbres, la fada de cabells blaus, el bosc misteriós, el país de Xauxa —de vida regalada— i el d'Agafabeneits —on els barruts s'aprofiten descaradament dels ingenus—, el nas màgic que creix i decreix, els animals auxiliars —el viatge sobre un ocell, el grill, el papagai vigilant, etc.—, la vida dins la panxa del tauró gegant, el titellaire Menjafoc —clarament inspirat en la figura de l'ogre—,[98] i el pescador que és gairebé un home-peix. També la transformació de Pinotxo en ase, traducció literal de la dita que equipara els al·lots que no estudien als ases, té una clara vinculació popular.

Ja en el nostre segle, l'autor nord-americà L. F. Baum (1856-1919) publica *El màgic d'Oz* (1900) i des de la primera pàgina manifesta clarament el seu propòsit: «Vol ser una rondalla meravellosa modernitzada, que conserva de les velles l'element meravellós i joiós, però en deixa de banda les angoixes i els malsons».[99] No tenc molt clar que l'autor aconseguís el seu propòsit —alguns dels personatges que dibuixa són tan inquietants o paorosos com les bruixes més ferestes de la tradició popular— i probablement aquí rau la clau del seu èxit.

98. »Aleshores va sortir el titellaire, un homenàs d'aspecte ferotge, que feia por només de mirar-lo. Duia una barba negra com una taca de tinta, i tan llarga que li arribava fins a terra: només s'ha de dir que quan caminava se la trepijava amb els peus. La seva boca era ampla com un forn, els ulls semblaven dues llanternes de vidre vermell, amb el llum encès per dintre, i amb les mans feia espetegar un llarg fuet, fet de serps i de cues de guineu trenades les unes amb les altres.» (COLLODI, 1881; traducció d'Albert Jané).

99. L. F. BAUM (1900), *El màgic d'Oz*. Barcelona. La Galera, 1983.

Si hagués fet un relat edulcorat no hauria colpit el lector com ho fa amb la seva recreació del vell tema de la lluita del bé contra el mal, usant els recursos populars: el país extraordinari d'Oz, les sabates de plata que són un veritable talismà, els companys singulars arreplegats en el camí cap a l'aventura —el llenyater de llauna, l'espantall i el lleó covard—, les bruixes bones i les dolentes, la tasca difícil —que no és altra que la lluita del dèbil contra el mal totpoderós—, la recompensa i el final feliç, són elements que ens remeten clarament a les rondalles meravelloses.

Igualment a cavall entre el realisme i la fantasia es troba la narració *Peter Pan i Wendy*, publicada per J. M. Barrie a Londres el 1910. L'origen del personatge anomenat Peter Pan és clarament popular, prové del llegendari escocès, i es veu reforçat per la seva aparença, tan semblant a la d'un follet. L'empremta de la rondalla és clara en la figura de la fada Dringuets (o Campaneta), en l'ocell que ofereix el seu niu a Peter Pan i sobretot en Wendy, tan semblant en molt d'aspectes a Blancaneu, especialment per la seva relació gairebé maternal amb els nens perduts, però també per la seva caseta en el bosc, la mort aparent que es resol quan Peter Pan li arrenca la fletxa del cor, talment com si fos la besada del príncep, etc.

Andersen (1805-1875) buscà inspiració en la tradició nòrdica per escriure la majoria dels seus contes. Alguns eren recreacions de les rondalles que havia sentit contar en la seva infància; altres —els més romàntics— eren escrits de bell nou, sovint a partir de personatges i situacions d'arrel popular. També s'inspirà en motius populars l'autor decadentista anglès Oscar Wilde (1854-1900) quan escrigué *El fantasma de Canterville* (1887; recreació dels temes de l'ànima en pena i del mort agraït, plena de tendresa i ironia) o el conte titulat *El príncep feliç* (1888), que conté una evident lliçó moral. El mateix podríem dir d'Adelbert von Chamisso, amb *L'estranya història de Peter Schlemihl*, on retrobam el diable temptador transvestit en il·lusionista i la mítica bossa de diners que mai no es buida.

En la novel·la d'aventures adreçada als adolescents també

hi podem trobar referents populars. Sense entrar en detalls que allargarien innecessàriament aquesta exposició, direm que —en essència— la semblança primordial entre la novel·la juvenil i la rondalla meravellosa rau en el seu caràcter iniciàtic. Per a posar-ho de manifest, són prou eloqüents les paraules de Fernando Savater:

> «El carácter iniciático de la novelas de aventuras que tienen un viaje por argumento es ampliamente reconocido incluso por los críticos más reacios a la mitologización de la narrativa. Bien mirado, el ochenta por ciento de las aventuras revisten explícita o implícitamente la forma de un viaje, desglosable siempre con suma facilidad en pasos hacia la iniciación. El esquema es obvio: el adolescente, todavía en el ámbito placentario de lo natural, recibe la llamada a la aventura, en forma de mapa, enigma, relato fabulosos, objeto màgico...; acompañado por un iniciador, figura de energia demoníaca a quien juntamente teme y venera, emprende un trayecto rico en peripecias, dificultades y tentaciones; debe superar sucesivas pruebas y, finalmente, vencer a un monstruo o, más generalmente, afrontar la muerte misma; al cabo renace a una nueva vida, no ya natural, sino artificial, madura y de un rango delicadament invulnerable.»[100]

Aquesta peripècia iniciàtica es desenvolupa en un seguit d'episodis sota els quals és gairebé sempre possible endevinar-hi l'esquema propi de la rondalla meravellosa que posà de manifest V. Propp: la malifeta, la decisió d'actuar, les proves, l'obtenció de la informació o l'objecte que serà imprescindible per arribar feliçment al final, les pretensions enganyoses d'un fals heroi, la maduresa assolida, que en la rondalla és representada simbòlicament per la unió en parella i a la novel·la per l'accés definitiu a una vida adulta. Els autors, per tant, es valen d'una estructura que ha provat repetidament la seva validesa —des de Gilgamesh, l'*Odissea*, la Matèria de Bretanya a *El senyor dels anells*— per fer arribar el seu missatge als joves.

Per sobre d'aquest canemàs —no per conegut i reiterat

---

100. F. Savater (1976), *La infancia recuperada*. Madrid. Taurus (p. 51).

menys atractiu— la llista de motius vinculats més o menys directament al repertori popular podria ser inacabable: els mons subterranis o subaquàtics de *Viatge al centre de la terra* o *Vint mil llegües de viatge submarí* de Verne, la força instintiva del llop a *La crida del bosc*, els avantatges de la invisibilitat a *L'home invisible*, la presència dels morts en la vida dels vius de *Frankestein*, les velles llegendes de vampirs refoses a *Dràcula*, la bossa on els doblers mai no s'acaben de *La meravellosa història de Peter Schlèmihl*, les exageracions absurdes de *Les aventures del baró de Münchhausen*, el follet que empetiteix Nils Holgersson i l'oca que el du d'un cap a l'altre de Suècia o els dinosaures que descriu Sir Arthur Conan Doyle a *El món perdut*, tan mítics com els dracs de les rondalles. En tot el que és novel·la gòtica o *fantasy* —en la qual s'inspiren els coneguts jocs de rol i els jocs de les videocònsoles i d'ordinador, que tant d'èxit tenen avui entre els joves— les petjades de la novel·la de cavalleries i també dels materials populars són ben evidents (gegants, nans, bruixots i astròlegs, pòcimes malignes, anells màgics, espases invencibles, dracs i serpents, etc.). El mestre en aquesta línia és, indiscutiblement, Tolkien, qui amb un coneixement extraordinari de l'herència folklòrica i la literatura medieval ha construït veritables genealogies i ha traçat la història i les característiques d'un gran nombre d'éssers fantàstics que s'enfronten en la inacabable lluita del bé contra el mal, alhora que ha aconseguit l'interès i la fidelitat d'un públic molt nombrós.

## 3. UNA PROPOSTA DE SISTEMATITZACIÓ

L'interès del tema que comentam, però, no rau en la confecció d'una llista més o menys exhaustiva dels temes i els motius populars que apareixen en la literatura infantil i juvenil dels segles XIX i XX —tot i que això pot ser un exercici força entretingut—, sinó a veure quin és l'ús literari, ideològic i —per què no— sentimental que es fa d'aquests materials per part dels autors. Tema d'un altre treball seria la recepció dels lec-

291

tors davant aquestes propostes. A grans trets, crec que l'actitud dels autors en usar l'herència popular tradicional es podria classificar en quatre grans grups: l'ús referencial, l'ús lúdic, l'ús humanitzat i l'ús ideològic.

A) L'ÚS REFERENCIAL

Amb aquesta etiqueta designaríem l'ús dels elements populars d'una manera molt semblant a com es troben en la tradició, sense sotmetre'ls a cap tipus de distorsió ni donar-los nous continguts. La perspectiva és la mateixa que la de les rondalles i la caracterització dels personatges s'ajusta als tòpics establerts. Els agressors són dolents *per se*, les bruixes representen les forces negatives, les fades són bones, els gegants tenen força sobrehumana, el protagonista és valent, mai no dubta i al final el conflicte sempre és resolt amb la imposició del bé sobre el mal. En la mateixa línia, els animals desenvolupen el paper referencial que la tradició els ha assignat: les guineus són astutes, els llops ferotges, els bous pacients, els lleons superbs i poderosos, etc. Mercè Canela, a la novel·la *Els set enigmes de l'iris*, usa un gran nombre d'elements populars sense modificar el seu sentit originari —la filadora que veu el futur, el serpent com a agressor, les pomes màgiques, el càstig de ser transformat en estel, etc.— per construir un bell relat iniciàtic. A la literatura catalana les referències a les pròpies rondalles o a les més conegudes universalment, en escriure per a infants i joves, és una tendència que apareix a partir dels anys setanta i pren força en els vuitanta, sovint com una contribució conscient de l'autor a la difusió del patrimoni folklòric, que és vist com un bé a recuperar.

B) L'ÚS LÚDIC

Correspon a aquelles obres de literatura infantil i juvenil que prenen els elements de les rondalles i els inverteixen, capgiren, mesclen, descontextualitzen o reinventen amb una intenció essencialment festiva, desinhibidora o iconoclasta. A vegades aquesta inversió es fa a partir d'unes premisses ideològiques molt concretes —ja en parlarem més endavant—, altres pel simple plaer del joc i en ocasions té els dos components. Potser, per millor explicar aquesta actitud, ens caldrà mirar enrere i veure com s'ha anat desenvolupant aquesta línia. Ja en el s. XIX i principis del s. XX alguns autors prenen elements habituals a les rondalles meravelloses i en fan un ús còmic, que s'oposa al tradicional per la via de l'humor, però això solen ser pinzellades breus que resten dramatisme a situacions concretes. És el cas de la serp grossa i fumejant —talment un drac— que troba Pinotxo i a la qual no gosa enfrontar-se. La bèstia es mor no per l'atac de l'heroi, sinó de rialles en veure com Pinotxo —en saltar espantat— ha quedat amb el cap clavat al fang i les cames enlaire. En la mateixa línia podríem citar el mal geni de la fada Campaneta (o Dringuets), que contrasta amb el seu aspecte eteri i dolç; la figura mansa i plena de llaços del lleó «covard» que acompanya Dorothy a Oz; la imatge ridícula del cocodril que persegueix inútilment el capità Hook perquè el tic-tac dins la panxa el delata, etc.

Però el veritable ús capgirat dels elements de la rondalla popular es desenvolupa a la literatura infantil i juvenil sobretot a partir dels anys setanta i cal inserir-lo en els corrents contestataris, antiautoritaris i renovadors nascuts del maig del seixanta-vuit, que s'enfronten als convencionalismes socials i culturals i els qüestionen. Especialment, a partir de les propostes de Gianni Rodari articulades de forma més o menys sistemàtica en la coneguaíssima *Grammatica della fantasia*, publicada a Itàlia el 1973. L'autor, suggereix diverses tècniques per a crear històries, moltes d'elles basades en la manipulació de les rondalles. Per constatar-ho, basta llegir alguns dels títols que encapçalen els diversos apartats del llibre: «Les rondalles com a matèria primera», «La Caputxeta Vermella en helicòpter», «Les rondalles al revés», «Amanida de rondalles», «Calcant rondalles», etc. Les propostes de Rodari —que podem veure perfectament exemplificades en els seus llibres per a infants— tenen una extraordinària acceptació entre els autors, els il·lustradors, els narradors i els mestres que treballen la creativitat literària dels seus alumnes. Així és com la literatura infantil contemporània s'omple de llops pacífics, de caputxetes blanques, de fades xafarderes, de bruixes tendres o avorrides, de dracs desganats que no estan per princeses, de prínceps indecisos i de princeses malcarades.

Aquesta tendència, que al principi suposà una alenada d'aire fresc en una literatura ancorada en el realisme i de poca volada imaginativa, ha donat algunes obres originals i atractives, però —per la seva facilitat aparent— ha estat explotada fins a l'infinit, se n'ha fet ús i abús de forma indiscriminada i sovint s'ha caigut en la superficialitat més banal. Quan el capgirament és només un joc que acaba en ell mateix —o encobreix una evident manipulació ideològica— la qualitat literària se'n ressent i el resultat són llibres absolutament prescindibles, calcats sobre un mateix patró i on la força de la rondalla resta totalment perduda i només queda la reiteració maquinal de l'estereotip capgirat. El perill rau en el desdibuixament dels referents, en llibres destinats a una edat en què probablement és molt més entenedora una proposta moral que separi clarament allò que és positiu d'allò que és negatiu que el joc ideològic que molts d'aquests relats proposen.

C) L'ÚS IDEOLÒGIC

En aquest grup inclouríem aquelles obres de literatura infantil i juvenil que prenen els elements de les rondalles i els reutilitzen, dotant-los d'un contingut ideològic ben determinat amb una intenció essencialment formativa o adoctrinadora. És obvi que tota obra literària vehicula uns determinats continguts ideològics i les narracions folklòriques no en són una excepció; malgrat això, els autors han usat sovint les rondalles —o alguns dels seus elements— com a receptacles on abocar una ideologia ben concreta, allunyada del sentit originari de l'herència popular. Com exemple del que diem, recordem les refinades i cortesanes rondalles reelaborades per les *precioses* de la França de Lluís XIV, amb uns valors sovint divergents dels populars.

Aquest ús ideològic sol recórrer a les tècniques d'inversió i descontextualització comentades en l'apartat anterior. És per això que una línia i l'altra presenten nombroses interseccions.

De fet, si ens centram en les obres publicades a la segona meitat del s. xx, veurem que el context literari i social on sorgeixen és el mateix. A les dècades dels 50-60 predomina el realisme en la literatura infantil, els contes populars són objecte de crítiques i el que es fa és suavitzar i edulcorar les versions de rondalles per tal d'eliminar-ne la violència o els referents considerats escabrosos, escatològics o simplement inconvenients. És a dir, se sotmeten a un procés d'infantilització que —tanmateix— ja feia molts anys que havia començat.[101] A partir de la dècada dels setanta, però, les rondalles són reivindicades com a elements imprescindibles en el creixement psicològic dels infants, sobretot des de la publicació de la interpretació psicoanalítica que en fa B. Bettelheim en el seu famós llibre *The uses of the enchantement*,[102] i creix extraordinàriament el nombre d'autors que fan ús de l'herència popular en els seus llibres, en un retorn a la fantasia entesa com alliberament i com a eina de canvi. Dins el corrent de la literatura antiautoritària s'escriuen contes feministes, pacifistes, antimilitaristes, col·lectivistes, etc. Un exemple ben clar d'això seria la col·lecció italiana «A favor de les nenes» de les autores Adela Turín i Nella Bosnia, que —com el seu títol indica— és dedicada a publicar contes en els quals el paper de la dona és alliberar-se de les traves socials i culturals que són un llast per al seu desenvolupament personal. No tots els títols s'inspiren en la tradició popular, però quan ho fan posen l'accent en el capgirament del rol de princesa passiva que espera ser rescatada per un bell príncep.

Altres vegades, el missatge ideològic és de caire ecologista. Amb la intenció de conscienciar els infants dels problemes ecològics que patim per la irreflexió dels humans, molts autors usen els personatges màgics —que originàriament són representacions antropomòrfiques i animistes de la natura—

101. Recordem que els germans Grimm, quan publiquen la primera versió del seu recull, no l'adrecen específicament als infants; serà alguns anys després que se'n farà una nova versió «més adient» per a joves lectors.
102. B.Betthelheim (1975), *Psicoanálisis de los cuentos de hadas*. Barcelona. Crítica, 1977.

per mostrar la necessitat inajornable de viure més en harmonia amb la mare terra. Així, els éssers diminuts que habiten els boscos —nans, gnoms, follets, petites fades—, els gegants guardians, les sirenes, les dones d'aigua i fins i tot algunes bruixes —perdut el seu caràcter esquerp o feréstec—, es relacionen amb protagonistes humanitzats i els fan saber els perills que corre la humanitat si segueix destruint els hàbitats naturals. Un exemple clar d'aquest ús el trobam a la novel·la *El raïm del sol i de la lluna* [103] de Miquel Rayó.

En algunes obres, els personatges o les estructures populars vehiculen missatges de caràcter solidari o democratitzador, encara que aquests siguin valors poc tractats en el rondallari, i els problemes es resolen mitjançant el diàleg i la tolerància, mentre que a la rondalla popular la resolució vendria sempre a través de l'enginy o la màgia.

També podem considerar que fan un ús ideològic de la tradició popular els autors que —a través dels models tradicionals— reivindiquen el dret a la imaginació en llibertat. El cas més clar en aquesta línia és la coneguda novel·la titulada *La història interminable* (1982) de Michael Ende, que fou un extraordinari èxit editorial i s'ha convertit en un clàssic de la literatura juvenil fantàstica. La lluita d'Atreiu i Bastian per salvar el regne de Fantasia, en una clara i bella al·legoria de la imaginació humana, va commoure milers de lectors i retornà a la fantasia un lloc d'honor en la literatura juvenil. La reivindicació del dret a imaginar sol anar sempre unida —en aquestes obres— a la reivindicació de la narració oral com a punt de retrobament amb la memòria col·lectiva i l'intercanvi generacional. La narració entesa com una riquesa cultural que ens humanitza i que cal salvar de la desaparició i l'oblit.

## D) L'ús humanitzador

Sota aquest epígraf encabiríem aquelles obres que prenen els personatges de les rondalles i els humanitzen. És a dir, els donen cos i volum i els fan partícips de sentiments i actituds

103. Barcelona. La Galera, 1983.

plenaments humans, més enllà d'actuar com a arquetipus plans, com ocorre a les rondalles. Aquesta no és una tendència nova; recordau —per exemple— la bella història d'*El gegant egoista* d'Oscar Wilde, o *El fantasma de Canterville*, del mateix autor. Són relats que intenten defugir el maniqueisme de bons i dolents, d'agressors i víctimes, de personatges moguts per un destí inamovible i inqüestionable, que indefectiblement condueix al triomf de l'heroi i el càstig de l'oponent. Aquesta línia és molt més evident en les novel·les juvenils que en els contes per a les primeres edats, car implica una riquesa de matisos i un desenvolupament de l'argument que sol ser difícil d'encabir en poques pàgines. Els personatges predilectes en aquest cas són —indubtablement— les bruixes. Les bruixes mantenen els trets convencionals d'hàbitat i aparença física —lletjor, brutícia, elaboració de pòcimes i ungüents—, però manifesten també tota una problemàtica psicològica derivada de l'aïllament en el qual estan condemnades a viure i del rebuig social que provoquen. Sovint, sota l'aparença de bruixa s'amaga una dona dissortada i sàvia, coneixedora dels secrets de la natura, sensible i capaç d'actuacions nobles.

Els gegants també solen ser presentats com a models de solitud i d'incomprensió, cors bondadosos i ingenus sota una aparença ferotge, a la recerca de l'amistat i la comprensió. I encara hi podríem afegir els genis —tristos per estar condemnats a la solitud estreta d'un cofre o una ampolla—, les fades que aspiren a ser humanes, l'home del sac que se'n du els infants tan sols per gaudir de la seva companyia i foragitar així la soledat, els reis de voluntat democratitzadora, els prínceps que no volen ser desencantats, temorosos d'haver d'assumir les responsabilitats que la vida comporta, les bruixes que oculten la seva condició per por a l'escarni, etc. En definitiva, el canvi en els rols tradicionals no per la via de l'humor, sinó per la del sentiment i la sensibilitat, en un intent d'estimular la reflexió i la capacitat crítica mitjançant el trencament de l'estereotip.

## 4. Conclusions

Per acabar, només voldria posar de relleu algunes reflexions —vinculades a l'exposició anterior— que fa temps que em preocupen:

1. L'imparable procés d'infantilització, estandardització i banalització de les rondalles que —a força de ser utilitzades indiscriminadament com a recurs creatiu o comercial— es trivialitzen fins a perdre tota la força que com a herència cultural de la tradició popular havien servat al llarg dels segles. La literatura infantil i juvenil, quan no té un bon nivell de qualitat, té part de culpa en aquest procés.

2. L'empobriment cultural que suposa la reiteració sistemàtica d'algunes rondalles que s'han fet molt populars —de Perrault i dels Grimm, bàsicament— en detriment de la variació i també de la coneixença de les formes més autòctones que ens arrelen al nostre patrimoni cultural. El món editorial, però també els llibreters, els mestres i els pares, haurien de ser conscients d'aquest problema i posar els mitjans per tal de solucionar-lo.

3. La confusió que es provoca entre els lectors més petits quan s'abusa sistemàticament de la inversió i el capgirament dels rols tradicionals perquè sí, sense proposar alternatives vàlides o eliminant els referents negatius, d'altra banda tan necessaris per a poder entendre els positius.

No vull, però, ser pessimista. Estic convençuda que —malgrat els entrebancs derivats dels vertiginosos canvis socials— les rondalles ens continuaran acompanyant durant molts d'anys i, encara que també ho facin en nous suports tecnològics, la paraula viva seguirà sent el mitjà de transmissió predilecte dels infants, perquè res no pot substituir-la. Que els vells temes i motius que recreen continuaran colpint els nostres sentiments i estimulant la nostra imaginació, que els artistes s'hi inspiraran i els estudiosos intentaran revelar els secrets que des de sempre ens amaguen. En definitiva, crec que per molts d'anys encara, els homes i les dones d'aquest planeta ens deixarem seduir per la saviesa i també la màgica innocència d'aquestes velles i belles històries.

# 19. INFLUÈNCIES DE LES RONDALLES EN LA LITERATURA INFANTIL I JUVENIL CATALANA ACTUAL[104]

## 1. INTRODUCCIÓ:

És un fet prou conegut que l'hàbit lector, entès en el sentit de fer de la lectura un element enriquidor i alhora lúdic —una via de desenvolupament de coneixements, d'experiències i de fantasies—, s'adquireix essencialment al llarg de la infància i de l'adolescència. És per això que consideram de cabdal importància les lectures que es fan en aquests primers anys, els models que forneixen i la cosmovisió que a través d'elles l'infant i l'adolescent desenvolupa.

No podem oblidar, però, que la lectura més o menys generalitzada, i sobretot la producció de materials literaris adreçats especialment a infants i joves, són un fenomen relativament recent, que es desenvolupa a partir del segle XIX, a conseqüència de tot un conjunt de factors polítics, econòmics i socials. Segles enrera l'imaginari de joves i d'adults es construïa a través de l'oralitat, de la transmissió de rondalles, de llegendes i de facècies perpetuada generació rere generació.

---

104. Article publicat a *Revista de l'Alguer*, 5; desembre 1994, L'Alguer (Itàlia).

## 1. Hipòtesi de treball

En iniciar una línia de recerca sobre oralitat i literatura per a infants, el meu bagatge lector en literatura infantil i juvenil acumulat al llarg dels anys, la coneixença de les narracions populars i l'aprofundiment sobre ambdós temes mitjançant la lectura d'assaigs i d'articles, feren que prest prenguessin cos diverses apreciacions, entre les quals en destacaven dues:

— Que hi havia una influència real de la literatura popular en la literatura catalana d'autor.

— Que probablement això no era un fenomen recent ni restringit al nostre àmbit cultural.

Francesc Cubells, a la conferència pronunciada el 1984 a Palma amb el títol «Les tendències actuals de la literatura infantil catalana»,[105] dividí la producció catalana dels darrers trenta anys en tres dècades: una de realisme (1955-65), una de crítica social (1965-77) i una última dècada que qualificà —provisionalment— d'ecològica. L'autor posà l'accent, precisament, en el revifament d'aspectes lligats a la tradició popular en un moment en què coincidien un conjunt de fets socials i històrics al nostre país.

Les apreciacions personals, no sistemàtiques, a les quals ja he al·ludit i la reflexió a què m'induïren les paraules de Francesc Cubells, em varen dur a l'elecció i la delimitació definitiva del meu objecte d'estudi: analitzar quina era la influència de les rondalles en els llibres per a infants i joves, en quins punts es manifestava, com s'estructurava i quin sentit tenia a l'actualitat.

105. Reproduïda a la revista *Lluc*, 718 (novembre — desembre 1984, pp.15-21) amb el títol «El llibre català per a infants i adolescents: evolució i tendències».

## 2. Metodologia

El repte era apassionant, però alhora complex. Calia una coneixença aprofundida de dos camps extraordinàriament rics i diversos: la literatura popular i la literatura infantil i juvenil d'autor. Es tractava d'una tasca de caràcter comparatiu i una de les principals dificultats radicava en el fet que un dels termes de la comparació era obert. Acotàrem els llibres per a infants i joves a analitzar amb una sèrie de paràmetres clars i precisos: de narrativa, escrits en llengua catalana, publicats entre 1975 i 1985, etc. En canvi, no delimitàrem el corpus de rondalles, car ens semblà que corríem el risc d'encasellar i d'empobrir l'estudi. En què ha consistit, doncs, la nostra metodologia de treball?

— En la lectura de nombrosos reculls de contes populars d'arreu del món, però especialment dels propis de la tradició occidental (Alcover, Amades, els Grimm, Perrault, etc.).

— En la lectura i l'estudi de textos que analitzen, des de diversos caires, la literatura popular tradicional en tots els seus aspectes.

— En la lectura de la producció de narrativa infantil i juvenil catalana de la dècada 1975-85, sense oblidar la producció anterior i posterior que ens en pogués facilitar la contextualització.

— En la documentació sobre literatura infantil i juvenil, a través d'assaigs, d'articles, d'assistència a congressos, de converses amb especialistes, etc.

Mitjançant aquests camins hem pogut posar en pràctica el nostre mètode, que ha consistit a detectar —amb un buidatge sistemàtic— una sèrie d'elements característics de la rondalla i veure com i de quina manera es retroben en els contes actuals. Vegeu, a tall d'exemple, com es concreta a les rondalles i als contes moderns el motiu del vigilant sobrenatural que custodia l'objecte màgic amb l'estratègia de dormir amb els ulls oberts i vigilar amb els ulls clucs.

A *L'amor de les tres taronges*, en la versió de mossèn Alcover, trobam el següent fragment:

«En Bernadet embolica i ferma es cotó per ses potes des cavall i ja se n'entra dins es jardí, sense fer petjades, casi, casi; i cap en es taronger d'es mig, que el veien de per tot, d'alt que era i de vorjo que duia.

Al punt hi va ser devora, i li afina es set gegants, enrevoltats de sa soca, ajagudots, badant uns uis com uns plats.

S'hi acosta de puntetes, sense alenar casi casi: se senya tres vegades, s'enfila com un aranyó per sa soca, arriba en es brot de ses tres taronges, el cui, davalla, pega fuia cap an es cavall, i ja hi està damunt, i venga esperonada i altra; i es cavall de quatres i de d'allà.

Amb sa mica d'estabeig es gegants se desperten, i me veuen aquell qui fuig i es taronger sense es brot de ses taronges.

Oh, quin bramul que pegaren i quin bot!»[106]

I a la novel·la *Els set enigmes de l'iris*, de Mercè Canela, podem llegir:

«Assegut al tron, amb la seva llarga cabellera blava, el serpent semblava contemplar la Sara amb els seus ulls oberts. Però la noia recordava bé les paraules de les veus burletes: el serpent vigilava sempre amb els ulls tancats, només un cop cada cent anys els obria per dormir, i llavors hom podia intentar prendre-li la pedra, l'aiguamarina que brillava intensament damunt del seu front.

La Sara s'empassà dues o tres vegades saliva, abans de decidir-se. Semblava que les forces l'havien abandonat del tot i un gran defalliment s'havia apoderat del seu cos. [...]

Quan va ser davant la bèstia, la por li feia tremolar la mà. Aquells ulls oberts semblaven vigilar tots els seus gestos. Estirà el braç lentament i d'una revolada va arrabassar la pedra del front del serpent. [...] En notar que algú li prenia l'aiguamarina, el serpent tancà els ulls i es despertà.

— Com t'atreveixes a robar-me! —bramulà. I es llançà sobre ella per devorar-la.»[107]

Ambdós episodis continuen amb la persecució de l'heroi o heroïna i el fracàs dels perseguidors, víctimes de l'ajut màgic

106. ALCOVER, *Rondaies Mallorquines*, volum III, p. 73 (Palma, 1986).
107. CANELA, Mercè, *Els set enigmes de l'iris*, p. 56 (Barcelona, 1984).

que té l'heroi. Com veim, les semblances són evidents, i ens trobam davant un cas clar de paral·lelisme. Podríem posar altres exemples on les influències prenen el sentit de contrasts, de divergències o de recreacions humorístiques.

Pel que fa a les fonts utilitzades, les podem dividir en primàries i secundàries. Entre les primeres inclouríem els 318 llibres que conformen la nostra mostra i altres obres de literatura infantil anteriors i posteriors a aquestes (entre les quals cal destacar les considerades «clàssiques»). També el nombrós conjunt de rondalles que he pogut llegir, entre les quals vull destacar —per la seva riquesa indiscutible en tots els aspectes— el recull de mossèn Alcover pel que fa a l'àrea catalana, i també el recull dels germans Grimm, que abasta un nombrós conjunt de narrativa oral centreeuropea.

En el camp dels estudis sobre els temes que feien referència, d'una manera o l'altra, a l'objecte del meu treball, he de dir que la nota més destacada ha estat la diversitat. Una diversitat que m'ha permès analitzar la matèria des de punts de vista molt diversos: des d'estudis formalistes com els de V. Propp, a antropològics com els d'Eliade o Lévi-Strauss, folklòrics com els de Thompson, semiòtics com els de Zumthor o psicoanalítics com el de Bettelheim, he pogut comptar amb un ample ventall d'aportacions erudites que analitzen el fenomen de la narrativa oral en continguts, aspecte i forma de transmissió. Així mateix voldria remarcar la necessitat de refer, o potser fer de bell nou, un catàleg de motius propis de les rondalles, estructurat de manera clara, coherent i eficaç, que facilitàs els estudis i les aportacions sobre aquest aspecte.

Un segon grup de fonts secundàries bàsic ha estat el conjunt d'estudis sobre literatura infantil actual. Malgrat que hi ha aportacions interessants, com és ara les de Marisa Bortolussi o les de Jacqueline Held, hi ha encara un llarg camp per recórrer, i no només al nostre país. Tradicionalment la literatura infantil havia estat bandejada dels estudis literaris, considerada literatura de segon ordre. La seva integració, de ple dret, en el món acadèmic i erudit és encara un fet recent, i per tant això es manifesta en la bibliografia. La majoria d'anàlisis i reflexions els hem trobat en articles de revistes, en publicacions periòdiques que —tot i fer una tasca interessant i necessària— tenen unes limitacions evidents —d'espai, de públic, etc.—. Esperam que la puixança d'aquest tipus de literatura es tradueixi ben prest en la publicació d'anàlisis crítiques i d'estudis, tan necessaris per a fer més sòlida la presència d'aquest sector en el món de la cultura.

## 3. Desenvolupament del treball

Passem, doncs, a explicar l'evolució i el contingut del treball. L'iniciàrem amb l'estudi d'uns aspectes que ens semblaven del tot necessaris per situar el tema en la seva dimensió històrica i literària, tant des del punt de vista de la literatura popular com de l'infantil i juvenil d'autor: les característiques del relat oral, els camins de l'adaptació a l'escriptura, les influències populars en la tradició literària catalana i també en les obres considerades clàssiques de la literatura infantil i juvenil. Per arribar a l'actualitat, a l'anàlisi concreta de la producció actual.

Francesc Cubells, en la seva divisió ja esmentada de la producció catalana en tres dècades —la realista, la de crítica social i l'ecològica—, no tals sols temporalitza la creació, sinó que ens fa adonar d'un fet importantíssim: la literatura infantil i juvenil catalana és una literatura profundament relacionada amb la que es fa a tot el món I extraordinàriament receptiva a les línies i tendències d'arreu.

Això no vol dir, en absolut, que sigui dependent ni subsidiària de la creació exterior, sinó que hi està en sintonia. És ben cert que és una literatura que, com la resta de manifestacions culturals del país, ha patit una situació d'anormalitat que ha provocat, entre altres coses, un cert desfasament en el temps. Per exemple, els llibres de colles que tant d'èxit varen tenir a l'Europa del anys cinquanta es desenvolupen plenament en el nostre país molt més tard i el model que proposen se segueix repetint encara a finals de la dècada dels setanta.

Però aquest desfasament, ben explicable per factors d'infraestructura cultural al llarg del franquisme, es comença a reduir de forma notable des de 1975, fins arribar en el moment actual —gairebé només quinze anys després— a una situació que podem considerar totalment normal, tant pel que fa a la creació com a l'edició. Són diversos els factors que ho fan possible: autors receptius i de qualitat, editors decidits a treballar en aquest camp i, especialment, dos elements sense els quals el progrés hauria estat impensable: el treball d'estímul a la lectura fet des dels moviments de renovació pedagògica que es desenvolupen a Catalunya des de la dècada dels anys seixanta i el procés de normalització lingüística que ha viscut el país, sense el qual difícilment podríem comptar amb un públic lector com l'actual.

Ens trobam, per tant, amb una literatura que floreix a partir d'unes circumstàncies molt concretes, però que no és un fenomen aïllat i molt menys un «material d'urgència i circumstancial», sinó una producció rica, complexa i plural, els valors de la qual s'evidencien en les traduccions i en el prestigi internacional d'alguns dels nostres autors.

Abans de començar a comentar els principals aspectes analitzats ens cal explicar una idea bàsica per a entendre el sentit últim del treball: la diferència que existeix entre la narració popular i el conte d'autor. Per moltes influències que aquest pugui tenir del primer, la diferència radica essencialment en l'ús conscient que l'autor fa d'aquestes influències. És a dir, la rondalla conté un conjunt de simbologies acumulades al llarg dels segles. L'obra d'autor neix en un moment determinat i es carrega d'una ideologia, d'uns continguts i d'unes significacions concretes. L'autor fa un ús determinat i personal de la càrrega cultural de la rondalla popular, un ús ideològic. No usen els contes meravellosos amb la mateixa intencionalitat les «precioses» de la cort de Lluís XIV i l'escriptor mallorquí Miquel Rayó, per posar un exemple molt allunyat en el temps i l'espai. Feta aquesta consideració, passem a comentar els aspectes estudiats.

## 3.1. *Temàtica*

En primer lloc les coincidències o divergències en la temàtica. En un sentit ampli podem dir que la lluita del bé contra el mal és un dels temes més tractats a totes les literatures, tant en les adreçades a joves com en les d'adults. També gran part de les rondalles, i especialment les meravelloses, es poden reduir a aquest tema global. Però, sovint aquesta lluita es vehicula a través d'un heroi, i aquest heroi viu al llarg del relat tot un procés de transformació que no és més que un camí cap a l'assoliment de la maduresa, que culmina quan aconsegueix vèncer aquest *mal* al qual s'ha d'enfrontar.

El tema, en la seva doble articulació, és ben present en la literatura actual. Així, na Sara i en David d'*Els set enigmes de l'iris*[108] o l'Oriol d'*El raïm del sol i de la lluna*,[109] maduren gràcies als obstacles que han de superar per retrobar-se, així com ho fan les heroïnes o els herois de les rondalles del cicle de l'espòs transformat.

Hi ha, però, un tema que neix de la rondalla i es manifesta únicament en els llibres actuals: la valoració i la reivindicació de la narració oral. I aquest és un exemple clar del que dèiem abans. Els autors reivindiquen la narració oral a través de la inclusió d'aquests relats en les seves obres, és a dir en fan un ús vindicatiu, un ús carregat de significacions i connotacions actuals, com a resposta a un món on cada vegada la relació amb el meravellós a través de la paraula viva és més escassa.[110]

En la mateixa línia, de tema que neix de la rondalla però que no coincideix amb el de la rondalla, tenim la valoració del poder de la imaginació, tal com passa a *Utinghami, el rei de la boira*,[111] la història d'una peripècia iniciàtica amb l'ajut de la màgia per a recuperar la imaginació dels infants.

---

108. Mercè CANELA (Ed. La Galera; Barcelona, 1984).
109. Miquel RAYÓ (Ed. La Galera; Barcelona, 1983).
110. El nombre d'obres on es pot apreciar aquest fet és molt elevat, a tall d'exemple en citarem algunes: CANELA, M., *Asperú, joglar embruixat* (Ed. La Galera; Barcelona, 1982); GARDELLA, M., *En Gilbert i les línies* (Ed. La Galera; Barcelona, 1983); JANER, G.: *Diumenge, després de lluna plena* (Ed. Barcanova; Barcelona, 1983).
111. Mercè CANELA (Ed. La Galera; Barcelona, 1979).

També amb elements de la tradició popular els autors ens parlen d'ecologia: el raïm màgic que tornarà el son a la princesa i permetrà que torni a girar la roda del temps,[112] el gegant transformat en muntanya des del moment que els homes habitaren la contrada,[113] el camp preservat de la mà de l'home perquè hi habiten dos amants convertits en flors durant mil anys,[114] etc. Tenim, per tant, una quantitat important de temes actuals —ecologia, reivindicació de la llibertat, de la imaginació, de la solidaritat, etc.— tractats a través d'elements presos de la tradició popular, més que una coincidència formal de temàtiques.

### 3.2. Estructura

Tot i que en una producció tan dilatada com la que analitzam hi ha tota mena d'estructures, hem pogut copsar una repetició insistent del model propi de la rondalla meravellosa que establí V. Propp. L'estudiosa M. Bortolussi[115] ja demostrà que l'estructura pròpia de la rondalla era la que millor s'adaptava a la recepció infantil. D'una manera espontània els autors catalans actuals segueixen aquests esquemes que, d'altra banda impliquen una gran dosi de lògica narrativa.

En ocasions, els autors estructuren directament la seva obra a imitació d'un tipus de conte popular o d'una rondalla determinada —aquest és el cas d'*El malefici de la reina d'Hongria o les aventures de tres patrons de nau* [116] i la rondalla «Es tres patrons»[117] o d'alguns contes per a petits que presenten clarament una estructura encadenada.

112. Miquel RAYÓ, *El raïm del sol i de la lluna* (Ed. La Galera; Barcelona, 1983).

113. Joan Andreu VALLVÉ, *Potser somies, Linus?* (Ed. La Galera; Barcelona 1982).

114. Mercè CANELA, *Lluna de tardor* (Ed. La Magrana; Barcelona, 1982).

115. Marisa BORTOLUSSI, *Análisis teórico del cuento infantil* (Ed. Alhambra; 1985).

116. Maria Aurèlia CAPMANY, *El malefici de la reina d'Hongria* (Ed. Barcanova; Barcelona, 1981).

117. Antoni M. ALCOVER, *Rondaies Mallorquines*, volum 11 (Ed. Moll; Palma, 1980).

### 3. 3. *Els personatges*

El model d'heroi i el d'heroïna es reprodueixen gairebé de forma invariable a la rondalla i al conte modern: són nins o nines, al·lots o al·lotes, decidits, plens de generositat, coratjosos i nets de cor, que —ajudats sovint per un element màgic que han obtingut gràcies a les seves qualitats— aconsegueixen l'objectiu que es proposaven. El mateix passa amb els donants: persones adultes —sovint de sexe femení—, d'aparença humil, que mantenen una relació especial amb la naturalesa o amb el món màgic. Vegeu, a tall d'exemple, el comportament d'aquestes dues donants:

> «Tothom estava esfereït, però va fer-se endavant la dotzena fada, que encara tenia sobrant el seu desig, i, com que no podia revocar la mala sentència, sinó solament assuaujar-la, digué:
> —Però no serà mort, sinó un son pregon que durarà cent anys, en què caurà la pricesa.»[118]

I a *Lluna de tardor* de Mercè Canela:

> «No la va matar, na Maraganda a la Blanca. No ho havia de permetre mai jo que la meva afillada caigués en mans d'aquella dona cruel. Però tampoc ella és exempta de poders i va poder-li fer mal, si bé no tot el que ella volia. La mort que li desitjava es transformà en un llarg son, un son que ha de durar més de mil anys.»[119]

Veim com en un conte modern es reprodueix, de forma fidel, un model d'actuació de donant establert per la tradició.

En canvi, on hi ha hagut transformacions importants és entre els agressors. Molts dels agressors tradicionals, especialment els animalitzats —els llops i en menor mesura també els dracs—, però també els humans —com és ara les conegudes madrastres— han desaparegut o bé han canviat el rol ori-

---

118. «Englantina o la Bella del Bosc Dorment» dins *Rondalles de Grimm* pàg. 23 (Ed. Joventut; Barcelona, 1988).
119. «Blanca» dins *Lluna de tardor* de Mercè CANELA (Ed. La Magrana; Barcelona, 1982).

ginal i s'han transformat en auxiliars. Els agressors que sovin-
tegen a les novel·les i els contes actuals són personatges que es
mouen pel plaer de fer el mal —com el bruixot Eixorc d'*El
bosc encantat*—[120] o per cobdícia, ambició o ànsies de poder:
negociants, especuladors, destructors de l'entorn, poderosos
que abusen de llurs privilegis, etc.

Els personatges que Propp denomina «la princesa i el seu
pare» també han evolucionat. Tal i com passa a la rondalla
tradicional trobam representats els dos tipus de «princeses»,
les que tenen un comportament passiu i les que, per contra,
col·laboren activament en el desenvolupament de l'acció. En
canvi, la figura del pare o del tutor que ordena, organitza, de-
cideix i castiga pràcticament ha desaparegut. També són for-
ça escassos els anomenats «comanadors», aquells personat-
ges que enviaven l'heroi a l'aventura. El conte modern es
decanta més tost per un decisió autònoma o per la casualitat
que empeny cap a l'acció. També han desaparegut els suplan-
tadors, els falsos herois que a la rondalla intentaven fer-se se-
va la recompensa amb l'engany i que només aconseguien ser
objecte de càstig i escarni.

Tot un altre tema és el dels personatges meravellosos. Són,
indiscutiblement, un dels elements més atractius de la ronda-
lla i les característiques que els són pròpies ens resulten fami-
liars a tots des de molt petits. Aquesta mateixa popularitat ha
contribuït a empobrir-los i fer d'ells, en moltes ocasions, un
estereotip proper a la caricatura. En aquest sentit vull remar-
car la línia de treball d'alguns autors catalans que s'han resis-
tit a aquest joc de superficialitat i han fet dels personatges me-
ravellosos éssers de carn i os, amb una història, un sentit i uns
sentiments. A molts dels llibres que hem analitzat, sobretot en
els adreçats a infants més grans, podem trobar personatges
tan aconseguits —i per això mateix tan inoblidables— com la
dolça bruixa Marduix,[121] la terrible Andraixa,[122] el vell mag

120. Joles SENNELL (Ed. Abadia de Montserrat; Barcelona, 1982).
121. Enric LARREULA, *Marduix* (Ed. Argos Vergara; Barcelona, 1983).
122. Joan BARCELÓ, *Ulls de gat mesquer* (Ed. La Galera; Barcelona, 1979).

bonifaci i despistat que creà *El bosc encantat*[123] o els mags Berard i Bellroc.[124] Cap d'ells és un personatge pla o caricaturitzat per la via fàcil; de tots ens arriba quelcom que va més enllà del gat negre o el capell punxegut.

Vegeu com ens descriu Joan Barceló la temuda Andraixa:

«Era un ocellot d'ales plegades que ventava mutis i secret. Andraixa, la bruixa del casal de les bultres de vora el riu, tenia el nas esmolat de voltor famèlic i dents d'oca. La vellarda aixafava els carrers, cabells eriçonats de color pastanaga encesa, cara groguenca i dits secs i llargs que li ressaltaven esquelètics i que feien moure, amb l'ajut d'un cos com d'esbatzer anèmic, un vestit de lli destenyit, de color de por.»[125]

Pel que fa a les fades, també podem dir que els autors lliguen amb la tradició popular del país. Escassegen les fades evanescents —de tipus nòrdic— i sovintegen extraordinàriament les «velletes» o «jaietes», que hem anomenat Velles Dames, dones d'aspecte humil que concedeixen un do a l'heroi després d'haver comprovat la seva bondat. També tenen una certa tradició en el nostre rondallari les dones d'aigua o Dames Verdes i les retrobam, encara que en menor mesura que les velletes, en els contes moderns. Curiosament el procés de desmitificació s'ha produït amb les fades que en podríem dir foranes —que pertanyen a altres tradicions— i no amb les que ens resulten més properes.

No apareixen gaire les sirenes ni tampoc els ogres, encara que —quan apareixen— solen tenir una relació positiva amb els humans.

Molt interessant és el que ha passat amb els gegants. Els gegants paorosos i caníbals de les rondalles, que sempre eren vençuts per l'astúcia, però que gaudien de força i de poder, la qual cosa els feia ser un enemic temible, han donat lloc als ge-

123. Joles Sennell (Ed. Abadia de Montserrat; Barcelona, 1982).
124. Miquel Rayó, *El raïm del sol i de la lluna* (Ed. La Galera; Barcelona, 1983).
125. *Ulls de gat mesquer*, p. 29 (Ed. La Galera; Barcelona, 1979).

gants actuals. Els gegants del contes moderns són apacibles, ecologistes i un xic betzols. La seva prodigiosa estatura és sempre posada al servei de la comunitat o de l'heroi i els petits conflictes que inicialment puguin causar es resolen per la via del diàleg.

Més abundants que els gegants són els que hem anomenat «éssers diminuts», que conserven llur aparença i hàbitat tradicional; actuen com a auxiliars —mai no ho fan com a agressors— i estan lligats directament a la natura, de tal forma que en són una clara personificació.

Menys habituals són els genis. Els que apareixen són presos directament de la tradició oriental pel que fa a aparença, poders, etc., però en el conte modern sovint es troben tan desmitificats que acaben per ser ridículs.

Menció a part mereix el cas dels dimonis o diables. A la tradició popular catalana trobam tota classe de dimonis que apareixen en les rondalles més diverses. Mossèn Alcover tenia una gràcia especial per descriure'ls, sempre en un to faceciós, i conegudes de tots són les llargues tirallongues enumeratives de *dimonis, dimoniets, dimonions, dimoniarros, dimonietxos, dimoniïus...* Doncs aquests personatges tan nostrats, que omplen places i carrers a les festes populars i són presents a les contarelles més tradicionals, han desaparegut de la literatura infantil actual. Creim que el fet només és atribuïble a un desig conscient d'eliminar qualsevol element que pugui remetre, d'una manera o l'altra, al món religiós. Però no només és això: tots els personatges de la por han desaparegut o s'han transformat en simples ombres —amables, simpàtiques o ridícules— del que havien estat: la força obscura i irracional del llop, el misteri dels fantasmes o dels esperits dels morts, l'amenaça de l'home del sac, el poder misteriós de les bruixes... Tots aquests elements han sofert una racionalització que els ha despullat de bona part del seu atractiu o, a vegades, s'ha optat pel camí de la tendresa, i aleshores s'han fet propers, han passat de ser amenaces a ser personatges que necessiten afecte, comprensió i diàleg.

Veim com, una vegada més, retrobam l'ús ideològic del llegat cultural tradicional. Els personatges-símbol (del mal, del bé, del poder) són usats per transmetre el missatge que en aquell moment ens vol fer arribar l'autor (un autor conegut, en contraposició a l'anonimat de la rondalla), que els usa de forma personal, no com ho faria un narrador tradicional, que s'inseriria en els cànons establerts.

### 3.4. *Poders extraordinaris i objectes màgics*

És aquest un aspecte on trobam força coincidències entre rondalla i conte modern. Tant en la forma d'obtenció (mitjançant un donant i després d'haver passat una prova), en el fet de la no correspondència entre l'objecte i l'acció que realitza (és a dir, per exemple: una ploma pot servir per fer tornar invisible o per entendre qualsevol llenguatge; podem volar amb una granera, però també cavalcant un raig de sol) com també en l'origen i la procedència dels objectes màgics: vegetals, minerals, trets del cos d'una persona o d'un animal, etc. Hi són escassos els que provenen del món de les màquines o de les descobertes científiques recents.

### 3.5. *L'espai i el temps*

També trobam força coincidències en aquests dos aspectes. Si dividim l'espai del conte tradicional en punt de partida o casa paterna, camí, regne llunyà o indret on es troba l'objectiu de l'heroi i lloc d'arribada i trasslladam aquest esquema al conte actual veurem com, en un gran nombre de casos hi ha coincidències.

El camí és, generalment, l'indret on es troba amb el donant, on es produeix el procés de maduració de l'heroi a través de les proves que ha de passar. L'enfrontament amb l'agressor serà, únicament, la confirmació d'aquesta maduració, i tendrà una importància relativa (és el cas d'Eloïm a *Ulls de gat mesquer*, de n'Agraciat a *El secret de la fulla d'alzina*, de na Sara i en David a *Els set enigmes de l'iris*, etc.). La multiplicitat de camins de la rondalla es troba també en el conte modern: el bosc, el desert, el passatge subterrani, la mar, etc.

Un altre tema és el temps. La rondalla meravellosa és essencialment atemporal. Tot succeeix fora del temps real, en un moment ahistòric, en un passat remot i llunyà, sense referents. Quan hi ha indicacions temporals són simbòliques: un any i un dia, set anys, cent anys... En el conte actual cal distingir entre els contes per a petits i els relats per a adolescents. Mentre en els primers és més freqüent un ús del temps semblant al de la rondalla, en els llibres per a més grans —encara que hi ha excepcions— els autors se solen situar en un marc temporal més concret i determinat, maldament el relat inclogui fets fantàstics: el Renaixement a *Joanet i el cavaller somniat*[126] o *Joanot de Rocacorba*,[127] el s. XVII a *Ulls de gat mesquer*,[128] finals del s. XVIII a *El malefici de la reina d'Hongria*.[129] La intenció és clara: es tracta de donar al lector una sèrie de referents culturals que li permetin situar i matisar les accions, sense que això impliqui deixar de banda el component màgic.

### 3.6. *La ideologia*

Arribam, finalment, a l'últim apartat: quina ideologia trameten aquests llibres, que són per a infants actuals però pouen en la tradició?

Evidentment, haurem de parlar a grans trets, perquè no es tracta d'un conjunt ideològic monolític i unitari. I potser valdria més parlar de valors. Quins valors es potencien i quins no? Coincideixen amb els valors que tramet la rondalla popular? La resposta seria: en alguns aspectes sí i en altres no.

El que destaca més clarament és la valoració de l'amistat i de la solidaritat com a elements indispensables per al creixement personal i la vida en comunitat. En canvi, les rondalles tradicionalment presenten un model més individualista. Després hi ha una sèrie de valors que podríem considerar implícits en el conte popular i que el modern es veu, d'alguna manera, en la necessitat d'explicitar. Ens referim: a les relacions positives amb el medi natural —és a dir, a l'aspecte ecològic—

126. Enrique A. LLOBREGAT (Generalitat Valenciana; València, 1985).
127. Teresa DURAN (Ed. La Galera; Barcelona, 1983).
128. Joan BARCELÓ (Ed. La Galera; Barcelona, 1979).
129. M. Aurèlia CAPMANY (Ed. Barcanova; Barcelona, 1981).

i a la valoració de la imaginació i de la fantasia, juntament amb la reivindicació de la narració oral.

La defensa d'aquests valors a vegades es fa d'una forma global —com a *El raïm del sol i de la lluna*, com si d'una paràbola es tractàs— i en altres de manera puntual —un personatge, potser un gegant, una bruixa, etc., representa aquests valors dins el relat.

Tot i que la rondalla valora positivament el treball, i sobretot la perseverança —recordem aquells herois condemnats a recórrer el món fins que gastin unes sabates de ferro per poder retrobar l'estimat o l'estimada— el poder de la màgia és molt gran. En els contes actuals hem detectat una disminució de l'element màgic en favor de la reflexió, de l'enginy i del diàleg.

En resum, podem dir que els contes amb influències de les rondalles escrits a la dècada 1975-85 presenten una visió del món idealista, assenyada, plàcida i laica, on els conflictes es resolen a través del diàleg, la reflexió, el treball i la il·lusió, sense oblidar, però, una certa dosi d'astúcia, d'enginy i de màgia.


## 4. Conclusions

Finalment, i a mode de conclusió, direm que el que era una hipòtesi s'ha convertit en una tesi, en una realitat verificada i estudiada. El nostre objectiu —constatar l'empremta de les rondalles en els materials narratius actuals i analitzar-la— s'ha acomplert, però els beneficis que n'hem obtingut han anat més enllà. L'estudi ens ha permès aprofundir en el coneixement de la rondalla, endinsar-nos en la literatura infantil actual i, en definitiva, créixer en coneixements i experiències al temps que se'ns han desvetllar noves vies, nous àmbits d'estudi abans insospitats, línies de recerca a treballar i el desig de descobrir, un poc més cada dia, dos mons tan apassionants i relacionats com el de les rondalles i el dels contes moderns, reflexos ambdós de la capacitat de fabular —d'imaginar, de crear— de la humanitat.

314

# 20. L'EMPREMTA DE LES RONDALLES, L'IMAGINARI COMPARTIT[130]

## 1. ARRELS FONDES, BRANQUES NOVELLES

La vinculació de la literatura oral i la literatura escrita es remunta als orígens mateixos de l'escriptura. Quan la humanitat comença a ser capaç de fixar per escrit el que fins aleshores només s'havia pogut confiar al fràgil suport de la veu, una de les primeres coses que es consignen són les velles faules que corrien de boca en boca a través de generacions i territoris. Les faules, que servien alhora per a l'educació ètica i cortesana dels prínceps i per a fornir de pautes morals els fills dels més humils, les faules que entretenien i commovien els vells i els joves. El món de la tradició popular també fou recreat en els textos del autors grecs i llatins que recontaven les aventures dels herois d'un cap a l'altre de la Mediterrània o fabulaven el complex entramat de relacions entre els déus de l'Olimp, i així elaboraren arquetipus universals a partir del canemàs que els proporcionava la tradició oral. Els vells arguments de les rondalles foren refosos altre cop pels escriptors

130. Article aparegut a la revista *Ooohéee*, 3; Institut d'Estudis Baleàrics, Palma 2007.

medievals en les llarguíssimes novel·les de cavalleries o en els delicats *lais* francesos, plens de dracs i fades, cavallers i meravelles. I els animals seguiren parlant de les debilitats humanes en el *Roman de Renard* o en el *Llibre de les bèsties*, del nostre Ramon Llull. I Joanot Martorell, en escriure el *Tirant lo Blanc*, o Miguel de Cervantes en bastir la complexitat d'*El Quijote*, refongueren l'herència del poble en moltes de les seves pàgines. Tots ells sabien del cert que els materials orals eren capaços de ser apreciats i entesos per tothom, i que l'estructura d'aquestes contalles —polida per tants de segles— era capaç de contenir la saviesa de generacions en la simplicitat de l'expressió continguda i precisa. També ho sabia La Fontaine, que reescriví al gust de la seva època els treballs de la humanitat —curulls de grandeses i misèries—, emmirallada en el comportament dels animals, amb arguments que ja havien viatjat per totes les geografies.

Però el camí no ha estat traçat sempre des de la literatura oral a l'escrita; també s'ha solcat en sentit invers. Així, la literatura dita culta a vegades ha traspassat les seves pròpies barreres i s'ha abocat a l'oralitat, s'ha fet popular i ha passat de la lletra escrita a la paraula viva. Com poder explicar, si no, que la vella fetillera d'una rondalla mallorquina —recollida de llavis d'una dona probablement analfabeta— es digui Morgana? Recórrer les línies d'aquest joc d'influències és una tasca complexa, sovint incerta i —al capdavall— potser impossible. Però és una tasca certament engrescadora, perquè forneix una informació inestimable sobre un dels grans reptes de la teoria de la literatura: l'estudi de la recepció de l'obra literària, entesa en un sentit ample. I no només això, la constatació de la pervivència i la reformulació dels tipus i els motius dels relats folklòrics ens aporten també informació sobre les característiques de les societats en les quals aquests elements tenen vigència i operativitat.

A partir d'aquesta reflexió inicial, doncs, és fàcil entendre que —des dels seus orígens— l'anomenada literatura infantil i juvenil hagi begut, abundosament, de les fonts populars. El concepte de literatura infantil i juvenil és relativament recent en el si de la història de la literatura. No és fins a l'extensió progressiva de l'alfabetització i l'arribada de l'escolarització obligatòria que un nombre important de ciutadans passen de ser únicament «oïdors» —és a dir, consumidors només de literatura oral— a ser potencialment «lectors» —és a dir, consumidors de literatura escrita. Aquest canvi, que és progressiu però constitueix una veritable i importantíssima revolució cultural, possibilitarà el naixement d'una nova literatura, aquella que s'adreça als joves lectors, als infants i els adolescents que descobreixen —amb ulls àvids— el món i la vida. Ja no sabran llegir únicament els membres de les classes altes o els que es formen per a servir l'Església; una ampla capa de població accedeix al codi escrit i es configura així la «lectura popular», que es troba en la base del desenvolupament de la literatura juvenil al llarg dels dos últims segles, especialment de les seves formes més difoses: la narrativa i el còmic.

Aquest fenomen és propi del món occidental i pren volada en el s. xix, tot i que a Europa ja comptava amb alguns precedents al llarg del s. xviii. Els llibres que s'adrecen als joves lectors sovint tenen el seu origen en els materials folklòrics: rondalles de Perrault, de Madame Le Prince i dels germans Grimm, faules de La Fontaine —també d'Iriarte o Samaniego en el cas d'Espanya—, llibres de proverbis i màximes de la tradició clàssica —com el famós *catón*—, relats exòtics procedents de les *Mil i una nits*, com les aventures de Simbad, omplen els catàlegs dels segells editorials que s'adrecen als més joves, com és el cas del conegut Calleja, un editor tan popular que fins i tot originà una frase feta: «*Tienes más cuento que Calleja*». No són únicament els editors, però, els que decideixen posar a l'abast dels joves els materials d'origen popular, en versions assequibles i a voltes il·lustrades segons les possibilitats de l'època, sinó que també els autors busquen en la llegenda i la rondalla, la tradició o la faula, el personatge o el motiu manllevat de la tradició popular sobre el qual bastir un desenvolupament narratiu nou i personal.

Així ho fa, per exemple l'autor alemany E.T.A. Hoffmann quan el 1816 publica el conte *Trencanous i el rei dels ratolins*, en el qual combina la rondalla meravellosa i el relat realista per escriure una història plena de sentiment i misteri. També usen amb abundància els referents folklòrics altres autors europeus del XIX, com Carlo Collodi en molts episodis del *Pinotxo* (1878) —la fada dels cabells blaus, l'encontre del protagonista amb la guilla i el llop, els indrets impossibles a l'estil de Xauxa, el viatge aeri sobre una coloma o el retrobament amb Gepetto dins la panxa d'un peix disforjo—, Lewis Carroll en la cèlebre *Alícia* (1865) —en el viatge a *l'altre món* a través d'un pou, els animals que parlen, el gat que es fa invisible, el gust pel *non sense*, els jocs de paraules i les rimes absurdes—. També, J. M. Barrie recull del llegat folklòric escocès la figura de Peter Pan, una mena de follet entremaliat, i de les creences populars en petites fades de la natura neix la fada Dringuets —o Campaneta—, i no oblidem que habiten el seu llibre les antigues sirenes i els animals que parlen. Just en encetar el s. XX es publica als Estats Units un llibre que esdevindrà un clàssic: *El màgic d'Oz* (1900). Ja en el pròleg el seu autor —L. F. Baum— ens indica que ha volgut «escriure un conte de fades modern en el qual es conservi el sentit del meravellós i l'alegria, i s'evitin així les situacions doloroses i els malsons». Manlleva a la tradició l'estructura del viatge iniciàtic a la recerca d'allò que ens manca, la protagonista jove i òrfena, les bruixes malèvoles, els animals que parlen, els companys singulars o extraordinaris que ajuden l'heroïna en tasques que semblen impossibles, la figura de l'impostor i moltes altres coses que seria llarg d'enumerar. També Oscar Wilde, en escriure el magnífic conte titulat *El gegant egoista*, elegeix un personatge que prové de les fonts més pregones de la fabulació humana: els gegants, éssers de mida extraordinària que presenten relacions conflictives amb els humans i el mateix fa quan escriu *El fantasma de Canterville*, sobre una ànima en pena a la recerca de ser redimida per l'amistat i la innocència. I en les velles llegendes de por, de misteris i apareguts, de cementiris i focs follets es basen també les novel·les de misteri i terror tant de moda a finals del s. XIX —a compàs dels últims batecs del moviment romàntic— i que avui han esdevingut

318

clàssics juvenils. Llibres com *Dràcula* (1897) de Bram Stoker o *Frankestein* (1818) de Marie Shelley s'arrelen en arcaiques creences en vampirs esteses arreu d'Europa o en la vella tradició jueva del Golem. Un altre tema d'origen folklòric recreat intensament en la literatura culta és el del pacte amb el diable, des del *Faust* (1808) de Goethe, fins a *El retrat de Dorian Gray* (1891) d'Oscar Wilde o l'inquietant relat *La meravellosa història de Peter Schlemihl* d'Adelbert von Chamisso, sobre un home que ven l'ombra al diable, un pacte aquest que trobem satiritzat en les rondalles humanes o amarat d'admonició en les llegendes demoníaques.

## 2. VELLS CAMINS, NOVES DRECERES

La majoria d'aquests autors, però, donen un tractament nou als antics motius narratius heretats de les rondalles, els doten d'un sentit diferent del que els era habitual.

En un altre treball, publicat fa uns anys, vaig intentar de sistematitzar aquest ús.[131] És així que vaig establir quatre formes d'emprar l'herència tradicional en la literatura d'autor, en una senzilla classificació que crec pot ser útil i operativa. D'una banda hi ha el que podem anomenar *ús referencial*, que es produeix quan l'autor empra els elements d'origen folklòric d'una manera molt semblant a com es troben en la tradició, sense sotmetre'ls a cap tipus de distorsió ni dotar-los de nous continguts. La perspectiva és la mateixa que la de les rondalles i la caracterització dels personatges s'ajusta als tòpics establerts. En segon lloc, podem parlar d'*ús lúdic* en aquelles obres on els elements propis de les rondalles són invertits, capgirats, barrejats, descontextualitzats o reinventats de forma desinhibida amb una intenció essencialment festiva, o iconoclasta. En ocasions, aquesta inversió es fa des d'unes

131. Vegeu VALRIU, C., «Les rondalles i la literatura infantil» a *Articles*, 16 (monogràfic «La narració»), Ed. Graó, Barcelona 1998 i reproduït en aquest mateix llibre.

premisses ideològiques concretes i en altres pel simple plaer del joc. L'*ús ideològic*, en canvi, seria el propi de les obres que prenen els elements o motius de les rondalles i els reutilitzen, tot dotant-los d'un contingut ideològic ben determinat amb una intenció essencialment formativa o adoctrinadora. Per altra banda, l'*ús humanitzador* el trobem en les obres que parteixen dels personatges arquetípics de les rondalles, però els humanitzen, dotant-los de sentiments i actituds plenament humans. En les obres citades anteriorment, i en les que s'escriuen posteriorment, trobem amb freqüència aquests usos.

A l'Europa posterior a la segona Guerra Mundial es desenvolupa una literatura infantil i juvenil de caràcter essencialment realista, d'un realisme idealitzat, a voltes ensucrat. En una societat ferida per la cruesa del gran conflicte bèl·lic i que intenta retornar a la normalitat, hi ha una clara voluntat de començar de bell nou i de fer el possible per no caure en els errors del passat. La literatura que es desenvolupa a les dècades de 1950-60 opta per posar l'accent en la importància del diàleg, la solidaritat, l'amistat i els valors de la convivència en general, i es decanta de forma especial pel grup com a protagonista, més enllà de l'individu. Es minimitzen els conflictes i els aspectes més crus de la realitat són obviats, absents dels llibres que s'ofereixen als joves lectors. Paral·lelament, però, al costat del realisme de to idealista que se segueix escrivint i publicant, a la dècada dels anys setanta n'apareix un altre que parteix del punt de vista diametralment oposat, car propugna que als joves lectors no els hem de presentar un món falsament endolcit, sinó que cal mostrar-lo amb totes les seves llums i ombres, i parlar obertament dels conflictes que sacsegen la societat i de les flaqueses de la condició humana. Sols així —diuen els partidaris d'aquesta tendència— els joves podran prendre consciència de la realitat i s'hi revoltaran. «Llibres nous per a nens amb problemes nous» és la consigna que obre la porta a tractar temes fins aleshores considerats tabú en la literatura juvenil: l'alcoholisme i les drogues, el suïcidi, l'homosexualitat, l'abandonament dels majors, la solitud, la despersonalització de la societat, la separació dels pares, els maltractaments, etc. Aquesta línia, anomenada «realisme crític», s'inicia al països nòrdics i centreeuropeus i arriba anys més tard a les literatures de l'àmbit mediterrani.

Al mateix temps que s'imposa el realisme idealista, però, assistim a un descrèdit de la fantasia, del món de les velles rondalles, dels reis i els prínceps, els dracs i els encanteris. Aquest materials es consideren una proposta escapista, poc adient per a formar ciutadans amb valors democràtics. Per a alguns autors, les rondalles no són només poc adequades, sinó clarament pernicioses; les acusen de ser violentes, masclistes, sectàries, maniquees, excessivament jeràrquiques, reiteratives, obsoletes i d'omplir el cap dels infants amb fantasies inútils i alienants. En aquest context, tot i que els editors segueixen reeditant les narracions de Perrault, els Grimm o Andersen, el cert és que l'herència tradicional és poc o gens present en les obres de nova creació. Tanmateix, a finals de la dècada dels seixanta, i de la mà dels moviments contestataris que sorgeixen als Estats Units i a Europa, es produeix un replantejament d'aquesta situació. «La imaginació al poder» era l'eslògan de més èxit el maig del 68 a París. I la reivindicació de la imaginació com una potencialitat humana que du implícit el germen del canvi i la revolta arribà també a la literatura infantil. En el procés de retorn a la valoració de les velles rondalles cal tenir molt en compte les aportacions de Bruno Bettelheim i de Gianni Rodari. El primer —un psiquiatre d'origen europeu establert als Estats Units—, en la seva famosa obra *The Uses of Enchantment* publicada a Nova York el 1975 i traduïda a l'espanyol amb el títol de *Psicoanálisis de los cuentos de hadas*, demostra que les rondalles contribueixen de forma decisiva al creixement psicològic i emocional dels infants que les escolten. El segon —un periodista, escriptor i pedagog italià—, en publicar l'obra titulada *Grammatica della fantasia* (1977), fa un seguit de propostes innovadores a partir de la idea de jugar amb les rondalles com a forma d'estimular la creativitat oral i escrita dels infants. Els suggeriments de Rodari prest són posats en pràctica per creadors i educadors i impulsen tota una tendència literària que juga amb l'herència tradicional i la reinventa, sovint dotant-la de nous continguts ideològics. D'altra banda, és a la mateixa època que es comença a divulgar entre el gran públic l'obra de Tolkien i que l'alemany Michael Ende assoleix un gran èxit mundial amb les seves novel·les *Momo* i *Die unendliche Geschichte* (1979), ambdues una reivindicació decidida dels valors de la fantasia i del patrimoni folklòric de la humanitat.

### 3. A LA NOSTRA TERRA, NOU PLANTER

La literatura infantil i juvenil catalana no corre paral·lela a l'europea —almenys fins a la dècada dels anys noranta— a causa de les especials circumstàncies polítiques que pateix el país. Una relativa normalitat de la producció en català no serà possible fins a la introducció del català a l'escola, fet que possibilità un nou públic lector i unes noves necessitats editorials. Tanmateix, encara que amb un cert decalatge temporal respecte d'altres indrets, hi podem trobar les tendències abans citades, que sovint conviuen i es superposen: realisme idealitzat i realisme crític, obres inspirades en la tradició popular, fantasia i realisme fantàstic. etc. En aquest article ens interessa especialment, però, la influència de patrimoni oral en l'obra de creació dels nostres autors. I caldrà que l'analitzem d'una manera més detallada.

En primer lloc, cal tenir ben present que les terres de parla catalana són especialment riques en literatura oral, i que aquest patrimoni ha estat àmpliament recollit a tot el domini lingüístic entre finals del s. XIX i la primera meitat del s. XX. La recepció d'aquests materials —un cop transformats en text escrit— entre el gran públic també ha estat important, fins i tot en les èpoques més dures de repressió lingüística. Els aplecs de rondalles, llegendes i cançons eren materials de lectura popular, presents a moltes cases. I la transmissió de viva veu també ha perviscut gairebé fins fa pocs anys. En aquest context, l'ús dels referents folklòrics per part dels escriptors catalans —especialment a partir de finals dels anys setanta, amb l'eclosió d'aquesta literatura— s'ha d'entendre i valorar tenint en compte diversos aspectes. En primer lloc, els autors parteixen d'una herència literària que ells han viscut, perquè d'infants han sentit contar i han llegit les rondalles de les nostres terres, en una formació cultural i sentimental al marge de l'oficial. En segon lloc, com a autors del seu temps els nostres escriptors són sensibles a les tendències literàries del moment —reivindicació de la fantasia com font de llibertat i creativitat, etc.— i, finalment, l'ús dels referents folklòrics propis esdevé un acte d'afirmació nacional, de valoració de les pròpies arrels i tradicions, sovint negades o menystingudes per la ideologia dominant i la repressió política. No és estrany, doncs, que trobem en la producció d'aquests últims trenta anys una presència important dels referents de la tradició oral en les obres dels nostres autors. Tot i que el punt àlgid d'aquesta tendència el podem situar en els anys vuitanta, amb autors com Mercè Canela, Teresa Duran, Gabriel Janer Manila, Miquel Rayó, Pere Morey, Llorenç Giménez, Empar de Lanuza i molts d'altres. Val a dir també que és entre els autors de les Illes Balears on la vinculació entre literatura d'autor i literatura oral és més palesa i aprofundida. La causa, és —sens dubte— el pes que l'*Aplec de Rondaies Mallorquines d'en Jordi des Racó* ha tingut en la formació humana i literària dels nostres escriptors. Les rondalles d'Alcover, un corpus de prop de quatre-centes narracions recollides de viva veu de gent de Mallorca i reelaborades pel recopilador amb una prosa rica i acolorida —una veritable joia literària—, constitueixen un dels reculls més valuosos d'Europa i han tingut a Mallorca una recepció extraordinària. Cal, també, reconèixer la influència d'altres recopiladors, com Joan Amades a Catalunya, Enric Valor al País Valencià o Esteve Caseponce a la Catalunya del Nord.

És impossible citar i comentar totes les obres publicades amb influència de les rondalles, per això, ens limitarem a esmentar algunes de les que considerem més significatives, per un o altre aspecte. Per exemple, els llibres guardonats en les tres primeres convocatòries del Premi Guillem Cifre de Colonya —creat el 1981 per la Caixa de Colonya, a Pollença— són *El raïm del sol i de la lluna* (1982) de Miquel Rayó, *Els set enigmes de l'iris* (1983) de Mercè Canela i *En Miquel sobre l'asfalt* (1985) de Joaquim Carbó. Les tres obres són diferents però alhora molt semblants, ja que parteixen de la voluntat dels autors de treballar a partir de la tradició que ens forneix el món de les rondalles i actualitzar-la. Així Rayó, Canela i Carbó construeixen tres relats on s'entremesclen els motius del rondallari amb la temàtica pròpia de la literatura per a adolescents: el creixement, la descoberta de l'altre sexe, les relacions amb els adults i també amb nous problemes socials com la destrucció de la natura o la despersonalització de les grans ciutats. El resultat són tres obres molt atractives, força treballades literàriament, plenes de referències a la literatura culta i la popular, amb pinzellades de desmitificació —per exemple, un inoblidable gegant vegetarià que plora la pèrdua de la seva estimada dona d'aigua a *El raïm del sol i de la lluna* de Miquel Rayó— i amb una estructura complexa i alhora molt ben lligada, especialment remarcable en *Els set enigmes de l'iris*. Tres llibres que encara avui són llegits amb plaer i passió pels joves lectors i que els poden servir de pont per a altres lectures i descobertes.

Miquel Rayó després d'*El raïm del sol i de la lluna* publicà dos llibres més que amb el primer conformen una trilogia: *El secret de la fulla d'alzina* i *La bella ventura*. En els tres batega l'herència popular de les rondalles, la tradició artúrica i la referència en clau simbòlica als problemes del nostre temps: la incomunicació, la por a assolir la maduresa, la pèrdua de la capacitat de fabular, etc. També Gabriel Janer és un mestre a l'hora de treballar amb l'herència popular i dotar-la de nova significació, tot accentuant els aspectes més poètics. Així, trobem sovint inserides el les seves obres llegendes o contalles preses de la tradició, posades en boca de velles sàvies, d'animals que parlen o d'actors ambulants. I també el gust pel joc amb la llengua, amb l'ús d'endevinalles, embarbussaments i cançons populars, sovint formulades com un repte al lector. Tant en la seva abundant obra narrativa com en la producció teatral —més escassa— Janer Manila sempre reformula la tradició oral. Pere Morey, per la seva banda, en fa un ús molt divers, des d'aquelles *Rondalles pels qui les saben totes* (1979) fins a les obres més recents, les referències a les rondalles en l'obra de Morey solen tenir un toc d'humor i són un joc de complicitat amb el lector per parlar —en un clar paral·lelisme— dels problemes presents, amb dracs que no són altra cosa que excavadores que destrossen el territori o agressors en forma d'especuladors immobiliaris. A partir dels anys noranta alguns nous autors s'incorporen a aquesta tendència. És el cas de Rosa M. Colom, que recrea sovint els vells mites mediterranis, com la llegenda de la dona d'aigua al relat curt *La Salrana* (1996) o usa el llenguatge i les estructures pròpies de les rondalles per escriure contes nous, com fa a *La dama blanca* (1997). A Eivissa, autors com Bernat Joan o Iolanda Bonet també s'inspiren en la rica mitologia de la seva illa per conformar històries que parlen de conflictes vells i nous. I tampoc és absent el patrimoni rondallístic a l'obra per a joves d'autors menorquins, com Ponç Pons o Pau Faner.

## 4. DE LES LLAVORS D'ANTANY ALS FRUITS D'AVUI

En un sentit ampli podem dir que la lluita del bé contra el mal és un dels temes més tractats a totes les literatures, tant en les adreçades a joves com en les d'adults. També gran part de les rondalles, i especialment les meravelloses, es poden reduir a aquest tema genèric. Però, sovint aquesta lluita es vehicula a través d'un heroi, i aquest heroi viu al llarg del relat tot un procés de transformació que no és més que un camí cap a l'assoliment de la maduresa, que culmina quan aconsegueix vèncer aquest *mal* al qual s'ha d'enfrontar. El tema, en la seva doble articulació, és ben present en la literatura actual. Així, na Sara i en David d'*Els set enigmes de l'iris* o l'oriol d'*El raïm del sol i de la lluna*, maduren gràcies als obstacles que han de superar per retrobar-se, així com ho fan les heroïnes o els herois de les rondalles. Hi ha, però, un tema que neix de la rondalla i es manifesta únicament en els llibres actuals: la valoració i la reivindicació de la narració oral. Els autors reivindiquen la narració oral a través de la inclusió d'aquests relats en les seves obres, és a dir en fan un ús vindicatiu, un ús carregat de significacions i connotacions actuals, com a resposta a un món on cada vegada la relació amb el meravellós a través de la paraula viva és més escassa. En la mateixa línia, de tema que neix de la rondalla però que no coincideix amb el de la rondalla, tenim la valoració del poder de la imaginació, tal i com passa a *Utinghami, el rei de la boira* (1979) de Mercè Canela, la història d'una peripècia iniciàtica amb l'ajut de la màgia per a recuperar la imaginació dels infants.

També amb elements de la tradició popular els autors ens parlen d'ecologia: el raïm màgic que tornarà el son a la princesa i permetrà que torni a girar la roda del temps, el gegant transformat en muntanya des del moment que els homes habitaren la contrada, el camp preservat de la mà de l'home perquè hi habiten dos amants convertits en flors durant mil anys, etc. Tenim, per tant, una quantitat important de temes actuals —ecologia, reivindicació de la llibertat, de la imaginació, de la solidaritat, etc.— tractats a través d'elements presos de la tradició popular.

Pel que fa a l'estructura dels relats actuals, tot i que en una producció tan diversa hi ha tota mena d'estructures, hem pogut copsar una repetició insistent del model propi de la rondalla meravellosa que establí V. Propp. L'estudiosa M. Bortolussi[132] ja demostrà que l'estructura pròpia del conte tradicional era la que millor s'adaptava a la recepció infantil. D'una manera espontània els autors actuals segueixen aquests esquemes que, d'altra banda impliquen una gran dosi de lògica narrativa. En ocasions, els autors estructuren directament la seva obra a imitació d'un tipus de conte popular o d'una rondalla determinada.

Pel que fa als personatges, el model d'heroi i el d'heroïna es

132. Marisa Bortolussi, *Análisis teórico del cuento infantil* (Ed. Alhambra; 1985).

reprodueix gairebé de forma invariable a la rondalla i al conte modern: són nens o nenes, al·lots o al·lotes, decidits, plens de generositat, coratjosos i nets de cor, que —ajudats sovint per un element màgic que han obtingut gràcies a les seves qualitats— aconsegueixen l'objectiu que es proposaven. El mateix passa amb els donants: persones adultes —sovint de sexe femení—, d'aparença humil, que mantenen una relació especial amb la naturalesa o amb el món màgic. En canvi, on hi ha hagut transformacions importants és entre els agressors. Molts dels agressors tradicionals, especialment els animalitzats —els llops i en menor mesura els dracs—, però també els humans —com és ara les conegudes madrastres— han desaparegut o bé han canviat el rol original i s'han transformat en auxiliars. Els agressors que sovintegen a les novel·les i contes actuals són personatges que es mouen pel plaer de fer el mal o per cobdícia, ambició o ànsies de poder: negociants, especuladors, destructors de l'entorn, poderosos que abusen de llurs privilegis, etc.

Tot un altre tema és el dels personatges meravellosos. Són, indiscutiblement, un dels elements més atractius de les rondalles i les característiques que els són pròpies ens resulten familiars a tots. Aquesta mateixa popularitat ha contribuït a empobrir-los i fer-ne un estereotip proper a la caricatura. En aquest sentit vull remarcar que alguns autors s'han resistit a aquest joc de superficialitat i han fet dels personatges meravellosos éssers de carn i os, amb una història, un sentit i uns sentiments. A molts dels llibres que hem analitzat, sobretot en els adreçats a lectors adolescents, podem trobar personatges tan aconseguits —i per això mateix tan inoblidables— com la terrible Andraixa (*Ulls de gat mesquer*, de Joan Barceló, 1979), el vell mag bonifaci i despistat que creà *El bosc encantat* (Joles Sennell, 1982) o els mags Berard i Bellroc, d'*El raïm del sol i de la lluna*. Cap d'ells és un personatge pla o caricaturat per la via fàcil, de tots ens arriba quelcom que va més enllà del gat negre o el capell punxegut. Pel que fa a les fades, també podem dir que els autors lliguen amb la tradició popular del país. Escassegen les fades evanescents i sovintegen les «jaietes», dones d'aspecte humil que concedeixen un do a l'heroi després d'haver comprovat la seva bondat. També tenen una certa tradició en les nostres rondalles les dones d'aigua i les retrobem en els contes moderns. D'altra banda, els gegants paorosos i caníbals de les rondalles, que sempre eren vençuts per l'astúcia, però que gaudien de força i de poder, la qual cosa els feia ser un enemic temible, han donat lloc als gegants actuals. Els gegants del contes moderns són tranquils, ecologistes i un poc beneits. La seva prodigiosa estatura és sempre posada al servei de la comunitat o de l'heroi i els petits conflictes que inicialment puguin causar es resolen per la via del diàleg. Més abundants que els gegants són els «éssers diminuts», conserven llur aparença i hàbitat tradicional; actuen com a auxiliars —mai no ho fan com a agressors— i estan lligats directament a la natura, de tal forma que en són una clara personificació. Menció a part mereix el cas dels dimonis o diables. A la tradició popular catalana trobem tota classe de dimonis que apareixen en les rondalles més diverses. Mossèn Alcover tenia una gràcia especial per descriure'ls, sempre en un to faceciós, i són conegudes les llargues tirallongues enumeratives de *dimonis, dimoniets, dimonions, dimoniarros, dimonietxos, dimoniüs...* Doncs aquests personatges tan nostrats, que omplen places i carrers a les festes populars i són presents a les contarelles més tradicionals, pràcticament han desaparegut de la literatura infantil actual. El fet només és atribuïble a un desig conscient d'eliminar qualsevol element que pugui remetre, d'una manera o l'altra, al món religiós. Però no només és això. Tots els personatges de la por han desaparegut o s'han transformat en simples ombres —amables, simpàtiques o ridícules— del que havien estat: la força obscura i irracional del llop, el misteri dels fantasmes o dels esperits dels morts, l'amenaça de l'home del sac, el poder misteriós de les bruixes... Tots aquests elements han sofert una racionalització que els ha despullat de bona part del seu atractiu o, a vegades, s'ha optat pel camí de la tendresa, i aleshores s'han fet propers, han passat de ser amenaces a ser personatges que necessiten afecte, comprensió i diàleg.

Una vegada més, retrobem l'ús ideològic del llegat cultural tradicional. Els personatges-símbol —del mal, del bé, del poder— són usats per transmetre el missatge que en aquell moment ens vol fer arribar l'autor, un autor conegut, en contraposició a l'anònim de la rondalla, que els usa de forma personal, no com ho faria un narrador tradicional, que s'inseriria en els cànons establerts. Quina ideologia transmeten aquests llibres, que són per a infants actuals però pouen en la tradició? Evidentment, haurem de parlar a grans trets, perquè no és tracta d'un conjunt ideològic monolític i unitari. I potser valdria més parlar de valors. Quins valors es potencien i quins no? Coincideixen amb els valors que tramet la rondalla? La resposta seria: en alguns aspectes sí i en altres no.

El que destaca més clarament és la valoració de l'amistat i de la solidaritat com a elements indispensables per al creixement personal i la vida en comunitat. En canvi, les rondalles tradicionalment presenten un model més individualista. Després hi ha una sèrie de valors que podríem considerar implícits en el conte popular i que el modern es veu, d'alguna manera, en la necessitat d'explicitar. Ens referim a les relacions positives amb el medi natural —és a dir a l'aspecte ecològic— i a la valoració de la imaginació i de la fantasia, juntament amb la reivindicació de la narració oral. Tot i que la rondalla valora positivament el treball, i sobretot la perseverança, el poder de la màgia és molt gran. En els contes actuals hem detectat una disminució de l'element màgic en favor de la reflexió, de l'enginy i del diàleg.

# 21. EL MESTRATGE DE LA FONTAINE EN LA LITERATURA INFANTIL I JUVENIL CATALANA[133]

Enguany celebrem el tres-cents aniversari de la mort, a París, de Jean de La Fontaine. Aquest autor francès, nascut a la Xampanya el 1612, ha passat a la posteritat per haver escrit dotze llibres de faules, publicats entre 1668 i 1694, que contenen un total de dues-centes quaranta narracions versificades. Les faules de La Fontaine provenen de fonts diverses; moltes són reelaboracions de les dels faulistes clàssics —especialment Isop i Fedre, però també de l'indú Pilpai—, altres provenen d'autors moderns i algunes són de creació pròpia. Les faules de La Fontaine, tot i que assoliren un gran èxit a França, no foren traduïdes a l'espanyol fins un segle després, concretament el 1787, quan ja havien estat publicades les conegudes *Fábulas morales* (1781-1784) de Samaniego i les *Fábulas literarias* (1782) d'Iriarte. El segle XIX el poeta valencià Teodor Llorente en va fer una nova i excel·lent traducció en vers (el 1885) i ja en el segle XX foren parcialment traduïdes al català per Josep Carner (1920) i, posteriorment —en edició íntegra—, per Xavier Benguerel (1984).

133. Article publicat a la revista *Faristol*, 23; desembre 1995, Barcelona.

Malgrat les traduccions tardanes, però, La Fontaine ja havia arribat als lectors catalans —i de manera especial als joves de classe alta— a través de les classes de llengua francesa. Tradicionalment les faules, per la seva brevetat i el contingut moralitzador —i també en les versions versificades per la mnemotècnia que facilita la rima—, han estat una de les primeres lectures que hom ha posat a l'abast dels lectors novells. A les escoles catalanes, des del segle XVI, les *Faules* d'Isop eren una lectura imprescindible, i les versions escolars es coneixien popularment amb el nom de l'*Isopet*. No és estrany, doncs, que les faules de La Fontaine fossin adoptades immediatament per un públic lector acostumat des d'època medieval a veure la societat humana reflectida en l'espill de la societat animal, en un vell recurs tan antic com la literatura que ja usaren grans clàssics catalans com Ramon Llull, en el *Llibre de les bèsties*, Anselm Turmeda en *La disputa de l'ase*, Eiximenis en els seus exemples i sant Vicenç Ferrer en els seus sermons.

De fet, tant els autors suara citats com La Fontaine, beuen en les mateixes fonts de la tradició literària: les velles contalles populars, l'herència grecollatina, les històries vengudes d'Orient... Uns i altres tenen el mateix objectiu, cerquen emmirallar el lector o l'oïdor en la història narrada, que s'hi reconegui ell mateix o hi reconegui el proïsme i en tregui una lliçó de vida. És aquesta vessant exemplificadora, l'ensenyament moralitzador, el que fa que els adults posin aquests materials en mans d'infants i joves. Però no ens enganyem, aquestes obres han perviscut i han arribat fins avui perquè són obres d'art i en elles —més enllà de la didàctica i l'utilitarisme alliçonador— hi batega la vida, la gràcia, l'enginy, la saviesa de la gent senzilla, la filosofia popular.

És per això que La Fontaine i les seves *Fables*, d'altra banda tan amarades de l'*esprit* de la cort francesa del XVII, són una baula més de la cadena que uneix literatura popular i literatura culta, que enllaça el rondallaire rodamón brut de la pols dels camins amb l'escriptor selecte i cortesà d'empolsinada perruca. I és per això mateix que ens podem plantejar de parlar de la influència de l'escriptor francès en la nostra literatura per a joves. Quan les faules ens arribaren, en selecte francès o en el castellà setcentista de Samaniego, ja les coneixíem, ja formaven part del nostre bagatge cultural com a poble, car les havíem heretades dels clàssics llatins i del verb opulent dels àrabs. La Fontaine ens les presentà encitronades de bell nou, ens versos gràcils i enginyosos i, encara que sabíem que no eren noves de trinca, les adoptàrem amb renovellada il·lusió i els matisos que aporta l'autor francès ens deixaren nova petjada.

Ultra la moral que vehiculen, el que dóna color i força a les faules és sobretot el protagonisme dels animals. Són —tots ho sabem— una màscara del comportament humà, una senzilla disfressa que no amaga sinó que fa més evident allò que suposadament oculta. D'altra banda, al llarg dels primers anys de vida, l'animisme propi de la mentalitat infantil dota les bèsties de sentiments i raonaments que són únicament humans. És així com la convenció literària, la ficció narrativa de les faules, esdevé realitat possible als ulls de l'infant i multiplica d'aquesta manera el poder colpidor, exemplificador i persuasiu dels relats faulístics. Nombrosos autors catalans, doncs, al llarg de la història més recent de la nostra literatura han usat amb èxit aquest recurs i no només quan es dirigien als infants. Recordem, per exemple, Carner. Els animals que donen exemple amb el seu comportament als humans són els protagonistes d'un de seus primers llibres, les *Deu rondalles de Jesús infant* (1904), en el qual les bèsties testimonis de la infantesa de Jesús (el gat, el bou, l'aranya, el conill) ens aporten una lliçó de veritable filosofia, d'humilitat, d'enginy i de sentit comú. Carner reprèn l'ús dels animals com a màscara per a ironitzar sobre el comportament humà en algunes de les composicions de dos dels seus últims llibres de poesia: *Museu zoològic* (1963) i *Bestiari* (1964), encara que el que realment l'entroncaria amb La Fontaine seria la descripció burleta, un xic irònica, que es fixa en la característica més definidora de la morfologia de cada animal (recordeu el poema que diu: «Si la mireu bé, la foca,/ que avança damunt les neus,/ quan veieu potes tan breus/ se us acut: —I com es moca?») i la ressalta en un to humorístic. L'antiga tradició dels Bestiaris, d'origen medieval, és usada també per Pere Quart quan el 1937 publica —amb il·lustracions de Xavier Nogués— un atrevit i corrosiu *Bestiari* que, sota l'aparença innocent de breus poemes epigramàtics, inclou una decidida crítica social. Molts dels seus animals, en franca rebel·lió enfront de l'abús dels humans —és el cas de la revoltada «Vaca suïssa» que es nega a ser munyida per «ginys infernals»— ens recorden la clarividència i un cert punt d'amargor davant la condició humana de la fauna de La Fontaine. Molts d'aquests poemes —breus, incisius i d'una plasticitat extraordinària— omplen avui les poques antologies de poesia catalana per a infants que tenim a l'abast.

Més recentment han aparegut dos nous llibres de poemes en aquesta línia: *Estimades feres* (1990) de Ricard Bonmatí i *Bestiolari de la Clara* (1992) de Miquel Desclot. Les composicions de Bonmatí són, en general, més descriptives; en canvi, Desclot aporta un alt grau d'ironia, tot fent l'ullet al lector amb referències cultes, subtileses, jocs de paraules, perspectives enginyoses i una bona dosi de crítica a la «comèdia humana» que el vincula a la tradició que comentem. Alguns poemes són brevíssims com un *flaix*, però n'hi ha de narratius amb una clara intenció moralitzadora —com el romanç titulat «Formiga negra i formiga roja», en el qual la formiga pren consciència de la seva immensa petitesa— en una composició que ben segur hauria complagut l'il·lustrat La Fontaine.

La forma versificada, tot i ser important en les faules, no és ni de bon tros essencial, sinó fruit d'una època. El que importa en aquestes composicions és la narració, els fets explicats que acondueixen el lector a la reflexió moral del final. Per això, la influència faulística és ben present també en relats en prosa en els quals la conducta dels animals és un model positiu o negatiu —és a dir, a seguir o a evitar— per als éssers anomenats «racionals», en tant que reflecteix la nostra forma d'actuar. Els animals que troba el diminut Perot Marrasquí, creat per Carles Riba el 1917, simbolitzen qualitats i defectes humans: la presumpció, la cobdícia, la golafreria, la bonhomia, etc. i alguna cosa semblant passa amb els que habiten els

*Qüentos bosquetans* (1876-78) d'Apel·les Mestres o els que omplen les pàgines dibuixades i escrites per Lola Anglada. En la producció més recent —especialment en els àlbums il·lustrats— aquest vell recurs que propicia alhora un distanciament i una radiografia de la feblesa de la condició humana és usat sovint. Citem, només a tall d'exemple, el dret a la diferència que defensa el corb blanc protagonista de *La lluna i jo* (1992) de Teresa Duran, amb il·lustracions de Carme Peris o la reflexió sobre la natura i la civilització —recordeu la faula de la rata de camp i la de ciutat?— a què ens convida l'*Uf el camell* (1994) de Jaume Escala, amb il·lustracions de Tàssies. I el mateix passa en obres d'autors estrangers que s'han convertit en clàssics de la literatura infantil mundial: el conegut bou pacifista Ferdinand, protagonista de *The story of Ferdinand* (1936) de Munro Leaf; els colpidors ratolins i peixos dels àlbums de Leo Lionni o l'esforçada ratapinyada que s'adapta a viure entre ocells anomenada *Stelalluna* (1993) de Janell Cannon, en serien clars exemples.

En definitiva, les faules de La Fontaine —amb els seus tres-cents anys de pervivència— formen part del nostre substrat cultural, s'incardinen en la mil·lenària tradició literària que ve d'Orient i pren carta de naturalesa a Occident, l'objectiu de la qual és mostrar a la humanitat les misèries i grandeses de la seva condició, i per a fer-ho de manera clara i plaent desa la feixuga retòrica i opta per la narració protagonitzada per animals en la qual el lector s'hi veu reflectit com en un espill, a voltes un xic deformant però sempre veritable.

# 22. RONDALLA MERAVELLOSA I NARRACIÓ ROMÀNTICA: *TRENCANOUS I EL REI DELS RATOLINS*[134]

El compositor i escriptor romàntic alemany conegut com a E.T.A. Hoffmann (1776-1822) és famós pels seus contes fantàstics, divertits i estremidors alhora, molt adients per a joves. Per a un públic més infantil, concretament dedicat als fills d'un amic seu, Hoffmann va escriure un conte que s'inscriu entre els millors clàssics: *Nussknacker und Mausekönig* (1816) —traduït al català amb el títol de *Trencanous i el rei dels ratolins*— en el qual s'entremesclen els elements propis de la rondalla meravellosa, el tarannà romàntic i les afeccions musicals de l'autor i el retrat de la vida de dos infants burgesos de principis del s. XIX.

Per començar, cal dir que Hoffmann usa el vell sistema d'introduir un conte dins el conte que ens narra, però la imbricació és tan real i profunda que trontollen les fronteres entre realitat i fantasia. El lector més escèptic arriba a creure en la veracitat d'allò que s'explica i, com la petita Marie —protagonista de la narració— opta per posar-se del costat de l'*altre món*, aquell del qual els adults se'n riuen.

134. Article publicat a la revista *Faristol*, 17; Consell Català del Llibre per a Infants i Joves, Barcelona 1993.

Un breu resum de l'argument ens ajudarà a centrar el comentari: Marie rep, entre altres regals de Nadal, un trencanous en forma de ninot. A la nit queda sola i veu que el trencanous pren vida, capitaneja els soldats de plom del seu germà i s'enfronta a una paorosa rata de set caps. La nena recula esfereïda, es fa un tall amb el vidre trencat d'un armari i cau desmaiada. L'endemà, allitada i febrosa, rep la visita del padrí Drosselmeier qui, per entretenir-la, li comença a contar un conte. És la història de la bellíssima princesa Pirlipat que va ser maleïda poc temps després de néixer per dona Ratonilda, la reina de les rates, a causa dels maltractaments que son pare, el rei, havia infligit als de la seva raça. Per aquesta maledicció la princesa està condemnada a tenir una aparença horrible fins que un jove, que encara no s'afaiti i no hagi dut mai botes, aconsegueixi trencar per a ella la duríssima nou Cracatuc, la hi ofereixi amb els ulls clucs i reculi set passes sense ensopegar.

El rellotger —que és un personatge anomenat també Drosselmeier— i l'astrònom de palau parteixen amb l'objectiu de trobar el misteriós fruit i, després de quinze anys de recerca, aconsegueixen trobar la nou i el jove indicat, que no és altre que un nebot de Drosselmeier. Però, quan el malefici de la princesa ja és trencat i ella ha recuperat la bellesa, el jove —en fer la darrera passa— ensopega i trepitja dona Ratonilda, que en morir el maleeix. A l'acte, el jove torna tan lleig com ho havia estat abans Pirlipat i ella el rebutja com a marit. L'astrònom prediu que el jove no recobrarà la seva aparença inicial fins que algú l'estimi i ell aconsegueixi matar el rei de les rates, el terrible rat de set caps, fill i successor de dona Ratonilda.

Aquí acaba el relat del padrí. Aleshores, Marie relaciona la narració amb la batalla que havia vist unes nits abans entre el seu trencanous i l'exèrcit dels ratolins, però ningú no li fa cas. A partir d'aquell dia cada nit Marie rep la visita del rei de les rates, que l'atemoreix i l'amenaça. Ella, després d'haver accedit a les primeres exigències del fastigós rat, proporciona una espasa al trencanous per tal que es defensi. Amb l'ajut de l'arma, aquella nit el trencanous venç el rei del ratolins i du a Marie el present de les set corones del rei de les rates. Després la convida a visitar el país d'on és príncep, un indret meravellós on tot és fet de dolços. Però, de cop i volta Marie es desperta dins el seu llit. Quan explica el que li ha passat tothom li diu que ha estat un somni, però ella té les corones com a prova.

Un dia, el padrí Drosselmeier es presenta a casa de Marie amb el seu nebot de Nuremberg. Aleshores, ella s'adona que és el jove del conte i ell li diu que gràcies a la seva espasa i el seu amor aconseguí vèncer el malvat rei de les rates i recobrar la seva aparença. Els dos joves, enamorats, es prometen en matrimoni. Al final, l'autor ens diu que anys més tard es casaren i que ara Marie és reina en un país on hi ha boscos de Nadal, castells de massapà i altres coses que només veureu si teniu ulls per veure-les.

Tenim, doncs, un conte a l'estil de les rondalles meravelloses, l'acció del qual arriba al món real i dóna com a resultat una narració de realisme fantàstic, molt propera a la literatura per a infants i joves que es farà un segle i mig després. Hoffmann és, en aquest sentit, un autor totalment innovador.

Seria ociós comentar detall per detall la relació del conte de la nou Cracatuc amb els relats meravellosos, ja que és ben evident que Hoffmann el va escriure a imitació d'aquells. Per tant, només destacaré els detalls que em semblen més importants:

— Tota la primera part del conte: l'alegria pel naixement de la princesa Pirlipat i la descripció de la seva bellesa, l'amenaça de dona Ratonilda que se sent maltractada per l'actitud del rei, les extraordinàries mesures de vigilància adoptades per la Cort, la inutilitat d'aquestes mesures ja que l'enemiga aconsegueix arribar al bressol i dur a terme la malifeta, l'encantament de la princesa, etc. guarden un paral·lelisme clar amb els motius que conformen les versions més conegudes de la primera part del conte de *La bella dorment*.

— A la segona part trobem la partida a la recerca de l'objecte màgic que desfarà l'encís. En aquest cas, qui el va a cercar no és l'heroi sinó dos enviats del rei que si fracassen seran executats. Encara que l'autor la ressenya molt breument, la recerca és llarga i l'objecte cercat en terres llunyanes es troba molt prop de la cort.[135] Les característiques que ha de tenir qui aconsegueixi desencantar la princesa són dues: no haver-se afaitat mai i no haver dut botes. Sembla que totes dues tenen el mateix objectiu, que sigui una persona jove, és a dir un heroi de rondalla meravellosa. També, cal destacar com s'ha de produir el desencantament: encetar la nou més dura que existeix —tasca difícil— i després donar set passes —sempre el set com a nombre màgic— amb els ulls tancats. És a dir, el jove no pot veure la metamorfosi que la seva acció ocasionarà. Així, es produeix la restitució del dany inicial. L'autor no oblida el detall dels aspirants a la mà de la princesa, prínceps i senyors, que intenten inútilment encetar la nou:

«Tot havia passat com ho havia previst l'astrònom a l'horòscop. Un darrera l'altre, nois de pèl moixí, calçats amb sabates, havien provat de trencar la nou Cracatuc amb les dents i n'havien resultat ferits de dents i barres, sense haver pogut ajudar gens la princesa i, quan els duien mig desmaiats al dentista que ja estava preparat per aquest cas, sospiraven i deien:
—Quina nou tan dura!»[136]

Ni tampoc el que la princesa, des del primer moment, s'hagi fixat en l'heroi:

«Cap d'altre, llevat d'aquest jove Drosselmeier, havia agradat tant a la princesa Pirlipat, la qual es va posar les manetes al cor i, amb un sospir que li sortia de dintre digué:

135. El mateix passa a moltes rondalles tradicionals, per exemple a la de N'Espirafocs (ALCOVER, 1985: t.13, 14-24), quan el príncep va a la recerca de l'estimada i troba per tres vegades uns bitllets dins el pa que diuen:
Hereu de la Casa,
on vas i d'on véns?
Això que tant cerques
dins ca-teva ho tens!
136. E.T.A HOFFMANN, *Trencanous i el rei dels ratolins* Ed. Llar del Llibre (Col·lecció Nova Terra, 66) Barcelona 1986 (p. 86).

—Ai! Tant de bo fos aquest el que trenqués la nou Cracatuc i esdevingués el meu marit![137]

Aquests episodis es poden relacionar directament amb les rondalles que pertanyen al cicle de l'animal-nuvi, a l'estil de *La Bella i la Bèstia*. La princesa té una aparença monstruosa a causa d'un encanteri, la forma de desencantament no és un bes, però en certa manera hi guarda una certa semblança: encetar una nou amb la boca i donar-la a la princesa que se la menjarà immediatament. També la metamorfosi és immediata i la recompensa promesa és el casament i la corona, que no s'assoleix perquè la princesa es nega a casar-se amb Drosselmeier, que ara és lleig i monstruós.

Però, a l'hora d'acabar el conte, Hoffmann introdueix un nou element que el distorsiona, no li dóna el final feliç habitual sinó que el deixa obert. Això li permet lligar-lo després amb el relat de to realista en el qual es troba inserit. I ens proporciona una nova versió del cicle animal-nuvi, una prolongació. Ara, el desencantador inicial és qui té l'aparença monstruosa i per desfer l'encís i recobrar la figura primitiva caldran dues coses: el seu propi esforç, que el durà a vèncer el rei de les rates, i l'amor incondicional d'una joveneta, demostrat al llarg de la història. Així, Marie passa de ser una espectadora més o menys passiva del conte a ser la protagonista, ja que només el seu amor posarà fi al conflicte.

D'alguna manera aquesta única possibilitat de desenllaç és indicada, gairebé profetitzada, per l'ambigu padrí Drosselmeier, un personatge a cavall entre la història real i la fantàstica, que en veure com la narració ha colpit profundament el cor de Marie, li diu:

«—Estimada Maria, tu ets més dotada que jo i que tots nosaltres! Tu ets, com Pirlipat, una princesa de naixement i regnes en un reialme formós i polit, però hauràs de sofrir molt si vols acollir el pobre Trencanous desfigurat, puix que el persegueix el rei dels ratolins per tots els camins i viaranys i no sóc pas jo qui el pot ajudar... només tu pots salvar-lo; sigués perseverant i fidel...»[138]

137. *Op. cit.*, p. 87.
138. *Op. cit.*, p. 94.

El final del conte es precipita quan Marie, que d'alguna manera ha entès les enigmàtiques paraules del padrí i ha decidit assumir-les, reconeix en veu alta el seu amor pel Trencanous, encara que sigui lleig:

> «Benvolgut senyor Drosselmeier, si vostè fos viu de debò, jo no faria pas com va fer la princesa Pirlipat que el va menysprear perquè havia deixat d'ésser un jove galant per causa seva.»[139]

Després d'aquesta declaració Marie s'acuba i en recobrar els sentits ja s'ha produït la transfiguració de l'heroi —s'ha trencat l'encís— i l'arribada d'aquest a casa de la jove amb la nova forma; és a dir, amb l'aparença humana, ara ja no és un ninot de fusta, sinó el nebot del padrí Drosselmeier, un bell i galant jove que arriba de Nuremberg i porta a Marie allò que ella havia sacrificat per ell, quan només era un trencanous:

> «Aquell jove va demostrar la seva bona educació, puix que portava un reguitzell de joguines i, especialment, figuretes de massapà com les que havia rossegat el rei dels ratolins... i, per a Fritz, portava un sabre de bella estampa.»[140]

En realitat, el que fa Hoffmann és fondre les dues imatges de protagonista femenina, Pirlipat i Marie; això es pot veure en la confusió de Marie quan, en el seu fantàstic passeig pel País dels Dolços, creu veure a Pirlipat i, en realitat, es veu a ella mateixa:

> «Maria, però, no s'hi va fixar, puix que estava contemplant les oloroses ones rosades, en les quals i en cadascuna d'elles, es reflexava un rostre de noia, dolç i encisador, que li somreia.
> —Ah! —va dir Maria tot picant de mans—, miri! miri!, senyor Drosselmeier! Allí dins hi ha la princesa Pirlipat que em sonriu amb dolçor de meravella!, miri-la, senyor Drosselmeier!
> Trencanous va sospirar gairebé planyívolament i respongué:
> —Benvolguda senyoreta Stahlbaum! No ho és pas la princesa

139. *Op. cit.*, p. 129.
140. *Op. cit.*, p. 130.

Pirlipat! És vostè! Sempre vosté mateixa! Sempre és la seva pròpia i dolça imatge la que somriu, tan amorosament, en cadascuna de les ones rosadenques.

Maria tornà a girar el cap, va cloure els ulls amb fermesa i restà com avergonyida...»[141]

Si analitzam l'estructura profunda dels dos relats i el punt en què es fonen en un de sol, veurem que la tesi central de les rondalles meravelloses del cicle animal-nuvi és allò que articula i dóna sentit a la narració. Pirlipat, com la princesa protagonista d'*El rei granot*, és inmadura i, per tant, incapaç d'assumir els seus compromisos i la relació amb l'altre sexe, rebutja la lletgesa de Trencanous com la princesa esmentada rebutjava la relació amb el granot que l'havia ajudat. Marie, que s'ha identificat amb Pirlipat al llarg de la narració, decideix intervenir i com les esposes de l'animal-nuvi, ha de passar diverses proves de fidelitat —en aquest cas perdre les seves joguines i llepolies i aguantar el rebuig dels adults— fins que expressa en veu alta la maduresa assolida: «jo no faria pas com va fer la princesa Pirlipat que el va menysprear». A partir d'aquest moment es desfà l'encanteri, Marie trenca l'estadi infantil per esdevenir una noia enamorada, capaç d'assumir plenament la relació amb l'altre sexe i ser feliç. És la versió literària de la tesi psicològica que, gairebé cent cinquanta anys després, expressaria Bruno Bettelheim en el seu famós llibre *The Uses of Enchantment*[142] segons la qual la identificació dels infants amb els herois i les heroïnes dels contes que escolten afavoreix el seu procés de maduració i els ajuda a superar els diversos estadis del creixement.

Així al final del relat, que acaba amb unes noces i un regne per als protagonistes com als contes de fades, hi ha la fusió total entre la narració meravellosa i el relat d'ambientació vuitcentista:

141. *Op. cit.*, p. 117.
142. Publicat a Nova York el 1975, traduït al castellà amb el títol *Psicoanálisis de los cuentos de hadas* (Crítica, Madrid, 1977).

«—Benvolgut senyor Drosselmeier! Vostè és un home amable i bo, i regint com regeix, un país tan bell, amb gent tan alegre, l'accepto com a nuvi!

Des d'aquell moment, Maria fou la promesa de Drosselmeier.

Segons diuen, al cap d'un any, se l'endugué en un carruatge d'or tirat per cavalls d'argent.

El dia de les noces, van ballar vint-i-dos mil personatges dels més brillants, agençats amb perles i diamants, i Maria esdevingué la reina d'un país on només s'hi poden veure —si hom té ulls per a mirar— boscos de Nadal espurnejant de per tot, transparents castells de massapà i, en un mot, les coses més extremadament magnífiques i meravelloses.»[143]

És clar, doncs, que Hoffmann va pouar en la tradició popular i que a partir d'aquesta va crear una narració que ha esdevingut, amb tots els drets, un clàssic perquè, ultra les seves innegables qualitats literàries, colpeix intímament, com ho fan les rondalles meravelloses, la sensibilitat de qui les escolta o llegeix, i és que s'adrecen a quelcom que està més enllà de la consciència, més enllà de la raó, en l'inexplorat territori dels sentiments.

143. *Op. cit.*, pp. 131-132.

# 23. LES INFLUÈNCIES DE LES RONDALLES A *LE AVVENTURE DI PINOCCHIO*[144]

*Le avventure di Pinocchio*, publicat el 1883, és un clàssic de la literatura infantil i juvenil. Les interpretacions sobre el seu contingut ideològic són diverses, però en aquest article no ens ocuparem d'aquest tema, sinó que el dedicarem a analitzar aquells elements del llibre que es relacionen amb l'herència popular. Veurem com els punts que el vinculen a la rondalla són nombrosos, encara que dispersos, i podrem veure com en algunes ocasions Collodi fa un ús innovador d'aquestes referències, la qual cosa serà un preludi dels corrents desmitificadors que s'imposaran a la literatura infantil cent anys després.

## 1. EPISODIS RELACIONATS AMB LA TRADICIÓ POPULAR

L'autor, ja a les primeres línies del text, amb el diàleg que transcrivim se situa en una forma narrativa que imita l'oralitat:

144. Una versió en castellà d'aquest article va ser publicada a *I Congreso Nacional del Libro Infantil y Juvenil*, Publicaciones de la Asociación Española de amigos del Libro Infantil y Juvenil, Madrid 1996.

«—Hi havia una vegada...

—Un rei! —diran immediatament els meus petits lectors.

—No, nois, us heu equivocat. Hi havia una vegada un tros de fusta.» (p. 25)[145]

L'autor ens indica així, sense explicitar-ho, que no ens trobem davant una rondalla meravellosa, sinó davant una altra classe de relat. Però, malgrat no sigui una rondalla a l'ús, trobarem accions i personatges que ens remeten clarament a aquest gènere.

En el capítol I podem llegir el procés d'humanització d'un tros de fusta que parla i en el capítol II veurem com aquest tros de fusta enfronta dos amics mitjançant un procediment habitual a les rondalles: el protagonista insulta o agredeix dos personatges d'iguals característiques, tot fent creure a cadascun que és l'altre qui el molesta.

En el capítol III es produeix el naixement d'un ninot que parla, es mou i té la conducta pròpia d'un nen entremaliat.. El seu creador, Geppetto, no se'n sorprèn i l'estima com si fos un fill de carn i ossos, tal com succeeix a les rondalles, en les quals els personatges mai no se sorprenen de parlar amb els animals o amb éssers sobrenaturals. A més, tota l'acció succeeix en un ambient de pobresa comparable al que es vivia a la casa de Polzet o a la cabana d'Hansel i Gretel. Una misèria de conte, que no per això deixa de ser dramàtica.

El titella es llança al món decidit i ingenu i hi troba temptacions i perills. Pateix, com l'innocent de la faula, l'engany de la guineu, però se salva gràcies a les forces del bé, que estan representades per la fada. En el capítol XVI Pinotxo cau malalt i es fa necessària l'opinió dels metges. Trobem un episodi calcat de la tradició popular, en la qual les consultes amb els metges rarament aporten solucions. Els doctors són tres animals humanitzats —un corb, un mussol i un grill— que només diuen obvietats:

145. Totes les citacions del text que apareixen en aquest article són traducció de l'edició feta per Emilio Pascual (*Las aventuras de Pinocho*, Ed. Anaya, Madrid 1983).

«A parer meu, el titella és ben mort; però —si per desgràcia no fos mort— aleshores això seria indici segur de que és viu!

—Em sap greu —va dir el mussol— haver de contradir el corb, el meu il·lustre amic i col·lega. Per a mi, en canvi, el titella és viu; però, si per desgràcia no fos viu, aleshores això seria senyal que és mort de bon de veres.» p. 92

Un diàleg semblant el podem trobar a la rondalla «Es metge Guinyot» de la compilació de *Rondaies mallorquines* d'Antoni M. Alcover. També en aquesta col·lecció hi ha una narració titulada «Es nas de dos pams» en la qual el protagonista, per les dimensions del seu nas, ens recorda a Pinotxo.[146] En el capítol XXIII Pinotxo emprèn un viatge aeri a la recerca de Geppetto. El mitjà de transport és força habitual a les rondalles: el protagonista viatja sobre un ocell, en aquest cas un colom. Generalment, quan els herois són humans, l'ocell elegit és una àguila, però el rol de l'animal auxiliar és idèntic en ambdós casos. Seguidament Pinotxo es veu en la necessitat d'haver de demanar almoina; únicament una velleta li ofereix compensacions suficients a canvi d'un petit treball. En realitat, la velleta és la fada. L'autor ha elegit l'aparença de velleta —personatge que a les rondalles desenvolupa el rol de donant i que sempre dóna a l'heroi molt més d'allò que rep—, tal com li succeeix a Pinotxo amb la seva fada padrina.

En el capítol XXXIV el titella és engolit per un tauró gegant, com Jonàs fou engolit per la balena, un motiu molt habitual a les rondalles.[147] A dins la panxa del monstre marí Pinotxo hi trobarà el seu pare, que també havia estat engolit quan anava a la recerca del fill. Collodi justifica la supervivència de Geppetto amb un argument que ens remet clarament a un altre clàssic de la literatura juvenil: Robinson Crusoe. Ambdós aconsegueixen sobreviure en un entorn hostil gràcies a les restes d'un naufragi. El fill pròdig retroba el pare

146. »Es metge Guinyot» i «Es nas de dos pams» a *Rondaies Mallorquines*, Antoni M. Alcover, Ed. Moll, Palma (toms IX i XI respectivament).

147. En el *Motif Index of Folk Literature* (S. Thompson) aquest motiu apareix classificat amb la notació F911.4.

i —amb l'ajut d'un animal agraït, la tonyina que els retorna a la platja— aconsegueixen salvar-se. Pinotxo modifica la seva conducta i es transforma en un fill modèlic , amb la qual cosa redimirà les seves anteriors accions errònies i, finalment, aconseguirà el seu desig: transformar-se en un noi de carn i os, ser una persona de veritat. Tal i com passa a les rondalles, el protagonista assumeix la maduresa a través de la vivència d'experiències difícils que pot superar amb l'ajut d'auxiliars màgics i —al final— assoleix l'objectiu de la seva recerca i troba la felicitat.

## 2. ELS PERSONATGES

Els personatges que apareixen en el llibre es poden dividir en dos grans grups: els d'aparença humana i els animals humanitzats. Entre els d'aparença humana trobem els que són éssers sobrenaturals i uns altres que mantenen una relació especial amb un món diferent del real: Geppetto, el titellaire, l'home que els porta al país de Xauxa, etc. La fada és el personatge més directament relacionat amb el món de les rondalles. La podríem classificar com una fada blanca, encara que en alguns moments del relat canvia d'aparença. Viu al bosc des de fa més de mil anys i els animals estan al seu servei: obeeixen quan ella els ordena alguna cosa tot ajuntant les mans i fent tres mamballetes; notem la triplicació de l'acció màgica. Ells és també qui actua com a auxiliar de Pinotxo en els moments conflictius. Canvia la seva aparença i pren la forma d'una nena —que vol ser germana de Pinotxo—, com una velleta —que el vol socórrer— i finalment com una dona adulta que li fa de mare. Pel que fa als poders, el més important és que és únicament ella qui pot obrar la metamorfosi del titella en persona, encara que per a poder-ho fer cal que Pinotxo hagi assolit la maduresa necessària.

Geppetto és un subjecte passiu. L'autor el presenta com un vell pobre i mancat d'estimació; és per això que diposita totes les seves esperances en Pinotxo, qui el defraudarà un cop i un altre. Ens recorda el pare de Polzet, que estima els seus fills però és incapaç de mantenir-los i controlar-los. Únicament una vegada decideix actuar i ho fa d'una manera romàntica i poc pràctica: va a la recerca de Pinotxo en una barqueta. Tot d'una serà engolit pel gran tauró, motiu tradicional i — un com dins la panxa del peix— no veu altra solució que esperar, amb passivitat, la mort.

Un altre personatge que enllaça amb la tradició i alhora la trenca és el titellaire Menjafoc. Collodi el presenta com si fos un ogre, amb atributs semblants als de Barbablava o de l'ogre de Polzet:

> «Aleshores va aparèixer el titellaire, un homenot tan lleig que feia por només de veure'l. Tenia una barba negra com una taca de tinta i tan llarga que li anava des de la barra al terra. N'hi ha prou amb dir que quan caminava la trepitjava! Tenia la boca ampla com un forn i els ulls semblaven dos fanals de vidre vermell, amb el llum encès a dintre. Amb les mans feia esclafir un gruixut fuet fet de serps i de cues de guineu trenades.» p. 65

També la seva alimentació és semblant a la d'un ogre, ja que es menja un xot per sopar. La seva relació amb els titelles és de domini, però així i tot s'entendreix en escoltar la història de Pinotxo i no tal sols el deixa fugir, sinó que li regala cinc monedes d'or. És en aquest sentit que considerem que el personatge presenta característiques modernes, atès que a les rondalles els ogres són ferotges i —encara que poden ser vençuts amb enginy— mai no s'entendreixen com ho fa Menjafoc.

Un altre personatge interessant és el pescador, gairebé transformat en un ésser marí i que pretén menjar-se Pinotxo com si fos un peix. També la seva voracitat és desmesurada i ens recorda Gollum, el personatge creat per Tolkien a *The Hobbit*.

Quan apareixen animals humanitzats Collodi respecta la divisió tradicional pròpia de les rondalles entre animals *bons* i *dolents*. Els atributs que els confereix es corresponen amb els de les rondalles. Els *bons* acompleixen dues funcions essencials en relació al protagonista: ajudar-lo —i és en aquest sentit que parlam d'animals auxiliars— i advertir-lo del perill que la seva conducta suposa —animals profètics—.[148] Els *dolents* tenen diverses funcions en la seva relació amb el protagonista: menar-lo pel mal camí, atemorir-lo i proposar-li pactes deshonestos.

Entre els animals auxiliars destaquen:

• El grill que parla: adverteix Pinotxo des del principi, li recorda les seves males accions. Simbolitza la consciència.

• La merla blanca: a la narració té un funció positiva d'advertiment, de caràcter profètic, i és per això que el gat se l'empassa.

• El papagai: li diu a Pinotxo que ha estat estafat. A les rondalles —sobretot a les de *Les mil i una nits*— apareixen papagais que parlen en el paper de guardians. Observen i després conten al protagonista tot allò que ha succeït en la seva absència. En el conte que comentem el papagai vigila les monedes de Pinotxo i després li explica qui les ha robades. És, doncs, la mateixa funció.

• La coloma: transporta Pinotxo fins a la platja. Els viatges sobre un ocell són habituals a les rondalles.[149]

• La tonyina: transporta Pinotxo i Geppetto fins a la costa, agraïda per una bona acció. Els viatges sobre un gran peix són també habituals a les rondalles.

• El tauró gegant: engoleix primer Geppetto i després Pinotxo. No té consciència d'allò que succeeix a l'interior del seu cos, és més perillós per les seves dimensions que per les seves intencions. Representa el monstre marí ancestral, el poder i la força de l'oceà. Aquest episodi de l'engoliment per un peix apareix també en un gran nombre de rondalles arreu del món.

Els animals *dolents* són els que tradicionalment assumeixen aquest paper a les faules i rondalles:

• La guineu: és un animal traïdor, mentider, avar, astut i

---

148. Els ocells amb funcions profètiques apareixen a l'epígraf B 143 de l'índex de motius de Thompson.

149. Es troben indexats a l'epígraf F 62 del *Motif-Index* (*op. cit.*).

capaç de qualsevol malifeta —robar, matar—. Va sempre amb el gat, a qui té totalment dominat.

• El gat: compareteix tots els aspectes negatius de la guineu, però no té poder ni capacitat de decisió. Les seves paraules són un simple ressò de les de la seva companya i sempre surt malparat de les malifetes que comet.

• Les guineus, les garses blanques i els ocells de presa que viuen a «Agafa-beneits» de l'espoliació dels animals innocents —gossos, xais, gallines, etc.—.

• Les fagines: roben les gallines del pagès.

• La serp: té característiques semblants als dracs de la tradició popular, però capgirades, atès que en lloc de llançar flames per la boca les llança per la cua («Havia vist una gran Serp que tallava el camí, amb la pell verda, els ulls de foc i la cua punxeguda que fumejava com una xemeneia» p. 114).

La tendència desmitificadora és perceptible al llarg de tota l'obra, Collodi no fa que Pinotxo s'enfronti al monstre, ni tal sols que l'eviti amb enginy, sinó que la serp literalment *esclata* de rialles en veure com el titella —esporuguit— acaba amb els peus enlaire i amb el nas clavat al fang del camí.


3. L'ESPAI

*Le avventure di Pinocchio* estan situades en dos plans espacials diferents. Un és el real, que podríem situar a qualsevol poble de la Itàlia del s. XIX, i un altre fantàstic. Pinotxo passa d'un plànol a l'altre amb la major naturalitat. En la descripció dels espais fantàstics l'autor italià també ha fet ús del llegat tradicional. És el cas del Camp dels Miracles, on se suposa que les monedes enterrades germinen i es transformen en un arbre que fruita diners. Aquest és un engany típic de la tradició popular. Trobem també «Agafa-beneits», el país on els pocavergonyes s'aprofiten dels ingenus, i sobretot Xauxa, el país mític on regna la felicitat més absoluta, on tot s'aconsegueix fàcilment i sense esforç. Xauxa és el nom de la ciutat peruana que s'identifica amb el lloc on es trobaven les magnífiques riqueses descrites per Pizarro. Atès que el llibre ens conta una història per a infants, Xauxa s'identifica amb el País de les Joguines, on no existeixen ni les normes ni els estudis.

El bosc, un espai màgic per excel·lència, té el mateix paper que a les rondalles: és el lloc on viu la fada, però és també un lloc de perill, on hi ha els assassins i els mentiders, i on Pinotxo serà penjat d'un arbre. La figura del llop és habitual en els boscos de les rondalles. En el conte de Collodi hi ha també un llop, però és un altre element desmitificat. Més que un llop és un *anti-llop*, figura habitual en els contes moderns, un personatge pobre, mort de fam i que demana almoina.


4. Les transformacions

Les transformacions són un element fonamental a les rondalles meravelloses. A l'obra que comentem en trobem dues que han de ser tingudes molt en compte. La primera és en el capítol XXII, quan Pinotxo i el seu amic, a causa d'haver abandonat l'escola i viure en el País de les Joguines, es transformen literalment en ases. Viuen aquest procés amb una barreja de desassossec, vergonya i curiositat. El retorn a la forma antropomòrfica anterior és original, gairebé mecànica: Pinotxo és llançat al mar i els peixos devoren l'embolcall d'ase que l'empresonava. La segona transformació —i més important— és la que fa del titella un infant de carn i os, tal com ell desitjava. Per a Sánchez-Ferlosio la primera transformació és lícita en el context de la tradició narrativa, però la segona respon únicament a condicionants morals i, per tant, inacceptables literàriament:

«En los cuentos encontramos un sinnúmero de ellas [metamorfosis], pero tan sólo de las dos clases siguientes: o bien —como cuando el propio Pinocho se transforma en borriquito— la metamorfosis es un estado transitorio de desfiguración del aspecto sensible *verdadero*, que al final se recupera, o bien es un castigo para siempre. El paso de mejor a peor es siempre una segunda metamorfosis que deshace otra anterior y, por tanto, un retorno, un rescate, una liberación; el paso de mejor a peor es siempre, eterno o transitorio, un castigo. La concepción de la identidad que se halla implícita en la ley del arte prohíbe una metamorfosis de peor a mejor que no opere como retorno a la figura verdadera desde el estado subsiguiente a una metamorfosis anterior [...] Pinocho nace muñeco de madera; esta es su prístina y, por lo tanto, auténtica figura. De que la pierda, hermosa o fea —sea por cirugía estética o por cirugía pedagógica— jamás podrá hacerse un premio.»[150]

Finalment, ens cal dir que Carlo Collodi inicià —juntament amb E.T.A. Hoffmann, Oscar Wilde i altres autors del segle XIX— un nou camí en el qual els elements de les rondalles, encara que són presents a les seves obres, adopten noves funcions. Moltes d'aquestes línies de recreació i inversió, només insinuades a *Le avventure di Pinocchio*, es desenvoluparan posteriorment i les retrobarem en la literatura actual.

150. SÁNCHEZ FERLOSIO, pròleg a *Las aventuras de Pinocho*, Alianza Editorial, Madrid.

# 24. EL MODEL D'HEROI I D'HEROÏNA A LES RONDALLES I A LA LITERATURA CATALANA ACTUAL: ANÀLISI COMPARATIVA[151]

Per a la realització d'aquest estudi ens hem basat en la producció narrativa en llengua catalana publicada entre 1975 i 1985, dècada en la qual es posa de manifest una revalorització dels elements propis de les rondalles. De tota la producció analitzada —més de tres-cents títols— hem treballat sobre un centenar que presenten —en llurs motius argumentals, personatges, ambientació, estructura, etc.— trets propis de la rondalla. Analitzem diverses facetes del model d'heroi que presenten aquestes narracions, sense deixar de tenir present en tot moment la unitat essencial de la rondalla que s'oposa a la diversitat del conte modern d'autor.

## 1. EL MODEL D'HEROI I D'HEROÏNA

Els herois de les rondalles comparteixen un bon nombre

151. Comunicació presentada al *XXIV International Board on Books for Young People Congress* (Sevilla 1994) i publicada a *24° Congreso Internacional del IBBY de Literatura Infantil y Juvenil. Memoria* (OEPLI), Madrid, 1995.

de característiques genèriques, encara que no totes són pròpies de tots els herois. Les podríem esquematitzar en els punts següents:

- Ser jove i físicament atractiu, hàbil i enginyós. En altres casos, ser dèbil i considerat inútil per l'altra gent.
- No tenir, en principi, cap poder sobrenatural.
- Ser el menor d'un grup de germans (generalment el tercer o el setè).
- Viure la seva aventura en solitari, amb l'únic ajut de l'auxiliar màgic.
- Ser respectuós, humil i caritatiu amb els més dèbils i amb els animals, virtut que farà possible el triomf final.
- Tenir un caràcter ferm i perseverant
- Passar unes proves encaminades a l'obtenció de l'ajut màgic necessari per aconseguir els objectius proposats.
- Usar de forma adequada les potencialitats màgiques que li han estat atorgades.
- Al final, l'heroi o l'heroïna sempre obté una recompensa en forma de matrimoni, fortuna o poder.

Les rondalles presenten aquestes qualitats referides tant a herois com a heroïnes i qualsevol quantificació únicament es pot referir a un àmbit cultural concret; les qualitats s'apliquen a uns i altres sense distinció de sexe.

Com es reflecteixen aquestes qualitats en els protagonistes dels contes moderns?

- En primer lloc trobem una coincidència plena en el factor edat. Els herois actuals també són joves, generalment adolescents, possibilitant així el procés d'identificació heroi-lector. Molt rarament trobem com a heroi un adult o un ancià.
- En general, els herois dels relats són humans i no compten amb poders o característiques extraordinàries; la seva relació amb allò meravellós és temporal i anecdòtica.
- La bellesa física del protagonista és un aspecte secundari. A vegades es remarca la transformació del nen en jove o d'adolescent en adult. Rarament apareixen herois amb defectes físics o psíquics que provoquin complexos o rebuigs.

• Han desaparegut la majoria de motius vinculats a les relacions entre germans: el fracàs dels dos germans majors, l'èxit del germà petit, etc., així com la predilecció dels pares per un fill determinat i les rivalitats fraternes.

• En un gran nombre de relats apareix el protagonista múltiple, la parella o el grup, encara que una anàlisi més detallada de les obres posa de manifest que els atributs de l'heroi solen recaure sobre un únic personatge.[152]

• Es mantenen les qualitats de generositat, humilitat i respecte que li permeten passar les proves necessàries per a rebre l'ajut màgic. L'actitud contrària —l'egoisme, la supèrbia i la desconsideració— porten inevitablement al fracàs. En la literatura actual es destaquen sobretot dues qualitats: ser bondadós i valent. En segon terme trobem altres qualitats positives: ser intel·ligent, decidit, impulsiu, sensat, imaginatiu i enginyós; finalment, també es valoren qualitats com l'amabilitat, la sinceritat, la capacitat d'observació i l'amor a la llibertat i a la natura. Pel que fa a les qualitats, no existeix una gran diferència per raó de sexe, encara que podem constatar una certa tendència a assignar amb més freqüència les qualitats de reflexives a les noies i d'inquiets als nois.

• També els protagonistes actuals passen un període de prova abans de trobar el camí que els portarà a la resolució del conflicte. A vegades es valoren més les qualitats d'intel·ligència i de capacitat de decisió mostrades en l'obtenció de la informació i la reflexió posterior que les solucions màgiques, tan habituals a les rondalles. El factor sobrenatural és menys important i es converteix en un instrument en mans de la voluntat i la capacitat personals. Es manté, a totes les obres, el càstig a aquells que fan un ús inadequat dels recursos màgics obtinguts.[153]

152. Aquest és el cas d'*El misteri de l'aigua* de Josep Franco, *Ulls de gat mesquer* de Joan Barceló, *Els set enigmes de l'iris* de Mercè Canela i alguns altres.

153. Aquest és el cas d'alguns personatges (generalmente falsos herois) que apareixen a les obres *El bosc encantat* de Joles Sennell, *El secret de la fulla d'alzina* de Miquel Rayó i molt clarament a *La perla negra* de Josep Vallverdú.

• Finalment, després d'acomplir la tasca imposada ens trobem amb la recompensa, el final feliç que és comú a rondalles i contes moderns. La diferència més remarcable rau en el caràcter de la recompensa. La rondalla s'expressa en termes de matrimoni o pujada al tron, metàfora que ens indica la plena integració social i psíquica, la maduresa de l'heroi. El conte modern és més moderat en el seu desenllaç; generalment el final feliç consisteix en la reparació de la mancança o la malifeta exposada a l'inici, en el restabliment d'un ordre o equilibri que havia estat trasbalsat. L'heroi compta amb la satisfacció de la feina feta, el reconeixement social i —especialment— la saviesa i la maduresa obtingudes al llarg de la seva aventura. En general, la sensació és d'un plantejament més altruista que contracta amb el caràcter més individualista de la rondalla.[154]

## 2. LA RELACIÓ AMB ELS PROGENITORS

Com ens presenta la literatura infantil i juvenil actual la relació amb els pares? Podem observa diferències notables amb els relats tradicionals.

• Han desaparegut alguns motius molt habituals a la rondalla meravellosa, especialment l'abandonament dels fills al bosc. Aquest és un acte que —segons els estudiosos de les rondalles— es troba molt vinculat a les cerimònies d'iniciació pròpies de les societats primitives i que en el nostre context cultural apareix com una acció extraordinàriament hostil i difícilment justificable; és per això que ha estat substituït per altres formes d'absència dels pares menys traumàtiques.

• També han desaparegut les madrastres. Vladimir Propp[155] pensa que aquest personatge va ser introduït a les

154. Aquest tipus de final es veu molt clarament a l'obra *El raïm del sol i de la lluna* de Miquel Rayó.
155. Sobre el sentit de l'abandonament al bosc, vegeu l'explicació de V. Propp a la seva obra *Istoriceskie korni volsebnoj skazki* (1946) (publicat sota el títol *Las raíces históricas del cuento*, Madrid, 1987).

rondalles per tal d'assumir les culpes de l'expulsió al bosc quan ja les societats que explicaven aquestes històries havien abandonat les pràctiques més cruentes dels ritus iniciàtics. Des d'una altra òptica —diferent però complementària— Bruno Bettelheim[156] veu en la figura de la madrastra un desdoblament de la mare autèntica, una figura materna que pot ser odiada sense remordiments. Però, malgrat les justificacions dels estudiosos, el fet és que les maldats de les madrastres han desaparegut de les narracions actuals i en el seu lloc es plantegen problemes generalment vinculats a la falta de comunicació o a la incomprensió.

• Altres motius que han estat eliminats són: la desobediència o la transgressió d'una ordre dels pares com a factor d'inici de l'aventura, la predilecció o el rebuig cap a un fill determinat i —com a conseqüència d'això— la rivalitat entre germans.


3. La relació amb els iguals

Molt sovint, les rondalles ens presenten la relació dels herois amb els seus iguals al principi del relat, com un motiu inicial que determinarà la decisió de l'heroi. Generalment es tracta d'una relació fraterna, però no sempre. L'heroi destaca per les seves qualitats positives i això provoca l'enveja o la gelosia dels altres; en altres ocasions el futur heroi és considerat beneit o dèbil, i únicament el fracàs dels altres farà possible que ell demostri les seves capacitats. En ocasions el conte actual mimetitza aquest rebuig de l'entorn familiar o social, que resulta molt útil per ressaltar la victòria posterior i demostrar que la perseverança és sempre recompensada.[157]


156. Betthelhim explica aquesta idea a la seva obra *Psicoanálisis de los cuentos de hadas* (Barcelona, 1977).
157. Aques és el cas de n'Agraciat, protagonista d'*El secret de la fulla d'alzina* de Miquel Rayó.

## 4. LA RELACIÓ AMB L'ALTRE SEXE

L'amor i les relacions de parella apareixen amb menys freqüència en els contes actuals, encara que a vegades l'enamorament de l'heroi o l'heroïna desencadena l'acció. L'actitud de l'heroi front a l'amor sol ser positiva i decidida. Si és correspost no dubta a perseverar fins aconseguit els seus objectius i si hi ha forces que s'oposen a les seves relacions posa per la seva banda tots els mitjans possibles per tal de vèncer-les. Aquest optimisme essencial —compartit amb la rondalla meravellosa— fa que mai no trobem amors impossibles ni defallences per no ser correspost.

## 5. LA RELACIÓ AMB EL MERAVELLÓS, AMB LES FORCES BENÈFIQUES I MALÈFIQUES

Com s'estableix la relació amb el meravellós en els contes contemporanis?

De formes molt diverses. Algunes vegades simplement amb la força de la imaginació i altres per casualitat. En ocasions, com passa a les rondalles, l'heroi ja es troba predestinat des del seu naixement a realitzar una proesa determinada. Però, en tots els casos, haurà de passar una prova per obtenir un auxiliar que possibiliti la seva relació amb el món meravellós i aquesta prova la imposa el donant. En aquest punt la coincidència entre conte modern i rondalla és total: la porta cap a l'altra realitat s'obre amb la clau d'una prova, i només l'actitud positiva de l'heroi farà possible la superació i l'entrada a una altra dimensió.

Com a conclusió podem dir que molts dels atributs dels herois i les heroïnes de les rondalles es mantenen en els contes actuals que presenten influències de les rondalles i que les diferències més remarcables les trobem en la recompensa obtinguda, que no sol ser ni el matrimoni ni el poder, sinó la consecució d'un context social més just i lliure. Els conflictes personals, familiars i socials que trobem esquematitzats a la rondalla —deficiències físiques, abandonament dels pares, pobresa, incomprensió, rebuig social, etc.— sembla que han trobat el seu lloc en els relats realistes, que en fan un tractament més aprofundit. En canvi, els autors que opten per inspirar-se en les rondalles tendeixen a representar conflictes de caràcter més genèric, com la lluita del bé contra el mal, la recuperació de la fantasia o la preservació de l'equilibri social i ecològic.

# 25. ELS PERSONATGES FANTÀSTICS: LES BRUIXES, ELS MAGS, LES FADES...[158]

Les narracions populars tradicionals formen part del bagatge cultural de tots els pobles i els seus referents són universals. Sovint, els autors s'hi han inspirat en escriure per a infants i joves, tant pel que fa a l'estructura com al llenguatge o la caracterització dels herois. En la literatura infantil contemporània, després d'uns anys de predomini del realisme, s'ha viscut un retorn a les fonts populars i s'han reprès els elements folklòrics, dotant-los d'un sentit nou. A través de la reinterpretació de les rondalles els autors vehiculen valors com la solidaritat, la necessitat de lluitar per la llibertat, l'ecologia o la consciència de país. Això és especialment clar en el tractament dels personatges fantàstics: fades, bruixes, mags, follets i gegants accentuen o intensifiquen els seus trets habituals per moure's en unes noves històries que, tanmateix, tenen força punts de confluència amb les que ens han arribat per tradi-

158. La primera versió d'aquest article es va publicar a *De la narrativa oral a la literatura per a infants. Invenció d'una tradició literària*, AAVV. Edicions Bromera, Alzira 2000. Una versió en castellà i més extensa va ser publicada a *De la narrativa oral a la literatura para niños*, AAVV. Grupo Editorial Norma, Bogotà 2006 i una tercera versió va aparèixer a *Invención de una tradición literaria*, AAVV. Ediciones de la Universidad de Castilla-La Mancha, Cuenca 2007.

ció oral. Unes i altres ens forneixen l'equipatge necessari per al viatge més emocionant: el creixement com a persones.

Analitzarem en aquest article les característiques essencials d'alguns dels personatges fantàstics més habituals a la tradició popular i veurem com són usats a la literatura infantil contemporània, quins aspectes s'han mantingut, quins s'han modificat i amb quina intenció.

## 1. LES BRUIXES

Cal que ens situem en època medieval per trobar la dimensió de la bruixa que ha perviscut en la consciència de la humanitat fins a l'actualitat. La bruixa, personatge ben real d'aquells segles, és la dona sola, hereva de la tradició secular que coneix els remeis naturals, les virtuts de les plantes, les influències de les llunacions... Els atributs tòpics de la bruixa són prou coneguts de tots: aparença de dona vella que es caracteritza per la seva lletjor, vestida amb robes fosques i desastrades i tota ella voltada d'una clara sensació de brutícia, d'olor de resclosit. Aquesta és l'aparença que es manté de forma convencional a la majoria dels relats actuals. Però a la literatura moderna la tradició es capgira, i al costat de les bruixes paoroses n'apareixen unes altres que trenquen motlles, que són boniques, o joves o bones, o tot alhora.

La desmitificació dels personatges de la por en la literatura infantil i juvenil, va començar el segle passat, de la mà d'escriptors tan prestigiosos com Oscar Wilde, i en aquests darrers anys aquesta tendència s'ha anat accentuant molt. Al costat de les bruixes que fan por n'apareixen unes altres, força diferents.

Com són aquestes «noves bruixes»? En general es poden definir pel capgirament d'un o més dels seus atributs tradicionals. En els contes actuals, conviuen dos tipus físics de bruixa: la tradicional d'aparença paorosa i la d'aparença normal o fins i tot atractiva. Aquest fet ens porta a formular una altra pregunta: Es correspon el canvi físic amb un canvi de comportament? És a dir, les bruixes «no lletges» són també «no dolentes»? I totes les bruixes lletges són dolentes? La resposta a la primera pregunta seria: en general sí, encara que hi ha excepcions. La resposta a la segona pregunta és més complexa. Hi ha bruixes lletges que ens són presentades com a d'una peça, dolentes de cap a peus i sense distincions de cap classe; en canvi, hi ha bruixes lletges que poden ésser molt dolentes amb uns personatges i molt bones amb altres, és a dir, que tenen un comportament humanitzat i no estereotipat, com és propi de les rondalles.

ATRIBUTS

Generalment, les bruixes apareixen sempre amb uns atributs molt concrets, entre els quals destaca l'escombra voladora. L'escombra, els untets i el mateix fet de cavalcar-la ens remeten a claríssimes al·lusions fàl·liques, que es poden relacionar d'una banda amb ritus de fertilitat o interpretar com l'expressió d'una sexualitat femenina alliberada. Però, quin paper té l'escombra en els contes moderns? Podem dir que ha quedat únicament com un motiu pintoresc lligat indissolublement a la imatge estereotipada de la bruixa. Mentre que els llibres per a nens més grans que tracten d'una manera més complexa el fenomen de la bruixeria no en parlen perquè la consideren infantil o excessivament tòpica, els llibres per a petits o bé la inclouen com a element imprescindible o la desmitifiquen, tot parlant d'escombres modernes amb canvis de marxes i encesa automàtica, aspiradors, etc.

En la mateixa línia d'objectes del món femení que han esdevingut atributs de les bruixes trobem l'olla i el morter. Ambdós estris ens fan pensar en una de les acusacions més greus fetes a les bruixes: el canibalisme. Les rondalles ens presenten bruixes-ogresses, àvides de carn humana tendra. Aquest motiu ha estat pràcticament bandejat dels contes moderns, segurament perquè els autors el troben excessivament truculent. Només apareix en algunes ocasions usat amb un deix d'ironia i complicitat amb el lector.

## ESPAIS QUE HABITEN

Un altre aspecte fascinant de les bruixes és el lloc on viuen. La característica més general és que es tracta d'un lloc solitari, allunyat dels nuclis habitats. Aquest fet palesa un altre aspecte important: el rebuig social que pateixen. L'hàbitat més usual de la bruixa és el bosc, una muntanya de difícil accés o una fondalada. Les cases o coves de les bruixes són misterioses, plenes de fum, a vessar d'objectes insòlits, de substàncies fastigoses i d'animalons repulsius. Tots aquests tòpics, encara que ben segur formats per una base real de pobresa i d'aïllament, es posen de manifest en molts dels llibres moderns. Cal esmentar també els habitatges de les noves bruixes, de les bruixes desmitificades. Són indrets nets i lluminosos amb aspecte de laboratori o casetes petites i bigarrades, descrites en to humorístic.

## AJUDANTS

Un altre tema interessant a revisar és el dels ajudants o auxiliars de les bruixes. Aquestes dones, que mantenen una especial relació amb les forces de la natura, estan sempre voltades d'alguns animals molt determinats, als quals confereixen part dels seus poders. L'animal més emblemàticament lligat a la fetilleria és el gat negre, però també tots els animals que la gent sol considerar perillosos o esgarrifosos sembla que tenen un lloc al costat de les bruixes. Aquestes convencions es mantenen, en general, als contes moderns.

## PODERS

A les rondalles els poders de les bruixes són molts i diversos: volar, transformar i transformar-se, encantar, adormir per anys infinits, enverinar, fer enamorar, etc. A la realitat els poders de les bruixes es basaven en la fascinació que exercien sobre les mentalitats supersticioses i fàcilment impressionables, en l'ús acurat de les propietats de les plantes i d'altres substàncies que coneixien i sabien usar, en la seducció de la paraula misteriosa feta conjur, considerada màgica.

Quins poders atribueix a les bruixes la literatura infantil

actual? Possiblement el més reiterat és el de la transformació. A més del seu propi cos, les bruixes poden transformar el dels altres, i aquesta és una de les armes que més sovint usen per aconseguir els objectius que s'han fixat. El motiu és reprès pels autors actuals, algunes vegades inserit de ple dins les formes més clàssiques, altres jugant amb aquests poders des d'una òptica còmica i desmitificadora, amb bruixes incompetents que s'equivoquen d'encanteri i capgiren les transformacions. Un altre dels poders més coneguts de les fetilleres és el de poder volar, els contes moderns —sobretot els adreçats als més petits— mantenen la tradició i en ocasions narren en clau d'humor els problemes amb què es troba una bruixa sense el seu habitual mitjà de transport.

A la rondalla meravellosa la bruixa actua com a donant o agressora. Als contes moderns sobta la complexitat amb què és tractada. A vegades se'ns mostra des d'una perspectiva humana la relació de les bruixes amb el seu medi social. Hi ha llibres essencialment realistes que parlen de dones considerades bruixes, i fan veure al lector que aquesta bruixeria —o suposada bruixeria— és una forma de supervivència en un medi hostil. Altres, s'acosten a la relació de la bruixa amb el seu entorn social des d'una concepció més màgica. El problema és tractat sovint en clau poètica i corprenedora, i es donen les claus per entendre un fenomen que és alhora real i literari.

CONCLUSIONS

Aquesta revisió de la figura de la bruixa ens du a formular diverses conclusions. En primer lloc, volem destacar el canvi radical en la freqüència d'aparició d'aquests personatges a la literatura infantil contemporània, que va des de l'absència pràcticament total entre les dècades dels anys seixanta i setanta del s. xx fins a una presència extraordinàriament important en les dècades dels vuitanta i noranta, i precisament perquè es tracta d'un fenomen recent, sorprèn la complexitat del tractament, la multiplicitat de punts de vista i la riquesa de matisos.

Una vegada feta l'anàlisi de les característiques de les bruixes creiem que les podem dividir en tres models bàsics, segons el tractament que els dóna l'autor a l'hora de desenvolupar la seva narració.

Un primer model que representa el tipus de bruixa estandarditzada, que simbolitza l'encarnació de les forces del mal i que respon als esquemes preestablerts i popularitzats arreu de la cultura occidental. Apareix tant en llibres infantils com juvenils, d'una forma força tòpica.

En segon lloc, una bruixa —o una dona que de cara a l'exterior sembla bruixa— humanitzada. L'autor va més enllà de les aparences i dels tòpics i ens acosta a la seva problemàtica i a les motivacions que l'han duta a assumir aquest rol social marginal i marginat. Són els personatges més aconseguits, perquè tenen densitat psicològica i poden fer vibrar el lector, més enllà de l'esquematisme habitual a les rondalles. Apareixen preferentment en els llibres juvenils, perquè aquests possibiliten una major complexitat expositiva i argumental.

Finalment, un tercer tipus de bruixa, que és la desmitificada pel camí de la comicitat. El seu rol està totalment capgirat i en lloc de fer por fa riure. Sovinteja en els contes per a més petits, encara que també la trobem en algunes obres juvenils de to humorístic i desenfadat.


## 2. ELS MAGS, ELS BRUIXOTS I ELS ASTRÒLEGS

La figura del bruixot no és ben bé la versió masculina de la bruixa. La fetilleria té unes innegables connotacions femenines i, encara que hi ha alguns aspectes comuns, les diferències són força importants. Mags, bruixots, astròlegs i encantadors apareixen també a les rondalles, però és a la literatura escrita on els trobem amb més freqüència, sovint com a hereus del mític Merlí, el mag de la cort del rei Artús. La iconografia convencional ens presenta el mag de la cultura occidental com un home vell, generalment alt i prim, amb llarga barba i cabells blancs, nas imponent, veu profunda i mirada penetrant. Sol anar vestit amb una llarga túnica i una caperutxa agullonada. Aquesta és l'estilització, heretada de les formes tradicionals medievals, que ha perviscut fins a l'actualitat i s'ha convertit en estereotip.

Però, com són els mags de la literatura infantil actual? Uns responen al model esmentat i altres se'n distancien per la via de l'humor o de la tendresa. També trobem els mags moderns, desmitificats per la via del realisme, que s'assemblen més a la imatge d'un científic actual que no a la d'un fetiller tradicional, van en bata i es mouen dins un laboratori, però al cap i a la fi persegueixen les mateixes quimeres que els seus col·legues d'aspecte medieval, i no deixen de tenir un aspecte certament inquietant. En els llibres actuals, com a conseqüència del multiculturalisme, apareixen també alguns bruixots que pertanyen a altres cultures: xamans de tribus africanes, bruixots dels indis americans, etc.

ATRIBUTS

Els atributs d'aquests personatges són més variables que els de les bruixes, car depenen un poc de la situació social i de l'especialitat que practiquen. Els astròlegs apareixen sempre vinculats a aparells per observar el cel, la lluna, els astres, etc. Els bruixots, en canvi, són presentats més tost com a apotecaris o químics, envoltats de líquids misteriosos, d'herbes remeieres i de minerals prodigiosos. Però, curiosament, entorn d'aquests personatges apareixen sempre llibres, obres arcanes on aprenen i estudien els secrets de la naturalesa i de la màgia. Si ens hi fixem, veurem com poques vegades es relacionen les bruixes amb els llibres. Sembla com si la saviesa de les dones fos més popular, transmesa oralment, mentre que la dels homes tingués la seva font en el coneixement escrit, la causa d'aquest fet cal anar-la a cercar en la situació social d'ambdós tipus de personatges, i en la marginació de la dona del món de l'alta cultura i de la ciència.

ESPAIS QUE HABITEN

Els llocs on habiten els mags tenen uns trets comuns. Podem distingir entre els personatges que estan plenament vinculats a una cort i els que no, encara que hi mantinguin una certa relació. Entre els primers solem trobar els astròlegs, els endevinadors i els guaridors, que viuen al castell, sovint en un lloc apartat i íntim, però no massa lluny del monarca. Els astròlegs solen habitar les torres dels castells, per tal de facilitar llurs observacions astronòmiques. Els mags i bruixots que no viuen als castells habiten llocs aïllats, mai no viuen a pobles o ciutats, sinó al bosc, en una cova o dalt d'una muntanya. Només en els casos de clara desmitificació trobem mags que viuen a la ciutat o que fins i tot duen una vida familiar i social normal, van a una escola de bruixeria, etc. Una característica comuna de l'indret que habiten és l'amuntegament d'estris i d'objectes diversos, de materials estranys, tot voltat d'un aire de ciència críptica i de màgia.

AJUDANTS

Els mags, malgrat que se serveixen en alguna ocasió dels animals com a auxiliars, generalment treballen sols o bé tenen amb ells un ajudant, que és gairebé sempre un jove, el qual inicien en els secrets i els procediments de les ciències ocultes, és la coneguda figura de l'aprenent de bruixot.

PODERS

Els poders de mags i bruixots s'obren en un ample ventall de possibilitats, però a grans trets els podríem classificar en tres grans grups:
• Possibilitat de transformar-se i de transformar els altres.
• Domini de les forces naturals, dels elements de la naturalesa.
• Capacitat per elaborar pòcimes, ungüents, beuratges, etc., amb qualitats màgiques.
Cadascuna d'aquestes possibilitats estan reflectides en els contes actuals de diverses maneres. Quan es tracta d'un mag o bruixot malèfic, les transformacions solen obeir al desig de cometre una agressió o bé de dur a terme una venjança. Altres vegades ens trobem davant situacions menys dramàtiques, i els poders del mag es desmitifiquen per la via de l'humor: el

bruixot bromista transforma per unes hores les noies maques en lletges, la llet en aigua, etc. Les metamorfosis sovint es fan mitjançant un conjur, és a dir, a través de la màgia de la paraula, i altres vegades s'empra també un objecte prodigiós.

QUALITATS

Tota una altra qüestió és la que fa referència a la posició ètica dels mags: són bons o dolents? A aquesta pregunta no podem donar una resposta categòrica, n'hi ha de tota mena. Aquest fet es reflecteix a la literatura popular i a la culta. En analitzar el tractament literari que els escriptors han donat als mags podrem veure, tal com diu Rodolfo Gil,[159] que a vegades són presentats de manera ambivalent, poden fer —i fan— el bé o el mal en funció dels seus interessos i preferències. En canvi, la tradició popular presenta sempre uns personatges molt més plans, i les categories de bons i de dolents estan més definides.

Els llibres infantils i juvenils contemporanis s'insereixen dins aquesta línia. Hi trobem mags malèfics i benèfics, amb preferència d'aquests darrers, però mai personatges a cavall entre el bé i el mal. És ben clar que la situació social de les bruixes i dels mags no és la mateixa. Entre les classes populars la relació amb els poders paranormals estava reservada a les bruixes i és veritat que també existien els bruixots, homes que més o menys exercien les mateixes funcions d'aquelles, però no eren tan habituals. En una economia de subsistència, on la misèria era el denominador comú de gran part de la població, aquests personatges —odiats, temuts i reverenciats— malvivien amb més o menys fortuna. En canvi, les classes altes gaudien dels serveis d'algunes persones relacionades amb les ciències ocultes —mags, astròlegs, endevinadors, etc.— i els atorgaven una consideració social molt diferent. La literatura, tant l'oral com l'escrita, ens presenta aquests homes molt propers a la noblesa i al mateix monarca, actuen com a

159. GIL, R. (1982), *Los cuentos de hadas: historia mágica del hombre*. Barcelona: Salvat, 1982, p. 60.

371

consellers i llurs opinions són escoltades i respectades, tal com passa amb Merlí a la literatura artúrica.

Els contes actuals amb influències de les rondalles segueixen aquesta mateixa línia. Però la desmitificació també arriba als mags. Que tinguin l'aspecte i la comesa tradicional no vol dir que en algun punt aquests personatges no presentin fissures, característiques que trenquen els esquemes i els fan tendres, ridículs o graciosos. A vegades és simplement el nom que l'autor elegeix, i que té un to còmic; d'altres, és el seu caràcter faceciós —que no s'avé amb el tarannà seriós que tradicionalment s'atribueix a aquests personatges —, o la seva ineptitud per exercir l'ofici, com ja passava amb les bruixes. Aquesta desmitificació per la via de tenir poc poder, no saber utilitzar-lo o equivocar-se en fer-ho apareix molt sovint, especialment en llibres per a les primeres edats.

CONCLUSIONS

Intentarem resumir breument les característiques principals que hem pogut observar. El mag, bruixot o astròleg és un personatge que pot ser bo o dolent, però sempre està voltat d'una aura de misteri. Entre els llibres actuals predominen els mags bons: ajuden i aconsellen l'heroi, desfan mals encanteris, etc. Tant en un cas com en l'altre són personatges d'una sola dimensió, no evolucionen ni canvien el seus valors o principis ètics al llarg del relat. Al costat d'aquests mags, n'apareixen d'altres que presenten trets desmitificadors: humorístics, caricaturescs, irònics, tendres, etc. Són personatges que tenen plenament assumida la seva condició i no la qüestionen. Encara que els seus poders provoquen respecte i en ocasions por, això no els produeix gaires problemes d'integració social. Per tant, veiem com una vegada més la literatura moderna beu en la tradició i redimensiona uns personatges que, des de fa segles, formen part de l'imaginari col·lectiu.

## 3. LES FADES

La peripècia literària de la fada, tant oral com escrita, és llarga i diversa. La fada com a personificació de les forces de la naturalesa apareix en cultures molt antigues i arriba fins a l'actualitat. Són éssers fantàstics en forma de dona i dotades amb poders sobrenaturals, que mantenen amb els humans relacions a vegades positives i altres negatives. Una de les característiques que sobta a primer cop d'ull és la gran diversitat de les fades. És per això que les podem analitzar classificades en quatre grups diferenciats.[160]

### LES PETITES DAMES

Sota aquest nom s'agrupen les fades petites, alades i musicals, hereves de les nimfes, que sovint apareixen en forma de flor o de papallona. A vegades les seves ales dringuen quan volen. Solen ser juganeres i tenen cura de petits animals. Habiten sempre a la natura, generalment al bosc, entre els arbres i les flors. Tenen pocs poders, però entre ells destaca el de fer volar els infants amb el polsim de les seves ales. Aquesta fada apareix en la literatura infantil d'autor representada de forma paradigmàtica per Campaneta, la fada amiga de Peter Pan.

### LES DAMES VERDES

Aquest tipus de fades d'aparença humana es caracteritzen per ser molt belles. Vestides amb riques robes i amb el ceptre a la mà com a expressió de llur poder, poden habitar la terra o el fons del mar. Tenen casals o palaus magnífics, construïts amb materials preciosos. Dominen l'art dels grans encanteris i poden fer tota classe de filtres màgics. Si viuen a balmes o cingles se'ls dóna el nom d'aloges o encantades. En canvi, si viuen a l'aigua —pous, llacs, rierols, etc.— es parla de dones d'aigua o goges. Surten sempre de nit, es pentinen i renten els vestits, que estenen a la llum de la lluna. Si un humà aconse-

160. Adoptem la classificació que proposen diverses autores a l'opuscle *Contes de fades*, Fundació Caixa de Pensions, Barcelona 1986.

gueix una d'aquestes peces de roba podrà veure realitzat qualsevol desig que expressi. Si un home les veu, probablement en quedarà tan enamorat que mai més no podrà abandonar-les i, per tant, quedarà encantat sense poder tornar a dur una vida normal.

Com recull la literatura infantil actual aquesta tradició de les Dames Verdes? En alguns llibres trobem Dames Verdes que responen plenament al model tradicional i ens il·lustren clarament sobre la seducció irresistible que aquests personatges exerceixen sobre els humans. Veiem com aquests éssers són clares personificacions de les forces de la natura, de les forces tel·lúriques. La figura de la Dama Verda o Dona d'Aigua que ens presenten els escriptors actuals s'adiu plenament amb els cànons tradicionals, tant pel que fa l'aspecte físic com a l'hàbitat i les funcions que desenvolupa.

### LES DAMES BLANQUES

Les Dames Blanques són d'aparença humana. Hom les representa habitualment amb llargues cabelleres rosses, ulls blaus i vestides amb robes evanescents de colors clars. La seva màgia es realitza a través de la vareta de virtut i solen destacar en bellesa, bondat i comprensió. Sovint apadrinen personatges dissortats i poden ser un gran ajut en les situacions més difícils. La seva actuació és sempre assenyada. Carlo Collodi va traçar el retrat d'una fada d'aquest tipus com a benefactora de l'esbojarrat i desventurat Pinotxo. En els llibres dels autors contemporanis trobem algunes fades que responen a aquest model, que és un dels més popularitzats per les pel·lícules de Wald Disney i altres propostes cinematogràfiques semblants. Tanmateix, tot i ser el tipus de fada més divulgat pel cinema i la televisió, no és el que més ha interessat els autors actuals. Potser, precisament, per la seva càrrega tòpica.

### LES VELLES DAMES

Les Velles Dames són molt més habituals a la literatura de l'àrea mediterrània, tant oral com escrita. Personatges entranyables, a cavall entre l'aparença física atribuïda tradicionalment a les bruixes i les qualitats pròpies de les fades, aquestes Velles Dames són les àvies, les jaietes de les rondalles meravelloses. Vestides pobrament i amb un bastó a la mà, imposen sempre una petita prova a l'heroi, mitjançant la qual poden saber si aquest té bon cor i és digne de l'ajut que li poden donar. Generalment, es tracta de rebre una resposta amable o una petita caritat. Si l'heroi o l'heroïna passa la prova, elles — agraïdes— li indiquen el camí a seguir, li donen valuosos consells, un do o un objecte màgic imprescindible per a la seva comesa. En algunes ocasions apareixen triplicades i cada una aporta una dada o un objecte essencial per a la peripècia que ha de viure el protagonista.

Personatges d'aquestes característiques, n'apareixen força als contes actuals, però gairebé mai no se les qualifica de fades. Els autors opten, en general, per parlar de velletes. En altres ocasions, se'ns parla de bruixes, però l'actuació a favor de les forces del bé que desenvolupen aquests personatges fa que les puguem considerar Velles Dames. Un tipus especial de Vella Dama seria la figura tradicional de la filadora, descendent de les antigues Parques llatines. Nombroses rondalles d'arreu del món presenten aquestes tres dones dedicades a filar que actuen, generalment, com a donants i són dipositàries de saviesa. Les Velles Dames són, per tant, el model de fada que lliga més clarament amb la tradició dels nostres narradors i és el tipus més usat pels escriptors moderns.

## 4. ELS OGRES I ELS GEGANTS

Els ogres i els gegants són personatges habituals en els relats populars d'arreu del món. Encara que inicialment pertanyen a dos grups diferenciats, hi ha una gran mobilitat en les característiques atribuïdes a uns i altres per la tradició popular i la literatura escrita. En la tradició catalana es parla de gegants i el mot ogre, pres del francès —derivat de l'*orcus* llatí—, és d'incorporació més recent. Sembla que els autors actuals prefereixen l'ús de la forma gegant i són molt pocs els qui usen la forma ogre.

El tret físic característic i definidor del gegant és, evidentment, la seva estatura. Però les dimensions d'aquests éssers a la mitologia i a la tradició popular dels pobles més diversos són força variables. En ocasions, se'ns parla de gegants i pel context deduïm que són homes molt alts, potser de l'alçada de dues persones. Però, els gegants que apareixen en altres relats són de dimensions tan colossals que només es poden comparar amb una muntanya i els homes al seu costat són criatures diminutes. En els llibres actuals retrobem aquesta variació. Semblaria lògic que les mides disforges anessin acompanyades d'un aspecte físic esfereïdor i repulsiu, o si més no descurat i groller, però aquest no és el cas. Encara que els escriptors es fixen essencialment en l'estatura i descriuen poc les altres característiques físiques, generalment els atribueixen un aspecte bonhomiós i més tost innocent.

QUALITATS

A les rondalles populars, els gegants generalment són presentats com a guardians de personatges encantats, d'objectes màgics o de tresors. A vegades no s'explicita aquesta comesa i són, simplement, habitants de llocs pregons i apartats, representants d'una vida silvestre ancestral que es desenvolupa lluny de la civilització. Aquesta identificació del gegant amb una força que custodia apareix ja a la mitologia clàssica amb Atlas que guardava el Jardí de les Hespèrides. En certa manera, retrobem el mateix motiu en alguns relats actuals. I també el motiu del gegant com a constructor d'obres ciclòpies és present a rondalles, llegendes i tradicions d'arreu del món i reapareix en els contes actuals.

Una altra de les qualitats atribuïdes tradicionalment a gegants i ogres és la fam insaciable i, especialment, la predilecció per menjar carn humana. El conte modern conserva la primera característica, que sembla indeslligable de les dimensions del personatge. Però, en canvi, el canibalisme ha desaparegut de forma gairebé total dels contes moderns. Només en alguns llibres apareix l'antropofàgia com a característica dels ogres, però de forma totalment desmitificada. També la manca d'intel·ligència n'és un tret definidor. Aquesta característica és recollida per alguns dels autors moderns, encara que sovint el trobem atenuat i se'ns parla més tost de bonhomia i d'innocència.

ESPAIS QUE HABITEN

Les rondalles presenten el gegant o l'ogre sempre apartat de la societat. Viu a l'indret més pregon del bosc o en un roquissar abrupte, generalment en un vell casalot o un castell gairebé derruït. Més rarament, habita coves. Per arribar al seu cau l'heroi o l'heroïna han de recórrer un llarg camí, han de passar a «l'altre món». En altres ocasions trobem gegants plenament integrats a un grup social. L'autor sol posar l'accent en les dificultats pràctiques i els problemes de relació que comporta ser diferent.

AJUDANTS

A les rondalles és habitual que els gegants i els ogres tinguin família. La dona o la filla del gegant o de l'ogre actuen en moltes ocasions com a donants o auxiliars de l'heroi. Generalment li proporcionen informació o algun objecte màgic. Però els contes moderns, en eliminar l'aspecte negatiu d'aquests éssers, no han tingut la necessitat de presentar aquest personatge que actua com a intermediari i, per tant, ha desaparegut. La família és la protagonista d'alguns relats curts de gegants, però el tractament que li donen els autors no té res a veure amb la tradició.

El gegant ocupat en la custòdia d'alguna cosa valuosa o que recorre els boscos per caçar, que únicament arriba a casa per menjar abundosament i dormir, ha estat substituït per un gegant desenfeinat i amb problemes personals, generalment motivats per la solitud a què l'obliga la seva mateixa condició.

Gran part dels gegants dels relats actuals se'ns presenten com a éssers solitaris que senten la necessitat d'establir relacions d'amistat i de veïnatge amb els humans o amb altres éssers. A vegades l'argument de la història rau, precisament, en la dificultat que suposa l'inici d'aquesta relació, que topa amb la malfiança dels humans.

CONCLUSIONS

Els aspectes comentats fins ara ens permeten dibuixar les característiques del nou model de gegant que ens presenta la literatura actual. En primer lloc, cal remarcar la completa desaparició de tots els trets negatius, de tot allò que «faci por»: canibalisme, violència, aspecte físic repulsiu, conducta irracional, etc. Aquests trets han estat endolcits o totalment esborrats. Del canibalisme s'ha passat a, simplement, menjar en abundància; la violència ha desaparegut; el retrat físic remarca essencialment l'aspecte bonhomiós i plàcid i la conducta, lluny de ser irracional, deixa entreveure una especial sensibilitat cap als problemes de degradació del medi natural. S'ha mantingut, evidentment, l'alçada descomunal; també, els estrets lligams amb el medi natural i una capacitat intel·lectual més tost minsa. Es remarca la solitud d'aquests éssers com un factor distorsionador de la seva conducta i es dóna a entendre que la incomprensió social enfront de les diferències és, en molts de casos, la causa de situacions problemàtiques.

## 5. ELS ÉSSERS DIMINUTS

Les tradicions folklòriques dels pobles més diversos són plenes de petits éssers de forma antropomòrfica, però de característiques molt variables. Són les personificacions de les forces de la naturalesa i, com ella mateixa, la relació que estableixen amb els humans és ambivalent: en unes ocasions és positiva i benèfica i en altres negativa i destructiva. La morfologia d'aquests personatges és múltiple, però, així mateix, tenen una sèrie de trets comuns que ens permetran comentar-los en un mateix apartat.

Les tradicions nòrdiques i centreeuropees són les que compten amb una major riquesa de petits éssers: nans, gnoms, follets, trolls o elfs, omplen de vida meravellosa els grans boscos, ombrívols i misteriosos. Els pobles del Mediterrani, en canvi, tot i conèixer els nans i els follets i moltes altres classes de diminuts, no han desenvolupat entorn d'ells una cultura tan complexa. Les dimensions dels petits éssers van des de tenir l'estatura d'un infant fins a la d'una ungla. Pel que fa a les altres característiques físiques, s'ha popularitzat una imatge força convencional del follet o gnom: rodanxó, galta-vermell, d'orelles en punta, vestit amb llarga casaca i calçons amples —amb una gran sivella sobre la panxa—, calçat amb botes peludes i cofat amb un alt barret punxegut. Sovint du una llarga barba blanca i abunden més les representacions masculines que no les femenines. Dins aquest esquema gene-ral, amb lleugeres variacions, trobem l'aspecte físic de la ma-joria dels éssers diminuts que apareixen en els contes actuals. En general, els follets que responen a aquestes descripcions tan humanitzades solen ser benèfics. Els petits éssers malè-fics es presenten habitualment amb trets més animalitzats.

Els éssers diminuts que apareixen a les rondalles solen te-nir un tarannà extraordinàriament actiu i un caràcter sovint entremaliat i juganer. L'activitat incessant que duen ens fa pensar, d'alguna manera, en la pròpia de les criatures més pe-tites del bosc: els ocells, les abelles, les formigues, etc. L'apor-tació moderna al tema rau a presentar sovint aquesta caracte-rística com un encanteri que pateixen els personatges i que els produeix un gran desassossec i desconhort. Dèiem que aques-ta activitat incessant es tradueix en treball o en entremaliadu-res, generalment dirigides als humans que se'ls acosten. Pel que fa al seu caràcter festiu i entremaliat, podem dir que és un dels aspectes més remarcats en la literatura moderna que analitzem. Quan es parla de treball, aquests personatges sem-pre es relacionen amb tasques artesanes derivades de la vida al bosc o a indrets rics en minerals: llenyaters, fusters, miners i ferrers són els oficis més característics, sempre vinculats a la naturalesa i als quatre elements primigenis: aigua, terra, foc i aire.

Una altra de les comeses que sovint compleixen els éssers diminuts és la de guardians. La imaginació de l'home ha po-blat els llocs més misteriosos i desconeguts amb aquests és-sers meravellosos. Cada renou, cada ombra, cada reflex, cada olor inexplicable han estat atribuïts a la presència dels esperits de la naturalesa. No és estrany, doncs, que el bosc —símbol, d'altra banda, de l'inconscient humà— s'hagi convertit en l'hàbitat ideal de la «gent menuda» des dels temps més remots.

Els escriptors actuals segueixen, amb poques excepcions, aquesta tradició. Els nanets dels contes viuen al bosc. L'habitatge pot ser des del més natural —una cova, una balma, un cau subterrani, el tronc buit d'un vell arbre, un racó davall el mantell de molsa, etc.— fins al més elaborat, per exemple una polida caseta de troncs, dotada de totes les comoditats.

A les rondalles, aquests personatges a vegades estan dotats de poders màgics o bé posseeixen algun objecte encantat amb el qual poden afavorir l'heroi o l'heroïna. Exactament el mateix passa als contes actuals. Hem pogut observar que quan els petits éssers apareixen en grup, formant una comunitat més o menys organitzada, és rar que posseeixin poders extraordinaris. En canvi, no és així quan es tracta d'un follet sol, que actua com a donant o protector i gairebé sempre gaudeix d'alguna qualitat màgica.

Alguns éssers diminuts tenen relació amb les forces positives i altres amb les negatives. En funció d'aquesta duplicitat, la seva acció pot ser benèfica o malèfica. Als relats actuals predomina, amb escreix, l'aspecte benèfic i positiu. Els podem classificar en dos grups: els follets que viuen en societat i els qui apareixen sols. Els primers se'ns presenten com una massa, sense individualitats, i podem veure que hi ha una gran cohesió entre ells. Obeeixen les ordres d'un superior i actuen a favor o en contra de l'heroi, però sense fissures. Reflecteixen un tipus d'organització social simple i autosuficient, generalment regida per un rei o una reina. Els follets individualitzats, que apareixen sols, estan més dibuixats psicològicament i la relació que estableixen amb els humans és més rica. Generalment actuen com a donants o auxiliars i —a diferència del que passava amb els gegants— no presenten problemes d'integració o de soledat.

Curiosament, aquest éssers diminuts són els que menys

han patit el procés desmitificador dels personatges imaginaris i, encara que gairebé tots porten barrets punxeguts i llargues barbes, presenten una diversitat i una riquesa remarcables. Els escriptors moderns els han respectat l'aire entremaliat i l'activitat incessant, el seu hàbitat i els seus costums.

D'altra banda, sovint són presents en contes de to ecologista, ja que per les seves especials característiques són uns dels personatges fantàstics més lligats a la natura. Nanets, gnoms, barrufets, *trolls*, follets, genteta de colzada, etc., són encara avui, com segles enrere, els màgics habitants dels boscos misteriosos que els homes fan créixer en els vasts indrets de la seva fantasia.

Finalment, només remarcaré que els personatges meravellosos són, ara com abans, l'ésser misteriós que troba l'heroi en la seva peripècia, l'enllaç entre la realitat i el somni. Els qui ens demostren que hi ha altres universos, altres vides, altres possibilitats més enllà de la quotidianitat.

# 26. ELS PERSONATGES DE LA POR: DE LES RONDALLES ALS CONTES CONTEMPORANIS[161]

Els escriptors que es dirigeixen als infants s'inspiren sovint en els materials tradicionals a l'hora de crear les seves ficcions. Hi ha tota una càrrega cultural en la qual s'imbriquen les experiències personals i les col·lectives, un conjunt de referents riquíssim que gravita entorn de la creació literària per a joves lectors i hi deixa, d'una manera o l'altra, la seva empremta. La constatació de la profunda relació entre la literatura infantil actual i la literatura popular tradicional i el fet d'adonar-me'n que, sí bé era força evident que aquesta relació existia, ningú —almenys en la nostra àrea cultural— l'havia analitzada en profunditat, em va dur a iniciar una investigació en aquesta línia.[162]

Abans de començar a comentar els principals aspectes analitzats ens cal explicar una idea bàsica per a entendre el sentit últim del treball: la diferència que existeix entre la nar-

161. Article publicat al llibre *La narrativa oral: rondalles i llegendes en l'imaginari col·lectiu contemporani*, Joan Borja (ed.), Universitat d'Alacant, 2006.
162. Aquest estudi complet el podeu trobar en el llibre *Influències de les rondalles en la literatura infantil i juvenil catalana*, Editorial Moll, Palma 1998.

ració popular i el conte d'autor. Per moltes influències que aquest pugui tenir del primer, la diferència radica essencialment en l'ús conscient que l'autor fa d'aquestes influències. És a dir, la rondalla conté un conjunt de simbologies acumulades al llarg dels segles. L'obra d'autor neix en un moment determinat i es carrega d'una ideologia, d'uns continguts i d'unes significacions concretes. L'autor fa un ús determinat i personal de la càrrega cultural de la rondalla, un ús ideològic. No usen les rondalles meravelloses amb la mateixa intencionalitat les «precioses» de la cort de Lluís XIV i l'escriptor mallorquí Miquel Rayó, per posar un exemple molt allunyat en el temps i l'espai.

Els personatges meravellosos són, indiscutiblement, un dels elements més atractius del conte popular i les característiques que els són pròpies ens resulten familiars a tots des de molt petits. Aquesta mateixa popularitat ha contribuït a emobrir-los i fer d'ells, en moltes ocasions, un estereotip gairebé caricaturesc. En aquest sentit vull remarcar la línia de treball d'alguns autors catalans que s'han resistit a aquest joc de superficialitat i han fet dels personatges meravellosos éssers de carn i ossos, amb una història, un sentit i uns sentiments. A molts dels llibres que hem analitzat, sobretot en els adreçats a nins més grans, podem trobar personatges tan aconseguits —i per això mateix tan inoblidables— com la dolça bruixa Marduix,[163] la terrible Andraixa,[164] el vell mag bonifaci i despistat que creà *El bosc encantat*[165] o els mags Berard i Bellroc.[166] Cap d'ells és un personatge pla o caricaturat per la via fàcil; de tots ens arriba quelcom que va més enllà del gat negre o el capell punxegut. Dedicarem aquest article a analitzar com han estat reelaborats alguns dels personatges fantàstics de l'imaginari col·lectiu en la literatura infantil catalana contempo-

163. Enric LARREULA (Ed. Argos Vergara; Barcelona, 1983).
164. Joan BARCELÓ, *Ulls de gat mesquer* (Ed. La Galera; Barcelona, 1979).
165. Joles SENNELL (Ed. Abadia de Montserrat; Barcelona, 1982).
166. Miquel RAYÓ, *El raïm del sol i de la lluna* (Ed. La Galera; Barcelona, 1983).

rània. Per a fer-ho, analitzarem els atributs que els són propis: l'aparença, l'hàbitat, els poders, la funció social, etc.

## 1. ELS GENIS

Els genis són uns personatges presents a l'imaginari humà des de temps molt remots. Presents especialment en les rondalles meravelloses d'origen oriental, són senyors dels aires i de les aigües. Personatges fantàstics que es congrien a partir del foc, de l'aire o de l'aigua en manipular un objecte determinat o pronunciar un sortilegi. El seu caràcter també és dual: poden ser bons i dolents, donar i prendre, encantar i desencantar. A vegades tenen poders il·limitats que posen al servei d'un humà. En altres ocasions les seves possibilitats es redueixen a resoldre petits afers o a concedir un nombre limitat de favors. Els genis són servidors de la voluntat del seu amo i el caràcter de llurs accions depèn de qui els mana, no d'ells mateixos. En els llibres actuals, quan apareixen genis és ben evident que l'autor s'ha inspirat en una simplificació del model oriental. Pensem que el conte d'*Aladí i la làmpada meravellosa*, que pertany al corpus de *Les mil i una nits*, ha estat extraordinàriament difós entre nosaltres i especialment popularitzat en edicions per a infants. Sembla ser, doncs, el geni a l'estil del d'Aladí el model sobre el qual s'han format els altres.[167]

Una de les característiques més singulars dels genis és el fet de congriar-se davant qui els ha invocat. Els narradors tradicionals no sempre els descrivien, però, quan ho feien, sovint els dotaven de posat esfereïdor, veu de tro i grans dimensions. Tot això amb una consistència fumosa, mòbil, dotats, però,

---

167. Cansinos Assens, al pròleg de l'edició en castellà de *Las mil y una noches* (Ed. Aguilar), remarca la diversitat de genis de la tradició oriental i la clara connexió amb éssers semblants de les mitologies occidentals: «Son sencillamente los *espíritus* del folklore universal. Como ellos, permanecen habitualmente invisibles a los ojos de los hombres; pero pueden manifestarse y dejarse ver cuando lo desean, asumiendo entonces todas las formas imaginables, humanas o zoológicas, risueñas o espantables» (CANSINOS ASSENS, 1983: 318).

d'una força extraordinària i amb la capacitat de desplaçar-se per l'aire. Els escriptors moderns opten també per deixar a la imaginació del lector la tasca de donar forma al geni. Sovint trobam descripcions breus i ambigües. Pep Albanell, amb el seu característic estil entre l'humor i la ironia, tria el camí de la desmitificació i ens presenta uns genis incompetents, avorrits i babaus, que tenen problemes fins i tot per congriar-se:

> «Després la fumerada feia com un remolí violentíssim i del mig del remolí en sortia una mena de geni més aviat malcarat. N'hi havia de totes mides i maneres, de genis. Des d'uns que eren petits i rabassuts com no vulgueu saber, fins a uns altres de grandíssims que gairebé no cabien a la botiga i s'havien d'encongir perquè el sostre no els deixava estirar-se. A més a més, allò semblava el mercat de Calaf dels genis, tots parlant alhora, dient que estaven a les meves ordres pel que els volgués manar, fent reverències, o millor dit, intentant fer-les, topant els uns amb els altres, barrejant-se els fums i discutint-se: «que aquest tros de fum que tens a la panxa és el meu braç i coses així.» (ALBANELL, 1984: 42-43)

Ja hem dit que el genis tenen un caràcter dual. A moltes rondalles hom els atribueix un posat extraordinàriament servil, sempre disposats a complir qualsevol ordre per absurda que aquesta sigui. A vegades, però, l'humà que els posseeix és tan indecís o ambiciós que el geni acaba per perdre la paciència o la capacitat de concedir desigs. Aquest és el motiu essencial de les rondalles del tipus *The Fisher and his Wife* (ATU 555). Sobre aquest model Josep Vallverdú ha escrit el seu relat *La perla negra* (1982). Per contra, Pep Albanell ha optat per desmitificar-lo. A *Dolor de rosa*, en lloc de presentar un personatge àvid de formular desigs ens presenta uns genis àvids de concedir-los, que es troben en una mena d'atur forçós i que interpreten les peticions al seu aire:

> «Al primer li vaig demanar un gec nou. Al segon unes espardenyes noves i a l'últim que em tragués d'aquell laberint de carrers on m'havia perdut. M'ho van concedir tot. És a dir, tot amb lleugeres variants. El primer em va fer a mans una mena d'armilla de

color carmí amb pedretes i vidrets de colors. El segon em va posar unes babutxes. I el tercer em va regalar un plànol de la part vella de la ciutat, gràcies al qual em vaig poder orientar i tornar a casa meva. (ALBANELL, 1984:45)

A diferència dels altres personatges meravellosos, sembla com si els genis només existeixin el temps que es relacionen amb un humà. Només en sabem que es congrien del foc, de l'aigua o de l'aire. En aquest últim cas solen sortir de recipients tancats. Cofres i ampolles solen ser els més tradicionals. Entre els llibres actuals trobam diverses possibilitats. Algunes més tradicionals, com és ara d'un pou,[168] del foc,[169] o de la caixa d'un violí.[170] Altres més iròniques, com els genis que surten d'esclops.[171]

Tant a les rondalles com als contes moderns, els poders dels genis són extraordinàriament diversos i van des d'una petita acció fins a la realització de les tasques més complexes, que compleixen amb una celeritat extraordinària. La desmitificació, també ha arribat a aquest punt encara que en alguns casos és més exagerada que en altres. A *Ibrahim* (SALES, 1984), l'aparició del geni i els seus consells són rebuts inicialment amb fredor i incredulitat. A *El geni del violí* (GARDELLA, 1982), el fet de no sonar prou bé la melodia fa que el geni es congrii de manera defectuosa i tengui una aparença i uns poders força ridículs. Els genis de l'illa Geeneda (SENNELL, 1981) estan —teòricament— especialitzats en màgies concretes, però a la pràctica resulten uns incompetents. Retrobam el vell tema de l'oportunitat màgica perduda per un excés d'ambició a *La perla negra*. En aquest conte, veim com el poder del geni es limita a les coses terrenals, tot el que és fora de la terra és fora del seu abast.

Únicament remarcarem alguns aspectes ja explicats. En els contes actuals que analitzam ens trobam davant un tipus

168. *Ibrahim* (SALES, 1984).
169. *El geni del violí* (GARDELLA, 1982).
170. *El geni del violí* (GARDELLA, 1982) i *El violí màgic* (FANER, 1983).
171. *Dolor de rosa* (ALBANELL, 1984).

de geni pres de la tradició oriental. Alguns presenten totes les característiques clàssiques i actuen en funció de donant o d'auxiliar. Altres estan clarament desmitificats, però no pels aspectes que fan referència a l'aparença física o a l'hàbitat, sinó en la seva relació amb les persones i els seus poders: han de pregar els humans perquè acceptin el seu ajut i, quan el donen, sovint s'equivoquen. Finalment, malgrat tot, solen aconseguir resoldre el problema plantejat.

## 2. Els diables i altres personatges de la por

El dimoni és un dels personatges imaginaris que apareixen amb molta freqüència a les rondalles. Els dimonis com a petits esperits malignes o el Dimoni en majúscula, és a dir, Satanàs, tenen un gran protagonisme a tota la literatura oral. A vegades, es tracta de llegendes que fan referència a la creació del món. Aleshores, el dimoni és presentat com un personatge ridícul que gosa comparar-se amb Déu. En ocasions, es parla de la tasca de dur ànimes cap a l'infern i dels treballs i enganys que això suposa. En alguns contes, el dimoni és l'enemic que cal vèncer o al qual cal robar alguna cosa important o màgica, i en aquest sentit actuen de la mateixa manera que els gegants i altres éssers amb propietats sobrenaturals. Aquest protagonisme, que suposa la identificació del dimoni amb les forces del mal i el reconeixement del seu poder i la seva influència —encara que sempre sigui vençut per l'heroi—, ha desaparegut totalment dels contes actuals que hem estudiat. Hi apareixen poquíssims dimonis i, quan ho fan, per regla general és de forma molt episòdica, amb un paper secundari i desmitificat. Joan Barceló, a *Els Dracs de la Xina* (1982), capgira els papers tradicionalment atribuïts a aquests éssers. Diu que els dimonis tenen molt bon cor, el problema és que la gent s'espanta de la seva lletjor i aleshores ells s'enfaden. Conserva, però, el motiu dels pèls del diable com a objecte màgic, la virtut que els atribueix és que qui els té pot passar per damunt del foc sense cremar-se.

Però si trobam molt pocs dimonis, el mateix passa amb altres personatges de la por com els fantasmes o els vampirs. És veritat que la tradició mediterrània no parla de fantasmes, sinó de bubotes, esperits, ànimes i altres personatges que tenen una relació més o menys directa amb el món dels morts. El tipus de fantasma popularitzat actualment (llençol blanc, cadenes, etc.) respon a un tòpic difós essencialment a través del cinema i els còmics i és pràcticament absent de la literatura catalana moderna. A *El secret de la fulla d'alzina* (RAYÓ, 1985), l'agressor —el malèfic cavaller blanc— apareix voltat sempre d'unes bubotes que escampen un baf fètid al seu pas. Aquests éssers estranys, amb «ulls de mort» segons l'autor, acompanyen sempre l'agressor i actuen com a reforç de tot el que fa o diu. Vegem-ne la descripció:

«La llum es feia intensa per moments, a sanglotades. Al seu eix, s'hi congriava lentament una armadura blanquíssima. Al mateix temps en sorgia un remolí de bubotes esfereïdores. [...] Les bubotes feien unes rialles de no dir. Eren de veure: volaven entorn del misteriós cavaller, amb els seus vestits blancs com llençols, i amb els rostres que semblaven carasses de guix. [...] Mentrestant, una colla de bubotes sortiren del cercle de llum i trescaren afuadíssimes per la sala, repassant el trespol, les parets i el sòtil. Deixaven arreu un baf apegalós.» (RAYÓ, 1985)

Els vampirs són uns personatges de la por popularitzats arreu al llarg del s. XX, sobretot a partir del model proposat el segle anterior a través de la novel·la romàntica (especialment del *Dracula* de Bram Stoker) i difosos a través del cinema. L'aparença física que se'ls atribueix està estandarditzada per la imatge del famós comte Dràcula. També els vampirs són absents de la literatura infantil catalana que estudiam i —quan apareixen— adopten un rol diferent del tradicional. Tot i això, a tall d'exemple, podem citar un llibre de Miquel Desclot en el qual trobam la figura d'un vampir, encara que presentada de forma totalment desmitificada:

«En una ocasió, per cert, va fer una amistat ben lleial i ferma amb un vampir d'Olot, en unes golfes oblidades i polsegoses de Vallgorguina on tots dos havien anat a buscar nodriment.

—Salut hi hagi —va fer el noi amb polidesa.

—I sang i fetge —va contestar el bon vampir, que s'estava fent la vida honradament amb la jugular d'una botiguera de vetes-i-fils. [...]

Jo sóc un vampir honest i treballador i només bec per la set que tinc.»

(DESCLOT, 1980: 41-42)

Un personatge de la por més nostrat és «l'home del sac», però tampoc ell no se salva de ser desmitificat. Al recull *Tetrabill en contes uns* (OBIOLS, 1980), apareix un relat titulat, precisament, «L'home del sac». Després d'unes pàgines un poc esfereïdores, al llarg de les quals sembla que ens trobam amb un autèntic torturador, caníbal i assassí, descobrim que les criatures es deleixen per anar a casa de l'home del sac, on mengen saborosa sopa d'all i escolten les fantàstiques i terrorífiques històries —totalment inventades— d'en Jepet, l'home del sac que cerca la companyia dels infants.

La poca presència d'aquests éssers, tan abundants per altra part en materials de quiosc i en els mitjans audiovisuals, creim que respon a una voluntat de deslligar-se dels aspectes més comercialitzats de la literatura per a infants. Així mateix, aquest fet confirma la nostra tesi d'un major pes específic dels personatges propis de les rondalles de la nostra àrea cultural (gegants, bruixes, etc.) enfront d'altres més propis de la literatura escrita o de tradicions populars més allunyades. El fet de presentar-los amb els rols capgirats respon a la tendència desmitificadora que impregna bona part de la producció adreçada a joves lectors al llarg dels últims anys.

## 3. ELS ANIMALS COM A AGRESSORS

Hi ha alguns animals que tenen un paper força important en l'imaginari col·lectiu i que reapareixen a la literatura actual. Més que en el que fan ens fixarem ara en com són, on viuen, quina relació estableixen amb la resta de personatges, etc.

A les rondalles hi ha dos agressors animals que tenen una presència aclaparadora i una càrrega simbòlica importantíssima. Ens referim al llop i al drac. Pel que fa al llop, podem dir que representa un paper força complex, però sempre carregat de connotacions negatives. Les característiques que li són atribuïdes es podrien resumir en: voracitat de carn —sovint humana i millor si és d'infant—, actuació guiada pels instints més primaris i connotacions sexuals. El llop té alguns lligams amb la figura de l'ogre, tal com posa de manifest l'estudiosa francesa Arlette Bouloumié (1988): «Le dernier avatar de l'ogre est le loup, l'animal féroce par excellence en Europe et dont la gueule aux dents pointues déchire ses proies et inspire la terreur. L'image du loup comme celle de l'ogre est liée à la fôret, à la solitude, à la faim.»

La seva mateixa voracitat sol ocasionar-ne el fracàs. Els seus agressors —sovint inferiors en força i dimensions— sempre aconsegueixen vèncer-lo, abans o després de ser engolits. Tots coneixem la luxúria voraç del llop de *Caputxeta*, la insistència plena d'estratagemes més tost ingenus del llop de *Les set cabretes* i el fracàs estrepitós i ridícul de la bèstia que es vol empassar *Els tres porquets*. Però amb tot, fracassat i vençut al final de la història, amb el ventre xapat i cosit de bell nou o amb el cul socarrimat, el llop de les rondalles continua essent el senyor de la por, pertany al domini de la fosca, de la nit, del món desconegut de la bèstia salvatge. Per a Gerardo Gutiérrez (1989), el llop és un dels pocs personatges de la por que té un referent real, un model que existeix a la naturalesa, encara que dir *llop* no implica sempre una representació concreta a la ment de l'oient. Això el fa diferent dels dracs, dels fantasmes, dels follets, etc., que són una pura creació imaginària. L'autor esmentat remarca que els finals dels contes corregeixen les tendències naturals d'aquests personatges —la voracitat, la violència...— tot demostrant que el seu poder no és omnipotent i penalitzant la seva incontinència destructora. Doncs bé, aquest personatge carregat de simbologia ha estat pràcticament bandejat pels autors catalans actuals. Trobam molt pocs llops i únicament a una obra adopten plenament el paper d'agressors. Ens referim a *El raïm del sol i de lluna*, on trobam que la gossada de Morgana ataca els màgics Berard i Bellroc. Aquesta desmitificació de la figura del llop no és ni recent ni exclusiva de la nostra literatura.[172] Tampoc no es pot considerar un fet aïllat, sinó que s'insereix dins tota una tendència desmitificadora que ja hem comentat. La desmitificació també arriba al temut i esgarrifós home llop dels relats de por. Únicament a un llibre de la nostra mostra apareix, com a personatge secundari i de forma molt tangencial, un home que es creu ser home llop: el pastor Camil d'*Històries de la terra de Tot Temps* (BARAT, 1983).

L'altre agressor habitual a les rondalles és el drac. Farem un breu resum de les característiques més essencials que la imaginació humana li ha conferit i comentarem la seva presència actual. Entre la gran quantitat de trets remarcables del drac podríem destacar la seva universalitat —el trobam des del Japó a Europa—, i la unicitat —dins la diversitat més imaginativa— del seu aspecte físic. El drac està format per un conjunt variable d'elements presos d'animals tradicionalment considerats com a perillosos i agressius: la serp, el cocodril, el lleó, l'àguila, els animals prehistòrics, etc. De cada un d'ells pren l'atribut que el pot fer més paorós i invulnerable: el cos cobert d'escates que actua com una cuirassa, les urpes que tallen i esquincen, les ales que li permeten poder fugir i atacar des de l'aire, la cua com un fibló, la força que la seva mida disforja li confereix. Però la imaginació popular no s'ha conformat amb fer-ne un compendi de les defenses més espectaculars dels animals coneguts, sinó que, a més, li ha afegit

172. A tall d'exemple podem citar els llibres de l'escriptora francesa Jacqueline Held, autora d'una sèrie de relats protagonitzats pel llop Golafrot, que arriba a la ciutat i es fa amic d'una nina. Ell mateix diu que el seu avi llop en els bons temps menjava: «Xicot al matí i nena al migdia. Xicot-cuixot i nena-magdalena», però que ell se sent feliç menjant:

«Ous durs, cuscús,
marabut, cucut,
cuixes de cangur
i salsa de bambú.»
(HELD, 1989)

atributs extraordinaris: l'alè fètid i verinós, la bocassa que llança flamarades, la mirada escrutadora i despietada i, per subratllar encara més l'horror, el cap monstruós que sovint ha estat multiplicat. La fera pot tenir tres caps, o fins i tot set.[173] I per sobre de tot això un desig incontrolable d'atacar, de matar, de devorar. El drac només té sentit per oposició a l'heroi. El seu sentit últim d'agressor no és la possessió d'allò que roba o guarda sinó únicament el poder ser l'oponent a qui s'ha d'encarar el qui vol vèncer, perquè només qui és capaç de vèncer la bèstia esdevé, veritablement, un heroi.

En el conte modern encara trobam dracs que conserven el seu paper d'agressor, que fan por i esgarrifen, que demanen tot el valor, tota la força i tota l'empenta de l'heroi abans de ser vençuts. Al seu costat trobam també draguets de joguina, de per riure. Alguns són una mena de caricatura dels seus paorosos predecessors, amb actituds més pròpies d'un gatet o un gosset que no d'un veritable drac. També és variable, en uns i altres, el grau d'humanització o de bestialització. Tenim, per tant, una bifurcació en el paper d'aquest animal simbòlic que s'explica per l'actitud de l'autor a l'hora de fabular. Si l'opció és la de seguir la tradició trobarem els dracs convencionals. Si en canvi, el que es vol és donar una nova orientació al relat, tot usant els elements clàssics, veurem aparèixer els dracs que trenquen els esquemes establerts. Entre els del primer grup — que és el més nombrós— hi ha algunes descripcions que destaquen per la seva força i la seva riquesa plàstica i ens permeten veure fins a quin punt i de quina manera han estat usats els clixés habituals. Vegem-ne algun exemple:

«El basilisc és el rei de totes les serps i de tots els dracs, fins i tot dels més pudents. Té tant de verí dins el seu cos que, si goses

173. Propp explica el sentit dels múltiples caps del drac a partir d'un desig d'intensificació del narrador: «...la pluricefalia de la serpiente: sus muchas fauces son una imagen hipertrofiada del engullimiento. La intensificación se efectúa por medio del aumento del número, la expresión de la cualidad mediante la cantidad» (PROPP, 1946: 363; traducció de José Martín Arancibia).

només de mirar-lo, caus mort a l'acte, en redó, fulminat com per una verga de llamp. [...]

Vull dir que és una bèstia tan maligna, tan lletja i tan verinosa, que mata les herbes dels llocs on trepija i fa esquerdes a les penyes més dures amb una sola fregada de la seva pell. Ningú nat ni cap cosa existent sobre la terra, no pot suportar la imatge del basilisc. Per això li deim la Fera Metzina. [...]

...era com una serp, però amb vuit potes armades d'urpes grolleres i esmoladíssimes, i tenia una cresta escarlata al cap, i el cos cobert d'escates gratelloses que vessaven regalims de metzina..» (RAYÓ, 1985: 82-83 i 91)

El capgirament de les qualitats tradicionalment atribuïdes a aquests monstres es produeix a molts de relats moderns. En citarem alguns a tall d'exemple. A *Els tres cavallers del Segre* (SENNELL, 1983) hi ha un drac esclavitzat que és obligat a ingerir gran quantitat d'aliments per poder pondre un gran nombre d'ous. Els ous que fa són d'or. Malgrat la distorsió parcial de la figura del drac, volem remarcar que és l'únic conte actual que conserva clarament la relació d'aquests éssers mítics amb l'or. A la novel·la *La vall del paradís* (SORRIBAS, 1985) un ridícul cavaller s'enfronta a un drac pacífic i juganer. Pep Albanell, a *Ara us n'explicaré una* (1980a), fa una nova versió de la llegenda de Sant Jordi en clau d'inversió i ens presenta una draga —no un drac— vegetariana, mandrosa i pacífica, que conviu a desgrat amb una princesa decidida i cantaire. Veim, per tant, com en la literatura infantil i juvenil actual conviuen dos models de drac. Un que respon als esquemes tradicionals d'ésser paorós amb el qual s'ha de lluitar i que cal vèncer i un altre que s'ha transformat en una mena de joguina simpàtica que, en el millor dels casos, actua com a auxiliar de l'heroi.

En conclusió, podem dir que retrobam l'ús ideològic del llegat cultural tradicional. Els personatges-símbol —del mal, del bé, del poder— són usats per transmetre el missatge que en aquell moment ens vol fer arribar l'autor —un autor conegut, en contraposició a l'anonimat de la rondalla— que els usa de forma personal, no com ho faria un narrador tradicional, que s'inseriria en els cànons establerts.

BIBLIOGRAFIA CITADA

ALCOVER, Antoni M. (1936-1972):
*Rondaies Mallorquines d'En Jordi des Recó*
Palma: Moll (24 v.).

ANÒNIM (1983):
*Libro de las mil y una noches*
Madrid: Aguilar (3 t.). Edició a cura de R. Cansinos Assens.

ARRIAGA, José Luis (1980):
*Diccionario de mitología*
Bilbao: Mensajero

BOULOUMIÉ, Arlette (1988):
«L'Ogre dans la littérature» dins: *Dictionnaire des Mythes Littéraires*, pàgs. 1071-85.
s. ll.: Éditions du Rocher.

GUTIÉRREZ, Gerardo (1989):
«Miedos y monstruos» dins: *CLIJ*, 2 (gener, 1989), pàgs. 8-14.

PROPP, Vladimir (1946/1987):
*Las raíces históricas del cuento*
Madrid: Fundamentos (Arte, 50)

OBRES DE LITERATURA INFANTIL CATALANA

ALBANELL, Pep (1980): *A la vora de l'estufa* (Il. Maria Puig)
Barcelona. Grup Promotor/ Mall; Llibres amb cua, 11.

ALBANELL, Pep (1984): *Dolor de rosa*
Barcelona. La Magrana; L'Esparver, 33.

BARAT, Joan (1983): *Històries de la terra de tot temps* (Il. Conxita Rodríguez)
Barcelona. Abadia de Montserrat; La Xarxa, 63.

BARCELÓ I CULLERÉS, Joan (1979): *Ulls de gat mesquer* (Il. Jordi Bulbena)
Barcelona. La Galera; Els Grumets.

BARCELÓ I CULLERÉS, Joan (1982): *Els dracs de la Xina* (Il. Marta Trepat)
Barcelona. Abadia de Montserrat; La Xarxa, 51.

CANELA GARAYOA, Mercè (1979): *Utinghami, el rei de la boira* (Il. Montserrat Brucart) Barcelona. La Galera; Els Grumets.

COMPANY, Mercè (1982): *En Gil i el paraigua màgic* (Il. Agustí Asensio)
Barcelona. Abadia de Montserrat; Llibres del Sol i de la Lluna, 17.

COMPANY, Mercè (1982a): *El presoner del gegant* (Il. Agustí Asensio)
Barcelona. Hymsa; Bagul de Contes.

DESCLOT, Miquel (1980): *A la punta de la llengua* (Il. Xavier Grau)
Barcelona. Lumen; Sis Joans, 6.

FANER, Pau (1983): *El violí màgic* (Il. Susanna Campillo)
Barcelona. Barcanova; Centaure.

GARDELA I QUER, M. Àngels (1982): *El geni del violí* (Il. Joan Antoni Poch)
Barcelona. La Galera; Els Grumets.

LANUZA, Empar de (1979): *El savi rei boig i altres contes* (Il. Montse Ginesta)
Barcelona. La Galera; Els Grumets.

LARREULA, Enric (1983): *Marduix* (Il. Roser Capdevila)
Barcelona. Argos Vergara; Llibres de la Gata.

LLOBREGAT, Enrique A. (1985): *Joanet i el cavaller somiat* (Il. Daniel Escolano) València. Generalitat Valenciana; Biblioteca infantil.

OBIOLS, Miquel (1977): *Ai, Filomena, Filomena! i altres contes* (Il. Lluís Mestres) Barcelona. Joventut.

OBIOLS, Miquel (1980a): *Tatrebill, en contes uns* (Il. Ricard Castells) Barcelona. Abadia de Montserrat; La Xarxa, 32.

OBIOLS, Miquel (1982): *Habitants de Bubo-Bubo* (Il. Frederic Anguera) Barcelona. La Galera; Els Grumets.

RAYÓ I FERRER, Miquel (1983): *El raïm del sol i de la lluna* (Il. Francesc M. Infante) Barcelona. La Galera; Els Grumets.

RAYÓ I FERRER, Miquel (1985): *El secret de la fulla d'alzina* (Il. Francesc M. Infante) Barcelona. La Galera; Els Grumets.

SALES, Francesc (1984): *Ibrahim* (Il. Eulàlia Sariola) Barcelona. La Galera; Vela Major.

SENNELL, Joles (Josep Albanell) (1977): *La guia fantàstica* (Il.: Montserrat Brucart) Barcelona. Abadia de Montserrat; La Xarxa, 10.

SENNELL, Joles (Josep Albanell) (1981): *En Patancràs Xinxolaina* (Il. Montserrat Brucart) Barcelona. La Galera; Els Grumets.

SENNELL, Joles (Josep Albanell) (1982): *El bosc encantat* (Il. Maria Rius) Barcelona. Abadia de Montserrat; La Xarxa, 50.

SENNELL, Joles (Josep Albanell) (1983): *Els tres cavallers del Segre*

397

(Il. Joan Andreu Vallvé) Barcelona. Abadia de Montserrat; L'Ocell de Paper, 36.

Sᴏʀʀɪʙᴀs, Sebastià (1985): *La vall del paradís* (Il. Isidre Monés)
Barcelona. La Galera; Els Grumets.

Vᴀʟʟᴠᴇʀᴅú, Josep (1985): *Els convidats del bosc* (Il. Carme Peris)
Barcelona. La Galera; Els Grumets.

# 27. DE LA VARETA MÀGICA AL RAIG LÀSER. ELS OBJECTES MÀGICS TRADICIONALS EN ELS CONTES ACTUALS[174]

Un dels ingredients fonamentals de les rondalles meravelloses és, sens dubte, la màgia. Els prodigis més extraordinaris i els encantaments més complexos es realitzen mitjançant conjurs —frases críptiques de fonètica equívoca— o mitjançant l'ús d'objectes dotats de poders singulars. La imaginació humana ha estat pròdiga a l'hora d'elegir aquests objectes, encara que alguns han tingut més èxit que altres i s'han convertit en el paradigma màgic per excel·lència, com és el cas de les varetes màgiques. D'altra banda, és innegable que l'herència popular ha marcat la seva petja en els autors actuals de literatura infantil. Aquesta influència es pot observar fàcilment en l'elecció dels personatges i llurs atributs —fades evanescents, bruixes malèvoles, gegants voraços—, en l'estructura dels relats, els arguments i, també, en la naturalesa, les característiques i els poders dels objectes màgics. Dedicarem aquest article a observar les analogies i les divergències entre els que són habituals a les rondalles i els que trobem en els relats mo-

174. Article publicat en castellà a la revista *Cuadernos de literatura infantil y juvenil (CLIJ)*, 50, Barcelona 1993.

derns. Prendrem com a referent les obres de narrativa dirigides a infants i joves escrites i publicades en llengua catalana entre 1975 i 1985.

Per a Vladimir Propp, els objectes dotats de poders extraordinaris poden ser considerats un cas particular de la figura de l'auxiliar màgic, el personatge que té com a funció ajudar l'heroi o l'heroïna a aconseguir el seu objectiu.[175] En realitat, aquesta també és la funció de la majoria d'objectes màgics en poder del protagonista del conte actual, encara que no podem oblidar que sovint els agressors també disposen d'objectes màgics que actuen com a auxiliars del mal i multipliquen el seu poder.

Però, quina és la morfologia d'aquests elements i com s'usen? No resulta fàcil sistematitzar un terreny tan canviant i extens com és el de la rondalla, ja que a primer cop d'ull la diversitat sembla l'únic tret remarcable. Més encara quan el nostre objectiu és realitzar una anàlisi que ens permeti la comparació amb els objectes màgics que apareixen en els contes actuals. La classificació a partir del seu origen i del material amb què estan fets ens ha semblat el criteri més coherent i clarificador i el que ens permetrà més fàcilment la introducció de nous elements i exemples sense distorsionar el marc general.[176] Vegem, doncs, els principals objectes màgics habituals a les rondalles i la seva reformulació a la literatura contemporània.

## 1. Parts del cos d'una persona o d'un animal

Els objectes màgics que provenen del cos d'un animal i actuen com a talismans són, segons Propp,[177] els d'origen més

---

175. Vladimir Propp, *Istoriceskie korni volsebnoj skazki*, 1945.

176. No existeix una classificació preestablerta d'aquests materials que pugui ser usada com a referent. El conegut índex de motius de S. Thompson (*The motif-index of the Folk Literature*), que agrupa els motius que apareixen a les rondalles, dedica el seu apartat D als objectes màgics —des del motiu D 800 al D 1700—, però a la llista es barregen diversos ítems: naturalesa de l'objecte, forma d'obtenir-lo, pèrdua, qualitats, accions, etc.

177. *Op. cit.*, pp. 280-281.

primitiu i es troben estretament vinculats amb cerimònies iniciàtiques pròpies de societats molt lligades a la naturalesa i, més concretament, a la caça com a mitjà de subsistència. A les rondalles és usual que l'objecte màgic que formava part del cos d'un animal serveixi per a invocar la seva presència, el seu ajut o per revestir l'heroi o l'heroïna d'alguna de les seves qualitats (força, velocitat, capacitat de volar, etc.). Els autors actuals, conscients o no de la significació cultural d'aquests elements, introdueixen sovint a les seves obres objectes d'origen animal amb poders extraordinaris: la pell de gat mesquer que confereix les qualitats de l'animal al jove Eloïm d'*Ulls de gat mesquer*; les plomes que concentra el poder maligne de Fausta-Ocellot a *Un armariet, un cofre i un diari*; la ploma màgica que possibilita la comprensió de qualsevol idioma a *Les aventures de Potaconill*, o les guspires màgiques que neixen del plomatge de l'ocell protagonista d'*El raïm del sol i de la lluna*. L'ou, com a objecte vital que ha sortit del cos d'un animal, té també una càrrega simbòlica. Representa la llavor de la vida, la força en estat latent i la immortalitat. Com a tal reapareix en les narracions actuals: el vell motiu dels ous d'or a *L'ocell meravellós*, de Joaquim Carbó; els ous de la serp del paradís a *Històries de la Terra de Tot Temps*, de Joan Barat, o l'ou que substituirà el sol robat per una bruixa a *La bruixa que volia matar el sol*, de Ricardo Alcántara.

En altres ocasions, l'element prodigiós prové del cos d'una persona. Generalment es tracta dels cabells, símbol de la fertilitat, relacionats amb el foc i la força. Els cabells rossos, tan freqüents com a atributs de bellesa en prínceps i princeses, es relacionen amb el sol i amb tota la simbologia de l'or i del poder. Aquest aspecte és recollit per Mercè Company a *La reina calba*. També les llàgrimes tenen a vegades propietats màgiques i es poden transformar en animals o pedres precioses, com succeeix a *Yuyo, el nen que no plorava*, de Joles Sennell, o a *El violí màgic*, de Pau Faner.

## 2. Els vegetals

Els objectes màgics d'origen vegetal són molts: llavors, flors, fulles, branques, herbes, fruits, escorces, etc. Les llavors màgiques tenen una llarga tradició a la rondalla meravellosa. L'heroi les obté com a regal o les troba per casualitat. En sembrar-les —sempre germinen ràpidament— neix una planta de propietats màgiques que permet obtenir fruits meravellosos o accedir a un altre món. En els relats actuals aquesta funció reapareix, com a *Els set enigmes de l'iris*, de Mercè Canela. En aquest relat una llavor d'aparença vulgar es transforma en una flor prodigiosa de la qual surten set camins amb els colors de l'arc de Sant Martí que menen els joves protagonistes per la ruta de l'aventura fins a traspassar el llindar de la infantesa. Altres vegades, en narracions de to llegendari pròpies de moltes cultures, el protagonista porta del món màgic unes llavors desconegudes que seran molt útils per a la comunitat. Aquest motiu tradicional és el tema que desenvolupa el relat modern titulat «La vella, la gata i l'espígol» d'Empar de Lanuza.

Les flors i les fulles màgiques també són habituals a la rondalla. Poden curar mals obscurs, concedir desitjos o ser usades com a talismà. Encara que apareixen en algunes narracions modernes tenen una importància secundària.

L'origen vegetal de la vareta màgica, instrument prodigiós per excel·lència, resta fora de tot dubte. Simbolitza la força creadora de la natura, és atribut de poder i com a tal guarda una estreta relació amb el ceptre real, la vara d'autoritat, el bàcul, etc. Precisament pel seu valor emblemàtic, la vareta màgica ha estat l'objecte més desmitificat i ridiculitzat en els contes contemporanis que opten per la inversió de rols i arguments: varetes confoses amb batutes de director d'orquestra, varetes rompudes que fan accions desbaratades, varetes sense poders o que funcionen amb piles, etc.

També les plantes són utilitzades sovint com a elements que poden realitzar prodigis. Tant en els relats tradicionals com en els actuals, bruixes i mags coneixen llurs propietats i les usen amb finalitats diverses. Potser l'autor actual que ha donat major rellevància en les seves obres a les propietats màgiques de les plantes és Joan Barceló. En els seus llibres les plantes —reals o imaginàries— es converteixen en elements cabdals que determinaran el transcurs de l'acció, especialment a *Ulls de gat mesquer* i a *El somni ha obert una porta*.

Sovint, les essències de les plantes es manipulen per fer-ne infusions, pòcimes, beuratges o ungüents dotats de qualitats extraordinàries: convertir en realitat allò que canta un joglar —*Asperú, joglar embruixat*—, mostrar el futur —*Marduix* o *El somni ha obert una porta*—, decréixer —*En Jaumet de les Xanques*—, transformar-se en animal, etc. Més rarament apareixen les fruites com a elements màgics que tanquen un misteri en el seu interior o que actuen com a vehicle d'un encantament, encara que sovint els paral·lelismes amb les rondalles es fan ben evidents, com en el cas de la taronja que cal llençar al foc per tal de recuperar l'heroïna desapareguda a *Els set enigmes de l'iris* i les que guarden una donzella a l'interior, com a la coneguda rondalla titulada *L'amor de les tres taronges*.

### 3. MINERALS

Les pedres tenen, a totes les cultures, un valor simbòlic important. Representen la unitat i la força. Des de temps immemorials se'ls han atribuït propietat màgiques i han estat objecte de culte. Els autors contemporanis recullen aquesta fascinació per les pedres singulars: el meteorit temut i venerat a *El vol del falcó* o la pedra-melic a *Els convidats del bosc*, que transforma a qui la toqui en falguera, ambdues obres de Josep Vallverdú. Les pedres precioses apareixen amb tota la seva simbologia i dotades de poders extraordinaris a *Els set enigmes de l'iris* i en el mateix grup podríem incloure *la pedra negra*, de Josep Vallverdú. El somni alquímic apareix en algunes novel·les per a joves, com a *Ulls de gat mesquer* de Joan Barceló. En altres relats, i en una línia que trenca amb la tradicional, apareix la desmitificació del concepte de talismà com a força màgica capaç d'ajudar els protagonistes, com passa a *El bosc encantat* de Joles Sennell i «El xiquet que no sabia ser valent» d'Empar de Lanuza.

## 4. CONSTRUÏTS PER L'HOME

Probablement els objectes amb qualitats màgiques de fabricació humana varen aparèixer posteriorment als d'origen animal, i són la conseqüència de la divinització de les eines que ajudaven els homes en llurs tasques o que actuaven com a signes externs de poder o riquesa. Entre aquests objectes cal destacar les joies —que podem considerar una forma cultural de preparar i presentar determinats minerals— i molt especialment els anells. L'anell, figura rodona i tancada, representa la totalitat i la continuïtat i és un atribut de reialesa. Conferir-li qualitats màgiques, generalment la capacitat de concedir desigs, és quelcom habitual a les rondalles i també en els contes actuals. És el motiu central del relat «El capità llicenciat» de Joan Barat i també trobem anells màgics a «Història del globus groc» de G. Janer Manila i a la narració *En l'olivera dels Cimalts Alts* de Maria Conca.

Els recipients tancats, tant a les narracions tradicionals com a les actuals, guarden en ocasions potencialitats màgiques en el seu interior, genis o esperits que concedeixen o deneguen desigs i somnis. En canvi, el motiu del recipient prodigiós que proporciona béns inexhauribles és poc freqüent en els relats d'autor. Altres elements meravellosos que reapareixen com a part integrant de personatges fantàstics i que a vegades s'adapten a l'època actual són les escombres de bruixes —substituïdes adesiara per aspiradors—, les capes voladores dels mags, etc.

A les rondalles no és rar trobar instruments musicals de qualitats prodigioses que concedeixen desigs, obliguen a ballar sense aturar o a seguir el camí que marca el músic, que convoquen els animals d'una determinada espècie o que —amb la seva melodia— revelen un secret inconfessable, generalment un rapte o un intent d'assassinat. Tots aquests aspectes reapareixen en els contes escrits per autors actuals: els bongos que obliguen a ballar a *Quan els bongos sonaven*, el rei dels ocells que convoca els seus súbdits mitjançant la música d'un flabiol a *El raïm del sol i de la lluna*, l'argument d'*El flautista d'Hammelin* reescrit en clau d'humor per Miquel Desclot a «Una mica de música en groc» i la flauta que revela un secret a la bella història «Lliri blau» de Joles Sennell, per posar alguns exemples.

A vegades la màgia es vehicula a través de la lectura o la possessió d'un llibre que concedeix desigs, endevina l'esdevenidor o soluciona l'enigma plantejat. El llibre màgic o sagrat —el «Llibre més vell»— indica als mags d'*El raïm del sol i de la lluna* el camí a seguir; també *La guia fantàstica* de Joles Sennell és un llibre singular que únicament es pot llegir amb els ulls de la fantasia.

Un altre grup d'objectes màgics construïts per mà humana, però no directament relacionats amb les rondalles el formarien les màquines insòlites, de llarga tradició a la literatura infantil d'autor. Generalment apareixen en obres classificades com a literatura de l'absurd en les quals predomina l'humor i la fantasia. En aquest apartat destaquen les màquines de reblanir parets i les de reblanir miralls descrites per Joles Sennell a l'obra *En Patancràs Xinxolaina*, i els objectes fantàstics que omplen la meravellosa ciutat de Bubo-Bubo de Miquel Obiols. Són freqüents les màquines que permeten viatjar a través del temps, les ales artificials i altres ginys voladors amb prestacions màgiques.

5. Relacionats amb la terra, el foc, l'aire i l'aigua

Els objectes màgics relacionats amb els quatre elements són habituals en els contes. La terra en forma de pols màgica que realitza tota classe d'encanteris i prodigis. També la llum, el foc i el fum. La flama com a símbol de vida és un vell motiu reprès per Beatrice Nyffenegger a la narració «L'àngel de la compassió»; el protagonista o l'agressor precedits o voltats de flames que confereixen una força màgica a la seva presència com el príncep Oriol o el Cavaller Blanc, personatges ambdós de Miquel Rayó; o que conformen la mateixa naturalesa de l'objecte màgic, com la llum de la imaginació a *Utinghami, el rei de la boira* de Mercè Canela. Trobem també la personificació dels vents que actuen com a auxiliars i les aigües de propietats sobrenaturals. L'aigua que desencanta la princesa d'*El bosc encantat* de Joles Sennell; que proporciona saviesa a qui la beu a *El geni del violí* o que —en forma de neu— oculta els amants protagonistes d'una bella història d'amor en el relat «Blanca» de Mercè Canela.

## 6. ÚS DELS OBJECTES MÀGICS

Un cop revisats els orígens i les característiques d'aquests objectes, ens formulem una pregunta: quin ús se'n fa? S'empren d'acord amb la tradició o se'n fa un ús innovador i divergent?

Abans de res cal tenir en compte que a les rondalles i els contes la naturalesa de l'objecte és independent de la funció màgica que realitza. Per exemple, un anell pot fer les accions més diverses: concedir desigs, fer tornar invisible qui el porti, otorgar poder, etc., i l'acció de transportar un personatge que vola de forma màgica la pot realitzar un cavall, una catifa, una ploma, pot volar pel poder d'un ungüent, etc. Objectes i funcions són intercanviables i d'aquí deriva, en part, els seu caràcter extraordinari o màgic. Aquesta plasticitat és present també en l'ús dels objectes i és una característica que comparteixen les rondalles i els contes moderns. A vegades posseir-los és suficient; en altres ocasions, cal invocar el seu poder mitjançant ritus o conjurs. Alguns funcionen per contacte —fregar una làmpada, tocar amb la punta d'una vareta—, altres per immersió —la transformació o purificació pel bany màgic— o per combustió, ja que actuen quan són llençats al foc. Al costat d'aquestes accions de tipus general, sovint simplement cal usar l'objecte segons la seva funcionalitat a la vida quotidiana: sembrar les llavors, beure les infusions, menjar les fruites, sonar els instruments, llegir els llibres, obrir els recipients tancats, fer funcionar les màquines, etc. Per tant, podem afirmar que la majoria de fórmules d'ús segueixen els cànons tradicionals.

En resum, i a tall de conclusió de l'anàlisi realitzada, podem destacar dos aspectes: la presència, en un gran nombre d'obres, d'accions prodigioses relacionades amb les pròpies de la rondalla i el fet que —per a realitzar-les— els autors contemporanis han usat el repertori d'objectes màgics que la tradició ens ha llegat, amb poques innovacions relacionades amb la ciència i els descobriment tècnics actuals. De la mateixa manera, s'ha mantingut una característica essencial de la rondalla meravellosa: el càstig a qui fa un ús inadequat o abusiu del poder que li ha estat concedit en forma d'objecte màgic.

BIBLIOGRAFA CITADA (OBRES DE CREACIÓ)

ALCÁNTARA, R.: *La bruixa que volia matar el sol*, Barcelona, 1985: La Galera

BALAGUER, M.: *En Jaumet de les xanques*, Barcelona, 1980: Abadia de Montserrat

BARAT, Joan: «El capità llicenciat» a *Això va passar a Gualba*, Barcelona, 1976: Abadia de Montserrat

BARAT, Joan: *Històries de la terra de Tot Temps*, Barcelona, 1983: Abadia de Montserrat

BARCELÓ, Joan: *Ulls de gat mesquer*, Barcelona, 1979: La Galera

BARCELÓ, Joan: *El somni ha obert una porta*, Barcelona, 1981: La Galera

CANELA, Mercè: *Utinghami, el rei de la boira*, Barcelona, 1979: La Galera

CANELA, Mercè: *Asperú, joglar embruixat*, Barcelona, 1982: La Galera

CANELA, Mercè: «Blanca» a *Lluna de tardor*, Barcelona, 1982: La Magrana

CANELA, Mercè: *Els set enigmes de l'iris*, Barcelona, 1984: La Galera

CANO, Carles: *Les aventures de Potaconill*, València, 1983: FECPV

CARBÓ, Joaquim: *L'ocell meravellós*, Barcelona, 1981: Abadia de Montserrat

COMPANY, Mercè: *La reina calba*, València, 1985: FECPV

CONCA, Maria: *En l'olivera dels Cimalts Alts*, València, 1984: FECPV

DESCLOT, Miquel: «Una mica de música en groc» a *A la punta de la llengua*, Barcelona, 1980: Lumen

FANER, Pau: *El violí màgic*, Barcelona, 1983: Barcanova

GARDELLA, M. À.: *Un armariet, un cofre i un diari*, Barcelona, 1981: La Galera

GARDELLA, M. À.: *El geni del violí*, Barcelona, 1982: La Galera

JANER MANILA, G.: «Història del globus groc» a *Diumenge, després de lluna plena*, Barcelona, 1983: Barcanova

LANUZA, Empar de: «El xiquet que no sabia ser valent» i «La vella, la gata i l'espígol» en *El savi rei boig i altres contes*, Barcelona, 1979: La Galera

LARREULA, Enric: *Marduix*, Barcelona, 1983: Argos Vergara

NYFFENEGGER, Beatrice: «L'Àngel de la compassió» a *El pont de colors*, Barcelona, 1985: Abadia de Montserrat

OBIOLS, Miquel: *Habitants de Bubo-Bubo*, Barcelona, 1982: La Galera

RAYÓ, Miquel: *El raïm del sol i de la lluna*, Barcelona, 1983: La Galera

SAURA, Joaquim: *Quan els bongos sonaven*, Barcelona, 1985: La Galera

SENNELL, Joles: *La guia fantàstica*, Barcelona, 1977: Abadia de Montserrat

SENNELL, Joles: *En Patancràs Xinxolaina*, Barcelona, 1981: La Galera

SENNELL, Joles: *Yuyo, el nen que no plorava*, Barcelona, 1981: Hymsa

SENNELL, Joles: *El bosc encantat*, Barcelona, 1982: Abadia de Montserrat

SENNELL, Joles: «Lliri blau» dins *El cas de la terra de Xirinola*, Barcelona, 1981: Abadia de Montserrat

VALLVERDÚ, Josep: *La perla negra*, Barcelona, 1983: La Galera

VALLVERDÚ, Josep: *Els convidats del bosc*, Barcelona, 1985: La Galera

VALLVERDÚ, Josep: *El vol del falcó*, Barcelona, 1985: La Galera

# 28. EL *LLIBRE DE LES BÈSTIES* DE RAMON LLULL, UN DOLL DE POSSIBILITATS DIDÀCTIQUES*

Ramon Llull (1232/33-1315/16) va escriure gran part de la seva magna obra amb una clara i manifesta intencionalitat didàctica i ho va fer amb tanta saviesa i clarividència, que encara avui —set segles després— continua essent un punt de referència imprescindible, enriquidor i extraordinàriament versàtil. Llull pouà en la tradició literària popular i culta de la seva època, la reformulà, hi afegí bona part de la seva collita i deixà escrita una obra que es projecta vers el futur i que nosaltres, educadors actuals, podem proposar com a model de reflexió i d'ètica, perquè encara avui és plenament vigent.

*El llibre de les bèsties* és un llarg apòleg que omple la setena part del *Llibre de meravelles*,[178] que és una mena d'enciclopèdia bastida sobre la senzilla trama narrativa del pelegrinatge espiritual i científic d'un jove anomenat Fèlix. Una gran part de l'argument, els caràcters dels personatges animals i alguns dels exemples que conformen el *Llibre de les bèsties* procedei-

---

* *Seminari de Literatura Infantil i Juvenil*, 6; Palma, 1995.
178. LLULL, R. *Llibre de meravelles*, Edicions 62 i La Caixa (MOLU, 36).

xen del llibre hindú *Calila i Dimna* i hi són clares, també, les influències del cicle narratiu medieval francès anomenat *Roman de Renard*.[179] No obstant, el llibre de Llull és un veritable al·legat sociopolític que il·lustra a la perfecció, al llarg dels set capítols que el conformen, la concepció lul·liana del món. Per a fer-ho, Llull empra l'exemple, un dels recursos més representatius de la literatura medieval. Els exemples acompleixen diverses funcions: fer avançar l'acció (ja que després d'un exemple s'adopta una decisió), mostrar el caràcter i l'habilitat dels personatges, descriure la societat del s. XIII amb les característiques dels diversos estaments, donar ritme i vivacitat a la narració i convidar el lector a interpretar l'exemple, és a dir a relacionar i raonar, amb la riquesa didàctica que això comporta.

Tota l'obra, i els exemples en particular, ens inciten a desenvolupar un ample ventall de propostes de treball que s'enriqueixen amb la possibilitat de comparació amb altres material similars (llegendes, faules, rondalles) i amb les diverses interpretacions expressives que ha generat el llibre al llarg de la seva història (poemes, cançons, il·lustracions, etc.). Intentarem, de forma molt succinta, enumerar algunes de les possibilitats de desenvolupament didàctic i ressenyar la bibliografia que ens pot ser útil per a aquesta tasca.

ANÀLISI GLOBAL DE L'OBRA

Partirem d'una lectura completa del text amb els alumnes. Actualment, diverses editorials ofereixen adaptacions rigoroses de l'obra que poden servir a l'escola.[180] En trobarem una anàlisi completa i pràctica, que ens pot ajudar molt a orientar la nostra a *El llibre de les bèsties de Ramon Llull. Proposta de*

179. *Le Roman de Renard*, Livre de Poche, 1987.
180. Vegeu les versions de les editorials Bromera i La Magrana. Per a una versió reduïda, apta per a treballar amb infants de 7-9 anys, us recomanam la publicada per Publicacions de l'Abadia de Montserrat a la col·lecció «Llibres del sol i de la lluna», amb il·lustracions de Pilarín Bayés.

*treball per al batxillerat.*[181] Analitzarem l'autor, la seva època, l'estructura i el contingut del llibre, el llenguatge, la ideologia, els valors, etc.

EL JOC DE LES COMPARACIONS

En aquesta vessant les propostes es multipliquen i poden ser molt senzilles o d'una extraordinària riquesa i complexitat. Podem elegir alguns exemples i veure com són en obres anteriors (per exemple en el *Panchatantra* o el *Calila i Dimna*),[182] en versions populars (en els aplecs de rondalles) i en versions cultes posteriors (les faules de La Fontaine,[183] l'obra de Don Juan Manuel). L'exemple titulat «L'agró i el cranc» el trobam a la versió castellana de *Calila i Dimna* i, amb el títol «Els peixos i el cormorà», a La Fontaine, ens pot proporcionar un excel·lent material de treball.

També, podem escollir alguns dels personatges principals del *Llibre de les bèsties* (la guineu, l'elefant, el lleó) i compararlos amb els poemes que sobre aquests animals han fet Josep Carner o Pere Quart en els seus respectius Bestiaris.[184] O fer reculls d'endevinalles, de refranys o de frases fetes en les quals el protagonista sigui algun dels animals que apareixen en el llibre de Llull.

Una altra possibilitat és escollir un exemple i veure com és a l'original de Llull i com varia després en diverses versions i adaptacions de l'obra. Alguns exemples han fet fortuna i han estat sovint reproduïts i recreats. Aquest és el cas del titulat «La rata i l'ermità», que trobam més o menys desenvolupat segons les versions i que presenta una peculiar transformació en la cançó amb lletra de Gabriel Janer Manila «La rata que

181. Eumo Editorial, Barcelona, 1991.
182. Ed. Castalia, Madrid 1984 (versió en castellà).
183. LA FONTAINE, *Faules*, versió de X. BENGUEREL, Ed. del Mall, Barcelona 1984.
184. CARNER, J., *Bestiari*, Ed. Nauta, Barcelona 1964; QUART, P., *Bestiari*, Ed. Proa, Barcelona 1987.

413

tornà una donzella».[185] A les versions anteriors la donzella no vol la muntanya per marit, car les rates la foraden; en aquesta, la rata rebutja la muntanya «perquè l'home s'afanya a fora-dar-la». Aquest exemple recrea el vell motiu oriental del ratolí que vol casar la seva bella filla amb el més poderós del món, i podem comparar la versió lul·liana amb les que ens han arribat per tradició popular.[186]

## VERS LA CREACIÓ LITERÀRIA

El *Llibre de les bèsties* també pot ser el pretext que ens meni a la creació literària. Animar els alumnes a escriure relats en forma de faula o bé poemes, endevinalles o contes a l'estil de les rondalles en les quals l'actuació dels animals sigui el mirall del comportament humà o a l'inrevés; transformar els exemples en cançons o en diàlegs teatrals; posar per escrit les interpretacions dels ensenyaments morals; passar del llenguatge medieval a l'actual... són propostes de treball i de joc encaminades a dominar la llengua i la capacitat d'expressió, a treballar amb la imaginació i el raonament, a escollir entre diversos nivells de llenguatge possibles, a ajustar la sovint difícil relació entre idea i paraula.

## EL JOC DEL TEATRE

La temptació de veure l'univers del *Llibre de les bèsties* sobre l'escenari neix de la plasticitat de les seves imatges i la força narrativa de les històries que conté. Si es presenta l'ocasió,

185. *Bon viatge faci la cadernera*, disc de Maria del Mar Bonet amb lletres de Gabriel Janer Manila, Ariola, Barcelona 1990. Trobareu una proposta de desenvolupament didàctic d'aquesta versió per a cicle mitjà a *Trossos. Lectures de CM 1*, Ed. Anaya, Barcelona 1994.
186. Vegeu «La princesa ratolina» dins *Com explicar contes* de S. CONE, Ed. Nova Terra, Barcelona 1987 i *El millor pretendent del món* a la col·lecció Contes Populars de La Galera, Barcelona, 1984.

414

portar els alumnes a veure'n una representació feta per professionals pot ser molt enriquidor. Intentar fer-ne una teatralització total o parcial és un repte engrescador. Si ens sedueix la idea, podem comptar amb adaptacions publicades[187] o bé optar per fer la nostra pròpia, seleccionant allò que més ens interessi.

Ramon Llull, doncs, ens ofereix la possibilitat de passejar —a través de la seva obra i des d'ella— no tan sols per la història de la literatura, sinó també pels viaranys més complexos del caràcter humà, reflectit en el mirall dels animals que ens són, alhora, contrapunt i lliçó.

LLIBRES D'ANIMALS, SELECCIÓ BIBLIOGRÀFICA

**Llibres molt il·lustrats per a totes les edats**
GREJNIEC, M.: *Tastem la lluna?* Ed. MSV
DURAN, T.: *El pitjor llop*, Publicacions de l'Abadia de Motserrat
CANNON, J.: *Stelaluna*, Ed. Joventut
ESCALA, J./ TÀSSIES: *Uf, el camell*, Ed. L'Arca de Junior
DUCKETT, E i CARRER, C.: *No us ho podeu imaginar*, Ed. Destino
TEJIMA, K.: *El llac dels mussols*, Ed. Joventut
OLLÉ, M.A.: *Un conte sense cap ni peus*, Ed. MSV
COLE, B.: *Les bestioles de la Bíblia*, Ed. Destino

**De 8 a 10 anys**
O'CALLAGAN / INFANTE: *I un be negre amb potes rosses*, Ed. L'Arca de Junior
DESCLOT, M.: *Bestiolari de la Clara*, Ed. Edelvives (poesia)
SBERT, M.: *La cinta de plata*, Conselleria de Cultura, Govern Balear

187. Vegeu la versió publicada a la col·lecció «El Garbell» d'Edicions 62.

**De 10 a 12 anys**

Pennac, D.: *L'ull del llop*, Ed. Tàndem

Gardella, M. A.: *Bèsties petites*, Ed. Cruïlla (El vaixell de vapor, 52)

Gurney, J.: *Dinotopia*, Ed. Columna

Janer Manila, G.: *Els rius de la lluna*, Ed. Edelvives

Rosselló, P.: *Les aventures d'en Tres i Mig*, Ed. La Galera

**Més de dotze anys**

Blanco, L. A.: *Memòries d'un gat beneit*, Ed. Edebé

Atxaga, B.. *Memòries d'una vaca*, Cruïlla

Rayó, M.: *Eh, vellmarí!*, Ed. Cruïlla

Kipling, R.: *Contes de la vera veritat*, Ed. Barcanova

# LA NARRACIÓ ORAL

# 29. L'ART DE CONTAR CONTES[188]

Potser aquest títol sorprendrà el lector: «l'art de contar contes». Estam acostumats a sentir dir que la pintura és un art; la música, l'escultura, també són arts; fins i tot del cinema se'n diu setè art, però narrar, explicar, contar, és també un art?

Nosaltres deim rotundament sí, ho és. A través de la paraula podem fer viure a qui ens escolta —sigui petit o gran— sentiments i sensacions. Els podem fer veure amb els ulls interiors el món de la fantasia i de la imaginació que està més enllà..., però també ben a prop. Convidar-los a viatjar a terres ignotes, a escoltar llengües desconegudes, a jugar a amagatalls amb el temps i a fer un calidoscopi dels espais. I per a tot això no ens calen eines costoses, ni materials sofisticats, sinó únicament la veu. El prodigi de la veu humana que, vestida de llenguatge, es fa entenent a tots els humans.

Potser pensareu que és difícil, que per poder explicar contes calen complicades savieses, repertoris extensos, memòries prodigioses, veus educades. Res de tot això és imprescindible, ni tan sols necessari —encara que si teniu alguna d'aquestes

188. Aquest text forma part del pròleg del llibre *Per fat i fat, contes per tornar a contar* (Ed. Moll, Palma 1993), un recull de narracions publicat per Elisabet Abeyà i Caterina Valriu.

coses bé la podreu aprofitar—. Per poder contar contes només cal una cosa molt simple: que vos agradin. Si aquesta premissa inicial es compleix, si no heu perdut el gust per les velles històries i encara vos emocionen i vos fan somniar, ja només cal que deseu la vergonya al calaix més amagat, que arreplegueu un bon feix d'històries d'ací i d'allà, desperteu la memòria que sempre es fa la mandrosa i destraveu la llengua. L'auditori no caldrà que l'aneu a cercar, vendrà sol. La fam de contes és una fam molt estesa. Només els nens l'expressen —a vegades a crits—, però els grans també la pateixen, tot i que sovint se n'amaguen i es fan els desmenjats amb talent. Quan tingueu l'auditori davant tot començarà a funcionar sol —com a les velles rondalles encadenades—: el sentiment empenyerà la memòria, la memòria cercarà les paraules, les paraules es compondran en frases i les frases, com un collaret de joguina, sortiran fetes un enfilall trenades amb la veu. Ells ulls dels qui vos escolten seran l'energia que faran funcionar tot aquest complicat i alhora senzill engranatge. I quan vos comenceu a cansar i trobeu que ja n'hi ha prou potser haurà arribat l'hora de demanar als altres que també ells en contin. Si heu aconseguit que els vostres contes els arribin al cor, allà n'hauran trobat d'altres de ben amagats; després és fàcil: els uns criden els altres...

PERÒ SI VOLEU QUATRE RECEPTES...

Si el nostre entusiasme no vos sembla suficient i penseu que estareu més segurs amb quatre receptes —almenys per començar— les vos donarem. Però teniu sempre present que un bon cuiner o cuinera, després d'haver llegir la recepta, sempre en fa una interpretació personal i si coneix els comensals encara més: hi posa un pessic d'aquella herba tan olorosa, una miqueta menys d'aquella altra, un ratxet d'això i potser una micoia d'allò. Els vostres contes han d'ésser així: cuinats a casa vostra. Que per a cuina ràpida ja tenim la televisió!

## QUIN CONTE CONTAR?

El primer és l'elecció del conte. La condició indispensable és que us agradi, que trobeu que té alguna cosa que el fa especial i per la qual val la pena contar-lo. No cal dir que haureu de tenir en compte l'auditori, sobretot l'edat, la capacitat de comprensió i el moment de la narració. En general tenim tendència a contar els contes considerats clàssics quan els nens són encara massa petits per gaudir-los en tota la seva complexitat; no frisseu, ja hi haurà temps per a tots. Penseu que per a un nen molt petit potser valdrà més mirar un llibre d'imatges o inventar un petit relat amb els seus objectes quotidians. També heu de procurar que hi hagi contes de totes classes: rondalles, llegendes, contarelles, contes encadenats, facècies, etc. En darrera instància, però, deixeu-vos guiar més pel cor que per la ciència.

Penseu que actualment al mercat hi ha moltíssima oferta. No només podem contar contes populars, també els moderns, d'autor, poden resultar atractius. Cerqueu a les altres cultures. Vos sorprendran els relats mítics dels indis americans, les delicades narracions xineses, els misteris orientals, les extravagants contarelles de la Polinèsia... Els contes del món no s'acaben mai.

## COM EXPLICAR-LOS?

Si ja heu triat la narració caldrà aprendre-la, o potser ja la sabíeu i en aquest cas només l'heu de repassar. Només cal que sapigueu ben bé l'estructura, el que passa i quan passa. Per això vos pot anar bé —després d'haver llegit o escoltat un parell de vegades la història— escriure de memòria un petit esquema i després comprovar si no heu deixat res d'allò que és essencial. Si és així, ja sabeu l'estructura, és a dir la base de la narració, i teniu la feina més important enllestida. Si la narració és molt llarga aquest procés es pot fer per parts.

Reescoltar o rellegir ens facilitarà el recordar la forma —el lèxic, les comparacions, les frases fetes, etc.—, però res de tot això caldrà aprendre de memòria. El que sí, haureu de memoritzar si no voleu descolorir el relat són les fórmules màgiques —*Mar-i-món obri, obri bitzoc!* i altres d'aquest estil—, les cançonetes —com la d'en Patufet o el gegant del Pi— i algunes frases de sentit especial —si hi ha un joc de paraules, una endevinalla, etc—. Teniu en compte que, sobretot si narreu a infants, els agradarà força repetir amb vosaltres totes aquestes frases o cançons més o menys ritualitzades i això els farà participar amb més intensitat.

La veu és l'eina mitjançant la qual arribeu als altres. L'entonació, el timbre, el ritme, la pausa, el volum, la modulació... són aspectes dels quals cal tenir esment, però no aïlladament, sinó formant un tot que en podríem dir el to. El to de la narració l'haureu de trobar vosaltres mateixos i probablement s'anirà afinant a mesura que conteu un cop i un altre la mateixa història. Alguns relats demanen un ritme lent i pausat; altres volen ésser contats amb agilitat —és el cas de les rondalles encadenades—; a vegades va bé un aire misteriós; altres convé més desimbolt i alegre. Hi ha fragments o personatges que demanen un volum alt; a altres els escau més un murmuri suau. Si algun dia, mentre narreu, sentiu que un calfred vos repassa l'espinada, o el borrissol dels braços es posa de punta, podeu estar segurs que aquell —i no un altre— és el to adequat.

QUAN EXPLICAR?

Quan? Quan us véngui de gust a vosaltres i als oients, no hi ha altra regla més senzilla ni millor. Trobem el menjar bo quan tenim gana, el dormir si tenim son, l'aigua en estar assedegats..., els contes quan la fantasia té ganes de fer una passejada.

És clar que hi ha contes que per la seva mateixa acció escauen més a una determinada època de l'any o a un lloc concret. Així, per Nadal podem explicar contes del naixement de Jesús o del Pare Noël; a colònies ran de mar hi escauen els de pirates; en passejar pel bosc, de bandolers o bruixes, però tot plegat és un fet anecdòtic.

El què sí que és interessant és conèixer i explicar les narracions relacionades amb un indret quan el visitem. A tot arreu podreu trobar llegendes que expliquen la formació d'un determinat indret geogràtic —recordeu la divertida història de com el Puig de Randa es formà quan va caure la senalla de terra que portava un gegant—, d'una construcció, dels habitants d'un lloc determinat. Els nostres països, solcats per moltes cultures, són rics en històries. Explicar-les als seus habitants és assegurar-ne la pervivència, és donar fites i senyals que ens lliguen a la terra.

On contar-lo?

La tradició ens presenta sempre la narradora de contes com una velleta arran del foc, voltada de nens. Però vosaltres sabeu que això és un estereotip. No cal ésser vells ni tenir foc de llenya per a gaudir del fet de narrar, ni tenir pocs anys per a gaudir d'escoltar. Només cal que la comunicació sigui possible i desitjada.

Els contes poden tenir gust de mar a la platja, de pi a la muntanya, de llapis rosegat a l'escola, de llençols a la nit, de postres a la taula.

El que sí que cal és una mica de tranquil·litat per poder arribar a l'illa solitària i misteriosa que ens promet el conte. No els conteu mai amb la televisió que parla dins la mateixa habitació, amb renous —siguin de dins o de fora— que dificultin la comprensió, amb interrupcions. Conteu-los allà on sigui, però millor una mica arrecerats, sense presses, sense intromissions externes amb tranquil·litat. De manera que tots us vegin i vosaltres els vegeu a tots, que tots el puguin escoltar sense esforç. Si decidiu mostrar alguna il·lustració, que també tots la vegin. Quan aquestes condicions no siguin possibles, potser serà millor deixar la narració per a una altra estona i optar per un joc, una cançó o altres possibilitats.

ALGUNS LLIBRES QUE ENS PODEN AJUDAR A DESCOBRIR LA MÀGIA DE LA NARRACIÓ:

ABEYÀ, Elisabet i VALRIU, Caterina: *Per fat i fat, contes per tornar a contar*, Ed. Moll, 1993

COCABAMBA (Grup d'estudi del conte popular): *Ai, quin riure! (Recull de contes humorístics)*, Ed. Graó (Punt i seguit); Barcelona, 1987

COCABAMBA (Grup d'estudi del conte popular): *Contes per a tot l'any*, Ed. Rosa Sensat (Dossiers, 25)

CONE BRYANT, Sara: *Com explicar contes*, Ed. Nova Terra (Nadal, 4); Barcelona, 1977

COSTA-PAU, Lluís: *Això era i no és*, Ed. La Magrana (L'Esparver Llegir, 9); Barcelona, 1989

DURAN, Teresa: *Setzevoltes*, Ed. Guix; Barcelona, 1979

GARZÓN CESPEDES, F.: *El arte escénico de contar cuentos*, Ed. Frakson (La biblioteca encantada de Juan Tamariz, 5), Madrid 1991

GIMENO, P.: *Manual del cuentacuentos*, Ed. Teide (Tinglado Cinco); Barcelona, 1988

PELEGRÍN, A.: *La aventura de oir*, Ed. Cincel (Expresión y escuela); Madrid, 1982

ROS, ROSER: *Trenta-tres contes*, Ed. Rosa Sensat (Temes d'Infància); Barcelona, 1986

# 30. LA PARAULA VIVA, LA MATÈRIA DELS SOMNIS[189]

## 1. Elogi de l'oralitat

Quan ens situam en l'àmbit de la cultura popular, i més concretament en el que s'ha anomenat literatura popular tradicional, una de les característiques que primerament ens crida l'atenció és el seu mode de difusió a través de l'oralitat. És probable que aquest fet succeeixi per una certa deformació cultural, que ens fa relacionar directament i de forma inconscient literatura i escriptura. Però, si reflexionam sobre aquest tema, prest ens adonam que la paraula escrita, tot i la seva cabdal importància, és només una part —i gosaríem dir que més tost minsa— de tota l'expressió literària de la humanitat al llarg de la seva història.

La humanitat, des del moment en què va ser capaç d'estructurar un sistema de sons codificats que li permetia establir una relació cada vegada més matisada amb els altres, va fer del llenguatge oral la seva principal eina de transmissió de coneixements i de sentiments.

---

189. Article publicat a *Formes d'expressió oral, notes per a l'estudi de la poesia oral improvisada*, edició a cura de Felip Munar, Consell de Mallorca, 2005.

Així tot el conjunt d'elements que conformen la cultura d'una comunitat ha passat de generació en generació a través de la paraula, del llenguatge, encara que amb la participació d'altres aspectes també força importants, com és ara la imitació gestual. La paraula és present en tots els àmbits. Encara que l'home primitiu podia caçar, pescar i més tard sembrar sense haver d'emprar el llenguatge, en silenci, la paraula serà el mitjà utilitzat per posar la seva experiència —comunicar on hi havia les millors peces de caça, les pesqueres més abundants o quines llavors germinaven primer— al servei dels altres i la dels altres al seu. Mitjançant la paraula se segellaran els contractes econòmics, de matrimoni i d'aliança entre les tribus; la paraula servirà per explicar com es fan les eines i, feta cant i oració, serà el millor mitjà per a relacionar-se amb les divinitats protectores i foragitar els esperits malignes. I d'aquí es derivarà la sacralització d'algunes paraules, que esdevindran tabús, i es formaran les narracions cosmogòniques. De la primitiva relació de la humanitat amb una naturalesa alhora hostil i esplèndida, desconeguda i inquietant, naixeran els ritus, després els mites i tot el conjunt de creences que formen part de la cultura dels pobles.

Molt de temps després algunes cultures inventaran l'escriptura, i podran des d'aquest moment fer perdurar el discurs a través del temps i l'espai sense que aquest pateixi alteracions. El que fins aquell moment era confiat a la memòria com a única manera de perdurar en la consciència dels homes serà ara codificat mitjançant uns signes arbitraris susceptibles de ser descodificats per altres persones, en altres moments i espais. És clar que aquest fet marcarà per sempre les relacions entre els homes i l'expressió de tot allò que pensen, descobreixen i experimenten.

Però l'escriptura, tot i la seva importància i després de milers d'anys d'haver estat inventada, no s'ha generalitzat mai a tota la humanitat. Encara avui, milions i milions de persones —sobretot als països no desenvolupats, però també als que es diuen desenvolupats— no saben llegir ni escriure, ni en sabran mai. A aquestes persones, la major part de la informació que necessiten per viure en el seu medi els arriba per via oral. Si feim una mica de memòria familiar ens serà fàcil constatar que gran part dels nostres besavis —i sobretot les besàvies—, i fins i tot molts dels avis i àvies que hem conegut, eren analfabets. Així mateix, seria enganyós pensar que la literatura oral només té relació amb els analfabets o amb les cultures que desconeixien l'escriptura. La literatura oral, en tant que forma de cultura, és viva i present a la vida de tots, en forma de relat, de cançó, d'oració, d'acudit, etc. I encara més, sovint la literatura escrita adopta l'oralitat com a camí més adient per arribar al públic. Els exemples es podrien multiplicar fins a l'infinit: recitals de poemes, adaptacions d'obres literàries per ser difoses per ràdio o televisió, teatre, narracions de contes d'autor, poemes transformats en lletres de cançons, etc. Tampoc no hem d'oblidar que tota la informació cultural que rebem durant la primera infància, i que és extraordinàriament rica i complexa, ens arriba majoritàriament a través de l'oralitat, ja que durant els primers sis o set anys de la nostra vida no dominam el codi escrit.

Totes aquestes reflexions tenen com a única intenció posar de manifest la importància de l'oralitat en la trasmissió de la literatura i, encara més, en la mateixa gènesi i creació de l'obra literària. Però l'oralitat és un fenomen de naturalesa molt complexa, en el qual incideixen múltiples factors que fan de cada transmissió un acte únic i irrepetible, marcat per uns matisos que neixen de la interdependència de diverses variables. Fins fa molt poc els estudiosos no s'havien preocupat gaire d'analitzar a fons tots aquests factors. Des del moment que la ciència com a tal es començà a preocupar per aquesta forma de transmissió de cultura —els autors de literatura escrita ja l'havien considerada i utilitzada per a la creació de la seva obra des de molts de segles abans—, l'interès es centrà en la recollida de materials.

El s. XIX és el moment en què neix el concepte de literatura popular i és quan es comença la tasca sistemàtica de recopilació de tot allò que, en llenguatge vuitcentista, era expressió emanada de «l'ànima popular». Caldrà arribar a la segona meitat del s. XX i, encara que sembli paradoxal, a l'interès per l'anomenada comunicació no-verbal perquè s'analitzi detingudament el fenomen de l'oralitat i es tengui en compte la importància de tots els aspectes no-verbals que l'envolten.

## 2. EL PLAER DE CONTAR, EL PLAER D'ESCOLTAR.

La societat actual, presidida per les presses i els criteris de rendibilitat, ha oblidat el vell plaer de la paraula viva. Retrobar el gust d'escoltar de boca d'un narrador les velles quimeres o les noves il·lusions de la humanitat és un dret que cal conquerir, o reconquerir. Els mitjans audiovisuals senyoregen les nostres hores d'oci; moltes històries ens arriben, però imaginades per altres, recreades per altres. El nostre paper és cada vegada més passiu, la nostra cultura més arraconada.

Conscient de tot això, un bon dia —ja fa molts d' anys—, em vaig decidir a fer de la narració de rondalles un plaer compartit. Va néixer així *na Catalina Contacontes*, un personatge que tresca tots els racons de les illes amb una maleta plena d'històries que es descabdellen al vell conjur de l'*Això era i no era*. Quina ha estat l'experiència que he recollit al llarg d'aquest temps? Què he pogut observar? Moltes coses, i difícils d'explicar en paraules. Una de ben palesa és la fam de contes que tenim tots, encara que només els infants la manifesten clarament. Nins, adolescents, joves, adults i vells gaudeixen igualment de deixar-se seduir per la paraula, per la paraula encantada. He pogut veure com una mateixa història, per senzilla que fos, podia tocar el cor de gent de les edats i les condicions més diverses. Però per tal que això passi, que la seducció de la narració es manifesti, convé tenir en compte algunes coses.

En primer lloc, l'elecció de la història. Poden ser rondalles o contes d'autor, antics o moderns, però sempre d'argument clar, sense excessives digressions i que «diguin» qualque cosa, que siguin capaços d'arribar, de commoure, de provocar la rialla o la llàgrima, que no deixin indiferent, que impliquin per igual el narrador i l'oient. Per a fer aquesta elecció no valen receptes ni paràmetres concrets, només la sensibilitat del narrador i la coneixença d'un nombre suficient d'històries ens permetrà fer la tria adient.

Però no només cal elegir bé la història; és igualment important saber-la transmetre de la forma adequada, amb sentiment, amb humor, amb tendresa. En primer lloc cal saber-la bé, encara que no l'hem de memoritzar. Les paraules han de ser les nostres, les quotidianes, però han de brollar sense l'esforç de la memòria. Només memoritzarem les fórmules màgiques, les d'inici i tancament de la rondalla, les expressions que li donen color, els diàlegs codificats per la tradició. Ens caldrà, també, cuidar la veu, trobar el to adequat (potser seriós o irònic, desvergonyit o dramàtic), el volum escaient a cada fragment o personatge (el xiuxiueig del secret, el crit de l'esglai, el dubte de la incredulitat), saber dur el ritme i fer les pauses necessàries per crear emoció, expectació, distensió, etc. També el gest és important. No es tracta de «teatralitzar» sinó de «narrar», però en la narració hi pren part no només la veu, sinó que també hi tenen el seu paper les mans, els ulls, l'expressió de la cara, l'actitud del cos en general. Cal implicar el nostre cos en allò que contam, però hem d'evitar caure en l'afectació.

I no hem d'oblidar la importància de l'espai. El lloc on contam és important. Si volem que la narració esdevingui un moment de plaer, no ho podem fer de qualsevol manera i a qualsevol lloc. Caldrà un espai tranquil, on sigui possible el silenci. I abans de començar a narrar propiciarem la concentració i el relaxament, potser amb música, o amb paraules o amb silencis.

A partir d'aquestes senzilles premisses podem iniciar l'aventura de narrar, de convidar els altres a embarcar-se amb nosaltres per solcar el mar de les paraules, ben segur que hi vendran de bon grat! L'experiència s'ho paga.

# 31. DE L'OFICI DE NARRADOR[190]

1. DE VERES ELS CONTES ENS PORTEN A UN ALTRE MÓN, A «L'ALTRA BANDA»?
ON ÉS AQUESTA ALTRA BANDA?
HI POT ACCEDIR TOTHOM?
QUÈ HI HA A L'ALTRA BANDA QUE NO HI HAGI EN AQUESTA?

Els contes —com les novel·les, els poemes, les pel·lícules, etc.— ens porten, efectivament a «una altra banda» diferent de la quotidianitat que ens envolta. També hi podem accedir a través d'altres belles arts —com la música, o la pintura— o amb altres mitjans. I aquí rau en bona part el seu èxit i la seva pervivència, en la capacitat d'evasió. Em demanes «on és» aquesta altra banda, i jo crec que és ben clar que dins nosaltres mateixos. Talment com la lluna, tots tenim una cara oculta, un espai propi on la meravella és possible, on som lliures i creatius, bons i dolents, dolços o venjatius, savis o innocents. En aquesta «altra banda» hi ha tot allò que hem acumulat des

190. Aquestes reflexions sobre la narració oral foren escrites per Caterina Valriu a partir de les preguntes formulades per l'escriptor Miquel Rayó i es publicaren com una entrevista a la revista *Faristol*. Agraesc a Miquel Rayó les seves preguntes que m'induïren a reflexionar sobre el tema.

del moment que arribàrem a aquest món, més enllà dels records conscients. Hi ha imatges, sensacions, emocions, records... i tot això ens permet bastir una altra realitat —una realitat no per imaginària menys real— que el fil conductor de la narració dibuixa. Jo crec que tothom hi pot accedir. De fet, d'una manera o altra tots hi accedim. Però també crec que hi ha d'haver una educació de la sensibilitat que faci aquest accés més plaent i enriquidor alhora. Aquesta educació de la sensibilitat vol dir arribar a copsar que «escoltar» és quelcom més que «sentir» i «llegir» molt més que «desxifrar». M'entens?

**2. Passa el mateix amb les rondalles que amb els contes escrits, els estrictament literaris? Uses contes literaris en les teves sessions?**

Passa exactament el mateix. La diferència essencial entre un conte tradicional (una rondalla) i un conte d'autor és que la primera té una forma que s'adiu perfectament amb l'oralitat (per l'estructura, el llenguatge, etc.) i el segon pot tenir un plantejament més «de lectura», és a dir, que funcioni més llegit que no contat. Però pel que fa a capacitat de seducció, tant un com l'altre ens poden emocionar i fer vibrar, o inquietar...

En el meu «repertori» de narradora hi conviuen contes de tota classe. La selecció la faig més per la història en si (que m'agradi, que pugui agradar els oients, que tengui una estructura adient a la narració oral, que sigui divertida o tendra o sorprenent...) que no per l'origen del relat. D'altra banda, sovint les sessions a biblioteques tenen com un dels objectius potenciar no solament el gust per escoltar contes, sinó també el gust per la lectura. Per això, sovint ús llibres il·lustrats (àlbums) que després l'infant trobarà al prestatge de la biblioteca. Si els agafa, reviurà el moment de la narració oral a través de l'observació de les il·lustracions i la lectura del text.

### 3. LA CLAU ÉS LA VEU, L'ORALITAT? QUINES PROPIETATS TÉ, L'ORALITAT, QUE ENS FASCINA?

Jo crec que la veu és una de les claus, però que la clau mestra és la narració —allò que passa—, la força del fil narratiu. Si el que passa és interessant i a més està ben contat... L'oralitat té sobretot calidesa, proximitat, immediatesa, capacitat d'adaptació al moment, al lloc, als oients. I això li dóna batec, vida. El text escrit és generalment més perfecte, l'audiovisual té una gran plasticitat, però la veu viva —amb els ulls, el gest, el cos— interacciona amb els qui escolten d'una manera molt diferent, potser podríem dir que més humana, més essencial, més primària... i per tant molt pròxima a la receptivitat dels més menuts.

### 4. QUÈ ET VA IMPULSAR A NARRAR CONTES? QUAN COMENÇARES? DESPRÉS DE TANTÍSSIMES SESSIONS, NO TE'N SENTS CANSADA? QUÈ ET PERMET SEGUIR?

Crec que em va impulsar simplement el meu propi plaer i la constatació del plaer dels qui m'escoltaven. Encara que després —d'una manera conscient— li donàs un sentit pedagògic (d'aproximació a la literatura, d'estímul vers la lectura, etc.). Record perfectament com, contant contes als meus alumnes, a l'escola, a vegades un calfred em recorria l'espinada i els pèls dels braços s'eriçaven. Era emoció, pura i simple. Aleshores, les cares dels nins —els seus ulls— també em deien que vivien la narració tant com jo mateixa. Crec que aquest va ser l'impuls essencial, tota la resta és accessori.

Vaig començar fa molt de temps, en realitat quan feia pràctiques de mestra, a l'escoleta de Biniamar, una unitària amb molt pocs alumnes. Com a *Catalina Contacontes* la meva primera sessió va ser exactament el 10 d'abril de 1987, a Inca, el meu poble. Hores d'ara he fet prop de 500 sessions a les Illes i algunes fora. No em sent gens cansada, ni una mica. L'horeta de la narració és de desconnexió total de la quotidianitat.

Quan explic un conte m'oblid de si tenc mal de queixal o mal de panxa, de si cal canviar l'oli del cotxe o enllestir un article urgent, dels munts d'exàmens per corregir o del dinar per fer. És quasi sempre un plaer, encara que l'emoció total —aquella del calfred a l'espinada— evidentment no arriba sempre.

5. COM PASSARES, DONCS, DE SER «NA CATALINA DE SES RONDAIES» A SER «NA CATALINA CONTACONTES»?

Un dia, a l'Escola d'Estiu, vaig veure —a l'hora del berenar— en Pep Duran enfilat damunt un pupitre —al bell mig del pati— explicant *Oliver Button és un nena*. Jo no el coneixia de res, però immediatament vaig pensar que volia ser com ell. Amb el temps en Pep i jo hem esdevingut bons amics, hi ha moltes coses que compartim. Algun temps després una bibliotecària amiga meva es queixava que no sabia quina activitat podia fer a la seva biblioteca. Li vaig suggerir d'anar-hi a contar contes. I així va néixer *Na Catalina Contacontes*. Va ser un èxit i vaig passar de només contar contes als meus alumnes a anar a escoles i biblioteques, carregada d'històries per explicar.

Allò que em permet seguir és —ja ho he dit— la recerca del plaer i l'emoció a través de la literatura feta paraula viva, comunicació directa, espai imaginari compartit amb els menuts o els més grans.

6. QUI T'HA ENSENYAT A CONTAR CONTES? O ÉS QUELCOM QUE NO S'APRÈN? SI S'APRÈN, POT ENSENYAR-SE?

Crec que no me n'ha ensenyat ningú en concret, però evidentment he après coses dels meus companys narradors, de la bibliografia sobre el tema, d'aquí i d'allà, però sobretot aprens a través de les reaccions dels qui t'escolten.

Crec que tothom sap contar —de fet tots contam sempre coses als altres: allò que ens ha succeït, allò que hem vist, l'argument d'un llibre o una pel·lícula, un acudit...—, però també crec que hi ha gent que té una capacitat innata per la comunicació oral, gent que transmet molt bé. Jo intent ensenyar als meus alumnes —futurs mestres— a contar contes a un grup classe, o si més no donar-los algunes regles bàsiques per tal que la narració sigui correcta, atractiva i plaent. El resultat és molt divers segons el tarannà de cada un, segons la gràcia, la manca de prejudicis o la il·lusió que ells hi posin.

7. QUINES QUALITATS HA DE TENIR UN NARRADOR ORAL?

Això de narrar bé és una estranya alquímia. A vegades sembla que una persona tingui totes les qualitats «teòriques» i, en canvi, no arriba al públic, i altres, algú que en principi no té res d'especial, és capaç de fer de la narració un moment singular i màgic. Jo crec que ajuda una veu ben modulada, una bona expressivitat corporal (ulls, mans), saber triar bé els relats que explicaràs, una certa capacitat d'improvisació i, sobretot, tenir-ne ganes. La memòria, que és una cosa que tothom creu molt important per a això, té una importància secundària.

8. ANOMENA UN PARELL DE RONDALLAIRES DELS QUALS TU HAS APRÈS «SECRETS» DE L'ART NARRATIU ORAL.

Indubtablement de na Teresa Duran i els seus ulls, d'en Pep Duran i les seves mans, de na Roser Ros i la seva fina ironia... Segur que d'altres també, però potser seria llarg d'explicar.

**9. EN LA PERFORMANCE QUE ES PRODUEIX QUAN EL NARRADOR CONTA UN CONTE, A MÉS DEL NARRADOR HI HA ELS OIENTS, I EL LLOC, I EL TEMPS I EL CONTE, NATURALMENT: QUIN ÉS EL MILLOR LLOC, EL MILLOR TEMPS, EL MILLOR AUDITORI, EL MILLOR CONTE?**

El millor lloc és qualsevol lloc tranquil, arrecerat i sense renous ni interrupcions. El millor temps és aquell que s'escola sense haver de mirar el rellotge. El millor auditori, el que té fam de contes... El millor conte, aquell capaç de fer vibrar a qui l'escolti.

**10. HI HA OIENTS «DURS», AUDITORIS «IMPOSSIBLES»? PER QUÈ? COM HO PERCEPS?**

Sí, és clar. Però pocs, perquè els contes agraden pràcticament a tothom. A les biblioteques no hi sol haver gaires problemes, perquè el públic hi assisteix lliurement. A vegades, poques però, a les escoles hi ha grups que duen una mala dinàmica de desordre, de crits, de no saber escoltar, perquè hi ha un mestre incapaç de controlar i aleshores es fa difícil, fins que aconsegueixes sorprendre'ls o fer alguna cosa que els faci centrar l'atenció i parar esment. L'auditori més difícil, però també molt agraït i atractiu quan aconsegueixes «sintonitzar-hi», és el dels adolescents. Quan em demanen d'anar a un institut em fa una mica «de cosa». Cal vèncer la resistència dels joves que pensen que això dels contes és cosa d'infants. Però quan aconsegueixes seduir-los amb la paraula, aleshores són insaciables i —com els nens o més— en demanen un altre i un altre...

11. HE LLEGIT A QUALQUE BANDA QUE TU RECORDES LA VIVÈNCIA D'HAVER SENTIT NARRAR CONTES AL TEU POBLE, QUAN ERES NINA, PERÒ QUE NO RECORDES EL RELAT EN SI: EXPLICA'NS UN POC AQUESTA DISTINCIÓ, QUE TAMBÉ PROUST —EL GRAN PROUST— COMENTAVA EN PARLAR DE LES LECTURES DE LA INFANTESA.

Jo crec que totes les vivències deixen un pòsit, encara que no les recordis clarament. Jo record la fascinació de les nits a la fresca, amb els veïnats de la plaça a on vivia, jugant amb els altres infants o fent rotllana al voltant d'un padrí xerraire que qui sap què ens explicava. També la tendresa de seure a la falda de ma mare, generalment havent dinat, mentre ella m'explicava —per enèsima vegada— una rondalla. O l'emoció de la lectura, sense recordar gens els arguments. Potser és que hi ha una memòria dels fets i una altra, més fonda, dels sentiments i les sensacions...

12. ELS NARRADORS I NARRADORES D'ARA USAU DIFERENTS ESTRIS, A MÉS DE LA VEU I ELS GESTOS I EL VOSTRE PROPI ART PERSONAL DE SEDUCCIÓ (CAPELLS, CAPSES, QUALQUE TERESETA, LLIBRES...) I A MÉS VOS SOLEN «CONVIDAR» A LLOCS CONCRETS I EN UNS MOMENTS CONCRETS, PERÒ D'ALTRES MUNTEN TOT UN ESCENARI I DESENVOLUPEN UN VERITABLE ESPECTACLE. ON ACABA EL NARRADOR I COMENÇA EL TEATRE, LA REPRESENTACIÓ ESCÈNICA? ÉS EL MATEIX? QUÈ HO FA DIFERENT?

Hi ha una diferència essencial. En el teatre el text està preestablert i l'actor el memoritza. En la narració el text escrit és un punt de referència argumental i estilístic, però el narrador construeix en cada narració el seu propi text, un text sempre diferent.

13. D'ENSENYAR EN UNA ESCOLA, PASSARES A CONTAR DAVANT PÚ-
BLICS DIVERSOS, I DESPRÉS, A ESTUDIAR ELS CONTES, PER ENSENYAR
CIENTÍFICAMENT TOT AIXÒ A LA UNIVERSITAT... COM HO PORTES?
SÓN MONS DIFERENTS? LA LITERATURA POPULAR TÉ LLOC A L'ACADÈ-
MIA? I LA LITERATURA INFANTIL? UNA PROFESSORA UNIVERSITÀRIA
QUE CONTA CONTES D'INFANTS: ON S'HA VIST MAI, AIXÒ?

Em fa gràcia el to diguem «semiescandalitzat» de la pre-
gunta. T'explicaré: la fascinació dels meus alumnes em va dur
a contar contes a altres infants; la fascinació pels contes em va
dur a estudiar-los; l'estudi em va dur a contar el mateix, però
des d'un altre punt de vista als universitaris... Tot són baules
d'una mateixa cadena. Jo no ho visc com activitats separades,
sinó com activitats polièdriques fruit d'un mateix interès. Puc
omplir les meves maletes de contes il·lustrats i de rondalles
per a explicar als més menuts i —amb els mateixos relats—
puc fer una classe sobre literatura infantil als estudiants de
magisteri o sobre literatura popular tradicional als estudiants
de filologia. Pens que la tasca d'un professor universitari ha
de tenir tres vessants: la docència, la investigació i la divulga-
ció. Per a mi la divulgació són les sessions de narració oral, i
també les conferències per a pares sobre com triar els llibres
per als seus fills o els cursets per a mestres i els articles en re-
vistes no especialitzades.

Per sort, a la nostra Universitat i des de fa ja alguns anys
tant la literatura popular tradicional com la literatura infantil
són assignatures del currículum i també objecte d'investiga-
ció. Potser som de les poques Universitats de l'estat espanyol
que dediquem tanta atenció a aquests temes i fins ara amb
bons resultats. Noms com Josep A. Grimalt, Gabriel Janer
Manila, Vicenç Jasso, Miquel Sbert, Felip Munar, Ramon Bas-
sa i Jaume Guiscafrè són ben coneguts en el camp de dels es-
tudis sobre literatura popular tradicional i també en la litera-
tura infantil.

14. QUAN CONTES RELATS ORALS, CREES O ET LIMITES A TRANSME-
TRE? EL NARRADOR ORAL ÉS UN CREADOR?

Crec que abans ja he respost una mica a aquesta pregunta.
Cada vegada que cont un conte és diferent de l'anterior i de la
pròxima, perquè les coordenades d'espai, temps i auditori són
diferents i també és diferent el meu estat d'ànim. Jo no crec
que el narrador oral sigui *stricto sensu* un creador. Seria més
encertat dir que —si ho fa bé— és un excel·lent *recreador*. I ai-
xò ja és molt! Deu ser una mica el mateix que passa entre el
músic que escriu la partitura i el que la interpreta, però amb
més llibertat, ja que nosaltres triam en gran part les paraules,
mentre que l'intèrpret respecta més les notes.

15. I ELS OIENTS, TORNEM-HI, AJUDEN A CREAR? COM?

Indubtablement. Amb la seva actitud a l'hora d'escoltar,
amb les rialles, els comentaris, els badalls... T'indiquen
aquells contes que funcionen millor, fan postíl·les divertides
que tu després pots incorporar en narracions posteriors. Et
diuen —sense paraules— on cal escurçar i on pots allargar...,
allò que els emociona i el que els deixa indiferents.

16. TENS BONA MEMÒRIA? IMPROVISES? COM ESMENES LES LLACU-
NES?

Tenc una memòria normal. Com tothom, de petita tenia
una memòria extraordinària, però ara ja... hi ha tantes coses
dins el magatzem! Improvís a partir d'un fil argumental que
conec perfectament i d'uns recursos que em forneix la tradi-
ció i la pràctica. Les llacunes, quan es produeixen, s'esmenen
amb professionalitat. Cinc-centes sessions de narració han de
servir per a qualque cosa!

17. De veres creus que els contes, la literatura que escoltam o llegim d'infants ens forma com a persones?

Crec que totes les nostres vivències ens formen com a persones: el contacte amb els altres, els viatges, l'observació de la natura... i evidentment el farcell d'històries que acumulam llegint, escoltant i mirant les produccions audiovisuals. A vegades la literatura t'ajuda a entendre el món o a interpretar-lo. Sempre el món —la vida— t'ajuda a entendre i a interpretar la literatura.

18. Hi ha una ètica del narrador oral? Quins punts la formarien, aquesta ètica?

Aquesta és una bella i difícil pregunta que no sé si sabré respondre. Ho puc intentar amb una sèrie de frases breus, a l'estil dels decàlegs:
- No contaràs mai una història que no estimis.
- No contaràs mai a qui no vulgui escoltar.
- No trairàs mai la història per servir a la didàctica.
- Respectaràs la teva llengua i no la contaminaràs amb paraules estranyes.
- Respectaràs l'essència del relat i no el mutilaràs.
- Contaràs pel plaer dels altres i pel teu, i si no hi ha plaer, callaràs.

Crec que amb aquesta mitja dotzena ja n'hi ha prou.

19. De tots el finals rituals, fórmules, per acabar contes, digues aquell que més t'agrada repetir? Per què?

*I jo me'n vaig venir*
*amb un capellet de vidre*
*i ets al·lotets pes camí,*
*maquets i més maquets,*
*no me'n deixaren bocí.*

És màgica!

# 32. LES RONDALLES, A QUINA EDAT?[191]

Quan ens plantejam la pregunta de a quina edat és adequada una o altra rondalla ben aviat ens adonam que no la podem respondre de manera taxativa. Cal, abans, fer una sèrie de consideracions prèvies i delimitar el marc en què la rondalla serà transmesa i a través de quins canals. No és el mateix una rondalla explicada oralment per un narrador més o menys expert, el qual adaptarà el relat a les condicions i possibilitats del seu públic, que una rondalla llegida directament per un infant. Tampoc requerirà el mateix nivell de lectura una rondalla en la versió que en va fer el primer recopilador (generalment un autor del segle XIX o principis del XX) que una adaptació posterior, ja pensada per als joves lectors. Hi ha, encara, altres matisacions a fer: en el cas de la narració oral hi haurà diferències si ens dirigim a un sol oient, un petit grup o un gran grup, com pot ser una classe. En aquest últim cas cal tenir en compte la diversitat de nivells i la dispersió de l'atenció. També cal pensar si el relat —oral o escrit— es recolzarà en imatges (il·lustracions) o si únicament es transmetrà a través

191. Article publicat en el llibre *De la narrativa oral a la literatura per a infants. Invenció d'una tradició literària*, a cura de Gemma Lluch (ed.), Alzira, Ed. Bromera 2000.

de la paraula. Hi hauria, encara, moltes altres variables a tenir en compte: el lloc, el moment, el bagatge literari previ de cada receptor, la seva competència lingüística, etc.

Malgrat ser conscients de la importància de tots aquests aspectes —que cada educador haurà de calibrar i valorar en el seu moment—, intentarem donar unes pautes orientadores que puguin contribuir a la selecció dels textos més adients per a cada edat, basant-nos essencialment en criteris temàtics, estructurals i d'interessos propis de cada etapa evolutiva.

ENTRE TRES I CINC ANYS

A partir dels tres anys —més o menys— i paral·lelament amb el desenvolupament del llenguatge, la capacitat de comprensió i el control de l'atenció es produeix la descoberta joiosa del món de les rondalles. En aquestes edats ens cal triar històries amb unes característiques ben determinades:

• Argument senzill i molt clar, sense accions paral·leles.

• Pocs personatges i amb característiques ben definides, fàcilment identificables

• Els personatges poden ser humans o animals humanitzats, amb una especial predilecció per aquests últims.

• Agraden molt les estructures repetitives —històries en les quals un mateix fet es repeteix tres o més vegades—, la qual cosa ajuda a fixar l'argument i proporciona seguretat a l'infant.

• Relats amb rimes, fragments versificats o petites cançonetes, que l'oient pugui memoritzar i repetir.

Per tot això, algunes rondalles especialment adequades a aquestes primeres edats serien: «En Patufet» (i totes les seves variants: «En Pere Patufet» de Maspons, «En Trompetet» d'Alcover, etc.), «El conte de la formigueta», «Els tres ossos», «El gegant del Pi», «El caragol», «Les set cabretes i el llop», «Els tres porquets», «La rateta que escombrava l'escaleta», etc.

Aquesta és l'edat ideal per entrar de ple al món de les rondalles meravelloses, començant per les més difoses i conegudes. Les línies bàsiques dels relats més adequats a aquesta edat serien:

• Les estructures ja poden ser més complexes, amb un major nombre de motius.

• Hi pot haver una galeria de personatges més ampla i més variada: humans, éssers sobrenaturals, animals humanitzats, etc. encara que han de tenir ben definits els seus rols: herois, agressors, auxiliars, etc.

• Les trames poden ser més complicades, encara que no és convenient que hi hagi accions paral·leles.

• Comencen a agradar les històries burlesques, les facècies, els relats on l'astúcia té un paper important.

Entre les rondalles més conegudes adients a aquesta edat podem citar: «Els músics de Bremen», «En Polzet», «La bella dorment», «La Ventafocs», «Na Blancaneu», «El sastre valent», «El gat amb botes», «L'oca d'or», «El rei granot», etc.

La comprensió i l'atenció ha augmentat molt a aquestes edats, així com la competència lingüística i el bagatge cultural. D'altra banda, és ben viu encara l'interès per les històries extraordinàries, el gust pel relat oral i la capacitat de distingir entre fantasia i realitat encara no està ben delimitada. Ha augmentat considerablement, també, el sentit de l'humor i la capacitat d'entendre els dobles sentits. És el moment més adient per donar a conèixer:

• Les rondalles meravelloses menys difoses i més elaborades, amb nombrosos motius, arguments més complicats, múltiples personatges, etc.

• Hi pot haver més d'una acció que transcorri de manera paral·lela a la principal.

- Ja podem incloure elements de caràcter burlesc o irònic.
- També resulten atractives les llegendes, pel seu to explicatiu o verídic.

Entre les rondalles meravelloses, per la seva bellesa, complexitat i menor difusió, són ben adequades «El Castell d'Iràs i no Tornaràs», «En Joan de l'Ós», «La filla del sol i de la lluna», totes les del cicle de l'espòs transformat (per exemple «La Bella i la Bèstia» i les seves múltiples variants), «L'amor de les tres taronges», «La pastora de les oques» i les que ens han arribat directament de la tradició oriental («Aladí» i «Alí Babà i els quaranta lladres», per exemple). Entre les de caràcter burlesc «El vestit nou de l'emperador» i totes les rondalles protagonitzades per un humà que, enginyós i espavilat, aconsegueix enganyar el dimoni. També totes les facècies que expliquen trifulgues entre hostalers, lladres, soldats, estudiants, capellans, etc.


A PARTIR DE NOU ANYS

La fascinació pel món meravellós encara és ben viva, però entre els infants d'aquesta edat podem trobar un cert rebuig per la paraula «conte», en identificar-la com una cosa pròpia de més petits. Potser serà preferible que els parlem de relats, històries o rondalles.

En aquests anys els relats populars tradicionals ens poden servir per obrir-los camins que els acondueixin al contacte i la coneixença d'altres cultures, ja desaparegudes o encara ben vives, llunyanes en el temps o en l'espai, però essencials per a conèixer la riquesa i la diversitat del patrimoni cultural de la humanitat.

Les característiques bàsiques que hauran de tenir els relats per a aquestes edats seran:
- Arguments atractius i singulars, poc previsibles i allunyats dels models més convencionals.
- Escenaris exòtics o poc habituals, que estimulin la imaginació.

- Trames complexes o enginyoses, amb finals sorprenents.
- Contingut moral poc evidenciat. Humor o ironia.
- Elements humorístics, sentimentals o de por.

És el moment ideal, doncs, per introduir tota classe de relats mítics i llegendaris d'arreu del món: les complexes trames de la mitologia grecollatina, les atractives llegendes dels països nòrdics, els escatològics i burlescs contes africans, les tradicions explicatives dels indis de l'Amèrica del Nord, els enginyosos contes jueus, els relats orientals plens de poesia i sensibilitat, les nostres llegendes històriques, llegendes de bruixeria, d'ànimes en pena, narracions d'origen bíblic, etc. Cal no oblidar que la formació mítica dels joves és imprescindible per a fornir-los tot un conjunt de coneixements que els permetran entendre i interpretar un gran nombre de produccions artístiques, tant literàries com plàstiques i musicals.

Com a última recomanació remarcaríem dos factors: la varietat en l'elecció dels materials a narrar i el respecte a les característiques intrínseques de cada rondalla, deixant de banda les adaptacions que en desvirtuïn el caràcter.

# 33. LA NARRACIÓ ORAL: DEL TEXT ESCRIT A LA PARAULA VIVA[192]

Fa gairebé vint anys que em dedico a la narració oral, directa, de viva veu, de rondalles i contes d'autor. Explico històries a públic de totes les edats: infants, adolescents, adults, gent gran... En contextos diversos: a biblioteques, escoles, centres culturals, diades del llibre, trobades de narradors... A vegades aquesta feina —que per a mi és sempre plaent i distinta— em mena a la reflexió sobre els diferents tipus de narradors que hi ha actualment. Crec que podríem parlar de tres classes essencials de narradors:

1. Aquell que explica rondalles —és a dir contes populars tradicionals— de la seva cultura o d'altres cultures i usa la veu com a únic instrument.

2. Aquell que explica contes amb l'objectiu d'estimular la lectura, l'hàbit lector, entre els oients. Generalment explica contes d'autor i utilitza el llibre com a suport o referent.

3. El que explica contes o rondalles amb la intenció de fer un espectacle, i es val de recursos teatrals.

192. Article publicat en el llibre *La narrativa oral: rondalles i llegendes en l'imaginari col·lectiu contemporani*, a cura de Joan Borja, Universitat d'Alacant, Alacant 2006.

En general al primer tipus s'arriba a la narració des de l'interès per la cultura popular, pel patrimoni folklòric. En el segon, l'origen sol ser el món del llibre i la pedagogia, i en l'últim cas el punt de partida o d'interès sol ser el món de l'animació lúdica i del teatre.

Malgrat aquest intent de classificació, però, els límits no són —ni de bon tros— rígids. Jo mateixa em podria considerar un híbrid de tan singular classificació, ja que em dedico a la investigació de la literatura popular, explico històries a biblioteques i escoles amb l'objectiu principal d'animar a llegir i sovint utilitzo petits recursos teatrals per a complementar les meves narracions. I són precisament aquestes activitats les que m'han aconduït a la petita reflexió que us vull exposar. Crec que tot narrador ha de conèixer perfectament els materials que usa a la seva feina —siguin rondalles, contes d'autor o llibres il·lustrats en format d'àlbum— i ha de donar a cada material un tractament diferenciat i específic, d'acord amb el seu origen i les seves característiques.

El primer cas —i el que més em preocupa— és el de les rondalles. Dissortadament, la majoria de rondalles que avui podem contar ens han arribat a través dels llibres, en recopilacions, versions i adaptacions. La cadena de la transmissió oral fa temps que es va trencar i únicament és possible recompondre'n algunes baules. El narrador actual que s'enfronta als materials populars, als materials folklòrics, és hereu d'una gran responsabilitat, especialment a l'hora de fer la tria del llenguatge que usarà. No és possible fer ús d'un llenguatge excessivament arcaïtzant o propi de les societats rurals, que faci difícil la comprensió dels oients. Però tampoc és convenient que el simplifiqui de tal manera que li faci perdre la seva essència, el seu encant, la flaire que li és pròpia.

Potser caldrà realitzar abans un treball previ per a prevenir les possibles dificultats lèxiques i aportar les explicacions que creguem oportunes. O bé una tasca posterior d'aclariment, un cop detectades les possibles dificultats de comprensió.

Però un relat no és només lèxic; també la textura dels personatges la crea el narrador a partir d'un llegat anterior, i en el cas de la rondalla la caracterització dels personatges ve determinada per la tradició. Si explicam una rondalla meravellosa, no podem tergiversar —amb el to o les paraules— la consistència de cada un dels personatges del relat. Vull dir que —en una rondalla meravellosa— els dracs són terribles, els herois i les heroïnes són valents i bondadosos, els reis estan investits de majestat, els gegants inspiren paor i les bruixes destil·len l'essència del mal; els enamoraments són sobtats i els odis, viscerals. I el narrador ha de transmetre aquesta sensació —i no una altra— als seus oïdors. No s'hi val ridiculitzar, minimitzar, endolcir o *democratitzar* aquestes històries a través d'un tractament dels personatges de to intranscendent, suavitzat, irònic o invers al tradicional, llevat que el nostre objectiu sigui establir un joc de complicitats amb oients adults i que ja coneixen els relats, és a dir, fer una mena de *paranarració*. En canvi, en les rondalles no meravelloses, generalment la societat és presentada de forma caricaturesca, i en aquest cas ens està permès adoptar un to de comicitat i exagerar —fins i tot fins arribar al grotesc— les característiques dels personatges. Però tampoc no els podem capgirar: majordoms, capellans, soldats, jutges, pagesos, etc. han d'ésser descrits d'acord amb llurs característiques tradicionals. I exactament el mateix passa amb les faules: cada personatge és el reflex —la metàfora, si voleu— d'una qualitat o d'un defecte i el narrador ha de remarcar aquest aspecte amb les seves paraules i els seus gestos.

El narrador que vol explicar contes d'autor té també una missió delicada. Si la seva intenció és fer una recreació personal de l'obra, pot prescindir del llibre i construir la seva pròpia versió, aportant el to i les característiques que consideri oportunes, tot i que convindrà que avisi els oients que el relat està «basat o inspirat» en tal o qual obra. La història escrita és important, és la base, però cal adaptar-la al llenguatge oral —a la viva veu— i adequar els ritmes, les pauses, la cadència de les frases a la *performance* narrativa. Però si l'objectiu de narrador és induir l'oient a la lectura concreta d'un llibre o donar a conèixer l'obra d'un autor determinat, aleshores haurà de trobar un to en harmonia amb el text literari, i la seva narració —d'alguna manera— caldrà que deixi entreveure la textura del relat. Les paraules del narrador no coincidiran mai exactament amb les de l'autor, ja que en aquest cas hauríem de parlar de «recitar» o «declamar» i no de «narrar», però entre les paraules escrites i les orals hi ha d'haver un alt grau de sintonia. El narrador ha de ser capaç de recrear la mateixa atmosfera del text i de transmetre-la a qui escolta, amb l'accent de la seva forma personal de narrar.

A l'hora d'explicar textos d'autors actuals als infants, sovint ens trobarem amb personatges o temes que tenen el seu origen en la tradició popular. Els contes moderns són habitats per multitud de dracs i princeses, de gegants i follets, de reis i cavallers. Però, sovint, aquests personatges estan desmitificats, unes vegades per la via de l'humor i la ironia, altres mitjançant la tendresa, l'exageració o l'absurd. Aquesta desmitificació implica una inversió dels rols tradicionals i un acostament als plantejaments ideològics contemporanis. Les princeses es tornen militants feministes i actuen com a cavallers valerosos, els reis es democratitzen, les bruixes tornen bones, els prínceps són indecisos i dèbils, els llops tenen actituds amistoses i gegants i follets busquen el contacte amb els humans i defensen valors ecològics...

Únicament en explicar aquesta classe d'històries el narrador pot jugar a la capgirar els caràcter dels personatges, però crec que no ho ha de fer quan explica rondalles, perquè aleshores estaria minant l'essència de la narració, el valor simbòlic de cada una de les peces de la rondalla meravellosa que fan possible la catarsi dels oients. Bettelheim ja va demostrar fa dècades que les rondalles parlen en clau simbòlica i que —més enllà de la nostra ment conscient— s'adrecen a les zones del nostre subconscient. En aquesta facultat rau el secret de la seva supervivència mil·lenària, de la seva dispersió arreu del món, del seu encant. Siguem, doncs, respectuosos amb la tradició i donem a cada un allò que és seu.

# MISCEL·LÀNIA

# 34. L'ENSENYAMENT DE LA LITERATURA INFANTIL A LES UNIVERSITATS DELS PAÏSOS CATALANS[193]

## 1. LA LITERATURA INFANTIL I JUVENIL COM A DISCIPLINA UNIVERSITÀRIA

La literatura per a infants i joves és una branca de la literatura general que s'ha desenvolupat essencialment a partir del segle XIX i que ha pres volada al llarg del s. XX a tots els països desenvolupats. La seva vinculació a l'anomenada literatura popular o de consum i a la literatura d'origen folklòric, així com el caràter dels seus destinataris, ha fet que sovint fos una part de la creació menystinguda per l'acadèmia, o per l'auto-denominada «alta cultura». L'estudi de la literatura diguem-ne «per a adults» forma part des de fa segles de les matèries que s'imparteixen a les Universitats, però la literatura adreça-da als infants i joves ha estat considerada tradicionalment una germana menor, quan no directament una Ventafocs, poc

193. Publicat a *III Congreso Ibérico de Literatura Infantil i juvenil. Lectura, identidades y globalización*, Organización Española de Amigos del Libro Infantil (OEPLI), Madrid 2008. Va ser presentat com a comunicació en el III Congreso Ibérico de Literatura Infantil y Juvenil, Universitat de València, 2005.

digna d'estudi, reclosa en la cambra de l'entreteniment i el passatemps, fortament vinculada a la didàctica, sense cap mena de transcendència cultural i amb una vàlua literària inexistent o molt discutible; en definitiva, un gènere menor, secundari i dependent.

No és estrany, doncs, que el seu estudi hagi estat absent dels programes universitaris durant dècades i que encara avui la seva presència es vegi més vinculada al món de la pedagogia que al de la filologia, car se la segueix considerant arreu més un mitjà per accedir a altres sabers o lectures que no un producte cultural per ella mateixa. Tanmateix, la veritat és que —malgrat les mancances i gràcies als esforços d'estudiosos compromesos en el tema—, des de fa alguns anys l'estudi de la literatura infantil i juvenil ha trobat un espai —no sabem si exactament el seu, això ja ho analitzarem— en els currículums universitaris.

## 2. Les assignatures de literatura infantil i juvenil i el seu espai a la Universitat

Per a redactar la present comunicació ens hem centrat en la realitat actual de l'ensenyament d'aquesta matèria en català a les universitats dels territoris de llengua catalana. El que hem obtingut és una mena de fotografia de l'estat de la qüestió durant el curs 2004-2005, sense pretendre fer cap anàlisi històrica ni cap previsió de futur de la trajectòria d'aquestes assignatures. Per a delimitar l'objecte d'estudi ens hem centrat en l'ensenyament de la Literatura Infantil en català a les universitats adscrites a l'Institut Joan Lluís Vives. D'un total de vint universitats n'hem desestimades deu, perquè no s'hi imparteix cap estudi que inclogui aquesta matèria com a assignatura, cosa que no vol dir que —d'una manera tangencial— no hi pugui haver algun contingut de LIJ en algunes àrees, generalment relacionades amb la pedagogia o la filologia. A les altres deu universitats estudiades, podem dir que les assignatures de LIJ en català presenten la següent configuració:

1. Literatura Infantil com a matèria troncal dels estudis de Magisteri en l'especialitat d'Educació Infantil (4'5 crèdits, a les deu universitats)

2. Literatura Infantil com a matèria obligatòria a altres especialitats de Magisteri (a una universitat)

3. Literatura infantil com a assignatura optativa de Magisteri o Filologia o bé de lliure elecció per a qualsevol estudi.

4. Cursos de Doctorat o Postgrau sobre Literatura Infantil (a dues universitats).

5. Literatura Infantil i Biblioteques Escolars i/o Infantils en estudis de Biblioteconomia (a dues universitats).

El resultat és un gran nombre de cursos, impartits per un ample ventall de professorat i que arriben a milers d'estudiants; això sense comptar els nombrosos cursets de formació permanent organitzats per les universitats, el ministeri, les conselleries, les associacions pedagògiques, els sindicats, etc. Aquests milers d'estudiants, que són o seran mestres, professors i bibliotecaris en la seva vida professional, hauran de poder ser —amb l'impuls dels coneixements adquirits a les universitats— un poderós mecanisme que treballi per a la potenciació de l'hàbit lector entre la població.

3. Literatura Infantil a Magisteri (Especialitat d'Educació Infantil)

Analitzarem, en primer lloc, l'assignatura troncal que s'imparteix a les 10 universitats estudiades. És una assignatura de 4'5 crèdits, o el que és el mateix, de 45 hores lectives, generalment agrupades en un quadrimestre de 1r, 2n o 3r curs de la Diplomatura, segons les universitats. L'observació, anàlisi i comparació dels diversos programes es pot sintetitzar en els punts següents:

3.1. *Objectius i continguts: entre la teoria i la pràctica*
Les assignatures a les universitats es regeixen per uns des-

criptors que indiquen les línies generals dels continguts. Les concrecions d'aquestes directrius corresponen als departaments, que les aproven a proposta del professorat corresponent. És per això que una mateixa assignatura, que s'imparteix en els mateixos estudis i amb idèntic nombre de crèdits, pot presentar variacions importants en els seus continguts, ja que cada departament —i cada equip de professors— incideix més en uns aspectes o altres, segons els interessos i les necessitats dels estudiants i els seus propis recursos humans i científics. La part més interessant d'aquesta anàlisi ha estat, doncs, veure quins objectius es proposen i quins continguts es desenvolupen, com, amb quin grau d'importància o concreció en cada cas, i com s'articulen per a formar una assignatura coherent, que combini de manera equilibrada la teoria i la pràctica.

### 3.2. *Els objectius*

Els objectius de les assignatures s'especifiquen al principi dels programes i aporten una idea global a l'estudiant d'allò que es treballarà i del que s'espera aconseguir amb el desenvolupament del temari. A vegades s'expliquen de manera molt genèrica i en altres més detalladament. De l'anàlisi dels deu programes podem concloure que els objectius essencials que exposen les assignatures són els següents:

1. Conèixer el concepte, els objectius i els valors de la LIJ (nou de deu).

2. Conèixer tècniques, recursos i estratègies per a la dinamització de la lectura i l'aplicació didàctica de la LIJ (vuit de deu).

3. Fornir criteris de selecció i d'anàlisi crítica dels llibres infantils (set de deu).

4. Conèixer la trajectòria històrica de la LIJ mundial (cinc de deu).

5. Conèixer la trajectòria històrica de la LIJ catalana (quatre de deu).

6. Conèixer la situació actual de la LIJ (quatre d'un).

7. Aprendre a buscar recursos per treballar la LIJ a l'escola (quatre de deu).

8. Tenir nocions sobre com organitzar una biblioteca d'aula o de centre (tres de deu).

9. Millorar l'expressió escrita i oral i fomentar la creativitat dels alumnes de Magisteri (dos de deu).

10. Aprendre a explicar contes (un de deu).


## ELS CONTINGUTS

L'assignatura es divideix en un nombre variable de temes, que oscil·la entre cinc i deu segons els professors. Gairebé en tots els casos hi ha un primer tema de caràcter teòric que presenta l'objecte d'estudi i el delimita. Es plantegen qüestions com el concepte i les característiques de la LIJ, la funcionalitat i els objectius, els gèneres, les etapes evolutives de l'infant i llur relació amb la LIJ, la competència literària i l'imaginari cultural, etc. Seguidament, s'entra en matèria i podem estructurar les temàtiques tractades en un ordre d'importància i freqüència d'aparició que és el següent:

1. Narrativa i poesia popular tradicional: rondalles, llegendes, cançons, endevinalles i embarbussaments, etc. (9 de 10).

2. El *conte* com a gènere específic (8 de 10).

3. La poesia per a infants (7 de 10).

4. El teatre per a infants (7 de 10).

5. La biblioteca (d'aula, de centre, pública) (7 de 10).

6. L'animació lectora i la dinamització de la lectura a l'escola (7 de 10).

7. La novel·la com a gènere (5 de 10).

8. El llibre il·lustrat com a gènere (5 de 10).

9. El còmic (5 de 10).

10. Les revistes infantils i escolars (4 de 10).

11. Com explicar contes (4 de 10).

12. La lectura de la imatge: la il·lustració (4 de 10).

13. L'expressió escrita de l'infant (creativitat en la producció de textos) (4 de 10).

14. Història de la LIJ general (3 de 10).

15. Història de la LIJ catalana (3 de 10).

16. Altres temes que apareixen amb menor freqüència: la lectura dels pre-lectors, la ideologia a la LIJ, la televisió i el cinema i la seva vinculació a la LIJ, l'ús de les noves tecnologies en relació a la LIJ.

### 3.2. *Les propostes de lectura i de treball*

A la majoria de programes ens trobam amb una sèrie de lectures obligatòries i de treballs individuals o en grup que l'alumne ha de realitzar per tal de completar l'assignatura. Vegem quins tipus de treballs es proposen.

1. Treballs per parelles o en grup sobre temes del programa (7 de 9).

2. Exposicions orals d'aquests treballs al grup classe (6 de 9).

3. Fitxes, ressenyes o anàlisis crítiques sobre llibres teòrics de LIJ i/o sobre obres de LIJ (7 de 9; en 2 casos de 9, preguntes a l'examen sobre aquestes lectures).

4. Taller de creació literària (1 de 9).

5. Explicar un conte a classe (1 de 9 obligatòriament, i 1 de 9 com a opció).

En tots els programes es preveu la realització d'un examen, encara que no sempre és obligatori, ja que hi ha possibilitats de no haver-lo de fer si han acomplit altres requisits de treball. Pel que fa al tipus de lectures que proposen els professors, no hem pogut reunir informació suficient com per poder-ne fer una anàlisi comparativa. Només citarem , a tall d'exemple, alguns títols:

Obres clàssiques: *Nils Holgerson, Pinotxo, El vent entre els salzes, Alícia en Terra de Meravelles, El príncep feliç, La volta al món en vuitanta dies*

Clàssics catalans: obres de Folch i Torres (concretament *Les extraordinàries aventures d'en Massagran*), Lola Anglada i Carles Riba (*Les aventures d'En Perot Marrasquí*).

Rondallaris: Grimm, Verdaguer, Valor i antologies de rondalles.

Autors actuals estrangers: Dalh, Anno (il·lustrador)

Autors actuals catalans: Teixidor, Sorribes, Pedrolo, Miquel Rayó

## 3.3 *Les bibliografies suggerides*

A la documentació que hem pogut aconseguir, les bibliografies són molt desiguals. Segons la normativa de cada universitat, el programa oficial —que és el document amb el qual hem treballat— inclou una bibliografia completa o només una selecció molt reduïda dels principals títols de referència. Tanmateix, un cop d'ull als materials que tenim, ens porta a les observacions següents:

1. Les bibliografies més completes aporten informació sobre: llibres teòrics de LIJ, literatura de tradició oral, història de la LIJ, biblioteques infantils, directoris d'autors i il·lustradors, pàgines web sobre LIJ, centres de documentació i revistes professionals de LIJ.

2. Hi ha alguns títols essencials, gairebé mítics, que es repeteixen molt sovint en els diversos repertoris bibliogràfics.

Generals: *Gramàtica de la fantasia* de Rodari, *Psicoanálisis de los cuentos de hadas* de Bettelheim, *Morfología del cuento* de Propp, *Com explicar contes* de Sara Cone Bryant, *Introducción a la literatura infantil* de López Tames, *La aventura de oir* de Pelegrín, *Como de lee un cuento popular* de Pisanty, *Com una novel·la* de Pennac, *La infancia recuperada* de Savater, *Deixeu-los llegir!* De G. Patte, etc...

De l'àmbit català: *Primeres literatures* de Duran & Ros, *Història de la literatura infantil i juvenil catalana* de Valriu, *La formació del lector literari* i *Introducción a la literatura infantil* de Colomer, *Setzevoltes* de Duran, *El lector model* de G. Lluch, alguns títols sobre teoria de la LIJ de G. Janer Manila,

Reculls de rondalles: *Rondallística* d'Amades

3. Pel que fa a les revistes professionals, sempre es citen *CLIJ* i *Faristol*, tot i que en alguns casos se n'esmenten algunes

més de caràcter essencialment pedagògic (*Infància, Guix,* etc.).

### 4. ALTRES ASSIGNATURES DE LITERATURA INFANTIL I JUVENIL

4.1 *Assignatures obligatòries de literatura infantil i juvenil*
Només a la UIB hem pogut comprovar que la Literatura Infantil és una assignatura obligatòria (de 4'5 cr.) a totes les especialitats de Magisteri, amb un programa molt semblant al de la Literatura Infantil de l'especialitat d'Educació Infantil, però substituint els temes més vinculats a primeres edats (0-6 anys) per altres directament relacionats amb la lectura d'alumnes de Primària (6-12 anys).

4.2 *Assignatures optatives de literatura infantil i juvenil*
Només algunes universitats ofereixen assignatures optatives de Literatura Infantil que no siguin troncals o obligatòries a altres estudis. És el cas —per exemple— de les universitats de València, Tarragona i Barcelona. Generalment van adreçades a estudiants de Filologia o Ciències de l'Educació. En ser assignatures optatives, tenen uns programes més dispersos i difícils de comentar de manera genèrica. Algunes ofereixen una proposta d'aprofundiment i anàlisi textual, i d'altres un plantejament més genèric i panoràmic d'introducció al tema, amb un to més lúdic, divulgatiu i menys acadèmic.

4.3 *Assignatures sobre literatura infantil i juvenil i biblioteques*
A la Facultat de Biblioteconomia i documentació de la UB i a la Facultat de Ciències Humanes, Traducció i Documentació de la Universitat de Vic trobam assignatures sobre la gestió de biblioteques infantils que incloun continguts d'estudi de la LIJ. Tant en un cas com en l'altre, són optatives o de lliure elecció dins la carrera. Revisant el temari, els punts de coincidència amb les assignatures generals de LIJ es poden concretar en tres punts:

1. Temes sobre història de la LIJ general i catalana en particular.

2. Pautes d'anàlisi dels llibres i panorama actual de la producció.

3. Reflexió i pràctica sobre activitats de dinamització de la lectura.

La bibliografia suggerida i les propostes de treball —en relació a aquests temes— són molt semblants a les de les assignatures més generals comentades anteriorment.

Hi ha, evidentment, temes específics sobre organització i gestió de biblioteques (marc jurídic, personal, usuaris, organització de fons documental, etc.) que s'acompanyen d'una bibliografia i d'unes pràctiques directament vinculades al món de les biblioteques.

### 4.4 *Els Cursos de Doctorat i els Postgraus*

Al llarg del curs 2004-05 tenim constància d'un sol Curs de Doctorat sobre LIJ, impartit a la UAB per la Dra. Colomer amb el títol de «Literatura infantil i juvenil i educació literària» i inclòs en el Doctorat de Didàctica de la Llengua i la Literatura. En cursos anteriors se n'han impartit a d'altres universitats —per exemple la UB i la UIB— o bé cursos de literatura comparada o sobre il·lustració que poden tenir —ni que sigui de forma tangencial— alguns continguts de LIJ. Hi ha, a diverses universitats, cursos de doctorat sobre la literatura de tradició oral —per exemple a la UV, la UIB, la UdG—, però, tot i que tenen alguns punt de contacte amb la LIJ, els considerem objecte d'un altre estudi.

El curs de la UAB es centra essencialment en l'anàlisi del text des d'una perspectiva constructivista, amb l'objectiu de veure com la LIJ contribueix de forma decisiva al desenvolupament de la competència del lector.

Per al proper curs hi ha previst l'inici d'un postgrau a la Universitat de València, coordinat per la Dra. G. Lluch, amb un plantejament generalista i panoràmic. Compta amb la participació de nombrosos especialistes vinculats als diversos àmbits de la LIJ: autors, il·lustradors, editors, mestres, narradors, bibliotecaris, etc. Els seus objectius són formar especialistes en aquesta matèria que puguin, des de diversos llocs de treball, impulsar i dinamitzar iniciatives encaminades a la difusió de la LIJ entre la població.


## 5. CONCLUSIONS: OBJECTIUS ASSOLITS I MANCANCES

Un cop descrita la situació actual —de manera no tan aprofundida i detallada com hauríem volgut— arriba l'hora de concretar i sintetitzar les nostres observacions. Les exposarem en una sèrie de punts que mostraran la cara i la creu del tema.

1.

Positiu: La LIJ ha entrat com a assignatura a la Universitat i arriba a un quantitat important d'estudiants.

Negatiu: Però no a tots els que hauria d'arribar. La LIJ hauria de ser assignatura obligatòria per a tots els estudiants de Magisteri del país, no únicament per als que cursen l'especialitat d'Educació Infantil. Encara que la iniciació precoç al món dels llibres és important, precisament, són els mestres de Primària els que més han de treballar per a la potenciació de l'hàbit lector entre els infants, i aquests professionals poden cursar tota la seva carrera sense fer cap assignatura de LIJ. Això passa a totes les universitats menys a la UIB, on l'assignatura és obligatòria a totes les especialitats.

2.

Positiu: Hi ha alguna universitat que ofereix una assignatura de LIJ pensada per a estudiants de Filologia, que seran els professors de llengua i literatura a Secundària.

Negatiu: Però són moltíssimes universitats les que no tenen present aquest tema, amb la qual cosa la difusió de la literatura juvenil a Secundària se'n ressent, així com les estratègies didàctiques del professorat de Secundària per a potenciar l'hàbit lector entre els seus alumnes.

3.

Positiu: Hi ha un gran nombre de Departament universitaris implicats en l'ensenyament de la LIJ, amb la riquesa d'enfocaments que això suposa.

Negatiu: Tanmateix, es constata una excessiva vinculació de la LIJ amb la Didàctica i la Pedagogia. És a dir, la LIJ és vista més com un instrument que no com una expressió artística en ella mateixa. Quan s'insereix en un departament de Filologia sembla que encara avui ocupi un lloc una mica subaltern, al costat de la considerada *literatura de veritat* o *adulta*. Per la mateixa raó, la investigació acadèmica —amb comptades i honroses excepcions— oblida aquesta matèria.

4.

De l'anàlisi d'objectius consideram:

Positiu: La importància que —almenys en teoria— es dóna a les estratègies i als recursos per a la difusió de la lectura entre els infants i a fornir criteris d'anàlisi i selecció de materials.

Negatiu: La poca presència de la didàctica de la narració oral, si es té en compte que es parla de mestres d'Educació Infantil i que explicar contes serà una de les activitats bàsiques per a acostar els infants al món de la LIJ. El mateix es pot dir del tema de la il·lustració, tractat d'esquitllentes, si no directament oblidat. La solució per al tema de la il·lustració potser l'hauríem de buscar en la col·laboració entre professionals, ja que els professors de literatura no acostumen a tenir formació suficient en matèria de comunicació visual.

5.

De l'anàlisi de continguts consideram:

Positiu: L'adequada combinació de teoria i pràctica, tot i els pocs crèdits de la majoria d'assignatures de LIJ. El fet de resseguir tota la riquesa del patrimoni folklòric literari per a infants, la presència de temes que tracten específicament de la poesia i el teatre i la incidència en el paper de les biblioteques com a eines per a formar lectors.

Negatiu: La poca presència de la trajectòria històrica de la LIJ —fonamental per tenir-ne una concepció global— i especialment de la història de la LIJ catalana. Si els nostres estudiant no reben a la Universitat alguna mena de formació sobre la història de la LIJ catalana, difícilment la rebran en altres llocs (els cursets d'actualització professional que puguin fer posteriorment probablement sempre tindran un caràcter més utilitari). Això significa la pràctica desaparició de la memòria històrica de la LIJ catalana, que quedarà circumscrita només a un reduït cercle d'especialistes.

6. Sobre el tema de les lectures i els treballs ens falta informació per poder elaborar alguna conclusió fiable, però volem destacar l'alta presència de les propostes de treball en equip (molt habituals a Magisteri) i esmentar la presència encara tímida de l'ús de les noves tecnologies en la investigació del panorama actual que presenta la LIJ i en la possibilitat d'informació permanent que suposen.

7. De l'anàlisi de les bibliografies ens crida l'atenció la reiterada presència de l'obra de Bettelheim, una obra important però extensa, complexa i molt específica, potser no gaire adequada per a estudiants de primers cursos de Magisteri, i el mateix passa amb la proposta estructuralista de Propp. No ens sorprèn, en canvi, l'omnipresència de la *Gramàtica de la fantasia*, una obra assequible i pràctica que, malgrat fer més de trenta anys que es va publicar —i haver generat una estela considerable d'obres posteriors que s'hi inspiren i la refan de manera més o menys pràctica i encertada— es manté com un referent indiscutible. Alguna cosa semblant passa amb la ja centenària obra titulada *Com explicar contes*, que, tot i estar escrita en un llenguatge avui un punt obsolet, encara resulta instructiva. Sorprèn, també, la presència d'alguns títols que fa dècades que estan exhaurits i que han estat superats llargament per aportacions posteriors, cosa que ens fa pensar en una repetició mecànica i poc revisada d'algunes bibliografies.

La presència de Cursos de Doctorat, Postgraus i Diplomes específics, tot i no ser gaires, palesa la vitalitat d'aquests estudis en el si de les nostres universitats i l'interès que desperten entre els estudiants.

Finalment, i a mode de conclusió, tot parafrasejant Rodari quan reivindicava «Tots els usos de la paraula per a tothom, no pas perquè tots siguin artistes, sinó perquè ningú no sigui esclau», nosaltres demanaríem «Més ensenyament de la LIJ a les Universitats, no pas perquè tots siguin escriptors, sinó perquè tots puguin ser lectors».

# 35. ELS GÈNERES LITERARIS A LA LITERATURA INFANTIL I JUVENIL[194]

La divisió en gèneres és un tema complex. La creació literària es divideix convencionalment en poesia, narrativa i teatre. És obvi que cada un d'aquests gèneres els retrobem en els llibres per a infants i joves, però sovint adopten unes característiques especials.

Els llibres de poesia comprenen un ampli ventall de materials, que podem dividir essencialment en llibres d'autor i reculls de caràcter folklòric. La poesia d'autor se sol presentar en dues formes:

• Obres concebudes ja des del primer moment per a un públic infantil. Quan un autor es planteja l'elaboració d'un llibre de poesia infantil, generalment s'insereix en unes coordenades temàtiques i estilístiques més o menys determinades.

• Antologies sobre un autor determinat: a partir de la revisió de l'obra d'un creador un especialista ha fet una selecció de les peces que es consideren més adients per als joves lectors.

• Antologies temàtiques: a partir d'un tema concret, se seleccionen poemes d'autors diversos que hi facin referència.

194. Article publicat a la revista *Faristol*, 41 (Consell Català del Llibre per a Infants i Joves), Barcelona 2001.

Un altre grup el formarien els llibres de poesia popular tradicional, que poden presentar una gran diversitat: reculls d'endevinalles, cançons de bressol, embarbussaments, cançons de joc, moixaines, etc. O bé tenir un plantejament temàtic que combini els diversos gèneres populars.

El denominador comú de la poesia per a infants, tant la popular com la d'autor, rau en la temàtica —són molt habituals els temes vinculats a la naturalesa; recordem la importància dels bestiaris, i també els de vida quotidiana i els d'absurd— i en l'estil, del qual sol destacar el plaer pel ritme i la rima mols marcats, l'al·literació, l'exageració i el joc amb les paraules i les onomatopeies.

La narrativa d'autor la podem dividir en contes i novel·les, i cada un d'aquests gèneres en subclassificacions derivades de la temàtica: d'aventures, de vida quotidiana, de ciència-ficció, d'humor, etc. El gènere narratiu és el que compta amb un major nombre d'autors i de lectors, que abracen un ampli ventall d'edats, des dels infants de sis o set anys, que ja són capaços de llegir un conte llarg, fins als adolescents que ja s'inicien en la literatura adulta.

D'altra banda, els gèneres narratius de caràcter folklòric s'ofereixen sovint als infants en versions o adaptacions, presentades generalment en forma de recull o de llibre il·lustrat. És per això que un gran nombre de rondalles, llegendes, facècies, passos d'enginy, etc. de totes les cultures són considerats usualment obres de literatura infantil.

El teatre per a infants té també les seves característiques pròpies. Podem distingir entre les obres concebudes inicialment per a infants i les adaptacions que sovint es fan de rondalles o d'altres peces literàries. Tant unes com les altres solen presentar unes característiques estilístiques semblants: trencament de les regles convencionals del teatre d'adults amb recursos presos del teatre experimental i de carrer, que posa l'accent en els aspectes lúdics (cançons, balls, enginy) i sobretot en la participació directa del públic i la substitució total o parcial dels actors per titelles, ombres o altres recursos creatius.

# 36. LA POESIA INFANTIL EN EL SEGLE XXI EN LLENGUA CATALANA[195]

A la societat actual parlar de poesia no és una tasca fàcil. Generalment es considera un gènere minoritari, que només interessa un determinat tipus de lectors molt concrets i que circula per uns cercles de difusió molt específics. I parlar de poesia per a infants i joves és encara més difícil. En el món de la literatura infantil i juvenil, les edicions de poesia ocupen un lloc molt modest, gairebé marginal, al costat de les grans promocions d'obres de narrativa o de l'ampla difusió del còmic i els àlbums il·lustrats. Llegir poesia, escriure poesia, editar poesia, oferir poesia als joves lectors sol ser un acte de voluntat literària, una activitat que fan els adults molt conscients de la importància, de la necessitat i de la vàlua d'aquest gènere en la formació dels joves lectors, tant com a lectors com també com a persones. La poesia és un camí de sensibilització, i per això mateix ens fa créixer en humanitat.

195. Aquest article forma part del llibre de diversos autors *A poesía infantil no século XXI*, Ed. Xerais, Vigo, 2008.

## 1. Un cop d'ull a vista d'ocell

En la literatura catalana la poesia per a infants té una llarga tradició, que s'arrela en el folklore, tal com passa en gairebé totes les literatures. La paraula és un dels primers jocs que posem a l'abast dels més petits, la paraula poètica feta cançó de bressol, cantarella, moixaina o cançó de falda, entrebancallengües o endevinalla, retruc o cançó de triar. En la base de com els adults ens adrecem als infants hi ha un important component poètic, car el llenguatge és usat sovint com a joc de complicitats. L'objecte d'aquest article, però, no serà reflexionar sobre la petita literatura oral, sinó revisar la producció de llibres de poesia per a infants i joves publicada en llengua catalana al llarg dels primers anys del nou mil·lenni. Tanmateix, per fer aquesta revisió no podem partir del zero, del no-res, atès que la producció actual és fruit d'una trajectòria literària no extensa, però sí sòlida i de qualitat. Els inicis de la literatura infantil i juvenil catalana moderna cal anar-los a buscar en el moviment literari, social i estètic anomenat Noucentisme (1911-1936), un moviment que cronològicament succeeix el Modernisme (1890-1910) i que teòricament s'hi enfronta, almenys en els aspectes estilístics més evidents. El Modernisme, per la seva banda, va ser el moviment que se superposà a l'anomenada Renaixença (1830-1890), entesa com un període de recobrament de la cultura i la llengua catalanes, després de tres segle de feble activitat literària. Una de les tasques que va iniciar la Renaixenca a la segona meitat del s. XIX va ser la recopilació de la literatura oral —balades, rondalles, llegendes— per tal de conservar-les i salvar-les de la desaparició i l'oblit que les amenaçava amb els canvis socials i econòmics que es produïen. Aviat, alguns d'aquests reculls de fonts orals es transformaren en llibres i alguns d'aquests llibres foren editats per posar-los a mans dels joves lectors, com el petit volum titulat *Lo llibre de la infantesa*, que recull essencialment rondalles i que fou publicat el 1866 pel doctor en dret Terenci Thos i Codina. Serà, però a l'època noucentista que es desvetllarà el que ara anomenem literatura infantil i juvenil i quan autors de tant de prestigi com Josep Carner, Carles Riba o Marià Manent escriuran i traduiran obres per als joves lectors. No serà, però, la poesia el gènere més conreat, encara que s'editaran reculls de base folklòrica i antologies, obres especialment pensades per a la seva difusió en àmbits escolars i per a la memorització. Potser l'autor més destacable que escriu poesia per a infants a la primera meitat del s. XX, dins unes coordenades estètiques modernistes, és Apel·les Mestres, conegut essencialment com a autor teatral. Després vingué la desfeta de la Guerra Civil i la dictadura, i la literatura catalana emmudí.

El 1966, Josep Carner —poeta excels exiliat aleshores a Bèlgica— publicà *Museu zoològic*, un llibre de poemes que entronca amb la tradició medieval dels bestiaris, ple de la sensibilitat i la ironia que caracteritzen l'autor. Potser podem considerar aquesta obra una fita de reinici, una invitació a reprendre la creació i la publicació en aquest àmbit. La represa és lenta, però poc a poc —a més de les antologies i les traduccions de diversos poemes anglesos a cura de Marià Manent— es van incorporant alguns nous autors: Miquel Desclot, Maria Beneyto, Joana Raspall, etc. I el desert es comença a poblar d'arbres. L'última dècada del segle XX la podem considerar com la d'expansió del gènere. Com assenyala Margarida Prats:

> En efecte, al llarg d'aquests deu anys augmenta de manera espectacular la publicació de llibres de poesia per a infants, tant de poemaris d'autor —se n'estampen vint-i-set—, com d'antologies —se'n publiquen una vintena— més de la meitat de les quals són antologies d'autor. Continuen les traduccions amb obres de Gianni Rodari i Roald Dahl» (Prats, 2008)

En aquesta dècada es publiquen diverses obres que avui considerem referents, per la seva qualitat o singularitat, o per la talla literària dels seus autors. És el cas de *Bon profit!* del conegut poeta Miquel Martí Pol, el *Bestiolari de la Clara* de Miquel Desclot —una obra fresca, innovadora i ben treballada—, l'*Alfabestiari* de Francesc Pérez i Carles Pérez, que presenta un original treball de grafisme, o els *Poemes de les quatre estacions* de Maria Beneyto, que s'adrecen a infants molts petit i per tant tenen una dificultat afegida, que és la de la simplicitat sense minva de qualitat.

Encetem, doncs, el s. xxi amb una certa embranzida, amb una producció en auge, encara que no tenim dades de com és la recepció d'aquests materials entre els lectors. Des del punt de vista editorial podem inferir que, tot i no ser un gran negoci, l'edició de poesia per a infants tampoc no genera pèrdues i per tant es pot assumir. Si no fos així, probablement no trobaríem aquesta mitja dotzena llarga d'empreses editorials que en vuit anys —el període que abraça aquesta anàlisi— han publicat uns quaranta llibres de poesia per a infants i joves. En el panorama editorial cal destacar, sense cap mena de dubte, la tasca que desenvolupa l'Abadia de Montserrat, atès que pràcticament el 50% dels títols publicats en català corresponen al seu segell, especialment a la col·lecció «Els Flautats». Aquesta editorial —que és la més antiga d'Europa, amb una història que es remunta als cinc segles de vida— té des de fa prop de quaranta anys producció en català per a joves lectors, tant en el camp de la narrativa, com de la poesia o el còmic. És en aquest marc que durant anys publicà la col·lecció «El tinter dels clàssics» en la qual aparegueren moltes antologies de poesia per a infants compilades a partir de l'obra dels grans clàssics catalans: Ausiàs March, Anselm Turmeda, Costa i Llobera, Joan Alcover, M. Antònia Salvà, etc. Actualment, l'Abadia de Montserrat publica molts de poemaris de dues autores catalanes força prolífiques en aquest gènere: Joana Raspall i Lola Casas.

També és remarcable en el camp de la publicació de poesia la tasca d'una altra editorial catalana ben consolidada —La Galera— i de dues valencianes, Bromera i Tàndem. Pràcticament aquestes quatre empreses són les que editen l'altre 50% de producció. Dissortadament, al llarg de l'última dècada, de les petites editorials de les Illes Balears no ha sortit cap llibre de poesia per a infants.

Tots els llibres publicats s'acompanyen d'il·lustracions, en general d'una qualitat notable, que complementen el text i l'alleugereixen. Moltes vegades les edicions de poesia d'autor són senzilles, austeres, però en alguna ocasió —especialment les de Tàndem— gaudeixen de colors i presentacions més innovadores i atrevides, jocs de pàgines retallades de forma especial, etc. En canvi, quan les editorials publiquen traduccions o poesia d'origen folklòric —reculls d'endevinalles, de cançons infantils, etc.— trobem edicions de major format, amb més colors, millor enquadernació, etc. També va en aquesta línia de qualitat d'edició l'extensa antologia titulada *Poesies amb suc* (La Galera, 2007), editada a cura de Miquel Desclot i que recull més de tres-cents poemes d'autors de tot el món. Probablement perquè els editors consideren aquestes obres una aposta més segura i de menys risc comercial.

Si ens atenem al lloc d'edició i al lloc d'origen dels autors, sembla que ens trobem amb dues línies o escoles: la catalana i la valenciana. A Barcelona, l'Abadia de Montserrat i La Galera publiquen majoritàriament antologies temàtiques i autors catalans contemporanis: Miquel Desclot, Joana Raspall, Lola Casas, Maria Josep Orobitg, etc. Al País Valencià, Tàndem i Bromera editen autors valencians: Carles Cano, Llorenç Giménez, Empar de Lanuza, Marc Granell, etc. i algunes traduccions d'autors estrangers. A les Balears, dels autors de literatura infantil, cap no es dedica —ni tan sols esporàdicament— a la poesia per a infants, tret d'alguna auca o alguna cançó d'encàrrec. En llegir les obres, però, aquesta diferencia s'esborra i no hi ha una línia valenciana i una catalana de fer poesia, tret de la personalitat literària de cada autor i de particularitats dialectals puntuals. Les diferències i les analogies textuals s'estableixen més per les característiques de la franja d'edat potencial a la qual els escriptors —almenys hipotèticament— es dirigeixen que no pel seu origen geogràfic.


## 2. DE CONTINGUTS I CONTINENTS

Esbossada la panoràmica inicial que ens ha ajudat a situar-nos una mica en el tema que volem aprofundir, vegem com és aquesta producció des del punt de vista del contingut: a qui s'adreça, quins temes tracta, amb quines formes expressives treballa, etc.


3. PER A LECTORS PETITS, I MÉS PETITS

En revisar la producció d'autor d'aquesta quasi dècada des del punt de vista del lector al qual es dirigeix, ja a primer cop d'ull ens adonem que hi ha llibres per a primers lectors i altres per a una franja d'edat mitjana, que podríem situar entre els 7 i els 11 anys. En canvi, per a joves lectors més grans el panorama és gairebé buit.

Per als més petits trobem propostes diverses: els llibres d'endevinalles de nova creació més o menys inspirades en les populars, que s'agrupen per temàtica i que es presenten en format joc és la idea que sustenta la col·lecció «Endevinalles» de La Galera, que s'indica a partir de 5 anys i que apareix sempre amb textos de Xavier Blanch. A partir d'una endevinalla de quatre versos, una fotografia de detall molt i molt ampliada i unes pistes, el lector ha de deduir la resposta a l'enigma plantejat, la solució —amb fotografia de gran format i text— la trobarà a la pàgina següent. Així, hi ha volums amb endevinalles sobre flors, instruments musicals, animals, etc. La proposta és original i molt ben presentada i pot resultar engrescadora tant per la lectura individual com per ser compartida a casa o a l'escola, però el plantejament és més lúdic (resoldre l'enigma plantejat) que no literari (l'atenció al valor poètic de l'endevinalla).

Una altra iniciativa per a primers lectors la presenta Cruïlla amb la seva col·lecció «Vull llegir poesia!», iniciada el 2003 amb un poema de Josep Carner titulat *El caragol*. Es tracta de llibres de format quadrat, il·lustrats a tot color per professionals de prestigi —Joma, Arnal Ballester, Lluís Farré...— i que presenten un únic poema. A la pàgina de l'esquerra hi ha a dalt el vers escrit en lletra de pal, a baix el mateix en lletra manuscrita; la pàgina següent és tota ocupada per la il·lustració. Al final del llibre, trobem el poema complet escrit en ambdós tipus de lletra i una mínima notícia biogràfica de l'autor. Així, són llibres d'unes setze pàgines que contenen un sol poema, però amplament il·lustrat. No cal dir que aquest sistema afavoreix nombroses aplicacions didàctiques i posa en valor la composició seleccionada. Pel que fa als autors, hi trobem clàssics moderns i autors actuals: Joan Maragall, Josep Carner, Joan Salvat-Papasseit, Salvador Espriu, Josep M. de Sagarra, Miquel Desclot, etc.

També són propostes per als més petits el llibre d'Empar de Lanuza (*Versos al Sol*, 2000) i el de Montse Torrents (*Per què els gats miren la lluna*, 2005) publicats per Tàndem a la col·lecció el Tricicle, que combina volums de contes i altres de textos poètics. Un petit format quadrat i unes il·lustracions a tot color de Matilde Portalés acompanyen uns poemes senzills —generalment d'entre quatre i sis versos cada un— sobre temes quotidians, bons de memoritzar per als infants i plens de rimes divertides, ritmes ben marcats i imatges sorprenents i acolorides, com aquest que transcrivim:

> *A la Ventafocs*
> De cendres portes la falda
> de fum és el teu anell
> i les sabatetes, totes,
> d'espurnes i cascavells.

En una línia semblant, i a la mateixa col·lecció trobem *Els embarbussament de Llorenç* (2001) i *Les cançons de Llorenç* (2003),[196] que presenten poemes sota l'estructura d'endevinalla i de cançó respectivament, festives i divertides, acompanyades d'unes innovadores il·lustracions plenes de gosadia de

---

196. Aquests dos llibres formen una mena de trilogia amb *Les endevinalles de Llorenc* (1998). El 2008, per celebrar els deu anys de la publicació del llibre esmentat —que obtingué cinc premis i assolí un gran èxit—, Tàndem Edicions convocà un concurs d'endevinalles entre els escolars valencians. El resultat ha estat la publicació del llibre *10 endevinalles a partir de les Endevinalles de Llorenç*, molt ben editat i magníficament il·lustrat per Montse Gisbert.

Carmela Mayor i d'un joc de solapes que s'aixequen per a trobar-hi a sota la resposta i que fan de la lectura un repte i una descoberta. La incidència d'aquests llibres almenys a les escoles valencianes ens consta que ha estat important.

El gruix de la producció original d'autor, però, s'adreça a lectors entre set i onze anys. Ben bé un 80% de la producció es podria encabir en aquesta franja. La tipologia dels llibres, com ja hem comentat, és molt semblant: presentació modesta, il·lustrats en blanc i negre, format butxaca, preu molt assequible i inserits dins col·leccions dedicades sobretot a la narrativa. A vegades la producció d'un autor s'agrupa per sèries temàtiques, llibres que giren al voltant d'un tema central que actua com a eix vertebrador. Aquest és el cas de la col·lecció «Poesia de colors», que actualment compta amb quatre títols —*Negre* , *Blanc, Blau, Verd*—, tots ells publicats el 2008 i escrits per Lola Casas, i altres de la col·lecció «Lluerna», també de la mateixa autora i editorial.[197] En ocasions, els llibres s'acompanyen d'un CD amb els poemes enregistrats en forma de cançó .

Per a lectors de més d'onze anys trobem molt poca producció pròpia. Potser podríem esmentar un llibre que ens ha sorprès gratament per la seva qualitat literària i per la coherència i cohesió de la seva estructura; és el titulat *Els ulls al cel i l'ànima a la mar* (2003), amb poemes de Josep Ballester i dibuixos —excel·lents— d'Enric Solbes. Tant per la textura dels poemes com pels referents pot ser atractiu per a lectors més grans, però també compta amb poemes senzills que presenten imatges potents i que poden ser gaudits pels més petits. Amb un enfocament més escolar i pensades per als últims cursos d'ESO i el Batxillerat, Tàndem Edicions publica algunes antologies de poesia catalana o traduccions a la seva col·lecció «Joies de paper», com és ara la titulada *66 poemes imprescindibles. Poesia per a joves*, que recull textos d'autors

---

197. Vegeu: *Cançons per a un bon Nadal* , *Poemes i cançons de les quatre estacions, Poemes i cançons. Bestiari, Música i poemes per a petits monstres*, tots de Lola Casas publicats per l'Abadia de Montserrat.

catalans de tots els temps i que s'adreça a lectors majors de catorze anys.

## 2.2. La temàtica: de la natura a la condició humana

De què parlen els poemes que es publiquen per a infants? De què parlen els nostres poetes? En principi, els estudiosos estan d'acord que la literatura per a infants pot parlar de tots els temes, mentre la manera de tractar-los sigui adient al públic al qual s'adreça. A partir d'aquest principi, la poesia per a infants hauria de parlar del mateix que parla la poesia per a adults, és a dir, de tot. De sentiments, d'emocions, de neguits, d'anhels, de pors, de ràbies, de llums i d'ombres. És ben bé així? Una llegida —i una rellegida— als poemaris que analitzem posen de manifest que —encara que una lectura aprofundida pot revelar la presència d'alguns d'aquests temes— una lectura més superficial ens remet a tòpics temàtics reiterats un cop i un altre. Això sí, exposats amb humor, bon ritme, a vegades amb tendresa i —sortosament— gens de carrincloneria. Tampoc hem de perdre de vista que la lectura poètica és més suggeridora que literal, i que cada lector, d'un mateix poema, en pot fer lectures molts diferents; algú es quedarà en la superfície del poema i un altre en traurà una lliçó o una emoció. Precisament, en el fet de poder arribar a fer aquesta segona lectura estaria l'objectiu dels mestres i professors que volen acostar la lectura poètica als seus alumnes. Això ens portaria a un altre debat: la «poesia» s'aprèn? Però aquest no és el nostre tema. Tornem, doncs, a revisar la temàtica dels nostres autors, valgui la redundància. La veritat és que hi ha un tema omnipresent: la natura en totes les seves vessants. En primer lloc, els poemes sobre animals —es veu que donen molt de si, els animalets. N'hi ha sobre animals domèstics i sobre animals salvatges, amb animals personificats i sense personificar. De totes mides, racés i maneres. En forma d'endevinalla, d'embarbussament o de cançó. En segon lloc trobem els poemes sobre la roda de l'any, el pas de les estacions i els fenòmens meteorològics: la pluja, la neu, el sol, la lluna, la primavera, la tardor, els planetes, l'arc de sant Martí, les ones, el cicle del dia i la nit i un llarg etcètera. Seguidament, els reculls sobre un sol tema: els colors, els instruments musicals, els estris domèstics, els mitjans de transport, etc. També hi ha temes més diguem-ne socials, com ara l'escola o l'ecologia. Alguns autors inclouen temes metaliteraris, que trobem en poemes que parlen d'éssers de l'imaginari col·lectiu, com les fades, les bruixes, els follets —en ocasions portaveus de les necessitat d'un major respecte cap a la natura—, o de personatges esdevinguts clàssics de la literatura infantil i juvenil. En aquest últim cas, endevinem la línia iniciada per l'escriptor italià Gianni Rodari a la dècada del anys setanta del s. xx, quan convidava a jugar amb els referents de les rondalles populars, tot capgirant-los o descontextualitzant-los o fent combinacions noves i sorprenents. Vegeu aquest fragment d'un poema de Lola Casas a *Retalls poètics*:

> I tu, *Caputxeta*? [on vas?]
> a curar el llop,
> que, pobre animal,
> per culpa de bufar
> s'ha fe gran mal,
> en caure-li al cap,
> amb mala jeia,
> de la casa d'un porquet
> el cim de la xemeneia! (p. 44)

És veritat que a través de tots aquests referents el poeta pot parlar de temes més abstractes, com és ara la solidaritat, l'amistat, la tristesa, les relacions pares-fills, l'aprenentatge, etc. Però potser seria hora d'ampliar una mica el ventall de referents directes i fer una poesia que entronqui una mica més amb la vida quotidiana i els problemes o neguits dels nostres infants. En aquesta línia, l'autora més innovadora al nostre parer és Lola Casas, persona molt vinculada professionalment a l'escola i per tant al món dels infants.

## 2.3. *De l'onomatopeia a l'al·legoria*

L'onomatopeia seria el recurs estilístic més simple i l'al·legoria el més complex. Entre un i l'altre hi ha tota una gamma de recursos i possibilitats expressives que els poetes posen en joc, a vegades amb mestratge i encert i altres de forma més discreta. L'ús dels recursos literaris en poesia infantil ha de ser acurat, oferir un bon nivell de qualitat que faci possible la iniciació al gènere amb totes les garanties, sense acostumar els infants a allò fàcil, reiteratiu i carrincló. D'una banda, hi ha la creació del ritme intern del poema amb l'elecció d'unes determinades paraules i no unes altres, com en aquests versos de Montse Torrents (2005), en els quals l'autora juga amb l'homofonia de «vola» i «bola»:

> Vola bola
> voladora,
>
> Ben amunt
> cada matí.
>
> Vola bola
> voladora,
>
> Puja al cel
> I torna amb mi!

De l'altra, la freqüència d'ús d'estructures reiteratives en la construcció dels versos, de les estrofes i dels poemes sencers, probablement com una herència de la poesia oral. Els exemples són innumerables, però a tall de mostra transcrivim un fragment del poema «Hora de dinar» de Lola Casas:

> La veïna
> té un gat negre.
> Jo,
> un de blanc.
> La veïna
> és morena

amb cabells rinxolats.
Jo,
rosseta
amb els ulls clars.
La veïna
menja cuscús.
Jo,
arròs a la cassola.

Sovint aquesta reiteració es fa mitjançant l'enumeració d'elements (*Ets bruta,/ molt ruca,/ babau/ amb cara de gripau...*),[198] l'encadenament o les estructures binàries, especialment els diàlegs. Hi sovintegen les tornades, les anàfores i els paral·lelismes.

En l'apartat de recursos estilístics, sens dubte el més usat per tots els autors és la personificació. Vegeu aquesta estrofa de Miquel Desclot en un poema titulat «Arpa»: «*Jo sóc una princesa/ de cabellera d'or/ que espera l'escomesa/ d'un mal drac sense cor.*»[199] La personificació permet al poeta donar la paraula a animals o objectes inanimats i assolir així diversos punts de vista sobre les coses, i alhora aconseguir una proximitat i sovint un efecte còmic molt atractiu per als lectors.

També la metàfora té el seu lloc en la poesia per a infants. Alguns bells exemples extrets dels poemes de Josep Ballester serien: «*El roig del vent/ La sang del sol/ El groc del fred/ El llamp del foc.../... El bes del temps / El blau del vers*».[200] Generalment la poesia que s'adreça als infants tendeix a la síntesi —com en aquest poema-endevinalla de Miquel Desclot: «*Tres cares tinc / per fer dring-dring.*»,[201] prefereix els versos anisosil·làbics i les rimes regulades i usa sovint els jocs de paraules, tot defugint els circumloquis.

Hauríem de parlar també d'una altra tipologia de recursos poètics: els presos directament del folklore —el quals recreen elements propis dels gèneres orals— i els derivats de les propos-

198. De *Disfresses* de J. M. Sala-Valldaura.
199. Del poemari *Més música, mestre!*
200. Del llibre *Els ulls al cel i l'ànima a la mar.*
201. Ídem.

tes poètiques avantguardistes. Entre els primers, destaca especialment el manlleu de les estructures, però també del vocabulari, la sintaxi, el joc amb l'absurd, les paraules inventades, etc. tan propis de les endevinalles, les cançons de joc, els embarbussaments, les fórmules d'inici i final de les rondalles, etc. En aquest camp els exemples són nombrosíssims en tots els autors estudiats: Carles Cano, Lola Casas, Miquel Desclot, Empar de Lanuza i molts d'altres beuen sovint de fonts populars. Vegeu aquesta estrofa, inspirada en els embarbussaments:

**Grrrrrr**
Un gat gros, gran, gras, es grata
la gropa amb la grapa
gimpant a un graó de gres gris. (p. 15)[202]

Alguns autors incorporen estructures o pràctiques textuals que deriven directament de formes poètiques innovadores i experimentals de la poesia adreçada als adults, moltes d'elles introduïdes o desenvolupades pels moviment avantguardistes europeus. Pel que fa a aquestes formes de creació poètica en la literatura catalana, cal destacar el mestratge indiscutible del poeta Joan Brossa, reconegut per Lola Casas en el poema següent:

**Futur**
**(homenatge a Brossa)**
ABCDari
ABCDara
ABCDemà
ABCDahir
Has vist, mare,
ara ja sé llegir! (p. 50)[203]

En aquesta línia cal esmentar alguns acròstics de Cales Cano, poesies-joc de Lola Casas o fins i tot plantejaments globals

202. Del llibre *Disbagats* de M. J. Orobitg.
203. A *Retalls poètics* de Lola Casas

481

de llibre com el de *Disbagats* de M. José Orobitg, on textos i il·lustracions es combinen formant una obra expressiva conjunta, amb cal·ligrames o jocs gràfics singulars i divertits.

### 3. Conclusions

La poesia en català per a infants i joves en els primers anys del s. XXI es presenta com a hereva d'una tradició literària de qualitat. Respecte a dècades anteriors, la producció manté un ritme ascendent de publicació que ens fa ser optimistes quant al seu futur i a la seva presència en el panorama literari general. A poc a poc s'amplia la nòmina d'autors i el nombre de títols editats, encara que les edicions en general són senzilles quant a la seva presentació. Els nivells de qualitat dels poemes i de les il·lustracions que els acompanyen, en general, són remarcables i algunes obres destaquen per la seva coherència, la seva solidesa i el seu atractiu literari. Les formes poètiques s'insereixen en la tradició estilística del gènere —especial atenció al ritme intern i a la rima, composicions breus, reiteracions i paral·lelismes, jocs de sons i paraules—, molt vinculades a l'herència de la poesia oral, sense que això vulgui dir que siguin obsoletes. En algunes ocasions, els autors exploren noves vies expressives de caràcter experimental en la línia de la poesia visual, els jocs de grafismes..., i adesiara aquestes noves propostes també són presents en la il·lustració i el format de l'edició. Alguns autors consoliden la seva veu com a poetes especialment dedicats als infants pel nombre de llibres publicats, l'univers personal que basteixen i l'estil personal que caracteritza les seves composicions. En aquest sentit, destacaríem especialment tres noms: Miquel Desclot, Joana Raspall i Lola Casas, sense oblidar altres aportacions també estimables, però amb un nombre menor de publicacions, entre les quals cal esmentar Josep Ballester, Empar de Lanuza, Carles Cano i M. Josep Orobitg.

L'assignatura pendent en aquest àmbit és la difusió entre els lectors —cal llegir-la, proposar-la, oferir-la, comentar-la, fer-la viva— i la formació dels que han d'actuar de pont entre els llibres de poesia i els possibles lectors, especialment dels docents, que necessiten eines per a treballar-la amb riquesa i eficàcia. Tant en un aspecte com en l'altre, els recursos que forneixen les tecnologies de la informació s'han de tenir molt en compte: pàgines web i altres elements comunicatius de la xarxa són avui imprescindibles en la difusió de la poesia.

Finalment, podem concloure que la poesia catalana per a infants enceta el nou mil·lenni amb empenta, varietat i qualitat. Necessita, però, una major implicació dels mediadors —la família, l'escola, el món de la cultura en general— per sortir del petit espai en la qual es troba i desplegar tota la riquesa de sensibilitat i d'emoció que és capaç de transmetre als joves lectors d'avui, la llavor dels lectors de demà.

REFERÈNCIES BIBLIOGRÀFIQUES CITADES

BALLESTER, Josep (2003), *Els ulls al cel i l'ànima a la mar,* Ilustrador Enric Solbes, Alzira: Edicions Bromera, col. El Micalet Galàctic 96

BENEYTO, Maria (1996): *Poemes de les Quatre estacions*. València: Tàndem

CANO, Carles (2007), *Poemes sense diminutius*, Il·lustrador Paco Giménez, Alzira: Edicions Bromera, col. El Micalet Galàctic 126, 104 pp.

CARNER, Josep (1966): *Museu Zoològic*

CASAS, Lola (2006), *Poemes petits*, ilust. Gustavo Roldán, Barcelona: Publicacions de l'Abadia de Montserrat, col. Els Flautats, sèrie groga.

CASAS, Lola (2001), *Retalls poètics*, ilust. Gustavo Roldán, Barcelona: Publicacions de l'Abadia de Montserrat, col. Els Flautats.

CASAS, Lola (200?), *Cançons per a un bon Nadal*, Barcelona: Publicacions de l'Abadia de Montserrat, col. Lluerna.

CASAS, Lola (200?), *Poemes i cançons de les quatre estacions*, ilust. Linhart i CD d'Àngel Valverde, Barcelona: Publicacions de l'Abadia de Montserrat, col. Lluerna, 28 pp.

CASAS, Lola (2001), *Poemes i Cançons. Bestiari*, Barcelona: Publicacions de l'Abadia de Montserrat, col. Lluerna.

CASAS, Lola (2007), *Música i poemes per a petits monstres*, ilust. Mercè Canals i CD de Pere Borrell, Barcelona: Publicacions de l'Abadia de Montserrat, col. Lluerna.

CASAS, Lola (2007), *Nit*, Barcelona: Publicacions de l'Abadia de Montserrat, col. Els Flautats.

CASAS, Lola (2008), *Negre*, Barcelona: Publicacions de l'Abadia de Montserrat, col. Poesia de Colors.

CASAS, Lola (2008), *Blanc*, Barcelona: Publicacions de l'Abadia de Montserrat, col. Poesia de Colors.

CASAS, Lola (2008), *Blau*, Barcelona: Publicacions de l'Abadia de Montserrat, col. Poesia de Colors.

CASAS, Lola (2008), *Verd*, Barcelona: Publicacions de l'Abadia de Montserrat, col. Poesia de Colors.

DESCLOT, Miquel (1992), *Bestiolari de la Clara!*, Ed. Luís Vives

DESCLOT, Miquel (2001), *Més música, mestre!*, ilust. Fina Rifà, Barcelona: La Galera, col. Grumets, sèrie vermella, n° 124.

DESCLOT, Miquel (ed.) (2007), *Poesies amb suc*, ilust. Mercè Galí, Barcelona: La Galera.

GIMÉNEZ, Llorenç (2001), *Els embarbussaments de Llorenç*, ilust. Carmela Mayor, València: Tàndem edicions.

GIMÉNEZ, Llorens (2003): *Les cançons de Llorens*, Ilustradora Carmela Mayor, València, Tàndem Edicions, col.

LANUZA, Empar de (2000), *Versos al sol*, ilust. Matilde Portalés, València: Tàndem edicions, col. El Tricicle.

OROBITG I DELLA, M. Josep (2008), *Disbagats*, Barcelona: Publicacions de l'Abadia de Montserrat, col. Els Flautats.

RASPALL, Joana (2002), *Escaleta al vent*, ilust. Picanyol, Barcelona: La Galera, col. Grumets, sèrie vermella, n°134.

SALA-VALLDAURA, Josep M. (2002), *Disfresses*, ilust. Carme Julià, Barcelona: La Galera, col. Grumets, sèrie verda, n°114.

TORRENTS, Montserrat (2005 ), *Per què els gats miren la lluna?*, ilust. Matilde Portalés, València: Tandem, col. El Tricicle, 34.

# 37. LES BIBLIOTEQUES DE LA MEVA INFANTESA[204]

Com ja haureu endevinat hores d'ara, i com ja sabeu els que em coneixeu de fa estona, la literatura forma part de la meva vida i és sovint a través de la literatura que trobo les claus per interpretar la realitat que m'envolta. *La minyonia d'un infant orat* de Llorenç Riber va ser un dels llibres que —en anys d'adolescència— em seduí i em refermà en el convenciment que volia habitar per sempre en el país dels llibres, sense renunciar —és clar— a viure en el país dels homes. Encara que llegir sigui una activitat eminentment solitària, entenc la literatura com una força que ens humanitza, no com una torre d'ivori que ens aïlla dels altres.

En parlar amb els meus alumnes sobre la formació de l'hàbit lector sovint em demano com vaig esdevenir lectora. Vaig néixer a Inca el 1960, en una família humil. Mon pare sabia llegir els senyals de la lluna i els estels, el traç del niguls al cel i les línies dels sembrats al camp; ma mare és encara avui una sàvia guardiana del patrimoni oral. Cançons i rondalles po-

---

204. Aquest text forma part del pregó del Dijous Bo de l'any 2004. La versió completa ha estat publicada a *20 anys de pregons Dijous Bo (1986-2007)*, Ajuntament d'Inca, 2007.

blaren la meva infantesa i, des de ben petita, vaig saber veure —amb els ulls de la imaginació— l'alt rei En Jaume quan —amb el seu cavall— marcava la petja inesborrable a la roca del Serral dels Molins, a Inca. Em considero hereva, per tant, d'un ric patrimoni de literatura oral. Però, quan jo era petita, pocs llibres habitaven casa nostra. Tanmateix, prest els vaig descobrir i em vaig atrevir a viure noves vides viatjant a través de les seves pàgines. I la meva descoberta es produí a les dues biblioteques que aleshores existien al meu poble: la municipal i la d'una coneguda entitat d'estalvis.

La municipal era a un lateral de la Quartera, on avui s'hi fan classes de música. La bibliotecària, la senyoreta Gomila, tenia taula i cadira damunt un petit cadafal de fusta. Els prestatges eren amples i severs, les cadires «dels grans» grosses i feixugues, la il·luminació no gaire bona i la calefacció inexistent. Hi havia, però, un racó prou espaiós per als infants. Amb unes senzilles tauletes de colors i cadiretes petites, i prestatges baixets plens d'aquelles publicacions barates i reiteratives que anomenàvem *tebeos*. Hi eren gairebé tots: el *Tio Vivo* i el *Pulgarcito*, el *DDT* i el *TBO*, el *Capitán Trueno* i la *Lilí*. I cada setmana n'arribaven de nous. Aquell era el meu paradís en llargs horabaixes d'hivern, mentre esperava que els meus pares tanquessin el petit negoci que teníem molt a prop de la biblioteca. Aquell era un altre món, habitat per personatges insòlits que en paraules de paper m'obrien altres horitzons. Després dels *tebeos* vaig descobrir el relats d'aventures; més endavant les novel·les, la poesia... Passaren els anys i vaig passar a ocupar les cadires «dels grans», a fer consultes per als treballs de l'institut, fins i tot a ajudar la bibliotecària a l'hora d'endreçar els llibres als prestatges o de classificar les revistes; m'hi sentia com a casa.

Però hi havia una altra biblioteca que m'agradava igualment freqüentar. No gaire lluny de la casa on vaig néixer —a la Plaça del Blanquer, on vaig jugar tota la meva infantesa—, just al costat de l'església de Sant Domingo on vaig combregar per primera vegada, hi havia la biblioteca de La Caixa. Durant molts d'anys en va ser bibliotecària la senyora Maria Penyafort, que ens acollia sempre amb un somriure maternal i —si feia falta— ens feia callar sense perdre la calma. La sala era ampla i lluminosa, neta i polida, amb el trespol encerat i lluent. No hi havia racó infantil ni tants de *tebeos* com a la municipal. Les taules eren grossíssimes i les cadires cordades pesaven molt més que nosaltres. Record que, —quan feia una estona que hi seies—, l'encordat es clavava a les cuixes i hi deixava les marques. Allà hi vaig descobrir —entre moltes altres lectures— el *Cavall Fort*, la revista catalana per a infants que encara avui és un exemple de qualitat. I potser va ser allà que em vaig adonar que la meva llengua —la de casa i la del carrer, que no era la mateixa que la dels llibres de l'escola, ni la de la televisió, ni la de la missa— també s'escrivia, i que era possible llegir «blau» en lloc d'*azul* i «puput» per comptes d'*abubilla*. Aquest varen ser el meus petits temples d'iniciació a la cultura, i les bibliotecàries les sacerdotesses que els vetllaven.

I ara vos demanareu per què vos he contat aquests records i què té a veure això amb el tema que ens ocupa avui. Bé, avui volem parlar d'Inca i dels inquers, i del Dijous Bo com una mà estesa que convida a tot Mallorca. El Dijous Bo, bé ho sabeu, és una fira on s'entremescla la modernitat i la tradició, la pagesia i l'artesania, la indústria innovadora i el comerç més àgil. La nostra ciutat s'enorgulleix de ser industrial i comercial, encara que sovint oblida les seves arrels pageses. Inca s'enorgulleix de ser pròspera i activa. El Dijous Bo és el mostrador d'aquesta activitat bulliciosa. Aquest dijous de mitjan novembre actua des de fa molt de temps com un eix aglutinador i generador d'activitat comercial. Record que, quan era petita —en aquell temps en què només existia *Televisión Española* i el segon canal, aquell que en dèiem *UHF*—, no podia entendre com el Dijous Bo no sortia al *telediario*, com podia ser que no fos un dia festiu arreu del país i que els carrers d'Inca —plens a vessar de gent— no sortissin per aquella pantalleta en blanc i negre on sortien les coses «importants». Sempre ho vaig trobar un oblit imperdonable. Potser va ser així que, sense saber-ho, em vaig començar a revoltar contra els centralismes.

En mirar el meu poble des de la talaia dels quaranta anys i des de la perspectiva que em dóna el fet de viure des de fa gairebé vint anys a Campanet, penso que sovint a Inca els arbres no ens han deixat veure el bosc. Enlluernats pel desenvolupament i pel guany, massa vegades hem oblidat que un arbre per fruitar en plenitud necessita unes arrels vigoroses, i que les arrels dels homes i les dones no són altra cosa que la cultura que ens humanitza. De poc ens servirà tenir les butxaques plenes si tenim el cap buit i el cor marcit. Inca sovint s'ha identificat només amb una fàbrica o una botiga. Els inquers hem vist en el nostre poble un lloc de feina o un espai per comprar i vendre, bo de dilluns a divendres per al treball. Però una ciutat ha de ser molt més per als seus habitants, ha de ser un espai de convivència i d'aprenentatge. És per això que els equipaments culturals són imprescindibles i la conservació del patrimoni natural i cultural també. Som optimista, però veig que encara hi ha molt de camí, i que ens caldrà imaginació i voluntat per a recorre'l.

Quan he fet memòria de com em vaig afeccionar a la lectura, més enllà de l'evocació emocionada d'uns llocs ja desapareguts, volia explicitar que les infraestructures culturals que proporcionem als nostres infants i joves seran decisives en la seva vida futura. En el meu cas, sens dubte, ho han estat. Les biblioteques no faran que tots siguem escriptors, ni les escoles de música transformaran cada un dels seus alumnes en concertistes, ni les aules de teatre formaran actors professionals. Però qui de petit troba les eines que l'ajudaran a aprendre a estimar la música, la literatura, el teatre, a valorar la convivència, la solidaritat i la reflexió personal, qui de petit veu el seu entorn conservat i respectat, qui de petit pot copsar el valor de les seves tradicions, la riquesa de la seva llengua, la saviesa dels seus avantpassats... serà un adult conscient del valor de la cultura i del patrimoni que entre tots construïm i deixem en herència als nostres fills.

## 38. ELS CONTES IL·LUSTRATS TAMBÉ PODEN SER PER A ADULTS[205]

Tradicionalment, els llibres d'imaginació amb grans il·lustracions de colors es reservaven per a les primeres edats lectores. Progressivament, el format dels llibres s'empetitia, augmentava el nombre de pàgines, les il·lustracions perdien importància, passaven a ser en blanc i negre i, finalment, desapareixien del tot. Quan els llibres que tenies entre les mans eren d'aquestes característiques significava que havies assolit l'estatus de «lector adult». D'altra banda, el gènere de creació, en prosa, adult per excel·lència era la novel·la. Quan alguns autors optaven pel conte curt, calia agrupar els textos i fer-ne un recull que permetés arribar a publicar un llibre del gruix adient.

Aquests últims anys aquesta realitat, ben establerta, ha començat a ser qüestionada des de diversos estaments. Autors que coneixen les possibilitats, la profunditat i la màgia del relat breu, il·lustradors de gran qualitat que produeixen una obra que connecta directament amb la sensibilitat adulta i editors amb prou imaginació i coratge com per intentar obrir un

---

205. Article publicat a *IncaRevista*.

mercat nou, han unit els seus esforços per oferir-nos a nosaltres, que som adults però no per això incapaços de meravellar-nos davant un llibre especial, àlbums il·lustrats de gran qualitat. El que manca ara és la nostra resposta, apropar-nos a aquests productes, gaudir-los i recomanar-los. Només així serà possible que se'n publiquin de nous. Els llibreters i els bibliotecaris a vegades es troben desconcertats: són llibres de gran format, amb predomini de la il·lustració, però les històries que conten —tant en el text com en la imatge— no són per a nens. A quina secció els posarem? Cal crear, a llibreries i biblioteques, la secció d'àlbums per a adults i dinamitzar-la.

Però, quins són aquests llibres? No en podem fer una llista exhaustiva. Tanmateix, amb algunes pistes i bon olfacte, els anireu descobrint. Potser podríem començar per citar els més coneguts i que fa més temps que són al mercat, em referesc als «manuals d'antropologia fantàstica» que fa uns anys assoliren un èxit important, com és ara *Els gnoms* i *La crida dels gnoms* (ed. Destino), *Las Hadas* (ed. Montena), *Enciclopedia de las cosas que nunca existieron* (ed. Anaya), o l'extraordinari *Llibre de la por*, escrit per Teresa Duran, il·lustrat per Mabel Pierola i dissenyat per Joaquín Monclús (ed. Pirene).

Són llibres que descriuen i gairebé cartografien les creacions de l'imaginari col·lectiu: els follets, les fades, els gegants, el diable..., les personificacions del bé i del mal, dels esperits de la natura, de la fantasia humana.

Un altre grup el formarien els àlbums que expliquen un conte breu —a vegades d'autor modern, altres un clàssic o un relat popular—, acompanyat d'il·lustracions extraordinàriament suggeridores, atractives i que traslladen el lector a un món especial. Cada pàgina d'aquests llibres ens fascina per la qualitat gràfica, la gràcia del detall, la riquesa de la composició, el joc còmplice amb el lector. Voldríeu saber títols? Només en direm alguns —a tall d'exemple—; la resta cal anar-los a cercar i gaudir de la descoberta. Provau a començar amb *Sir Gawain y la abominable dama* (ed. Altea), *El collar* (ed. Vicens Vives), *Corbs* (ed. Aura), *Uno* (ed. Alfaguara), *El regalo de los Reyes Magos* (ed. Altea), *El coleccionista de momentos* (Lóguez Ediciones), *La llegenda de la lluna plena* (de M. Ende, Grijalbo), *Cuando el viento sopla* (Debate), *Rosa Blanca* (Lóguez Ediciones), *El vell Tomàs i la petita fada* (Joventut), *El canto de las ballenas* (Kókinos), *L'home que encenia els estels* (Aura) i un llarg etcètera. Obriu el llibre, fruïu de les paraules, admirau els dibuixos, acaronau les pàgines... Ben segur que en quedareu ENCANTATS.

# 39. MESTRES I BIBLIOTECARIS, PER QUÈ NO PEDALEJAR JUNTS VERS LA LECTURA?[206]

Què és una biblioteca? Per què tenim biblioteques? Per què volem tenir-ne més? Què és animar a la lectura? Sempre és possible fer aquesta animació? Podem continuar essent *repartidors* i/o *receptadors* de llibres? Si creim que cal animar a la lectura, qui ho ha de fer? Els educadors? Els bibliotecaris? On? De quina manera? Amb quins mitjans? Com podem lligar literatura i vida?

Són un caramull d'interrogants que les autores d'aquest article ens hem plantejat, ens plantegem i ens plantejarem. Sabem que les respostes són múltiples, les solucions complexes i que el món no es va fer en un dia, però no defallim, perquè pensem que entre tots, de mica en mica, ens en sortirem.

Quan el departament de Dinàmica Educativa de l'Ajuntament de Palma ens va proposar impartir un curset sobre animació a la lectura amb el títol «Les biblioteques: l'aventura de llegir», adreçat al mateix temps als bibliotecaris de la xarxa municipal —que tenen al seu càrrec petites biblioteques de

206. Aquest article, escrit en col·laboració amb Mercè Escardó, va ser publicat a la revista *Infància* 79 (Associació de Mestres Rosa Sensat); Barcelona 1994.

barri amb un públic bàsicament infantil i juvenil— i a mestres que treballen o volen treballar a la biblioteca escolar, ens va engrescar la idea. Teníem experiència d'altres cursos semblants i volguérem intentar nous plantejaments. Decidides, començàrem a dissenyar un projecte de curs que fos innovador, atractiu i essencialment pràctic, vàlid per als dos tipus de biblioteques que volíem tractar.

Els objectius eren treballar l'animació a la lectura des de la biblioteca a partir de l'observació i de la reflexió sobre experiències reals fetes a la biblioteca de Can Butjosa (Parets del Vallès), aconseguir que els mestres comencessin a conèixer i a col·laborar amb la xarxa de biblioteques públiques, proporcionar bibliografia pràctica i teòrica sobre literatura infantil i animació a la lectura, facilitar els recursos necessaris per poder dissenyar projectes d'animació globals, coherents i adaptats a la realitat i fer que els alumnes —organitzats en equips de treball— elaboressin un projecte, l'apliquessin a la seva realitat i avaluessin els resultats obtinguts.

El curset es va dividir en quatre fases desenvolupades al llarg d'aproximadament quatre mesos. Començàrem amb una primera presa de contacte entre les persones que havien de seguir el curs i les que l'havien d'impartir i coordinar. En aquest primer encontre s'explicà el projecte, es proporcionà la bibliografia de lectura i de consulta i es lliurà un dossier amb una acurada selecció d'articles; cada llibre i cada article ressenyats foren comentats individualment. Batejàrem la llista de textos recomanats com a «bibliografia en mirall», perquè classificàrem els llibres en teòrics i lúdics. Els primers —que eren assaigs i articles— parlaven de reflexió sobre el fet lector i de motivació a partir de pressupòsits teòrics; els segons —que eren contes, novel·les i còmics— parlaven també de reflexió i motivació, però a través de la fantasia. Potser quedarà més clar amb uns exemples. Podem reflexionar sobre el fet de llegir a partir del llibre *Llegir: per què?*, de Pierre Gamarra, i també mitjançant *La història interminable* de Michael Ende; és possible parlar de biblioteques a partir de les reflexions de Geneviève Patte a *Dejadles leer!*, o de la divertida narració *El se-*

494

*cuestro de la bibliotecaria*, de Margaret Mahy. Pensàrem que així predicàvem amb l'exemple perquè no únicament aprenem amb les exposicions teòriques! i al mateix temps proporcionàvem recursos que podien ser vàlids per al treball posterior.

A la segona fase, la més llarga, intentàrem respondre amb reflexions i exemples a la pregunta clau: *Què es pot fer des d'una biblioteca per difondre la lectura?* Presentàrem i explicàrem activitats realitzades a la Biblioteca de Can Butjosa, parlàrem de l'engranatge que ha de donar suport a les activitats d'animació, analitzàrem les característiques d'una metodologia de treball eficaç i proposàrem als alumnes que dissenyassin un projecte per fer-lo realitat.

S'inicià així la fase pràctica. Cada un dels projectes s'analitzà de forma individual en entrevistes amb els equips de feina i es varen dur a terme les experiències a les biblioteques elegides, segons les necessitats del medi social, el tarannà, les possibilitats i la disponibilitat dels participants. El ventall d'activitats realitzades fou divers: l'hora de la rondalla, l'organització d'una exposició de llibres fets pels infants, un taller de creació de contes, diverses guies de lectura, algunes visites des de l'escola a la biblioteca amb nens i nenes de diversos cursos, un taller de punts de llibre, la confecció de «L'arbre dels llibres», un taller de reciclatge de paper, dos murals a partir de contes, la visita de les fades a la biblioteca, etc.

Finalment, es realitzà una última sessió on els alumnes explicaren les activitats de cada grup, aportaren el material elaborat —guies, punts de llibre, llibrets artesans, etc.— i, conjuntament, avaluaren els resultats obtinguts. L'objectiu d'aquesta sessió d'avaluació era, sobretot, poder aprendre de l'experiència dels companys i es va acomplir. Després de la segona sessió de treball, en veure la quantitat de coses que es fan a la biblioteca de Can Butjosa hi va haver una sensació general de descoratjament. «Jo mai no podré arribar a fer aquestes coses!, No ho sabré fer! No tenc mitjans! No tenc les condicions adequades!» eren exclamacions repetides per tots, menys per un bibliotecari que ja havia tingut ocasió d'experimentar amb aquest model de feina i que intentava animar els altres. En canvi, després de veure els resultats obtinguts, malgrat fossin modests, els ànims del grup per tirar endavant la tasca iniciada augmentaren considerablement i es va poder començar a parlar de propostes de continuïtat.

No voldríem que aquestes ratlles donessin la sensació que en aquest camp tot és arribar i moldre. Les dificultats i els entrebancs hi són. Hi varen ser en l'organització del curs —els bibliotecaris municipals varen tenir problemes per obtenir el permís d'assistència al curs que el mateix Ajuntament organitzava per a ells!— i hi són en la pràctica quotidiana de l'animació a la lectura a l'escola i a la biblioteca. Però estam convençudes que l'animació a la lectura és un tàndem en el qual, juntament amb els pares, hi pedalegem mestres i bibliotecaris amb igualtat de compromisos i de responsabilitats i creim que les respostes als interrogants que plantejàvem al principi només es troben en la feina de cada dia, en la documentació seriosa, en els esforços per coordinar iniciatives, en l'intercanvi d'experiències, en el no descoratjament, en el tancar les portes a les lamentacions i obrir les finestres a la il·lusió.

# 40. *ESQUITX*, A LA RECERCA DE LA BELLA VENTURA[207]

Quan els promotors de la revista elegiren la paraula «Esquitx» com a nom per a una publicació feta a les Illes Balears i adreçada als joves lectors, probablement no sabien que s'inserien en una tradició de gairebé un segle d'existència, vinculada a les publicacions periòdiques en llengua catalana. El 1904, un grup d'intel·lectuals catalans decidiren fundar la revista *En Patufet*, una publicació modesta que tenia com a objectiu divulgar la lectura en català entre els infants. *En Patufet* —que tenia com a logotip un nen petit vestit amb faixa i barretina— era una publicació molt variada, amb rondalles i contes, jocs i acudits, relats de vida quotidiana i anuncis diversos. Prest es va convertir en un fenomen social, i assolí un gran nombre de lectors. Per tal d'arribar als més menuts de la casa, la revista tragué un suplement —de caràcter més infantil— que s'anomenà, precisament, *Esquitx* i que es publicà entre 1930 i 1936. *Esquitx* és, doncs, un nom de llarga tradició en la lectura per a infants en llengua catalana.

També l'*Esquitx* de Mallorca neix des del primer moment

207. Article publicat a la revista *Ooohéee*, 4; Palma, 2007.

com un projecte íntegrament en llengua catalana i amb una clara voluntat de normalització. En un context com l'actual, on la llengua catalana és present a les escoles a nivell formal, però sovint és absent dels contextos més informals —les relacions entre els alumnes, l'esbarjo, la família, el carrer, els mitjans de comunicació, els espectacles adreçats a infants i joves, etc.—. El fet de poder comptar amb una proposta de lectura àgil i engrescadora com és una revista infantil facilita en gran manera l'acostament de molts de joves lectors a la lectura en català de forma lliure i plaent, lluny de les imposicions escolars. A través dels còmics, els reportatges, els acudits, les entrevistes —i amb l'ajuda impagable de la il·lustració i la fotografia—, la revista es presenta com un plaer, no com una tasca a acomplir. Precisament per això, és important que el model de llengua que proposa sigui fresc i entenedor, però rigorós i no encarcarat. Aquesta no és una tasca gens fàcil, però fins avui l'*Esquitx* se n'ha sortit prou bé. El model de llengua que fa servir no ens resulta llunyà, ni forçat, ni artificiós però no oblida mai la correcció i el respecte de la normativa, i aquest és un esforç que cal valorar i agrair.

*Esquitx* se'ns presenta, doncs, com una proposta de lectura útil tant a casa com a l'escola o la biblioteca, perquè, tot i que inclou materials vinculats a l'esfera del coneixement i l'aprenentatge —articles i reportatges sobre ciència i cultura en general—, sempre els presenta de forma no escolar, i —a més— els combina amb altres de caràcter més lúdic, especialment els còmics. Aquesta doble funcionalitat és útil tant en el context familiar com en l'escolar. A casa, permet que els adults interactuïn amb els infants, comentin i complementin les informacions que aporta la revista i també que comparteixin la rialla o la fina ironia d'unes planes de còmic. A més, hi ha una altre element important a tenir en compte, i és el de la fidelització lectora i el plaer que suposa per a tots els infants rebre a casa i a nom propi —periòdicament— un sobre de correu postal amb un petit «regal», en forma de revista. Pensem que generalment la correspondència que es rep a casa és per als adults, i rarament hi ha «cartes» per als menuts. La subscripció a la revista fa possible que de tant en tant es repeteixi el que als seus ulls sembla un «petit miracle»: algú —no saben ben bé qui— els regala, adesiara, unes hores de plaer que arriben dins un sobre. La periodicitat també ajuda a la fidelització. La revista té unes seccions fixes i uns personatges que trobem a cada número. Això provoca en els joves lectors una sensació de seguretat i de vinculació i genera un cert ritual: començar per la secció o el personatge que més agrada, deixar per al final la lectura més llarga, compartir amb el germà o l'amic aquesta o aquella aventura, resoldre els jocs plantejats, participar en el concurs, tenir curiositat per saber qui han estat els guanyadors del concurs anterior, etc. També a l'escola la revista pot esperonar o complementar els treballs sobre els més diversos temes —de natura, literatura, viatges, etc.—, ja que és prou rigorosa en les informacions que aporta o constituir un «premi» de lectura plaent per a aquells que acaben primer la tasca, o els que s'agraden de visitar la biblioteca del centre. Molts d'infants i joves que rarament s'atreveixen amb un llibre troben a través de les revistes i els còmics una manera atractiva d'apropar-se a la lectura, o un pont que els mena vers altres propostes de lectura més complexes. És per això que cal valorar la importància d'aquests materials, que poden constituir una eina útil —a vegades l'única efectiva— en la formació de lectors novells. I tampoc no cal oblidar un fenomen important a aquestes edats, que és el de la «col·lecció»; tenir tots els números de la revista d'un o diversos anys, ordenar-los i rellegir-los és un plaer per a molts d'infants.

En resum, tenir a les Illes una revista periòdica per a infants i joves en llengua catalana, atractiva, variada, acostada a la nostra realitat i rigorosa en els seus continguts com és l'*Esquitx* —que podem comparar a les seves «germanes grans» *Cavall Fort* o *Tretzevents*— és un luxe i alhora una necessitat i un dret. I ja se sap que els drets comporten deures. El deure és que els adults que podem —i devem— actuar de mediadors entre els joves i la lectura —els pares i els educadors— hem de ser conscients del paper que les revistes per a infants tenen en la creació dels lectors. Per això, no podem oblidar ni abandonar a la seva sort aquestes iniciatives, sovint amb una supervivència econòmica plena de dificultats. Oferir-les, convidar a llegir-les, compartir-les, recomanar-les és —ben segur— allò que ens ajudarà a acompanyar els nostres infants pel camí de la Bella Ventura —que no és altra cosa que un camí de «bella aventura»— que porta a la lectura, i de la lectura a la descoberta del món, dels mons —reals i imaginaris— que ens conformen.

# ÍNDEX

OBRES I AUTORS

LES RONDALLES I LA LITERATURA INFANTIL
I JUVENIL